구약에서 찾은 복음

OLD TESTAMENT EVANGELISTIC SERMONS
by D. Martyn Lloyd-Jones

Copyright ⓒ 1995 by Lady Catherwood and Ann Desmond
First published in English in Great Britain
by The Banner of Truth Trust, Edinburgh, Scotland

This edition published by arrangement with The Banner of Truth Trust through rMaeng2,
Seoul, Republic of Korea

All rights reserved.

This Korean Edition Copyright ⓒ 1998, 2014 by Word of Life Press,
Seoul, Republic of Korea

이 한국어판의 저작권은 알맹2 에이전시를 통하여 The Banner of Truth Trust사와 독점 계약한
생명의말씀사에 있습니다. 신저작권법에 의하여 한국 내에서 보호받는 저작물이므로
무단 전재와 무단 복제를 금합니다.

구약에서 찾은 복음

ⓒ 생명의말씀사 1998, 2014

1998년 9월 10일 1판 1쇄 발행
2012년 2월 25일   11쇄 발행
2014년 10월 6일 2판 1쇄 발행
2024년 3월 20일   5쇄 발행

펴낸이 | 김창영
펴낸곳 | 생명의말씀사

등록 | 1962. 1. 10. No.300-1962-1
주소 | 서울시 종로구 경희궁1길 6 (03176)
전화 | 02)738-6555(본사) · 02)3159-7979(영업)
팩스 | 02)739-3824(본사) · 080-022-8585(영업)

기획편집 | 구자섭, 신현정
디자인 | 최윤창
인쇄 | 영진문원
제본 | 보경문화사

ISBN 978-89-04-08240-7 (03230)

저작권자의 허락 없이 이 책의 일부 또는 전체를
무단 복제, 전재, 발췌하면 저작권법에 의해 처벌을 받습니다.

구약에서 찾은 복음

마틴 로이드존스 지음
안보현 옮김

생명의말씀사

서문 … 이언 머리   6

1장 … 인간의 궁극적인 비극   창세기 3:8, 9   51
2장 … 진정한 회심_브니엘에서 만난 하나님 1   창세기 32:24   67
3장 … 먼저 하나님과 화해하라_브니엘에서 만난 하나님 2   창세기 32:24   83
4장 … 복음 앞에 순복하라   출애굽기 3:3-5   103
5장 … 거짓 평안   사사기 18:7, 28   121
6장 … 전적으로 하나님만 의존하라   사무엘상 5:1-4   143
7장 … 죄란 무엇인가   사무엘하 12:13   164
8장 … 죄, 모든 문제의 핵심   열왕기상 1:41   186
9장 … 하나님을 이용하지 말라   열왕기상 14:1   211
10장 … 인간이 치유할 수 없는 병_나병환자 나아만 1   열왕기하 5:1   232

CONTENTS

11장 … 복음을 미워하는 죄인_나병환자 나아만 2 열왕기하 5:8-16 … 257
12장 … 같은 목적지, 다른 길 역대하 10:8 … 283
13장 … 가장 중요한 질문 욥기 9:1, 2 … 305
14장 … 잘못된 질문들 욥기 21:14, 15 … 324
15장 … 인생의 네 가지 모습 시편 107편 … 345
16장 … 하나님의 구원으로 돌아서라 이사야 8:6, 7 … 366
17장 … 유일한 해결책 이사야 22:8-14 … 390
18장 … 신기루에서 그리스도께로 이사야 35:7 … 416
19장 … 자신의 현실을 직시하라 예레미야 17:9, 10, 14 … 430
20장 … 신기하고 놀라운 복음 예레미야 30:18, 19 … 444
21장 … 금식이 변하여 기쁨으로 스가랴 8:19 … 465

서문

데이비드 마틴 로이드존스가 운명한 1981년 이후 지금까지 많은 사람이 그의 사역에 대해 논하고 글을 썼다. 그가 한 일은 이제 역사가 되었으며, 그 안에 담긴 주요 특징들도 널리 알려지고 이해되고 있는 것 같다. "마틴 로이드존스" 하면 사람들은 주로 그의 강해 설교, 그가 지적한 기독교 교리의 필요성, 세계 교회주의의 위험, 성령의 능력을 회복해야 할 필요성 등을 떠올린다. 그러나 그의 사역을 그렇게 간단히 말해 버리는 것은 잘못된 처사다. 그 안에는 마틴 로이드존스가 평소 가장 중요한 소명으로 간주하던 것이 빠져 있기 때문이다.

로이드존스는 자신을 무엇보다 복음전도자로 여겼다. 뿐만 아니라 그를 잘 알고 있던 사람들 역시 그를 복음전도자로 생각했다. 한번은 로이드존스 부인이 남편 없는 자리에서 자기 남편의 능력에 찬사를 던지는 한 무리의 남자들에게 둘러싸인 적이 있었다. 그때 부인은 그 남자들이 하는 말을 들으면서 그들이 가장 중요한 사실을 간과하고 있다고 생각했다. 그래서 조용히 이렇게 말했다. "제 남편이 무엇보다 기도의 사람이고 그 다음에 복음전도자라는 사실을 깨닫지 못한다면 아무도 제

남편을 진정으로 이해했다고 볼 수 없습니다."[1] 이 말에 그곳에 있던 사람들은 매우 놀랐다.

물론 그가 세상을 떠난 후 지금까지 사람들이 이런 잘못된 인상을 갖게 된 것이 기독교계의 탓만은 아니다. 로이드존스가 한 설교들이 책으로 출판되기를 바란 부류는 분명 그리스도인들이었다. 그러니 출판 관계자들은 당연히 그의 사역에 근거해서 출판될 책들은 그리스도인을 대상으로 한 설교들로 만들어야 한다고 가정할 수밖에 없었다. 따라서 이미 출판된 로이드존스의 책 내용에 근거하여 그런 인상을 갖게 된 것이라면, 사람들이 그의 설교는 주로 이미 그리스도를 믿고 있는 사람들을 겨냥한 강해 설교라고 생각한다 해도 그들을 비난할 수는 없을 것이다. 그러나 그 생각은 잘못되었다. 그의 설교 가운데 적어도 절반은 복음을 전하는 설교였는데, 그 설교 중 지금까지 출판된 내용이 아주 소수이기 때문에 그런 오해가 빚어진 것뿐이다. 따라서 현재 로이드존스에 대해 퍼져 있는 이 오해에 출판업자들은 일부 책임을 져야 한다. 그러나 그 밖에 다른 이유가 있다.

로이드존스는 현대식 복음전도의 특징들을 반대한 것으로 유명하다. 바로 이 점 때문에 현대식 복음전도의 특징들을 수호하고 싶어한 사람들, 즉 그의 비평 때문에 심기가 불편한 사람들이 아무 근거 없이 로이드존스는 "복음전도자가 아니라 교사다"라고 주장하게 된 것이다. 다시 말해 그는 복음전도를 말할 자격이 없다는 것이다. 당시 그에 대한 이런 평가가 상당한 호응을 얻으며 지금까지 그대로 남게 되었다.

---

1) 본인의 저서 *David Martyn Lloyd-Jones:The Fight of Faith 1939-1981*(Edinburgh:Banner of Truth, 1990), p. 322을 보라.

이 견해의 대변자라 할 수 있는 사람이 한번은 로이드존스에게 다음과 같은 질문을 던져 그의 복음전도 열정에 의문을 제기했다. "박사님이 웨스트민스터 채플에서 가장 최근에 복음전도 집회를 하신 때가 언제입니까?" 그때 로이드존스는 이렇게 응수했다. "매주 한 번씩 하고 있습니다." 이 말은 결코 우스갯소리가 아니었다. 사실이었다. 로이드존스는 사역을 준비하는 학생들에게 이렇게 말했다. "나는 어느 교회에서나 매주 한 번씩은 복음을 전하는 예배를 드려야 한다고 강력하게 주장하며, 그렇게 하기를 권고합니다."[2] 그는 바로 이런 목적으로 매주일 저녁 예배를 드렸다. 그 예배는 그가 목회 사역을 시작한 1927년부터 은퇴한 1968년까지 계속되었다.

많은 사람이 웨스트민스터 채플에서 그리스도인이 되었다. 웨스트민스터 채플도 먼저 있던 휘트필드 태버너클과 마찬가지로 "영혼을 건지는 곳"이라 불릴 만했다. 그런데도 그와 정반대되는 견해가 생기게 된 것은 로이드존스가 자신의 사역을 통해 회심한 사람들의 수를 전혀 공표하지 않았기 때문이다. 그는 그 수를 확인하려는 시도조차 하지 않았다. 그리스도를 믿게 하기 위해 사람들에게 공중 앞에서 어떤 행위도 요구해서는 안 된다고 확신하고 있었기 때문이다. 그래서 로이드존스는 회심자들에게 회심한 사실을 사람들 앞에서 공표하라고 요청한 적이 한 번도 없다.[3] 따라서 회심한 사람들에 대한 소식이 마틴 로이드존스의 귀까지 들어가는 데는 수년이 걸렸다.

그가 그 소식은 전혀 듣지 못했지만 실제로 회심한 사람이 아주 많았

---

2) *Preaching and Preachers* (London: Hodder and Stoughton, 1971), p. 151. p. 63도 보라. 『설교와 설교자』, 복있는사람.

을 것으로 나는 확신한다. 몇 년 전, 서퍽에 있는 한 시골 마을에서 웨스트민스터 채플에 다니던 옛 친구를 만난 적이 있는데, 그때 이 점을 다시 생각해 보게 되었다. 그 친구와 함께 30년도 더 된 그 시절 이야기를 나누었는데(당시 나는 웨스트민스터 채플 사역과 아주 밀접했다) 그 친구가 들려준 회심 이야기는 처음 듣는 것이었다. 그러나 그 당시에 회심했다는 두 사람에 관한 이야기가 나로서는 조금도 놀랍게 들리지 않았다.

그 친구가 첫 번째로 언급한 사람은 그의 숙모였다. 두 번 이혼한 그는 아주 세상적인 여인으로 영적인 일에 대해서라면 조금도 시간을 내려 하지 않았다. 그런데 어느 주일, 그 친구가 숙모와 함께 점심을 먹을 때였다. 숙모가 그날 오후에 할 일이 있느냐고 묻기에 웨스트민스터 채플에 갈 거라고 했더니 그도 같이 가겠다고 했다. 이 말을 듣고 친구는 내심 놀랐다. 그날 저녁 설교는 비그리스도인에게 "호소하는" 내용과는 매우 거리가 멀었고, 설교가 끝난 후 숙모 역시 한다는 말이 겨우 "나는 어둠을 사랑해!"라는 것이었다. 그런데 그 숙모가 그 다음 주부터 몇 주 동안 줄곧 조카 몰래 혼자 예배당을 찾아와 뒷자리에 슬그머니 앉아 있다 가더니, 얼마 지나지 않아 그토록 사랑하던 어둠을 영원히 미워하게 되었다는 것이다.

---

3) 로이드존스는 사람들 앞에서 그리스도를 믿기로 "결단"하라고 요청하는 것은 실제로 회심하는 것과 혼동하기가 아주 쉽다는 것과, 진짜로 회심한 사람들을 알아보는 수단으로는 전혀 안전하지 못하다는 것을 잘 알고 있었다. 그의 저서 Preaching and Preachers, pp. 265 - 282를 보라(『설교와 설교자』, 복있는사람). 이 부분과 또 다른 부분들에서 그가 어떤 생각을 갖고 있었는지 유의해 보라. "벼락치기 그리스도인들"과 "사람들을 매우 성급하게 회심자로 만들어버리려는 위험"을 경고하던 그는 휘트필드와 같은 생각을 가지고 있었다. "나는 이제 좀 더 인내하고 기다리면서 사람들이 정말 회심에 합당한 열매를 맺는지 보고 싶다. 활짝 피었다가도 3월의 매서운 바람이 한번 불면 그냥 날아가버리는 꽃들이 있기 때문이다. 따라서 열매 맺는 것을 보기 전에는 아무도 회심자로 믿을 수 없다. 회심자들을 앞으로 초청하지 않는다고 해서 그들에게 어떤 해가 되는 것은 아니다. 이것은 진지한 영혼 어느 누구에게도 아무 해를 가하지 않을 것이다." Sermons on Important Subjects by G. Whitefield(London, 1825), p. 603.

두 번째 일화의 주인공은 당시 런던에서 건축학을 공부하기 위해 유럽 대륙에서 건너온 지 얼마 안 된 젊은 여인이었다. 내 친구는 그 여인을 가르친 강사였는데, 영어 때문에 고전하는 모습이 몹시 안쓰러워보였다고 한다. 그래서 웨스트민스터 채플 같은 곳에 가서 훌륭한 영어를 좀 더 많이 들으면 씨름하고 있는 영어 문제가 조금은 수월해질 거라고 충고해 주었다. 비록 처음에는 이따금씩 우스꽝스러운 일이 벌어지기도 했지만, 아무튼 그는 그 충고를 받아들였다. 그때부터 단어 지식이 향상되더니 나중에는 현대 런던에서는 거의 들어볼 수 없는 단어들까지 배워서 익히게 되었다! 그런데 이 외국인 여학생은 얼마 지나지 않아 영어를 잘하는 것보다 훨씬 중요한 것을 발견하고 몹시 기뻐했다. 바로 복음을 발견한 것이다.

이와 비슷한 다른 간증들을 오래전부터 모아두었다면 아마 지금쯤 두꺼운 책 한 권이 되었을 것이다. 그러나 웨스트민스터 채플 목사인 로이드존스는 이런 간증을 하는 것을 허용한 적이 한 번도 없었다. 그는 자신이 전하는 복음 설교를 듣는 모든 사람에게 자신은 고통받는 영혼과 개인적으로 만나 기꺼이 이야기할 마음이 있다는 사실만 분명히 했을 뿐, 그 밖에 다른 것은 모두 하나님 손에 맡겼다.

이제 이 책에 대한 배경 설명으로 서론에 포함시키면 도움이 될 만한 몇 가지를 소개한다.

이 책에 실린 설교들의 출처

이 책에 실린 설교 21편 가운데 15편은 마틴 로이드존스가 친필로 적은 설교를 인쇄한 것이다. 이 설교들은 모두 남웨일스 아베라본의 샌드필즈에서 처음 목회하던 기간에 전한 것이다. 당시 그는 설교를 준비할 때면 보통 그 내용을 하나하나 다 적었다. 그러나 막상 설교할 때는 그것을 그대로 읽지 않고 설명을 덧붙였다. 특히 설교를 듣는 사람들에게 설교 원고에 적은 것보다 더 많은 성경 본문을 찾아보게 했다. 나머지 6편은 웨스트민스터 채플에서 한 설교로, 속기로 적혀 있었다. 그중 4편은 한 권의 책으로 출판되었다.[4] 독자들은 그가 내용 전체를 하나하나 적은 설교와 대충 요지만 기록한 설교가 좀 다르다는 사실을 발견할 것이다.

그 점에 흥미를 느낄 사람들을 위해 그가 설교를 준비할 때 사용한 기술적인 면을 몇 마디 덧붙이고자 한다. 일단 설교할 본문을 뽑고 난 뒤 로이드존스의 주요 관심사는 설교 주제를 어떻게 만족스러운 형태의 개요나 "골격"으로 나누느냐였다. 그는 이것이 설교자가 해야 할 일 가운데 가장 독창적일 뿐 아니라 가장 부담스러운 작업이라고 생각했다. 그래서 개요나 골격이 만족스러울 때까지 봉투 뒤나 다른 종이에 몇 번씩 적어보는 일이 많았다. 이 책에 실린 샌드필즈 설교 16편은 모두 이런 식으로 준비되었을 것이다. 그러고 나서 나중에 더 자세한 개요(대체로 종이 4면을 차지했다)를 준비했는데, 완전히 쓰지는 않았다.

마틴 로이드존스는 설교 한 편 한 편마다 구성을 바르게 짜야 한다는 것을 강조했다. 설교가 효과를 거두느냐 못 거두느냐는 주로 설교 개요에 달려 있다는 것이 그의 지론이었다. 형편없이 구성된 개요로는 성경 본문을 분명하고 확신 있게 전달할 수 없다는 것이다. 그가 설교를 듣는

---

4) 이 설교들은 시편 107편, 이사야 22장 8-14절, 35장 7절, 사무엘상 5장 1-4절 말씀으로, 앞 세 편은 웨스트민스터 채플에서 발간하는 월간지인 〈Westminster Record〉에 실렸다. 그리고 사무엘상 5장 1-4절 말씀은 그의 설교를 들은 사람이 적은 내용에 근거한 것으로 1953년 프랑스에서 열린 "개혁 신앙과 행동을 위한 국제 대회"(International Congress for Reformed Faith and Action) 보고서에 들어 있다. 이 책에 실린 샌드필즈 설교 가운데 몇 편은 웨스트민스터 채플에서 또다시 전한 내용이다.

사람들에게 자주 던지는 질문들이 그토록 강한 반응을 얻을 수 있었던 것도 그 질문들이 논리적으로 입증된 주장에 따른 것이기 때문이다. 사실 19세기에 살았던 설교자 스펄전도 이러한 필요를 의식하고 다음과 같은 글을 썼다. "나는 피니의 독특한 견해들을 예찬하지 않지만, 그가 많은 사람에게 많은 도움을 주었다는 것은 의심하지 않는다. 그가 그럴 수 있었던 것은 바로 명쾌한 논리를 사용할 수 있었기 때문이다."[5] 로이드존스는 이 점에서 스펄전을 능가했다.

주일 아침마다 그리스도인들을 대상으로 마틴 로이드존스가 전한 설교를 보라. 잘 알려진 대로 일정 기간에 걸쳐 한 가지 성경구절을 가지고 논리적으로 일관성 있게 연속적으로 설교한 경우가 갈수록 많아지는 것을 발견할 것이다. 그러나 그는 비그리스도인들에게 전하는 설교에서는 이 일을 훨씬 천천히 진행시켰다.[6] 교회에서 주일 저녁 설교를 할 때나 영국 다른 곳에서 설교할 때면(이런 일은 자주 있었다) 그는 늘 그 사람들 앞에서 설교할 기회가 단 한 번밖에 없는 것처럼 설교했다. 그랬기 때문에 청중이 복음 메시지를 완벽하게 들을 수 있도록 설교를 준비해야만 했다. 그러므로 그를 늘 논리적으로 일관성 있게 순서에 따라 설교한 "강해 설교자"로 보는 것은 잘못된 생각이다. 복음을 전하기 위한 설교를 할 때면 그는 대체로 따로 떨어진 단독 본문, 즉 다른 것은 다 잊어버리더라도 구원의 필요성만은 반드시 생각나게 해주는 본문을 사용했다. 따라서 이 책에는 최근 "강해 설교"에 대한 관심 때문에

---

5) *Lectures to My Students* 2권(London, 1877), p. 185. 『목회자 후보생들에게』 2권, 생명의말씀사.
6) 한 가지 성경 구절을 가지고 여러 차례에 걸쳐 복음전도 설교를 한 예로 1948-1949년에 한 마태복음 11장 설교를 들 수 있다. 그 설교는 *The Heart of the Gospel*(Eastbourne: Crossway Books, 1991. 『복음의 핵심』, 목회자료사)이라는 책으로 출판되었다. 현재 녹음테이프로 구해 볼 수 있는 복음전도 설교 시리즈로는 1956년에 전한 에스겔 36장 설교 14편이 있다.

자주 등한시되고 있는 본문 설교가 실려 있다.

복음전도 설교를 한 이유

마틴 로이드존스는 복음전도 설교가 반드시 **설교의 특별한 범주로 있어야 한다고** 믿었다. 이미 언급한 대로 그는 설교의 중요한 역할이 복음을 전하는 것이라고 보았다. 그가 복음 설교를 우선했다는 것은 아베라본에서 목회하는 동안 주일 저녁 설교가 주로 복음전도 설교였다는 사실에서도 엿볼 수 있다(전편을 글로 적어서 설교하였다).

이것은 오늘날도 마찬가지다. 우리는 비그리스도인을 돕기 위한 설교 형태와 이미 그리스도를 믿고 있는 사람들에게 해야 할 설교 형태는 서로 같지 않다는 사실을 알아야 한다. 물론 어느 설교든 참된 설교에는 공통 요소가 들어 있게 마련이다. 설교란 하나님 말씀을 바른 순서에 따라 전하는 것이다. 따라서 그 속에는 항상 서론이 있어야 한다. 그리고 그 내용은 사람들을 하나님의 존전으로 인도해야 한다. 내용만 성경적이면 다른 것은 아무래도 괜찮다는 생각은 아주 잘못된 것이다. 즉 설교 본문이 회심한 사람이나 회심하지 않은 사람을 돕는 데 하나님이 사용하실 수 있는 본문인지 전혀 신경 쓰지 않아도 된다고 여긴다면, 아주 잘못된 생각이라는 것이다.

오늘날에는 설교자마저도 자신이 설교하는 본문과 내용이 주로 어떤 사람들을 대상으로 한 것인지를 분명하게 확신하지 못하는 듯한 설교가 매우 많다. 스펄전은 "영혼을 얻을 수 있는 설교"라는 제목으로 강연하면서 학생들에게 이 점을 강력히 경고했다.

성령 하나님은 여러분의 강해 없이도 성경 어느 본문으로든 한 영혼을 회심시키실 수 있습니다. 그러나 여러분도 알다시피 성경에는 죄인들 앞에 제시하기에 가장 합당한 구절들이 분명히 있습니다. 성경 본문도 그런데, 그 본문을 강해하는 여러분의 설교는 듣는 자들 귀에 얼마나 다르게 들릴 수 있겠습니까?[7]

모든 복음전도자가 그렇듯이, 로이드존스도 회심하지 않은 사람들에게 설교할 때는 접근 방식이 달라야 한다고 믿었다. 예를 들어 그리스도인을 향할 때는 설교자도 청중이 어느 정도 관심이 있을 것으로 감안하고 설교를 준비할 것이다. 그러나 비그리스도인의 영을 깨우쳐 계속 설교에 주목하게 만드는 것은 다른 문제다. 이때는 무언가가 있을 것이라고 전제할 만한 것이 하나도 없다. 그들에게는 진정한 관심도 없을 것이다. 그 가운데는 설교를 들으려는 의향 없이 그저 자리에 앉아 있는 사람(어쩌다 그 자리에 있게 된 방관자)도 있을 것이다. 그런가 하면 설교를 들으면서 속으로 계속 비판만 하는 사람도 있을 것이다. 따라서 그들이 하나님의 말씀을 듣기 위해 기다리고 있을 것이라는 생각으로 비그리스도인들에게 전할 설교를 준비한다면 아무 소용이 없을 것이다. 그들의 관심은 완전히 다른 곳에 가 있다. 그러므로 설교자는 복음을 전하는 설교로 그들의 세계 속을 뚫고 들어가야 한다. 마틴 로이드존스가 다른 설교보다 복음전도 설교에 더 많은 준비가 필요하다고 본 것도 바로 이런 이유에서다.

---

[7] *The Soul-Winner*(London, 1895), p. 92(『영혼 인도자에게 전하는 글』, 지평서원). 또 그가 쓴 책 *Lectures to My Students* 2권에 나오는 "On Conversion as our Aim"이라는 장을 보라("회심을 목표로 삼아", 『목회자 후보생들에게』 2권, 생명의말씀사).

더 중요한 사실은 복음전도 설교가 그리스도인을 대상으로 한 설교보다 다룰 수 있는 주제의 폭이 훨씬 좁다는 점이다. 그리스도인을 겨냥한 설교는 그들이 지닌 다양한 요구(예를 들면 좀 더 강한 믿음과 사랑이라든지, 더 많은 힘과 인내심이라든지, 그 밖에 어떤 주제든)를 다룰 수 있다. 그리스도인들에게 필요한 도움과 교훈의 폭은 아주 넓기 때문이다.

그러나 비그리스도인들에게 필요한 것은 오직 한 가지다. 바로 자신이 죄인이라는 사실을 인정하고 겸손해져서 자신의 한계를 깨닫는 것이다. 어느 설교든 가르침 이상이 되어야겠지만, 복음전도 설교는 반드시 그래야 한다. 복음전도 설교는 반드시 사람의 가슴과 양심을 파고 들어가야 한다. 그렇지 않으면 아무 효력이 없을 것이다. 복음전도 설교는 개인적이면서도 죄를 분명히 지적해 주고 그 영혼을 일깨워줘야 한다. 영적 상태에 대해 위급함을 알려줄 무언가가 있어야 한다. 듣는 사람이 자신의 영적인 상태를 있는 그대로 직면할 수 있게 해주어야 한다. 그의 설교가 담긴 이 책에서도 이런 요소가 종종 엿보인다. 그런데 매우 안타깝게도 오늘날의 많은 설교는 그렇지 않다.

19세기 브루클린의 유명한 설교자 시어도어 카일러는 런던을 여러 차례 방문했다. 그런데 한번은 스펄전이 "미국에서 가장 유능한 목사들은 영혼을 회심시키기 위한 설교를 얼마나 하고 있습니까?"라는 질문을 던지는 바람에 큰 충격을 받았다고 한다.[8] 시어도어 카일러가 그 질문

---

8) Theodore Cuyler, *The Young Preacher*(London, 1893), p. 76. 알렉산더 맥래는 스코틀랜드에도 영향을 끼친 같은 주제를 언급하면서, 편에 있는 스코틀랜드 자유교회의 초석을 놓을 때 오버턴 경이 한 말을 인용했다. "교회가 복음주의적이 된다는 것과 복음전도에 힘쓴다는 것은 다른 문제다. 교회는 얼마든지 복음주의적이 될 수 있으며 건전한 교리들도 고수할 수 있다. 그러나 교회가 그리스도 안에서 살아 역사하는 가운데 많은 영혼을 그리스도께 인도하지 않는다면, 그 교회는 이런 복음주의 진리들을 헛되이 고수하고 있는 셈이다"(*Revivals in the Highlands and Islands in the 19th Century*, London, n.d., p. 16).

에 어떻게 답했는지는 알 수 없으나, 스펄전과 로이드존스는 이 점에서 같은 견해를 갖고 있었음을 알 수 있다.

구약을 사용해 복음을 설교한 마틴 로이드존스

마틴 로이드존스가 아베라본에서 전한 복음전도 설교들은 이미 한 권의 책으로 출판되었다.[9] 그 책에는 사복음서 본문에 근거한 설교들이 실려 있다. 반면 이 책에 실린 설교 본문은 모두 구약으로 이 시대에 특별한 의미를 갖는다고 생각된다. 이 책에서 독자들은 그가 사역하면서 구약을 상당히 많이 활용했다는 것, 그것도 주로 복음전도 설교로 활용했다는 사실을 발견하고 매우 놀랄 것이다. 아베라본에서 사역할 때 그가 전한 설교 본문 가운데 4분의 3 정도가 구약이었다. 웨스트민스터 채플에서 전한 구약 본문은 430여 개 정도로 비율은 약간 낮지만 모두 구약 전체에서 뽑은 것들이다.

1955년 어느 주일 저녁 설교를 들은 윌버 스미스는 그날 로이드존스가 설교한 본문은 그때까지 성경에 있다는 사실조차 모르고 있던 구절이었다고 우리에게 말했다. 예레미야 17장 14, 15절 말씀이었다. 그의 주일 저녁 설교가 으레 그렇듯이 그 설교도 복음전도 설교였다. 스미스는 이렇게 말했다.

> 그의 설교를 듣고 있으면, 당신은 3분도 지나기 전에 하나님이 그분의 말씀인 성경 속에서 말씀하고 계시다는 것, 그분의 말씀은 무오하다는

---

9) *Evangelistic Sermons at Aberavon* (Edinburgh: Banner of Truth, 1983).

것, 우리가 하나님의 말씀으로 어떻게 사느냐에 따라 우리의 영원한 운명이 결정된다는 것을 그가 진짜로 믿고 있다는 사실을 깨달을 것이다. …… 그의 설교는 정말 내가 오랫동안 들어보지 못한 설교였다. 그의 설교를 들으며 내 영혼 깊이 결심한 것이 하나 있다. 바로 이 땅에 사는 동안 설교를 하되 정말 성실하게 최선을 다해 성령의 능력으로 하나님께 기도하며 전하는 설교가 아니면 절대 하지 않겠다는 것이다.10)

마틴 로이드존스는 담임하고 있던 교회에서 이렇게 목회 사역을 했을 뿐 아니라 끊임없이 초빙을 받아 다른 곳에서도 설교했다. 그때에도 역시 놀랄 만큼 구약을 많이 사용했다.

1943년 옥스퍼드대학에서 집회를 인도할 때, 그의 주요 설교 본문은 예레미야 6장 14-16절이었다. 1953년 프랑스에서 열린 "개혁 신앙과 행동을 위한 국제 대회"(International Congress for Reformed Faith and Action)에 초청받았을 때도 블레셋의 다곤 신전에서 이방신 다곤이 여호와의 궤 앞에 엎드려져 그 얼굴이 땅에 닿은 내용인 사무엘상 5장 1-4절을 본문으로 택했다. 일찍이 그의 설교 가운데 가장 엄숙한 복음전도 설교를 꼽으라면 아마 1957년 카디프에서 열린 한 시민 집회에서 전한 설교일 것이다. 그날 그가 전한 본문은 "그날에 주 만군의 여호와께서 명령하사 통곡하며 애곡하며 머리털을 뜯으며 굵은 베를 띠라 하셨거늘"이라는 구절이 들어 있는 이사야 22장 8-14절이었다. 사무엘상과 이사야서 설교는 이 책에 실려 있다. 그리고 운명하기 1년 전, 스코틀랜드와 중부 웨일스 지방을 마지막으로 방문했을 때 그가 전한 설교 역시 복음전도

---

10) *The Fight of Faith*, p. 330.

설교로, 본문은 시편 2편이었다. 이만하면 그가 구약을 어느 정도 활용했는지 충분히 설명되었을 것이다. 문제는 그가 왜 이렇게 구약을 중시했느냐다. 나는 그 이유를 두 가지로 보고 있다.

첫째, 로이드존스는 사람들이 구약의 중요성을 소홀히 여길 뿐 아니라 구약이 현대 기독교에 강력한 영향을 끼치지 못한 채 사라져가고 있다고 생각했다. 이것이야말로 역사상의 기독교와 금세기의 기독교가 대조를 이루는 것 가운데 하나다. 종교 개혁자나 청교도가 쓴 글을 읽다가 가장 먼저 발견하게 되는 놀라운 사실이 무엇인지 아는가? 그들이 성경 전체를 아주 폭넓게 사용했다는 것이다. 스펄전과 같은 19세기 설교자들도 마찬가지다. 스펄전이 설교한 성경 본문에 대한 색인은 지금도 남아 있는데, 그것을 보면 본문 중 반 정도는 구약이라는 것을 알 수 있다.[11]

그런데 로이드존스가 목회를 시작할 때만 해도 상황이 많이 달라져 있었다. 뿐만 아니라 오늘날에는 복음전도 성격만 띠고 있는 구약 설교를 발견하기가 매우 어렵다. 이 시대 설교자들은 이 점에 있어서 우리의 역량에 한계가 있다는 사실을 의식하고 있을 것이다. 그 이유는 무엇일까? 19세기 말에 믿지 않는 학자들이 구약을 맹공격했는데, 우리가 아직도 그 충격파 속에 살고 있다는 것이 한 가지 이유일 것이다.

20세기 초 스코틀랜드 장로교 목사이자 고등 비평가인 조지 스미스 교수는 예일대학에서 여덟 번 강의했는데, 그 내용은 후에 『Modern Criticism and the Preaching of the Old Testament』라는 제목으로 출판되었다. 그 책에서 그는 고등 비평이 구약에서 믿을 만한 것이 무엇인지

---

11) *Commenting and Commentaries*(London: Banner of Truth, 1969). 201-212쪽에는 구약에서 뽑은 본문이, 212-224쪽에는 신약에서 뽑은 본문이 적혀 있다.

를 새롭게 이해하게 해주었다고 주장했다. 따라서 목회자들은 이제 구약을 좀 더 자신 있게 다룰 수 있으며, 그 결과 그들이 하는 설교에 유익하리라는 것이다. 그러나 이보다 더 큰 착각도 없을 것이다. N. L. 워커는 스미스가 예일대학에서 한 강연을 죽 훑어본 후 이렇게 말했다.

> 그 책은 많은 악영향을 끼치기에 아주 알맞은 책이다. …… 그 책은 분명 고등 비평 때문에 심란해진 설교자들의 의구심을 없애주려는 목적으로 쓰였지만, 그 목적을 전혀 이루지 못하고 있다. 많은 설교자가 이전처럼 계속 많은 어려움을 겪을 것이다. 스미스 교수는 그 상황을 충족시켜주지 못했을 뿐 아니라 오히려 악화시켰다. 즉 전에는 전혀 하지 않던 의심들을 일으켜 교회의 복음전도 사역을 심각하게 지연시킨 것이다.[12]

워커의 말은 그가 생각하는 것보다 훨씬 정확하다. 고등 비평은 복음을 설교하는 데 구약을 거의 사용하지 못하도록 만들어놓았다. 심지어 복음전도자들마저 현대 세계가 전반적으로 구약을 사용하지 않는다는 사실을 의식하고 있기 때문에 비그리스도인에게 진리를 전할 때 구약을 잘 사용하지 않으려 한다(적어도 어느 정도는 말이다). 그들은 아담과 하와 사건, 노아의 홍수, 홍해가 갈라지는 사건 등을 변증까지는 아니더라도 약간 방어적이지 않으면 이야기하기가 어렵다고 생각하게 된 것이다. 그러나 복음전도자들이 구약을 잘 사용하지 않게 된 주요 원인은 다른 데 있을지도 모른다.

---

12) "The Case of Prof. George Adam Smith" in *The Presbyterian and Reformed Review*(Philadelphia, October 1902), p. 596.

우리는 지금까지 이 시대에 적실하고 이 시대의 필요를 채워줘야 한다는 요청에 지나치게 사로잡혀 있었다. 즉 현대 생활은 그것이 안고 있는 모든 문제와 함께, 과거 어느 세대와도 다르게 아주 독특하다는 사실을 상당히 강조해 왔다. 그래서 구약을 언급만 해도 시대에 뒤떨어진 소리처럼 들리지 않을까 두려워하는 것이다.[13] 그것만으로는 우리를 단념시키지 못할까 봐, 복음주의 안에도 구약을 통한 복음전도 설교를 맹공격하는 사람들이 있었다. 그들은 어떤 경우든 구약이 그리스도인과 거의 관계가 없다고 주장했다. "구약은 유대인을 위한 책이다", "구약에는 은혜가 전혀 없다"고 하면서 우리는 구약 없이도 잘해낼 수 있다고 주장했다.

마틴 로이드존스는 이런 상황을 곰곰이 생각하며 "복음주의자들이 무의식적으로 하나님 말씀을 부인하는 방법"이라는 제목으로 설교한 적이 있다. 또한 "구약과 신약의 지나친 분리"라는 설교도 전했다. 그는 구약이 지금의 우리와 아무 관계가 없다고 말하는 것이 잘못된 생각이라는 것, 우리에게는 오직 한 가지 언약밖에 없다는 사실을 보지 못하는 것, 그리고 이런 태도 때문에 결국 구약을 경건한 문학 작품 정도로만 여길 뿐 전반적으로 무시하게 되었다는 것 등을 말했다.[14]

둘째, 로이드존스는 구약을 사용하지 않는 것을 매우 심각한 문제로 보았

---

13) A. W. 토저는 이렇게 쓰고 있다. "오늘날 유행하는 오류는 시대 변화에 따라 교회 역시 변해야 한다는 생각이다. 이 오류 때문에 복음주의 안에 아주 요란하고 거센 종교 활동이 생겨난다. 할리우드를 거룩한 도성으로 착각하는 이런 사고방식은 지나칠 만큼 정도(正道)를 벗어나 있다. 그렇기 때문에 자칭 그리스도인이라는 그들이 하나님의 성령을 모욕한 탓에 천벌을 받아 정신이 이상해진 것이라고밖에는 달리 설명할 길이 없을 것 같다." *Renewed Day by Day: A Daily Devotional*(Camp Hill, Pa.: Christian Publications, 1980), February 7.
14) *The Fight of Faith*, p. 388.

다. 하나님의 계시에서 꼭 있어야 할 부분인 구약을 등한시한다면, 결국 그 결과는 실제로 폭넓은 영향을 끼치게 될 것이기 때문이다. 성경은 두 부분으로 나뉘어 있다. 첫째 부분은 창조 이래 BC 400년까지이고, 둘째 부분은 AD 1세기에 일어난 구속 역사 기간이다. 이 두 부분이 합쳐질 때 비로소 온전한 하나가 이루어진다. 이 점에 관해 로이드존스가 한 대표적인 말이 있다.

> 성경은 한 권으로 된 책입니다. 우리는 이 책을 구약과 신약이라고 부르지만 실은 한 권의 책입니다. 어떤 사람들은 이 책을 여러 권의 책이 있는 하나의 서고라고 말합니다. 그것은 엄청나게 잘못된 생각입니다. 성경은 서고가 아니라, 한 권의 책입니다. 그 안에 66개 부분이 있긴 하지만 단 하나의 주제와 단 하나의 메시지를 담고 있는 한 권의 책입니다.[15]

그는 다른 것이 있다면 그 메시지를 전하는 방식일 뿐이라고 말했다. 다른 곳에서는 다음과 같이 말할 만큼 이 점을 매우 강하게 확신했다.

> 나는 신약과 구약을 분리해서 인쇄하는 것을 좋게 여긴 적이 한 번도 없다. 이것 때문에 결국 어떤 사람들은 신약만 읽게 되는 경향이 생겼다.[16]

구약을 사용하지 않을 경우 실제로 어떤 결과를 낳을지 더 잘 이해하려면 다음과 같은 질문을 던져보아야 한다. "구약의 특별한 목적은 무

---

15) 이 책 257-258쪽을 보라.
16) *Romans, Exposition of Chapters 3.20-4.25: Atonement and Justification* (London: Banner of Truth, 1970), p. 157.

엇인가? 성경의 계시는 그리스도가 전파되기 전에 왜 그렇게 오랫동안 준비되어야 했을까? 인간이 타락한 후 하나님의 아들이 구속 사역을 이루기 위해 이 땅에 오시기까지 하나님은 왜 그렇게 오랜 기간을 두셨을까?" 구약은 인간이 오직 거룩하신 구세주만이 구원해 줄 수 있는 상황에 빠져 있다는 사실을 길고 상세하게 증명해 주고 있다는 것이 이 질문들에 대한 대답 아닐까? 구약은 사실 죄라는 광야에서 "너희는 여호와의 길을 예비하라"(사 40:3)고 외치는 소리다. 그리고 그 목적은 "모든 입을 막고 온 세상으로 하나님의 심판 아래에 있게 하려 함이다"(롬 3:19). 그것이 사실이라면 우리는 다음과 같은 분명한 교훈을 추론해낼 수 있다. 구약 메시지에 무지하긴 하지만 그리스도를 잘 믿는 사람이 있을 것이라고 기대하는 것은 우리 자신이 하나님보다 지혜롭다고 생각하는 것이라는 교훈이다.

인간은 세상을 사랑하사 독생자를 이 땅에 보내주신 분이 바로 온 우주를 만드신 창조주이자 온 열방의 주이며, 아브라함과 이삭과 야곱의 하나님, 다른 신이 아닌 바로 그 하나님이라는 사실을 알아야 한다. B. B. 워필드는 "기독교를 제거할 수 있는 방법"이라는 글에 이렇게 썼다.

> 성경에서 사실을 모두 증발시키고, 성경에 나온 이야기들이 역사적 사실이라는 것을 무시하고 따로 제쳐놓을 것. 그러면 사람들은 기독교의 필요성을 전혀 보지 못하고, 아주 태평하고 무관심하게 살아갈 것이다.[17]

19세기 초, 열정은 있지만 훈련을 제대로 받지 못한 채 남태평양의 타

---

17) *Selected Shorter Writings of B. B. Warfield*, ed. John E. Meeter(Nutley, N. J., 1970), vol. 1, pp. 51-60.

히티 섬으로 떠난 선교사들이 있었다. 그들은 원주민이 어린아이처럼 단순한 마음으로 복음을 기다리고 있을 거라고만 생각하고 무작정 떠났다. 그러나 막상 섬에 도착한 그들은 엄청난 충격을 받았다.

오늘날 복음주의권에서도 같은 오류가 발견되고 있다. 그들은 우리가 해야 할 일이 그저 사람들에게 그리스도와 그분의 구원을 말해 주는 것이라고 말한다. 그러면 그들이 그리스도를 영접하고 싶어할 것이라고 말이다. 그것이 사실이라면 구약에 나온 계시들은 전혀 필요 없을 것이다. 구약을 그냥 지나친다는 것은 곧 인간은 반드시 죄의 사악성을 깨달아야 한다는 사실을 무시하는 것이다. 따라서 구약에 나온 증언을 모르는 사람들이 여전히 태평하고 무관심하며 냉담하다는 사실에 전혀 놀랄 필요가 없다.

구약을 신실하게 설교하지 않을 경우, 교회는 다음과 같은 일을 피할 수 없을 것이다. 바로 사람들이 죄의식과 하나님을 향한 경외심을 잃어버리는 것이다. 우리는 때로 전혀 예상하지 않은 곳에서 이 두 가지 상실을 듣게 된다.

R. W. 데일은 버밍엄에서 존 제임스의 사역을 이어받았다. 그는 지난 세기에 가장 위대한 복음주의 강단을 이어받은 것이다. 그러나 애석하게도 데일은 다른 많은 사람처럼 구약에 대한 기독교의 역사적 관점을 저버렸다. 살아 있는 동안 그는 그 견해를 저버린 결과를 볼 수 있었다. 그리고 삶을 마감하기 전 어느 날, 그는 한 친구에게 이렇게 말했다. "로저스, 이제 아무도 하나님을 두려워하지 않는다네."[18]

데일의 이 고백을 W. G. T. 셰드의 말과 관련지어 생각해 보라. 그러면 20세기 기독교가 전혀 부흥하지 않은 이유를 알 수 있을 것이다. 셰드는 "경외심을 활용하라"라는 설교에서 이렇게 말했다.

기독교에서 일어난 모든 위대한 각성은 사람들이 하나님의 존엄성을 깨닫고 그분을 경외할 때 비로소 시작되었다. 그리고 이 선행된 두려움이 예비한 사랑과 믿음 속에서 그 각성은 극에 달하고 기쁘게 완성되었다.[19]

로이드존스도 같은 주제에 관해 언급했다. "복음전도와 부흥이라는 문제를 보면 우리가 계속 구약에 주목해야 하는 중요성이 더 분명해진다."[20]

구약으로 복음을 설교하게 된 배경

20세기 초에 구약을 소홀히 여기는 일이 흔했다면, 로이드존스는 어떻게 목회 초부터 구약을 사용해서 설교할 수 있었을까? 그것을 어디서 배웠을까? 혹시 어릴 때 그런 식으로 설교한 사람들을 본 적이 있기 때문일까? 절대 그렇지 않다. 사실 그가 자란 교단이나 어릴 때 다닌 교회는 누구나 자신을 그리스도인으로 간주해야 한다고 권장했다. 그는 당시를 이렇게 회고했다.

---

18) G. H. Morrison, *Flood-Tide*(London, n.d.), p. 108에서 인용. 모리슨은 전반적으로 인기 있던 그 견해에 반박하기 위해 구약은 "인간의 자연적인 성향을 상쇄하기 위해 보존된 것"이라고 말했다. "복음에 나타난 하나님은 우리에게 매우 친밀하게 찾아오시고 예수님의 사랑 속에 나타난 하나님의 사랑은 형제처럼 다정하기 때문에 단지 그 사랑만 깨닫는다면 하나님에 대한 경외심은 잊어버린 채 그분과 친숙해질 위험이 있다. …… 살아 계신 성령이여, 우리의 영적인 눈을 열어주셔서 우리로 하여금 다시 하나님을 두려워할 줄 알게 해주소서! 우리가 주님 경외하는 법을 좀 더 배우기 전에는 절대 주님을 더욱 사랑하거나 더욱 잘 섬길 수 없을 것입니다!"
19) W. G. T. Shedd, *Sermons to the Natural Man*(1876: Banner of Truth, 1977), p. 331.
20) *Romans, Exposition of Chapter 1*(Edinburgh: Banner of Truth, 1984), p. 95.

그것은 내 진상을 있는 그대로 알게 해주는 설교가 아니었다. 나는 나로 하여금 죄를 깨닫게 해서 내 필요를 보게 하고 진정으로 회개하게 해주는 설교, 중생에 대해 무언가 말해 주는 그런 설교가 필요했다. 그러나 나는 그런 설교를 한 번도 들어본 적이 없다. 우리가 듣던 설교는 늘 우리는 모두 그리스도인이라는 전제 아래 전하는 설교였다.[21]

그가 어릴 때 들은 설교 가운데 구약 본문에 근거한 설교는 아주 감상적이고 도덕적일 뿐이었다. 한마디로 말해서 나중에 로이드존스가 한 설교와는 성격이 전혀 달랐다.

그렇다면 혹시 고전 또는 현대 기독교 문서를 통해 구약으로 복음을 설교해야 한다는 통찰을 얻은 것일까? 이 질문에 답하기 전에 다음 예를 보자. 1925년, 로이드존스가 자신을 목회자로 부르시는 하나님의 부르심을 두고 씨름하던 바로 그해에 O. T. 앨리스가 쓴 두 편의 글이 〈프린스턴 신학 평론〉(*Princeton Theological Review*)에 실렸다. 제목은 각각 "구약의 강조들"과 "현대 사상"이었다. 앨리스는 구약이 강조하는 것들을 말하면서 이렇게 썼다.

이 강조들에 대해 가장 놀라운 사실은 자칭 그리스도인이라는 사람들마저 그것을 굉장히 무시하고 부인한다는 사실이다. 그러나 이것은 하나님 말씀을 선포하는 목회자가 "현대인"의 신앙과 삶 속에 구약이 다시 그 자리를 찾을 수 있도록 최선을 다하는 일이 얼마나 필요한지를 더욱 자명하게 해줄 뿐이다. 수일, 수년, 수세기 전 사람들과 마찬가지로 현대인

---

21) *Preaching and Preachers*, p. 146. 『설교와 설교자』, 복있는사람.

에게도 여전히 구약은 강조되어야 한다.[22]

혹시 로이드존스가 앨리스의 두 기사를 읽고 영향을 받은 것은 아닐까? 그렇지 않다. 그는 1925년 당시 프린스턴 신학자들의 글을 읽은 적도, 그들에 대해 아는 것도 없었다. 또 그 주제를 그렇게 생각하는 데 도움이 될 만한 다른 어떤 글도 읽은 적이 없다. 물론 책이 그의 장래 사역에 중요한 도움이 된 것은 사실이다. 그러나 이 문제에 관해서는 책이 보탬이 되었다고 생각하지 않는다. 그렇다면 로이드존스가 회심하지 않은 사람들에게 구약을 사용해서 설교하는 법을 배우게 된 출처는 전혀 다른 데 있다는 결론에 이른다. 1920년대 초, 그는 런던에서 구약 역사가 그대로 재현되는 것을 여러 번 목격했는데 바로 그것에서 그런 설교법을 배운 것이다!

당시 그는 의학계에서 상당한 저명인사가 될 수도 있는 출발을 하고 있었다. 당대에 성공적이며 위대한 의학계 인사, 그중에서도 가장 명석하다는 의학계 지성들과 어깨를 나란히 하고 있었다. 상관인 토마스 호더 경을 통해 왕과 국무총리의 의학 기록을 접할 수 있었을 뿐 아니라 그들을 개인적으로 진찰할 기회도 있었다. 이런 경험과 정보를 통해 그는 과연 무엇을 알게 되었을까?

로이드존스는 하나님 말씀에 나타난 있는 그대로의 인간 본성을 보았다. 인간은 오만하고 교만하며 불행하고 탐욕적이며 정욕이 강하고 불만에 가득 찬 존재라는 사실을 깨달은 것이다. 뿐만 아니라 구약에서 증언하고 있는 것들이 자기 양심 속에서도 그대로 생생하게 재현되고

---

22) *Princeton Theological Review*(Princeton, N. J.), July and October, 1925.

있음을 의식하였다. 자기 마음이야말로 만물 중 가장 거짓되고 사악하다는 사실, 자신이야말로 하나님 없이 살 수 있다고 생각한 어리석은 사람이라는 사실, 하나님을 떠나 홀로 광야를 헤매며 거할 성을 찾지 못해 불안에 떠는 비그리스도인이었다는 사실을 깨달은 것이다. 그 사실을 깨달은 그는 마침내 그러한 곤경 속에서 하나님께 부르짖었다. 그러자 하나님이 개입하셔서 그를 어둠에서 건져내시고 사랑하는 아들의 나라로 옮겨주셨다. 우리는 로이드존스가 회심하게 된 자세한 경위를 거의 알지 못한다. 그러나 그가 얻은 새 생명과 목회자로 부르심 받은 것 사이에는 아주 밀접한 관계가 있다는 사실은 알고 있다.

그는 자신의 필요를 보면서 다른 사람들의 필요도 보게 되었다. 의사로 일하다 곧바로 강단에 서보니, 구약이 기록된 이래 지금까지 인간 본성은 조금도 변하지 않았다는 사실이 매우 뚜렷하게 보인 것이다. 구약에 나온 사람들이 서로 이름만 바꾼 채 포트탤벗에 그대로 살고 있었다. 여기서 그는 구약성경을 거울처럼 들어올려 비추기로 했다. 그러면 사람들이 하나님의 긍휼 속에서 자신을 보고, 구세주가 필요하다는 사실을 발견할 것이라고 생각했다. 로이드존스가 그토록 권위 있고 확실하게 구약을 설교하게 된 것은 이처럼 자신의 체험에서 우러나온 것이다.

보통 강단에서는 자신에 대한 이야기를 하지 않는다는 것이 로이드존스의 설교 철학이다. 포트탤벗에서 구약으로 복음을 설교할 때도, 자신에 관한 이야기를 하거나 설교 본문에 나오는 인물과 자신의 생애 사이의 유사점을 지적하는 일은 전혀 없었다. 한 가지 분명한 것은 다른 어느 누구에게 적용하기 전에 그는 먼저 본문 속에서 자기 자신을 보았다는 사실이다.[23] 그 후 평생 동안 지속된 이 습관은 1960년에 한 어느 설교에도 잘 나타나 있다.

당시 그의 주제는 "나아만은 …… 크고 존귀한 자니 …… 그는 큰 용사이나 나병환자더라"(왕하 5:1-14)고 기록된 아람 왕의 군대 장관 나아만이었다. 여러분도 아마 로이드존스가 이 본문으로 어떻게 설교했을지 상상이 갈 것이다.

그는 우선 인간의 경험에는 언제나 "그러나"가 있고 고통스러운 일, 낙심되는 일, 가슴 아픈 일이 있다는 사실을 증명하면서 설교를 시작했다. 이 세상에 조금도 일그러지지 않은 채 완전히 행복하고 평화로운 인생은 하나도 없다. 죄는 이 땅에서 가장 위대하고 성공한 사람에게도 영향을 끼치는 보편적인 문제다. 그 문제는 인간의 어떤 치유책으로도 해결할 수 없다.

여기 두 왕, 아람 왕과 이스라엘 왕이 있다. 그러나 둘 다 나아만의 나병을 치료할 방법을 전혀 모르고 있다. 그 문제는 그들이 해결해 주기에는 몹시 컸다. 그들이 고쳐주기에는 나병이 너무 더럽고 불결했다. 게다가 적당한 의약품도 없었다. 인간의 힘으로는 정말 어떻게 할 수 없는 무력한 상황이었다. 이처럼 무력하게 있을 때, 이스라엘에서 잡혀 온 어린 여종이 한 가지 정보를 전한다. 살아 계신 하나님의 선지자 엘리사가 사마리아에 있다는 것이다. 여종은 하나님이 그 선지자를 통해 나병환자도 고치실 수 있다는 사실을 알고 있었다. 이 말을 듣고 마침내 존귀하고 위대한 장군 나아만이 엘리사에게 간다. 그러나 그는 엘리사 선지자가 자신을 푸대접한다며 발끈한다. 굴욕과 함께 모욕을 느낀 그는 엘

---

23) 로이드존스는 포트탤벗으로 가던 해에 결혼하였다. 그의 아내는 로이드존스가 과연 목회자의 역할을 잘 감당할 수 있을지 내심 의혹을 품었다. 그래서 그가 목회 사역을 시작하기 전에 "당신이 정말 설교할 수 있을지 어떻게 알아요?"라고 물어보았다. 그때 로이드존스는 이런 의미심장한 대답을 했다. "나는 내가 나 자신에게 설교할 수 있다는 걸 안다오."

리사 선지자가 제안한 방법으로는 나병을 치료받고 싶지 않았다.

　로이드존스가 자신의 경험에 근거해서 열변을 토하는 것도 바로 이 부분이다. 나아만은 특별한 대접을 받지 못했다는 이유로 기분이 상했다. 여기서 로이드존스는 성도에게 말했다. "이 순간 여러분 가운데에도 이런 이유 때문에 기분이 상한 사람이 많을 것입니다." 사람들은 복음이 모든 사람을 비슷하게 대하는 것, 누구에게도 특별한 주의를 기울이지 않을 뿐 아니라 그 누구도 존경하지 않는 것이 기분 나쁘다. 사실 나아만은 다른 나병환자와 같은 환자일 뿐이다. 그런데 무슨 이유로 특별 대접을 받아야 한단 말인가? 나아만은 엘리사 선지자의 말이 자존심을 건드렸다는 이유로 그가 제시한 치유책을 따르지 않으려고 했다.

> 나아만을 보십시오. 여기 나병환자가 있습니다. 자기 능력으로는 물론 의사나 현자, 점성가도 그를 고쳐줄 수 없습니다. 심지어 자기 나라 왕도, 이스라엘 왕도 고쳐줄 수 없습니다. 그런데 이 어리석은 사람을 보십시오. 이런 사람을 두고 어리석다는 것 말고 달리 표현할 말이 있습니까? 그는 지금 한낱 나병환자일 뿐입니다. 무력하고 절망에 빠진 사람입니다. 어느 누구도 그를 위해 무엇 하나 해줄 수 없는 상황입니다. 그런데도 엘리사가 한 말을 가지고 이러쿵저러쿵 비난하며 반대하고 항의하다니, 세상에 이렇게 어리석은 사람이 어디 있습니까? 여러분 같으면 이 사람을 뭐라고 부르시겠습니까? 미련하고 둔한 사람 아닙니까?

　그런 다음 로이드존스는 나아만과 설교를 듣고 있는 비그리스도인에게 그 요점을 적용해 가면서 계속 설교했다. 인간은 모두 비참한 실패자에 지나지 않으며, 하나님이 이 세상에 보내신 해결책인 예수님을 비난할 만큼 어리석은 존재라고 말했다. 그렇게 몇 마디 말한 후, 그는 전혀 예상하지 못한 의미심장한 간증을 한다.

> 저는 지금 나아만에 대해 좀 모질게 말하고 있습니다. 저는 사실 이 사람을 아주 유감스럽게 생각합니다. 제가 이 사람을 매우 잘 이해하고 있기 때문입니다. 저도 한때 나아만의 자리에 있었습니다. 여러분이 보시는 다른 모든 사람과 마찬가지로 저도 한때 그 자리에 있었습니다.[24]

이 말에서 우리는 그가 구약 본문으로 복음전도 설교를 하게 된 열쇠를 발견하게 된다. 바로 자신의 체험에서 그런 설교가 나온 것이다. 그는 존 번연과 마찬가지로 자신이 "생생하게 느낀" 것을 설교하였다.

마틴 로이드존스가 이해한 구약의 주요 강조점

먼저 성경은 죄의 모습을 있는 그대로 계시한다. 로이드존스는 구약 본문을 사용한 도덕적 설교와 진정한 복음전도 설교는 다르다고 믿었다. 복음전도 설교와 달리 도덕적 설교는 오직 죄의 증상이나 부차적인 특징만으로 죄를 다루기 때문이다. 죄가 얼마나 심각한 것인지, 죄의 본질이 얼마나 무서운 것인지는 하나님과의 잘못된 관계나 태도와 관련되어 드러날 때 비로소 이해할 수 있다.

죄는 하나님에 대한 반역이자 반항이다. 죄는 인간이 하나님의 뜻에 반하여 자기 뜻을 주장하는 것이다. 하나님을 무시하고 거부하는 것이

---

24) 이 책 270쪽 이하를 보라.

고, 하나님과 대적하여 싸우는 것이며, 하나님의 영광을 위해 살기를 거부하는 것이다. 성경은 인간이 하나님을 대적하여 "진노" 아래 있다고 말한다. 마틴 로이드존스는 시편 76편 10절, "사람의 노여움은 주를 찬송하게 될 것이요"라는 말씀으로 설교할 때, 이렇게 말했다.

> 인간은 하나님께 등을 돌리고 마음에 하나님을 향한 적개심을 품고 이 세상에서 하나님을 떠나 그분 없이 살아보려고 애쓰고 있습니다. 그는 하나님을 일일이 참견해서 모든 일을 망쳐놓는 분으로 생각합니다. …… 그것이 바로 시편 기자가 "사람의 노여움"이라고 말하는 구절의 참뜻입니다. 우리는 이 위대한 이야기가 성경에 그대로 펼쳐져 있는 것을 보고 있습니다. 이것은 세상의 일반 역사를 이해하는 데 가장 중요할 뿐 아니라 하나님과 싸우는 인간, 하나님 앞에서 자신을 겸비하지 않는 인간, 오만불손하게 그 정반대로 행하는 인간을 이해하는 데도 가장 중요한 열쇠입니다. 우리가 성경에서 보는 것은 바로 영화로우신 하나님과 죄 가운데 빠진 인간 사이에서 일어나는 갈등에 관한 이야기입니다.

타락 때문에 하나님과 자신의 관계가 완전히 잘못되었다는 것을 깨닫지 못하는 한, 인간은 자신의 문제를 어떻게 다뤄야 할지 전혀 이해하지 못한다. 로이드존스는 청중 가운데 아직 회심하지 않은 사람들과 접촉점을 만들기 위해 인생과 이 땅에서 일어나는 다양한 문제를 이야기하며 설교를 시작할 때가 많았다. 그런 문제들을 예로 들어가면서 그는 근본적으로 잘못된 것이 있는데도 눈감고 있는 것이 바로 인간의 비극이라는 것을 보여주었다. 즉 인간은 자신이 직면하고 있는 문제를 어느 정도 깨달을 수 있지만, 그 근본적인 문제가 하나님과의 관계에 있다는 사실은 보지 못한다는 것이다.

1947년 서양 세계 전체가 원자폭탄과 핵전쟁 문제로 떠들썩할 때, 로이드존스는 브니엘에서 야곱이 회심한 사건으로 두 편의 설교를 했다. 처음으로 이 책에 실린 두 설교의 내용은 이렇다. 형 에서의 분노(그가 분노하는 것은 당연하다)가 무서워 오랫동안 고향을 떠나 있던 야곱이 마침내 가나안으로 돌아온다. 이때 야곱은 에서의 협박, 에서가 거느린 장정 400명이 자신에게 닥친 문제라고 생각한다. 그래서 그 위험을 모면하기 위해 가축과 가족을 자기 앞서 줄줄이 보낸다. 그러나 야곱은 자신의 문제가 그보다 훨씬 근본적인 것이라는 사실을 알아야 했다. 에서에 관한 모든 것을 다 잊어버리는 자리까지 가야만 했다.

> 야곱이 브니엘에서 가장 처음 발견한 것은 바로 자신의 진짜 문제였습니다. 정중하게 말하자면 문제는 에서가 아니라 바로 하나님이었습니다. 이 사람 야곱의 주요 관심사는 "내가 어떻게 하면 형의 마음을 누그러뜨릴 수 있을까?"였습니다. 그런데 하나님은 다르게 말씀하셨습니다. "사랑하는 야곱아, 네게 필요한 건 에서와 화해하는 것이 아니라 나와 화해하는 것이다." 이것이 바로 이 시대가 겪고 있는 어려움과 고민의 본질입니다. …… 인간은 하나님에 의해 하나님의 형상대로 만들어졌습니다. 인간은 하나님과 교제하도록 만들어졌습니다. …… 복음은 우리에게 찾아와 우리가 하나님을 떠나고 그리스도를 떠나 살아가는 것으로 인간 본성에 완전히 위배된 삶을 살고 있다는 사실을 일깨워줍니다. 우리는 지금 하나님을 전적으로 모욕하는 삶을 살고 있습니다. …… 물론 우리에게는 생명을 위협하는 위험이 있습니다. 우리에게 그런 위험이 없다고 말씀드리는 것이 아닙니다. 그러나 몇 년 안에 죽게 될지 모를 위

험보다 훨씬 크고 중요한 위험이 있습니다. 바로 하나님과의 잘못된 관계 때문에 내 영혼이 지옥으로 가서 비참함과 고통 가운데 영원히 살게 될지도 모른다는 사실입니다. 그것이 바로 우리가 직면하고 있는 위험입니다! 에서가 아닙니다. 생명을 위협하는 무언가가 아닙니다. 경제 상황이 아닙니다. 문제는 그런 것들이 아닙니다. 궁극적으로 우리 자신이 문제입니다. 에서가 아니라 하나님이, 에서가 아니라 바로 나 자신이 문제입니다. 문제는 내가 어떤 사람이 되어야 하느냐가 아닙니다. 내 재산이나 소유물, 내가 사는 나라가 아닙니다. 죽지 않고 영원히 살게 될 내 영혼을 잃어버리는 것, 나의 영원한 미래를 위험하게 만드는 것, 이것이 문제입니다.[25]

로이드존스는 바로 이 지점에서 출발하였다. 그리고 줄곧 이것을 진정한 복음전도를 위한 유일하고 건전한 출발점으로 보았다. 역사적으로 실제 일어난 타락 때문에 온 인류가 하나님에게서 멀어진 것, 그는 모든 사역에서 이 사실을 강조하고 있다. 그는 설교를 듣는 이들에게 끊임없이 이렇게 질문했다.

여러분은 하나님을 향한 자신의 태도가 어떤지 한 번이라도 생각해 보신 적 있습니까? 혹시 지금 하나님께 반항하고 있지는 않습니까? 하나님을 증오하고 있지는 않습니까? 자기 자신이 하나님보다 잘 안다고 생각하지는 않습니까? 만일 그렇다면, 여러분이 지금 당하고 있는 고난은 앞으로 당하게 될 고난에 비하면 아무것도 아닙니다. 그런 태도가 바로 모

---

25) 이 책 95-99쪽을 보라.

든 질병과 환난의 근본 원인입니다. 그런 태도가 바로 모든 고난과 고통과 혼란의 원인입니다. 유일한 소망은 그것이 잘못된 태도라는 것을 인식하고 직면한 다음, 진심으로 뉘우치고 회개하여 하나님께 돌아서는 것입니다.[26]

이 출발점에서 그가 추론해낸 두 가지 사실이 있다.

첫째, 마치 죄가 모든 행동의 주요 문제인 것처럼 설교해서는 절대 안 된다는 것이다. 인간이 저지르는 죄 된 행위보다 훨씬 큰 문제는 바로 죄성(罪性)이다. "육신의 생각은 하나님과 원수가 된다"(롬 8:7). 이기적인 채로 남아 있는 매우 "종교적인" 교인들 역시 방탕한 사람과 마찬가지로 분명히 지옥에 갈 것이다.

둘째, 사람은 자신의 실상을 알기 전에는 절대 올바른 정신으로 복음을 대할 수 없다는 것이다. 자신의 실상을 깨닫지 않는 한, 죄에 대해 토론하고 생각하는 것은 아무런 도움이 되지 않는다. 진정으로 우리에게 필요한 것은 개인적으로 하나님을 만나는 것이다. 하나님을 만나는 자리에 이르려면 반드시 하나님 앞에 자신을 낮추고 순복해야 한다. 로이드존스가 이 사실을 강조한 전형적인 예는 불붙은 떨기나무를 본 모세에 관한 설교에 잘 나타나 있다.[27]

둘째, 성경은 하나님 없는 인생이 전적으로 무익하다고 계시한다. 로이드존스는 진정한 복음전도 설교에서 반드시 복음 자체가 주요 주제일 필요는 없다고 여겼다. 오히려 사람들에게 복음이 필요하다는 사실을 깨

---

26) 1963년 2월 3일에 전한 이사야 1장 1, 2절 설교로 아직 출판되지 않았다.
27) 이 책 4장을 보라.

닫게 해주는 진리야말로 주요 주제가 되어야 한다고 생각했다. 그것이 바로 구약 역사의 목적이라고 본 것이다.

구약은 개인에 관한 이야기든 나라에 관한 이야기든 결국 사람들에 관한 기록을 담고 있다. 그런데 그 기록은 모두 한 목소리로 인간이 존재한 모든 역사는 약함과 실패와 사망의 기록이라는 사실을 말해 준다. 인간은 하나님을 떠나서는 내적 갈망을 절대 만족시킬 수 없는, 아주 약하고 황폐한 한낱 피조물에 지나지 않는다. 인간은 자신은 물론 다른 사람들도 다시 낙원으로 돌아가게 하겠다는 목적을 갖고 있지만, 절대 달성하지 못할 것이다. 그는 궁극적인 화평을 소망하지만 그 소망을 절대 이루지 못할 것이다. 성령도 성경에서 바로 이것을 증명하고 있다. 로이드존스는 이 사실을 증명하는 것이 설교자의 소명이라고 보았다.

마틴 로이드존스는 구약에 나오는 인물을 설교하다 말고 아무 거리낌 없이 그 이야기를 이 시대에 적용하기도 했다. 열왕기상 1장 41절에서 아도니야에 대해 설교할 때가 바로 그 좋은 예다. "아도니야 이야기는 바로 이 시대를 살아가고 있는 수많은 사람의 삶을 그대로 설명해 주고 있습니다"라는 주장에서 우리는 그의 이런 사고방식의 특징을 엿볼 수 있다.

그는 구약에 나오는 나라들의 역사도 같은 교훈을 선포하고 있다고 보았다. 인간은 자신이 안고 있는 문제를 다룰 수 없다. 애굽의 권세, 가나안 족속의 권세, 바벨론과 다른 모든 위대한 제국이 누린 권세는 일시적인 것으로 곧 영원히 사라져버렸다. 이 위대한 문명국들은 하나하나 발흥했으나 모두 무너지고 말았다.[28] 이스라엘 역사만 보아도 이 사실

---

28) Romans, Exposition of Chapter 1, p. 84.

을 알 수 있다. 이스라엘은 택함받은 백성으로 선천적인 종교적 탁월함을 보여주기는커녕 자유주의자들의 주장처럼 최고의 특권을 누리고 있을 때조차 인간은 끊임없이 하나님을 떠난다는 사실만 보여주었다.

남웨일스 지방에서 목회하던 초기 시절에도 그는 이 주제를 설교했다. 그 후 런던에서 설교한 내용과 비교해 볼 때 다른 점이 한 가지 있었다. 후기 사역에서는 인간의 모든 기대가 얼마나 공허한지 보여주기 위해 현대 비그리스도인 속에서 그 사실을 지지할 만한 증거들을 좀 더 직접적으로 활용한 것이다.

지금까지 마틴 로이드존스는 보편적인 생각, 즉 구약은 오늘날보다 매우 뒤떨어져 있기 때문에 현대인에게 도저히 설교할 수 없다는 생각에 전혀 위협받지 않았다. 그래서 종종 즉석에서 그 점을 쟁론하기도 했다. 특히 1961년에 한 어느 설교에서는 아주 인상적으로 그 일을 해냈다. 당시 세상은 소련의 우주 비행사 유리 가가린과 그의 첫 유인 우주 비행에 관한 뉴스로 온통 들떠 있었다. 당시 로이드존스가 한 설교 본문은 욥기 28장이었다.

> 그러나 지혜는 어디서 얻으며 명철이 있는 곳은 어디인고 …… 또 사람에게 말씀하셨도다 보라 주를 경외함이 지혜요 악을 떠남이 명철이니라 (12, 28절).

그는 우선 청중의 흥미를 불러일으키기 위한 한 가지 방법으로 인류는 지금까지 모든 세기를 통해 많은 정보를 축적해 왔다는 사실을 인정했다. 그런 다음 소련 우주 비행 탐사를 넌지시 암시하며 욥은 유리 가가린에 대해 한 번도 들은 적이 없다고 말했다. 욥은 그에 대해 전혀 들지 못했다. 그러면서 그는 지혜가 단순한 지식이나 정보와 매우 차원이 다르다는 사실을 입증하기 시작했다.

현대인이 정말 얻은 것은 무엇인가? 현대인이 알고 있는 그 모든 지식은 현재 무엇을 만들어내고 있는가? 예를 들어 어떤 영국인이 뉴욕에 갔는데 어떻게 살아야 할지 전혀 모른다고 하자. 그렇다면 그가 런던에서 뉴욕까지 다섯 시간 만에 도착한다 한들 무슨 소용이란 말인가? 인간은 그저 먹거나 마시거나 성에 탐닉하기 위해 이 세상에 존재하는 한낱 동물에 지나지 않는다는 것이 현대인의 인간관이다. 그렇지만 정말 지혜로운 사람이라면 이런 질문을 던져야 할 것이다. "인생이란 무엇인가? 지금 내 인생은 어디로 향하고 있는가? 어쩌면 갑자기 죽게 될지도 모르는데 어떻게 이토록 태평할 수 있단 말인가? 어떻게 하면 미지의 영원한 세계를 들여다볼 수 있을까?"

그런 다음 로이드존스는 하나님에 대한 인간의 무지를 계속 증명해 나갔다. 그러다가 마침내 긴 설교 마지막에 가서 설교를 듣는 이들이 다음과 같은 확실한 결론에 이르도록 인도했다.

"주를 경외함이 지혜요." 이게 무슨 뜻입니까? 여러분, 이것은 말 그대로 아주 간단합니다. 하나님과 그분의 길에 우리 자신을 전적으로, 절대적으로, 전폭적으로 복종시켜야 한다는 뜻입니다. 하나님을 떠나서는 어떤 지혜도 있을 수 없습니다. 그 지혜는 돈으로도 살 수 없습니다. 우리는 그 지혜를 갖기 위해 아무것도 지불하지 않아도 됩니다. 그것은 하나님이 우리에게 값없이 주시는 선물입니다!

셋째, 구약은 무엇보다 하나님에 관한 책이다. 그의 사고방식이 구약에 관한 현대 개념과 반대되는 지점이 있다면 바로 이것일 것이다. 현대 개념에 따르면 구약은 인간의 종교 발달사, 유대인의 점진적인 발견의 기록에 지나지 않는다. 그러나 로이드존스는 그렇게 말하는 것이 바로 눈이 멀었음을 증명한다고 믿었다.

성경은 계시다. "네가 하나님의 오묘함을 어찌 능히 측량할 수 있느냐?"(욥 11:7)는 질문에 성경은 단호하게 "그럴 수 없다!"고 답한다. "하나님은 높으시니 우리가 그를 알 수 없고"(욥 36:26). 이 하나님이 우리를 찾아오셔서 그분의 말씀인 성경에서 자신과 자신의 뜻을 알려주셨다.

> 사람들은 성경에서 왕과 백성에 대한 이야기를 읽고 무슨 뜻이냐고 묻는다. 그 모든 것은 단순히 하나님의 주권과 영광, 능력과 권능과 통치를 나타낸다. 우리가 좋아하든 좋아하지 않든 성경은 하나님이 만유 위에 계시며 앞으로도 계속 만유 위에 계실 거라고 주장한다. 이 사실을 인식하고 기쁘게 받아들여 자기 자신을 하나님께 복종시키고 그분을 영화롭게 하지 않는 사람은 조만간 그렇게 하도록 강요받게 될 것이다.29)

설교의 목적은 사람들에게 이 하나님의 비전을 직면시키는 것이다. 그동안 열방이 억측해서 만들어낸 신들, "사람의 손으로 지은 세상 사람의 신들"(대하 32:19)이 아니라 살아 계신 하나님, 전능하고 무한하며 영원하신 하나님, 그 하나님의 비전을 대면하게 하는 것이다. 우리를 지으신 하나님, 우리를 개인적으로 아시며 또한 그 능력으로 만유를 붙들고 계신 하나님, 우리를 주권적으로 다스리시는 하나님, 그 손으로 우리의 호

---

29) 1951년 3월 25일, 시편 70편 10절 설교.

흡을 주장하시는 하나님, 우리의 거룩하신 재판관으로 이 땅에서 산 우리 모두의 인생을 계산하실 하나님, 그 하나님의 비전을 사람들에게 직면시키는 것이다.

영국의 최고 랍비 조나단 삭스는 이런 글을 썼다. "하나님은 우리 문화의 많은 부분에서 추방되었지만 우리가 들어오시도록 영접해 들이는 곳에는 존재하신다."[30] 그러나 이것은 성경에서 말하는 하나님에 관한 견해와 전혀 다르다. 성경이 말하는 하나님은 우리의 모든 행동과 결정 위에 계신 분으로 그 뜻이 절대 좌절되지 않으신다. 그리스도는 제자들에게 하나님이 "오직 몸과 영혼을 능히 지옥에 멸하실 수 있는 이"(마 10:28)라는 것을 두려워하라고 말씀하셨다.

현대 종교인은 경고와 협박 형식의 메시지를 경시한다. 그러나 그것이 바로 하나님이 우리에게 말씀하시는 방법이다. 하나님은 노아의 홍수 이전에도 그런 식으로 말씀하셨다. 소돔과 고모라에 불이 떨어지기 전에도, 시내산에서도 그런 식으로 말씀하셨다. 그리고 지금도 계속 그런 식으로 말씀하고 계신다. "하나님의 진노가 불의로 진리를 막는 사람들의 모든 경건하지 않음과 불의에 대하여 하늘로부터 나타나나니(현재시제)"(롬 1:18). 우리는 그동안 하나님께 마땅히 돌려드려야 할 영광을 일부러 돌려드리지 않았으므로 모두 지옥에 떨어져 마땅하다. 로이드존스는 하나님의 진노를 알려주지 않는 설교는 진정한 복음전도 설교라 할 수 없다고 믿었다. 어떤 설교든 그런 설교는 비성경적이다.

하나님의 진노를 묘사하기 위해 사용된 단어가 구약에만 20개가 넘는

---

30) "Credo: God exists where we let Him in", 〈Times〉, 8 May, 1993.

다. 이 단어들은 여러 형태로 무려 580번이나 사용되었다. …… 따라서 성경에서 죄에 대한 하나님의 진노라는 개념을 빼버린다면, 구약에는 남는 부분이 거의 없을 것이다.[31]

인간에게 이 진리를 알려주지 않는다는 것은 현재 우리가 하나님과 잘못된 관계를 맺고 있으며, 영원히 멸망치 않으려면 그 관계가 반드시 바뀌어야 한다는 성경의 증거를 알려주지 않는 것과 같다. 하나님의 성품에 대한 거짓 견해들은 결국 사람들로 하여금 성경이 계시하는 바를 오해하게 만든다. 그렇게 될 때 사람들은 구약을 하나의 도덕 법전으로, 우리의 도덕적인 수고와 노력을 요구하는 책으로 보게 될 것이다. 그러나 그렇게 하면, 마치 불신하던 유대인들처럼 우리도 구약의 가장 위대하고 영광스러운 주제, 즉 하나님이 행하신 일들에 우리 눈을 감아버리는 셈이 된다. 구약은 구속사를 증거하는 하나님의 간증이다. 그래서 마틴 로이드존스는 구약 본문으로 설교할 때 이렇게 말했다.

복음과 복음이 제시하는 모든 것은 인간이 아니라 하나님이 행하시는 일이라는 사실을 깨닫지 못한다면, 우리는 복음을 전혀 이해하지 못하는 것입니다. 물론 인간이 하는 부분도 있습니다. 구원 계획에서 인간이 해야 할 부분도 많습니다. 그러나 그 모든 것은 부차적인 것일 뿐입니다. 인간은 오직 하나님이 먼저 행동하시고 인간에게 행할 수 있는 능력을 주실 때에야 비로소 행동하기 시작하는 것입니다. 성경은 인간을 구원하기 위한 하나님의 일하심을 기록한 이야기 외에 아무것도 아닙니다.[32]

---

31) *Romans, Exposition of Chapters 3.20-4.25*, pp. 74, 79.

복음 설교는 사람들에게 그리스도인으로 만들어줄 무언가를 하라고 호소하는 것이 아닙니다. 하나님이 그들을 그리스도인으로 만들어주시기 위해 무엇을 행하셨으며 무엇을 행하실지를 그들에게 공표하고 선포하는 것입니다.[33]

마틴 로이드존스는 구약에 나오는 심판들을 언급하지 않는다면, 결국 우리를 구속하시는 하나님의 사랑이 얼마나 영광스러운지를 충분히 나타내지 않는 것이라고 보았다. 성경에는 창세기 3장을 시작으로 하나님의 심판이 그분의 놀라운 섭리에 의해 어떻게 구속까지 이어지고 있는지가 잘 나타나 있다. 대속물이 약속되어 있다. 속죄 제물과 "뿌리는 피"가 곧 죄인들이 엄청난 값을 치르고 하나님께 돌아갈 수 있는 방편이다. 이삭이 구원받은 방식이 바로 우리가 구원 얻을 수 있는 유일한 방식이다.

> 내 아들아 번제할 어린 양은 하나님이 자기를 위하여 친히 준비하시리라(창 22:8).

이것을 확신하고 있던 로프트하우스 교수는 20세기 초에 이런 글을 썼다.

> 오늘날에는 희생 제물에 관한 가르침이 사람들에게 전혀 관심을 일으키지 못한다. …… 그들은 그 복음주의적 "구원 계획"이 매우 인위적이고

---

32) 포트 탤벗에서 전한 예레미야 30장 18, 19절 설교. 이 책 20장을 보라.
33) 1947년 4월 27일, 창세기 32장 24절 설교. 이 책 88쪽을 보라.

꼴사납다고 생각한다.³⁴⁾

이 말에 대해 마틴 로이드존스는 "그럴 수밖에 없다!"고 대답할 것이다. 자신이 죄인임을 깨닫지 못하는 사람은 복음에 무관심할 수밖에 없다. "건강한 자에게는 의사가 쓸 데 없고 병든 자에게라야 쓸 데 있기 때문이다"(마 9:12). 사람은 하나님 앞에서 자신의 진상을 깨달을 때, 자기 힘으로는 자신을 구원할 수 없다는 사실을 알게 될 때, 나아만처럼 자신이 지금 나병에 걸려 죽어가고 있다는 사실을 깨달을 때 비로소 태도를 바꾸기 마련이다. 따라서 사람들에게 그러한 것들을 이해시켜야 한다. 하나님이 얼마나 공의로우시며 "긍휼이 풍성하신지"를 아는 지식이야말로 영생에 이르는 지식이다.³⁵⁾

마틴 로이드존스는 복음의 모든 본질적인 요소가 구약의 계시 속에 나타나 있다고 보았다. 그는 중생을 오직 신약 시대에만 국한된 개념으로 생각하는 것은 "철저히 비성경적"이라고 간주했다.³⁶⁾ 복음의 모든 요소 가운데 가장 중요한 것, 그의 설교에서 가장 중요한 것이 있다. 바로 구원은 하나님의 역사이기 때문에 아주 광대하고 거대하며, "우리를 전적으로 완전히 변화시키고", 따라서 사람들이 신기해하고 놀랄 수밖에 없다는 사실이다. 단순히 사람들에게 좀 더 훌륭하게 살고 선량해지며 친절해지라고 권면하는 "복음"은 절대 이런 효력이 없다.

이런 복음은 우리 위에 임해서 우리 안으로 파고들어와 그 위엄과 자비

---

34) O. T. Allis in *Princeton Theological Review*, October 1925, p. 600에서 인용.
35) 로이드존스가 나아만 이야기가 나온 성경 구절을 어떻게 다루는지 보려면 이 책 269-282쪽을 보라.
36) *Romans, Exposition of Chapter 1*, p. 95.

로 우리를 압도하지 못한다. 앞서 말한 그런 결과는 항상 하나님의 행위를 공표하는 복음을 선포할 때만 나타난다. 하나님은 아브라함과 야곱과 다윗과 선지자들과 신약의 모든 성도를 놀라게 하셨다.

이 글은 1930년대에 로이드존스가 한 설교에서 가장 기억에 남을 만한 설교의 서론 부분에서 따온 것이다. 당시 그가 설교한 본문은 예레미야 30장 18, 19절이었다.

여호와께서 말씀하시니라 보라 내가 야곱 장막의 포로들을 돌아오게 할 것이고 그 거처들에 사랑을 베풀 것이라 성읍은 그 폐허가 된 언덕 위에 건축될 것이요.

로이드존스는 그 주제를 다음과 같이 나누어 설교했다.

1. "복음이 직면하고 있는 과업." 예레미야 시대에 예루살렘이 멸망한 무더기였던 것처럼 인간도 황폐해졌다. 하나님이 본래 뜻하신 인간의 모습은 완전히 파괴되고 멸망되었다.
2. "오직 복음만이 할 수 있는 과업." 당시 예루살렘성이 멸망했지만 바벨론 포로인 이스라엘 백성은 자신을 도울 힘이 전혀 없었다. 마찬가지로 모든 인간은 실패자로서 자신의 과거를 다룰 능력이 없으며 현재 패배한 상태다. 이스라엘 백성이 예루살렘을 중건할 수 없던 것처럼 그들도 자기 영혼을 새롭게 할 능력이 전혀 없다.
3. "복음만이 감당할 수 있는 과업." 본문에 나온 말씀들은 약속 그대로 성취되었다. 하나님이 이스라엘 백성을 본토로 돌아오게 하셨으

며 옛 성읍이 파괴된 바로 그 자리에 새 성읍을 짓게 하셨다.

하나님이 지금 그 불가능한 일을 행하겠다고 제안하십니다. 그리고 그 불가능한 일을 실제로 행하십니다. 하나님은 오늘 깊은 환난과 재앙 가운데 빠져 있는 우리에게 찾아오셔서 말씀하십니다. 우리가 그동안 무슨 짓을 했는지 그리고 현재 얼마나 절망적인 궁지에 빠져 있는지 깨닫고 좌절과 무력과 비참함을 느끼고 있을 때, 우리에게 찾아오십니다. 그리고 앞으로 무엇을 하실 예정인지 선포해 주십니다. 하나님이 주도권을 쥐고 그분의 때에 친히 행동하십니다. 우리에게 이적을 행하겠다고 선포하십니다. "성읍은 그 폐허가 된 언덕 위에 건축될 것이요." 그분은 우리에게 생명과 기쁨을 약속하십니다. 우리가 불행하여 절망에 빠져 있을 바로 그때, 이 놀랍고 신기한 말씀이 우리를 찾아옵니다. 그렇다면 그 말씀이 어떻게 찾아올까요? 하나님의 아들 예수 그리스도 안에서, 예수 그리스도를 통해 찾아오십니다.[37]

로이드존스는 당시 런던에서 가장 유명한 설교자 세 사람 가운데 하나였다. 이 세 사람을 조심스럽게 평하는 말이 있다. 소퍼는 사랑을 설교하고, 웨더헤드는 예수님을 설교하며, 웨스트민스터 채플 목사는 하나님을 설교한다는 것이다. 로이드존스는 그것이 성경에 나타난 하나님의 뜻을 따를 때 모든 설교자의 소명이라고 믿었다. 그러나 그의 복음전도 설교에서 가장 두드러진 점은 그 설교가 균형을 이루고 있었다는 점이다. 그는 하나님을 "영원히 거하시는 지극히 높은 분이요 거룩이라는

---

37) 이 책 20장에 나오는 설교 전체를 보라.

이름을 가지신 분"이지만 또한 "겸손하고 회개하는 영과 함께하셔서 겸손한 영과 회개하는 마음을 소생시키시는 분"이라고 선포했다. 즉 그의 설교에는 공의라는 천둥과 사랑이라는 온유함이 공존했다.

그래서 어떤 비평가들은 마틴 로이드존스의 복음전도 설교가 일관성이 없다고 평했다. 그가 인간의 무능력과 하나님에 대한 절대적 의존을 설교하면서 동시에 모든 사람에게 팔을 벌리고 계신 하나님의 자비, 그리스도 안에서 모든 사람을 다 안을 준비가 되어 있는 하나님의 사랑, 누구에게나 값없이 선물로 베풀어진 대속도 설교한다고 비판했다. 그러나 이 "모순"은 바로 성경에 들어 있는 것이다.

성경에는 분명 하나님의 보편적인 사랑이 계시되어 있다. 우리는 놀랍고 신기한 그 사랑을 절대 무시하면 안 된다. 그러나 **구원하는 사랑은** 자신이 죄에 빠져 길을 잃고 헤매는, 완전히 무가치한 존재라는 메시지를 듣고, 오직 은혜로만 구원받을 준비가 되어 있는 사람들에게만 알려진 사랑이다. 설교할 때 전자는 자연인의 교만을 그대로 간직한 채 자신을 겸비하지 않는 사람들에게 강조되어야 하고, 후자는 자신의 한계에 도달한 사람들에게 강조되어야 한다. 그리고 후자에 속한 사람, 즉 자신의 한계점에 도달한 사람들에게 설교할 때, 설교자는 성경이 모두에게 자유로이 구원을 선포하듯 자유롭게 구원을 선포해야 할 것이다. 이론가는 이런 설교를 놓고 이러쿵저러쿵 분석할지 모르지만, 그 메시지를 듣고 사망에서 생명으로 옮겨진 사람들에게는 그저 놀랍고 신기할 따름이다.

나는 어느 날 저녁 웨스트민스터 채플에서 내 옆자리에 앉아 예배드리던 남자를 평생 잊지 못할 것이다. 그때 그는 설교를 들으며 하나님의 사랑에 너무 감격한 나머지 기뻐서 눈물을 줄줄 흘렸다. 그리고 나중에 그렇게 감정을 드러낸 것을 사과라도 하듯, 자신은 그런 설교를 생전 들어보지 못하던 곳에서 왔다고 내게 말했다. "하나님, 어떻게 저처럼 비참하고 불쌍한 인생을 사랑하실 수 있습니까? 머리로는 주님이 하나님이라는 사실을 알 수 없었는데 마음으로는 그것을 분명히 깨달을 수 있습니다." 진정한 복음 설교를 들으면 늘 이런 사람들이 생겨난다.

토마스 찰스는 대니얼 롤런드의 설교를 듣고 이렇게 말했다.

> 나는 이제 새 하늘과 새 땅에 살고 있다. …… 내 마음이 너무 놀라 깊은 감명을 받았다. 내게 제시된 진리들이 어찌나 놀랍고 은혜롭던지 정말 믿기 어려울 정도였다.[38]

아베라본의 샌드필즈와 런던의 웨스트민스터 채플에 다닌 사람들도 같은 말을 했다. 그리고 그곳 목사인 로이드존스는 이런 현상을 오직 성령의 능력에 대한 간증으로 간주했다.

설교자는 나아만의 집에 있던 어린 여종처럼 다른 사람들이 모르는 유일한 답을 갖고 있는 사람이다. 로이드존스는 현대 설교가 힘이 없는 이유는 "성령의 검 곧 하나님의 말씀"(엡 6:17)을 제대로 사용하지 못하기 때문이라고 믿었다. 성경을 "제대로 쪼개지" 못했기 때문이며, 복음전도는 성경이 출발하지 않는 곳에서 출발할 때 더욱 효과적일 거라고 생각하는 경우가 많기 때문이다.

비극적인 사실은 바울과 달리 우리는 성령의 능력을 믿지 않는다는 것

---

38) D. E. Jenkins, *The Life of Thomas Charles of Bala*(Denbigh, 1910), vol. 1, p. 35.

이다. 바울은 "로마인들이 이 교리를 좋아할까? 혹시 이것이 내가 전하는 메시지라는 사실을 알고 나면 나더러 떠나라고 하지 않을까?"라는 질문을 던지지 않았다. 그는 모든 것이 성령의 능력에 달려 있다는 사실을 알았다.[39]

단순히 설교를 새롭게 이해한다고 해서 교회가 현재 처한 곤경에서 벗어나는 것은 아니다. 하나님이 그 영으로 새롭게 일으킨 지도자와 회중이 있어야만 한다. 그러나 이런 축복을 달라고 간구할 때, 지금 우리 손에 우리와 함께 거하시는 하나님의 말씀이 있다는 놀라운 사실을 잊지 말자.

지금으로부터 1세기 전쯤에는 성경 고등 비평가들 중에 "스미스"라는 이름을 가진 사람이 여럿 있었다. 앞서 언급한 사람은 조지 스미스다. 로버트슨 스미스라는 사람도 있었는데 그 사람 역시 조지 스미스 못지않게 유명하다. 그런데 또 다른 스미스가 있다. 사우스캐롤라이나 컬럼비아 신학교 교수로 재직한 헨리 스미스로, 현재 쇠퇴 일로에 있는 개신교에서는 별로 듣고 싶어하지 않는 이름이다. 그가 1884년에 "역사 속의 구약, 혹은 계시와 비평"이라는 제목으로 강연한 적이 있다. 그 강연은 성경 말씀을 인용하는 것으로 끝을 맺었다. 이 책 서론을 끝맺는 데에도 꼭 들어맞을 것이다.

여기, 인생 가운데 낯선 객으로 찾아왔다가 모든 세대에 걸쳐 온 인류에게 기쁘게 받아들여진 책이 한 권 있습니다. 모든 마음은 그 책을 받아들이자마자 그것을 널리 전하여 영속시키겠다는 열심으로 불타올랐습니

---

39) *Romans, Exposition of Chapter 1*, p. 330.

다. 그 책은 지금까지 온 세상을 사랑과 반목으로 가득 차게 만들어왔습니다. 다른 것들은 노쇠하지만 그 책은 불멸의 청춘을 즐기며 삽니다. 그 책은 지금까지 온 세기를 통해 친구뿐 아니라 원수와 함께 전해져 오고 있습니다. 그 옷에 얼룩 한 점 없는 그 책은 감히 어느 것과도 비교할 수 없는 위엄으로 인간의 모든 사상 위에 우뚝 서 있습니다. 오늘 그 책은 지금까지 이룬 그 모든 놀라운 역사보다 더 큰 역사를 이루려는 순간에 있습니다.

"모든 육체는 풀과 같고 그 모든 영광은 풀의 꽃과 같으니 풀은 마르고 꽃은 떨어지되 오직 주의 말씀은 세세토록 있도다 하였으니 너희에게 전한 복음이 곧 이 말씀이니라"(벧전 1:24, 25).[40]

이언 머리

---

40) *Memorial Volume of the Semi-Centennial of the Theological Seminary at Columbia*, South Carolina(Columbia, S. C., 1884), p. 83.

이 책에 실린 설교들은 마틴 로이드존스가 설교한 순서가 아닌 성경 본문 순서대로 정리되어 있습니다. 날짜가 적혀 있지 않은 설교는 모두 로이드존스가 남웨일스 아베라본의 샌드필즈에서 처음 목회할 때 한 설교들로(1927-1938), 그가 직접 쓴 설교 원고에 근거해서 기록하였습니다. 웨스트민스터 채플에서 설교한 내용은 속기로 기록된 것에 근거하여 정리했습니다. 로이드존스는 자신의 설교에 제목을 전혀 붙이지 않았습니다. 이 책에 나오는 제목은 임의로 붙인 것입니다.

_ Banner of Truth Trust 출판사

1장
인간의 궁극적인 비극[1]

> 그들이 그날 바람이 불 때 동산에 거니시는 여호와 하나님의 소리를 듣고 아담과 그의 아내가 여호와 하나님의 낯을 피하여 동산 나무 사이에 숨은지라 여호와 하나님이 아담을 부르시며 그에게 이르시되 네가 어디 있느냐. _창세기 3장 8, 9절

우리는 지금 성경에서 매우 중요한 장(章)인 창세기 3장을 살펴보고 있습니다. 이 장이 그토록 중요한 이유는 여기서 가르치는 교리가 성경 전체의 중심 메시지를 이해하는 데 반드시 필요하기 때문입니다.

성경은 주로 구원에 관한 교과서라 할 수 있습니다. 성경은 하나님이 인간을 구원하시는 방법에 관한 이야기입니다. 그중에서도 창세기 3장은 그러한 성경 전체의 흐름을 이해하는 데 반드시 필요한 부분입니다. 좀 더 정확히 말하자면, 창세기 3장에 나와 있는 메시지는 무엇보다도 우리가 살고 있는 세상이 오늘날 왜 이렇게 되었는지를 정확히 말해 주고 있습니다. 창세기 3장은 우리에게 하나님의 구원 방법이 필요하게

---

1) 웨스트민스터 채플, 1948년 1월 17일.

된 이유를 보여줍니다. 인간과 이 세상이 이렇게 잘못된 이유와, 하나님의 아들이 하늘에서 이 땅으로 내려오셔야만 한 절대적인 이유를 말해 줍니다. 바로 이런 문제들에 대한 설명을 들을 수 있는 곳이 바로 창세기 3장입니다.

이 주제는 오늘날의 모습을 깊이 생각하는 사람이라면 누구나 관심을 가져야 하는 것입니다. 물론 이것은 자주 논의되는 주제이기도 합니다. 문제는 왜 모든 것이 지금과 같이 되었느냐입니다. 우리가 살고 있는 이 세상은 무엇이 잘못된 걸까요? 우리는 어쩌다 이 지경까지 오게 된 걸까요? 왜 오늘날과 같은 이런 궁지에 빠지게 되었을까요? 이 질문은 이 시대가 안고 있는 질문들을 모두 포함하고 있습니다. 책이나 잡지, 모든 글이 이 주제를 다루고, 사람들도 계속 이 문제에 대해 말합니다. 이것이 이른바 우리 시대가 안고 있는 문제입니다. 우리가 인생과 우리 자신을 조금이라도 진지하게 생각한다면, 어쩔 수 없이 직면해야 할 문제입니다. 이제 창세기 3장, 특히 인간에게 던져진 첫 번째 질문("아담아 네가 어디 있느냐?")을 보면서 이 질문 전체를 살펴보겠습니다.

이 질문은 이론적인 것이 아닙니다. 저는 지금 무슨 재미있는 토론이나 하자고, 혼자 장광설이나 늘어놓자고 이런 이야기를 하는 것이 아닙니다. 이 문제를 추상적인 방식으로 토론하자는 것도 아닙니다. 우리 가운데는 그런 한가한 일이나 하고 있을 사람이 한 명도 없습니다.

얼마 전, 스무 살 난 청년이 자전거를 타고 가다 갑자기 죽었다는 소식을 들었습니다. 그런데 사실은 우리도 그와 같은 처지입니다. 살아 있다고는 하지만 사실 우리 모두 죽은 것이나 마찬가지입니다. 그래서 지금 우리 자신과 우리의 궁극적인 운명을 논하고 있는 것입니다.

이 세상 상태를 논하는 것은 아주 흥미로운 일입니다. 그러나 기억해야 할 것이 있습니다. 바로 이 세상은 우리와 같은 사람들이 한데 모인 곳일 뿐이며, 세상이 이런 상태가 된 것은 바로 그 안에 살고 있는 우리 각자의 상태가 그렇기 때문이라는 사실입니다. 이 세상을 "세상"이라 불리는 무언가로 분리해 놓고는, 이 세상이 곧 우리 자신에 지나지 않는다는 사실을 잊어버리는 잘못을 범하지 말아야 합니다.

지금 우리가 논하려는 주제에 관해 두 가지 견해가 있습니다. 하나는 우리가 성경이라 부르는 책에 소상히 설명되어 있는 견해이고, 다른 하나는 그 밖의 다른 모든 견해입니다. 어떤 의미에서 성경이 아닌 다른 모든 견해는 "진화 과정에 대한 일반 신념"으로 요약할 수 있습니다. 이 것에 대해서는 자세히 설명하지 않겠습니다. 저는 확실한 설명에만 관심이 있기 때문입니다. 그저 이 세상과 사회의 상태에 대한 성경의 설명을 받아들이지 않는 사람은 누구나 이 세상이 진화되어왔다는 설을 믿고 있다는 정도만 말씀드리겠습니다. 즉 그들은 인간이 원시 형태의 생명에서 점차 진화되어왔다는 설, 인간은 지금도 끊임없이 진화하고 발달하는 과정에 있으며 모든 세대마다 이전보다 좀 더 진화되었다는 사실을 발견할 것이라는 설을 믿고 있습니다. 인간이 다른 동물보다 고등 동물인 것처럼, 어느 세대나 그 이전 세대보다 낫습니다. 그렇기 때문에 우리는 뒤를 돌아보며 인간은 결국 이런 진화 과정을 통해 완전한 존재가 될 것이라고 믿습니다.

지나가는 말로 말하기는 했지만, 여러분에게 한 가지 질문을 던져보겠습니다. 여러분 가운데 혹시 아직도 현재 상태와 현재 일어나고 있는 일들을 생각해 볼 때 오늘이 이전 어느 때보다 더 진보되었고 인간도 더 나아졌다는 말이 옳다고 생각하시는 분이 있습니까? 인간이 영적으로나 도덕적으로 이전보다 나아졌다고 말할 수 있습니까? 더 완전하고 모범적인 인간이 되었다고 할 수 있습니까? 오늘 일어나고 있는 이 을씨년스러운 사건들을 바라보면서 감히 그렇게 말할 수 있는 분이 계십니까? 비극적이게도 우리는 이런 사실들을 직면하고 있으면서도 여전히 이런 개념과 이론에 매달려 있습니다.

우리는 그런 어리석은 이론들에 매달려 있을 것이 아니라 인생이 왜 이렇게 되었는지 설명하는 성경으로 돌아가야 합니다. 물론 성경이 우리에게 모든 것을 상세히 말해 주지는 않습니다. 그러나 중요한 문제와 본질적인 상황을 이해하는 데 필요한 열쇠는 제공합니다.

성경이 대답해 주지 않는 것은 많습니다. 예를 들어, 사람들은 늘 악이 어디에서 시작되었는지 묻는데 우리가 줄 수 있는 답변은 "모른다"는 것입니다. "이 뱀은 누구인가? 어떻게 해서 그런 존재가 되었는가?"라고 묻는 사람들도 있을 것입니다. 그러면 우리는 창조 이전에 일종의 우주적인 타락 같은 것이 있었다고 대답하겠지요. 좋습니다. 그래도 여전히 그런 우주적인 타락이 어떻게 가능했느냐는 질문이 남게 됩니다. 그 점 역시 "모른다"는 것이 우리의 답변입니다.

우리는 한 가지 사실에 직면해 있습니다. 우리는 성경이 악의 기원을 궁극적으로 설명하고 있다고 보지 않습니다. 그것은 아무도 설명할 수 없습니다. 그렇지만 성경은 아주 특이한 설명을 제시하고 있습니다. 그리고 그 설명은 우리가 아주 진지하게 고려해 볼 가치가 있을 만큼 사실과 꼭 들어맞습니다.

성경은 우리에게 하나님이 이 세상과 인간을 창조하셨다고 말합니다. 하나님은 낙원으로 묘사된 곳에 한 남자와 한 여자를 두셨습니다. 그들은 그곳에서 살며 하나님과 교제했습니다. 아주 목가적인 풍경입니다. 그런데 3장에는 또 다른 장면이 나옵니다. 우리에게 타락 전의 인생을 이야기해 준 다음, 하나님을 피하려 애쓰는 아담과 하와의 모습을 보여줍니다. 그들은 자기들을 따라오는 하나님의 음성에서 도망쳐 자신들의 비참함과 불행 속에 숨으려고 합니다. 또 이 땅에 임한 저주, 즉 여자는 임신하는 고통이 더하여 진통을 겪고 자식을 낳을 것이고, 남자는 수고하며 얼굴에 땀을 흘려야 먹을 수 있게 되었다고 말해 주고 있습니다. 그리고 가시와 엉겅퀴, 질병과 사망이 이 땅에 들어오게 된 과정도 말해 줍니다. 이처럼 처음에는 하나님이 창조하신 인생의 모습이, 그 다음에는 타락한 후 변화된 인생의 모습이 그려져 있습니다. 그리고 우리가 함께 살펴보고 있는 다른 견해, 즉 진화에 관한 일반 개념에 대한 전체적인 설명과 해답도 들어 있습니다.

그러나 알다시피 성경은 이 두 가지 모습만 보여주고 있는 것이 아닙니다. 어떻게 전자가 후자로 변하게 되었는지도 말해 줍니다. 그리고 그 속에서 이른바 "죄"가 무엇인지도 알려줍니다. 성경은 인간이 저지른 일 때문에 그 상황이 완전히 바뀌게 되었다고 말해 줍니다. 우리가 유산으로 받아 누리고 있는 모든 것도, 이 세상이 이렇게 된 것도 모두 그 때문이라고 말해 주고 있습니다.

성경의 철학은 다음 두 가지로 요약할 수 있습니다. 첫째, 인간의 문제는 환경 때문이 아니라 바로 자기 자신 때문입니다. 성경에 관한 한 이 사실은 아주 자명합니다. 그런데 성경을 제외한 다른 모든 견해는 정반대되는 것을 믿고 있습니다. 그들은 인간에게 기회만 주면 된다고 말합니다. 인간 자신에게는 아무 문제가 없다고 말합니다. 그들이 환경에 그토록 많은 관심을 기울이는 것도 바로 이런 이유 때문입니다. 그들은 올바른 여건만 만들어지면, 인류는 괜찮아질 것이라고 믿습니다. 즉 본질적으로 인간의 문제는 환경 때문이라고 믿고 있습니다. 그러나 성경은 맨 처음부터 이런 이론과 개념이 사실은 거짓말이라는 것을 보여줍니다.

성경을 보면 인간은 완전한 환경에서 출발했습니다. 그가 소원할 수 있는 모든 것을 다 가지고 있었습니다. 아무것도 부족하지 않았습니다. 그런 낙원이 광야로 바뀌게 된 것은 바로 인간 자신이 완전한 낙원에서 저지른 일 때문이라고 성경은 말해 주고 있습니다. 성경 속의 역사를 보면 이와 같은 주제가 계속 나타납니다. 때로는 이 메시지를 보여주는 성경의 방법이 거의 역설적으로 보일 때도 있습니다. 아주 경건한 아버지를 둔 아들들, 하나님의 말씀을 배울 뿐 아니라 자신들이 소원할 수 있는 모든 것을 가지고 있으면서도 이 장에 나와 있는 것처럼 가장 못된 사람이 되어버린 아들들의 모습을 봅니다. 이처럼 성경은 인간의 모든 문제는 그가 처한 여건이나 상황 때문이 아니라, 바로 자신 때문이라고 말해 주고 있습니다.

둘째, 궁극적으로 우리의 모든 문제는 하나님과의 잘못된 관계 때문입니다. 창세기 3장은 바로 이 위대한 메시지를 선포하고 있습니다. 그러나 이 세상은 이 사실을 전혀 직면하고 있지 않습니다. 세상이 이 사실을 깨달았다면, 우리는 변화를 위한 바른 방향으로 나아가는 데 가장 필요한 첫걸음을 떼었을 것입니다. 그러나 우리는 지금 여기서 그것을 분명하고 자명하게 봅니다. 모든 것이 잘못되기 시작한 것은 바로 인간이 하나님과 바른 관계에서 벗어났기 때문입니다.

성경은 우리가 겪는 모든 문제를 이렇게 해명합니다. 성경에 따르면 우리의 문제는 모두 죄 때문입니다. 그리고 그 죄가 발생한 첫 번째 비극을 보여주면서, 이 세상의 비극은 인간이 이와 같은 실수를 되풀이하고 있기 때문이라는 메시지를 전해 줍니다. 그러나 이런 계시에도 사람들은 여전히 아담과 하와가 태초에 범한 실수를 계속 저지르고 있습니다. 인간의 비극은 이 메시지를 듣지 않으려 할 뿐 아니라 역사에 아예 눈을 감아버린다는 것입니다. 창세기 3장에 나오는 이 괴로운 이야기는 지금도 여전히 일어나고 있습니다.

본문 이야기를 이렇게 생각해 봅시다. 우리는 에덴동산에서 무언가 아주 크게 잘못되었다는 것을 깨닫고 몹시 부끄러워하는 두 남녀, 비참하고 불행한 두 남녀를 봅니다. 시원한 저녁 바람을 쐬며 동산을 거닐고 계시던 하나님이 찾아와 "아담아 네가 어디 있느냐?"고 물으시는 소리를 듣고 그들은 겁이 나서 숨어버립니다. 어떤 의미에서 이것이야말로 성경이 전하는 전체 메시지의 축소판이라고 할 수 있습니다.

인간이 지금과 같은 상태에 빠지게 된 것은 근본적인 문제가 있기 때문입니다. 그 근본적인 문제가 바로 이 부분에 분명하게 나타나 있습니다. 아담이 불행해진 이유를 알아낼 수 있다면, 인간이 오늘과 같은 처지에 빠진 이유도 찾을 수 있을 것입니다. 그 이유는 무엇일까요?

첫째, 인간이 자신에게 가장 좋은 것이 무엇인지 알고 있다고 믿기 때문입니다. 이것은 아주 치명적인 생각입니다. 하나님에 의해 완전한 상태로 창조되어 완전한 환경과 여건 가운데 놓인 한 인간이 있습니다. 그런데 왜 그 상태가 계속되지 못했을까요? 인간은 왜 나무 뒤에 숨게 되었을까요? 어째서 이마에 땀을 흘려야 식물을 먹을 수 있고, 역병과 질병과 사망을 겪게 되었을까요? 무엇이 잘못된 것일까요? 대답은 간단합니다. 인간이 자신의 문제를 처리하는 데 하나님보다 잘 안다고 생각했기 때문입니다. 이처럼 간단한 이유로 그렇게 된 것입니다.

하나님은 인간을 에덴동산에 두시고 이렇게 말씀하셨습니다. "자, 너는 이제 내가 일러준 대로 살아라. 네게 엄청난 자유를 주마. 그렇지만 이것 하나만은 하지 말아라." 하나님은 인간에게 법을 주셨습니다. 그리고 그가 행복하고, 하나님과 교제하며, 영광스러운 피조세계에서 많은 유익을 얻고, 어려움이나 사망은 절대 겪지 않을 것이라고 말씀하셨습니다.

그런데 어떤 일이 벌어졌습니까? 모두 알고 있듯이 사탄이 인간을 유혹했습니다. 하나님이 이런 식으로 그를 제한하고 부당하게 대하신다는 생각을 심었습니다. 얼마든지 그보다 훨씬 나은 인생을 살 수 있다고 믿기만 하면, 그래서 하나님이 말씀하신 것을 믿지 않고 그 법을 경멸하며 하나님이 금하신 나무의 열매를 따먹기만 하면, 지식과 정보를 얻을 뿐 아니라 하나님처럼 될 수 있다고 유혹했습니다. 하나님이 말씀하신 것보다 나은 삶이 있다고 유혹한 것입니다! 그리고 인간은 이 거짓말을 믿었습니다.

성경 전체 메시지는 우리에게 한 가지 사실을 말해 줍니다. 하나님이 명하신 대로 살기를 거부하고 그분의 거룩한 율법 대신 자기의 생각을 앞세운 아담과 하와의 불순종과 무법 때문에 모든 비참함과 가련함, 사망, 세상의 모든 문제가 개인적으로 그리고 전체적으로 생겨났다는 것입니다.

이 메시지는 매우 간단해서 유치하게 들릴 정도입니다. 그렇지만 우리가 살고 있는 세상에서 이것은 분명한 사실이지 않습니까? 우리가 지금 사회 문제, 경제 문제, 정치 문제를 논하기 위해 개인적으로나 전체적으로 얼마나 엄청나게 노력하고 있는지 한번 생각해 보십시오. 온 세상은 이 세상의 문제가 무엇이냐고 묻고 있습니다. 이 세상을 바로잡기 위해 무엇을 해야 하느냐고 묻고 있습니다. 저는 사람들이 좀 더 진지하지 못하다는 사실을 말하려는 것이 아닙니다. 지금 여기서 지적하고 싶은 것은 이렇게 소란들을 떨면서 대화니 회의니 토론이니 하며 모이지만 막상 가장 중요한 점은 전혀 언급하지 않는다는 사실입니다. 사람들이 전혀 고려하지 않는 한 가지가 있습니다. 우리는 그것을 이렇게 질문해 볼 수 있습니다. "우리에게 생기는 이 모든 문제는 결국 우리가 하나님이 명하신 대로 살고 있지 않기 때문 아닐까요? 우리가 하나님과 올바른 관계에 있지 않기 때문 아닐까요?"

저는 여기서 이 문제를 국가 또는 국제 상황과 관련지어 토의하고 싶지 않습니다. 더 개인적인 의미에서 아주 진지하게 토의하고 싶습니다. 이 시점에서 급히 묻고 싶은 질문이 있습니다. 여러분의 인생은 지금 무엇에 기초하고 있습니까? 여러분은 행복하십니까? 모든 일이 잘 되어가고 있습니까? 어떤 수치심도 없습니까? 여러분의 영혼을 끊임없이 괴롭히는 아픔이 없다고 말할 수 있습니까? 혹시 더 나은 것을 갈망하고 있지는 않습니까? 여러분 안에는 다른 종류의 생명이 있다는 사실을 모르십니까? 만일 그렇지 않다면 어떻게 수치심(쇠사슬에 묶여 속박되어 있는 것)을 설명할 수 있을까요? 여러분과 영광스러운 삶 사이에 무언가가 놓여 있지는 않습니까? 혹시 지금 체험하고 있는 것보다 더 큰 것, 더 넓고 위대하며 거룩한 분위기를 원하는 내면의 외침과 같은 묘한 느낌이 있지는 않습니까?

우리의 문제는 아담이 오래전에 범한 오류를 계속 되풀이하고 있다는 것입니다. 우리는 말씀에 비추어 인생을 직면하는 대신 인간의 생각을 따라 살아갑니다. 우리의 문제는 환경 탓이라고 말하는 인간의 철학을 선택합니다. 그러나 사실은 그렇지 않습니다. 내가 고통을 당하는 이유는 하나님의 법에 순종하지 않았기 때문입니다.

하나님은 자신이 원하시는 바를 십계명 속에서, 도덕법 속에서, 산상수훈에서, 사복음서와 신약 서신들에 나온 모든 가르침 속에서 분명히 말씀하셨습니다. 그것은 지금까지 모든 세대와 모든 세기를 통해 교회가 가르친 가르침, 하나님의 방법대로 살라는 그 부르심 속에 있었습니다. 따라서 우리가 던져야 할 질문은 이것입니다. "나는 지금 하나님의 방법대로 살기 위해 최선을 다하고 있는가?" 성경에 따르면 우리의 모든 질병과 고통이 발생하게 된 최초 원인은 바로 우리가 하나님보다 낫다는 생각입니다. 즉 하나님이 지시하신 것보다 더 나은 방식으로 인생을 살아갈 수 있다는, 이 치명적인 생각이 모든 질병과 고통을 낳은 것입니다.

우리 모두 자기 자신을 살펴봅시다. 아무리 생각 없는 사람도 인생에 대해 나름의 이론이나 개념이 있습니다. 제 인생철학에서 중요한 것은 바로 이것입니다. "나는 과연 하나님이 인간에게 이렇게 살아야 한다고 계시해 주신 기초 위에 내 인생을 탄탄하고 철저하게 확립하고 있다고 말할 수 있는가?" 아담이 왜 부끄러워하며 하나님을 피해 나무 뒤로 숨어버렸는지 아십니까? 이러한 자기 성찰을 중단했기 때문입니다.

인간이 계속 고통당하는 두 번째 이유는 심판이라는 사실을 진지하게 직면하려고 하지 않기 때문입니다. 이 사실은 본문에도 나타나 있습니다. 본문에서 우리는 하나님이 인간에게 심판에 대해 분명히 밝히신 것을 볼 수 있습니다. 인간은 어떤 변명도 할 수 없습니다. 하나님은 인간에게 이렇게 말씀하셨습니다. "이 동산에서 살아라. 너는 무엇이든지 할 수 있다. 그러나 내가 금한 한 가지를 행하는 날에는 반드시 심판을 받을 것이다." 하나님은 인간을 법 아래 두셨고 그에게 그 법을 어기면 심판을 받을 것이라고 말씀하셨습니다. 그분은 인간의 창조주로서 그럴 권리가 있기 때문입니다. 인간에게는 변명할 여지가 전혀 없다는 것도 바로 이런 이유 때문입니다.

하나님은 처음부터 인간에게 책임을 묻겠다고 말씀하셨습니다. 하나님은 인간을 책임 있는 존재로 만드셨습니다. 하나님의 속성 중 일부를 인간에게 주셨기 때문입니다. 또한 하나님의 마음을 이해할 수 있도록 만드셨고, 그것 때문에 그를 법 아래 두셨습니다. 하나님은 그에게 책임을 물으시고 심판이 있을 거라고 공표하셨습니다. 그런데 인간은 왜 그렇게 비참한 자리로 떨어지고 말았을까요? 그 이유는 분명합니다! 심판이 있다는 사실을 진지하게 생각하지 않았기 때문입니다.

사탄은 인간에게 다가와 이렇게 유혹했습니다. "너 설마 그 모든 사실을 진짜로 믿고 있는 건 아니지? 내 말만 들어. 그러면 지금보다 훨씬 나은 삶을 살 수 있을 테니까. 어떤 결과가 오든 전혀 두려워하지 않아도 돼. 하나님은 너를 겁주려고 그러는 것뿐이니까. 내가 말하는 대로 해봐. 그러면 더없이 행복할 뿐 아니라 놀라운 지식과 총명도 갖게 돼. 하나님처럼 될 거라니까." 인간은 사탄의 말을 믿었습니다. 그러자 심판이 임했고, 그 후 지금까지 인류는 그 심판의 결과를 거둬들이고 있습니다.

인간은 그 후로도 계속 이런 잘못을 범하고 있습니다. 나중에 나오는 노아의 홍수 사건을 보십시오. 비슷한 이야기가 나옵니다. 그 사건에서도 하나님은 세상에 경고하셨습니다. 그러나 세상은 하나님의 메시지를 조롱하며 심판이 있을 거라는 말을 웃기는 소리라고 생각했습니다. 노아는 100년이 넘도록 설교했지만 사람들은 들으려 하지 않았고, 결국 심판이 임해 홍수를 당하게 되었습니다. 좀 더 읽다 보면 롯이 간절히 부탁하는데도 당시 사람들 역시 그 말을 조롱하는 것을 볼 수 있습니다. 그래서 심판이 선포되고 결국에는 심판이 임하고 맙니다. 구약에 나오는 이야기는 모두 이런 내용입니다. 하나님은 선지자와 종들을 통해서도 심판을 선언하셨습니다. "사악한 자의 길은 험하니라"(잠 13:15)고 말쏨하셨습니다.

내 하나님의 말씀에 악인에게는 평강이 없다 하셨느니라(사 57:21).

우리도 하나님 말씀을 청종하지 않으면 고통을 당할 것입니다. 가나안 땅에 들어갈 때 이스라엘 백성은 하나님 말씀을 듣지 않다가 결국 심판을 받았습니다.

이제 신약으로 가 봅시다. 세례 요한은 "회개하라 천국(심판)이 가까이 왔느니라"고 힘써 전파했습니다. 나사렛 예수께서도 같은 메시지를 전하셨습니다. 주님은 이스라엘에 3년간 경고하셨습니다. 그것이 마지막 경고라고 말씀하셨습니다. 포도원 비유를 생각해 보십시오. 포도원 주인이 보낸 종들을 사람들이 얼마나 푸대접했습니까? 그래서 포도원 주인은 이렇게 말했습니다. "하나밖에 없는 내 아들을 보내겠다. 내가 저들에게 마지막 기회를 주겠다. 저들이 내 아들은 공경하겠지. 그러나 그들이 내 아들 말도 듣지 않으면 그때는 그들을 멸할 것이다"(막 12:1-9 참조). 이 아들 되신 주님이 정말 그들에게 와서 경고하셨습니다. 그러나 유대인들은 주님의 말씀을 들으려 하지 않았습니다. 옛날과 같은 잘못을 범했습니다.

결국 AD 70년에 로마 군인들이 쳐들어와 이스라엘의 모든 것을 약탈해 갔습니다. 그리고 이스라엘 백성은 세계 곳곳으로 내쫓겨 지금까지 그 상태로 있습니다(1948년 5월 14일, 이스라엘은 팔레스타인에 정부를 세우고 "이스라엘 국가"를 선포했다. _편집자). 그것이 성경의 메시지입니다. 요한계시록을 통해 우리도 이제 하나님의 심판이 어떻게 임할지 잘 알고 있습니다. 그 말씀을 믿으십시오. 정말로 심판이 있다는 사실을 깨달으십시오. 너무 늦기 전에 그 말씀을 청종하십시오.

이 모든 것이 창세기 3장에 기록되어 있습니다. 창세기 3장은 우리를 위해 성경 전체를 요약해 주고 있습니다. 이것을 좀 더 개인적인 용어로 표현하자면 아마 이런 뜻이 될 것입니다. 하나님은 비록 그 능력과 위엄이 전능하시고 절대적이며 무한하시고 끝이 없으시지만, 우리 각자를 알고 계십니다. 그 다음으로 분명한 것은 하나님이 우리가 하는 모든 것을 보고 계시다는 것, 하나님은 전지하시고 편재하시다는 것입니다. 우리가 하는 것 가운데 하나님이 보지 않으시거나 모르시는 것은 하나도 없습니다. 하나님은 우리가 하는 모든 행위를 알고 계십니다. 히브리서 기자의 말처럼 하나님의 말씀은 "관절과 골수를 찔러 쪼개기까지 합니다"(히 4:12). 우리는 이런 분과 관계를 맺고 있습니다. 하나님은 마음의 생각까지 다 아시는 분입니다. 우리의 모든 행동이 하나님 앞에 훤히 펼쳐져 있습니다.

"목사님, 그런 설교는 여러 해 전에 하셨어야죠! 지금은 아무도 그런 말을 믿지 않습니다." 이렇게 말씀하시는 분이 있을지도 모릅니다. 그렇다면 한 가지 묻겠습니다. 그동안 하나님이 변하셨습니까? 하나님이 우리 한 사람 한 사람을 다 알고 계시다는 사실을 부인할 수 있습니까? 그것을 믿든 믿지 않든, 이것이 바로 성경이 우리에게 주는 메시지입니다.

살아가는 동안 우리 모두 어느 날 갑자기 하나님의 음성을 들을 날이 분명히 올 것입니다. 그 음성은 이렇게 물을 것입니다. "아담아, 네가 어디 있느냐?" 우리를 지으신 하나님이 우리에게 물으실 것입니다. 우리에게 영혼을 주시고 우리 안에 놀라운 성향들을 집어넣어주신 분이 물으실 것입니다. 그분이 제 이름과 여러분의 이름을 부를 것입니다. 그리고 이렇게 물으실 것입니다. "너는 내가 준 인생으로 무엇을 했느냐? 내가 네 안에 둔 영혼은 어떻게 되었느냐? 아담아, 나는 네게 위대한 가능성들을 주었다. 아담아, 네가 어디 있느냐? 너 자신을 가지고 무엇을 했느냐?" 아담이 나무 뒤로 숨고, 에덴동산 밖으로 쫓겨나고, 가시나무와 엉겅퀴를 만나는 등, 비참함과 불행 가운데 빠지게 된 이유가 무엇인지 아십니까? 이 심판 교리를 진지하게 생각하지 않았기 때문입니다. 이것은 정말 중요한 메시지입니다. 하나님은 지금도 여전히 심판을 선포하십니다.

두 번씩이나 일어난 세계대전을 심판이 아닌 다른 말로 설명할 수 있습니까? 인간은 온갖 지혜를 지니고 있고 온갖 문화를 만들어냈는데, 우리가 살고 있는 세상은 왜 이 모양입니까? 우리는 왜 이렇게 비참하게 실패하고 있는 걸까요? 하나님은 인간에게 "네가 나를 떠나 사는 동안은 행복하지 못할 것이다"라고 말씀하십니다. 하나님은 지금도 이 시대의 역사를 통해 심판을 선포하십니다. 이미 오래전에 선포되었을 뿐 아니라 지금까지 모든 세기를 통해 그토록 자주 확인된 그 사실을 믿지 않겠다고 거절하다니, 인간은 얼마나 어리석은 존재입니까!

우리가 알다시피, 궁극적인 비극은 인간이 고통과 비참함 가운데서 하나님의 도움을 구하는 대신 그분께 등을 돌렸다는 것입니다. 어리석게도 인간은 하나님의 생각보다 자기 생각이 더 낫다고 여기고 심판을 전혀 생각하지 않았습니다. 그러나 무언가 잘못되었다는 사실을 깨닫자(즉 하나님의 음성을 듣자) 본능적으로 하나님에게서 도망쳤습니다. 이것이 모든 비극 가운데서도 가장 큰 비극입니다. 타락했을 때, 잘못을 깨닫고 자신은 무가치한 존재라는 의식이 마음속에 가득 찼을 때, 인간은 왜 하나님을 찾아 그분을 친구로 삼지 않았을까요? 하나님께 갔다면 얼마나 좋았을까요! 가서 다만 "하나님, 제가 얼마나 어리석었는지 이제 알았습니다. 제가 하나님께 죄를 지었습니다. 그 사실을 인정합니다. 저를 용서해 주십시오"라고 부르짖기만 했어도 좋았을 것입니다. 그러나 그렇게 하지 않았습니다. 죄를 짓자 일단 하나님에게서 도망쳤습니다. 하나님이 부르시자 본능적으로 더 도망치려 했습니다. 그것이 인간의 궁극적인 비극입니다. 하나님이 꼭 필요할 때, 자기 자신이 지극히 창피하고 비참할 때, 자신을 정말로 도와줄 수 있는 유일한 분인 하나님을 피한다는 것, 이것이 바로 인간의 궁극적인 비극입니다.

그렇다면 누가 이런 인간과 인간이 살고 있는 세상을 바로잡아 줄 수 있을까요? 하나님입니다. 지금 여러분에게 이 말을 할 수 있다는 것이 저로서는 정말 큰 영광입니다. 인간은 비록 삼중으로 어리석은 짓을 범했지만 하나님은 그를 불쌍히 여기셨습니다. 그를 좇아가시고 부르셔서 정죄하셨지만, 그에게 말씀하시고 은혜로운 약속도 주셨습니다. 인간이 잘못을 범하여 자신이 살고 있는 세상을 파멸시켰지만, 하나님이 이 세상으로 들어오겠다고 약속하신 것입니다. 하나님이 악과 싸우시기 위해 이 세상으로 들어오셔서 정복자가 되시겠다는 것입니다.

구원의 약속이 선포되었습니다. 뱀의 머리가 상할 것이라는 약속이 선포되었습니다! 온유하신 하나님은 벌거벗은 아담과 하와에게 옷을 입혀주셨습니다. 그리고 그들에게 하나님의 아들의 의와 온전함으로 옷 입혀주시고, 그들을 다시 받아주실 날이 올 것이라는 사실도 암시해 주셨습니다.

심판이라는 개념을 진지하게 생각하지 않으려는 어리석음, 저는 이것을 궁극적인 비극이라고 말합니다. 지금 이 세상은 불행 가운데 있습니다. 사람들을 보십시오. 그들의 인생이 얼마나 엉망진창으로 망가져 있습니까? 그들은 쾌락 속에서 행복을 맛보려 애쓰고 있습니다. 그들은 무언가를 찾고 있습니다. 그리고 그들이 찾는 그것이 지금 제공되고 있습니다. 그러나 하나님이 말씀하시고 있는데도 그들은 하나님에게서, 우리를 축복하실 수 있는 유일한 분인 하나님에게서 멀리 도망가고 있습니다.

혹시 여러분 중에 이런 비극적인 어리석음을 범한 사람이 있으십니까? 여러분이 이런 비참하고 불행한 상태에 있다면 저는 이렇게 말씀드릴 수 있습니다. 여러분의 고통은 바로 여러분이 하나님의 말씀을 들으려 하지 않기 때문이라고 말입니다.

하나님이 지금 우리에게 말씀하고 계십니다. 하나님이 우리를 찾아오셨습니다. 그 아들을 이 땅에 보내주셨습니다. 그 아들 예수 그리스도께서 우리 죄를 자기 몸에 지시고 갈보리 언덕에서 모두 담당하셨습니다. 하나님은 지금 우리에게 그분의 말씀을 듣고, 그분의 메시지를 믿으며, 그분에게 우리 인생을 굴복시키라고 말씀하십니다. 그렇게 하면 우리는 우리의 조상 아담이 잃어버린 것보다 더 큰 축복을 유업으로 받을 것이라고 약속하십니다.

하나님, 저희에게 은혜를 베푸사 저희가 하나님이 말씀하신 대로 살아야 한다는 것을 볼 수 있게 해주소서. 그리고 저희가 지금 가고 있는 곳이 사망과 심판을 향하고 있음을 깨달을 수 있는 명철을 주시옵소서. 그러나 무엇보다도 하나님의 아들 예수 그리스도 안에서 값없이 주시는 구원의 선물을 받으라고 우리를 부르고 계신 하나님의 음성을 들을 줄 아는 명철을 허락해 주시옵소서.

2장
진정한 회심[1]
브니엘에서 만난 하나님 1

야곱은 홀로 남았더니 어떤 사람이 날이 새도록 야곱과 씨름하다가. _창세기 32장 24절

이 부분은 성경에 나오는 가장 극적인 이야기까지는 아니더라도 위대한 이야기에 속합니다. 사실 이 사건의 배경을 모르고는 이 말씀을 이해할 수 없습니다. 형 에서의 마음을 누그러뜨리기 위해 가축과 처자식들을 줄줄이 늘어세우느라 앞뒤로 왔다 갔다 하는 야곱을 지켜보려면 약간의 상상력이 필요합니다. 본문은 그 일을 다 끝낸 다음 마침내 야곱이 혼자 남은 장면입니다.

이 상황까지 오게 된 야곱의 생애에서 몇 가지 이야기만 간단히 말씀드리겠습니다. 에서와 야곱은 이삭의 두 아들입니다. 쌍둥이였지만 두 사람은 아주 달랐습니다. 에서가 장자였고, 야곱은 어머니가 편애하는 아들이었습니다. 어머니 리브가는 야곱이 잘되기를 몹시 바란 나머

---

1) 웨스트민스터 채플, 1947년 4월 20일.

지 그가 아버지에게서 장자의 축복을 얻어낼 수 있는 계책을 짜냈습니다. 야곱이 형 에서처럼 꾸민 후 나이 많아 눈이 멀어 잘 보이지 않는 아버지 이삭 앞으로 들어간 일은 잘 아실 것입니다. 야곱은 늙은 아버지가 자기를 만져 보고 털 많은 에서로 생각하게 만들 만큼 털가죽으로 자기 팔을 쌌습니다. 그렇게 야곱은 아버지의 축복을 얻어냈지만, 형 에서는 분노와 불만에 가득 차서 야곱을 죽이기로 작정합니다. 마침 어머니 리브가가 이 사실을 알아채고 야곱에게 도망가라고 일러줍니다. 그렇게 해서 야곱은 고향을 떠나 외삼촌 라반에게로 갑니다. 본문 앞에 있는 장들을 보면 그가 외삼촌을 위해 어떻게 일했는지, 그의 두 딸을 어떻게 아내로 맞이하게 되었는지가 나와 있습니다. 그의 행동 가운데 정죄받을 만한 일이 몇 가지 있긴 하지만, 아무튼 어떻게 그가 그토록 번성할 수 있었는지도 알 수 있습니다. 그리고 이제 처자식을 거느리고 엄청난 재산을 갖게 된 야곱이 라반을 떠나 자기 고향으로 돌아가기로 결정한 것입니다.

바로 이 시점에서 본문인 32장이 시작됩니다. 야곱은 라반을 떠나 처자식과 소유물을 다 거느리고 고향 땅으로 들어가기 직전입니다. 그러나 그곳에는 형 에서가 있습니다. 야곱은 자신이 과거에 에서에게 어떻게 행했는지 정확히 기억하고 있었습니다. 그는 에서가 품고 있을 감정들을 상상하며 두려움에 떨었습니다. 재산이 염려스럽고, 처자식이 걱정되었습니다. 그러나 어떻게 해야 좋을지 몰랐습니다. 그래도 야곱은 여전히 계책과 묘안을 짜냅니다. 그는 형 에서의 마음을 누그러뜨리기 위해 종들을 먼저 보냅니다. 여러분은 야곱이 짜낸 계책을 기억할 것입니다. 아주 영리한 계책으로 어떤 의미에서는 야곱의 전형적인 모습을 보여줍니다. 자, 야곱이 있습니다. 그는 과연 어떻게 형의 마음을 누그러뜨릴 수 있을까요?

  이 이야기는 매우 극적인 힘을 갖고 계속 진행됩니다. 야곱은 안전을 위해 자신이 가진 소유와 사람들을 여러 떼로 나누어 먼저 강을 건너게 합니다. 잠시 두 아내와 자식들, 두 여종, 무리와 함께 밤을 보내다가 그들도 앞서 보냅니다. 그런 다음 그는 얍복강으로 돌아옵니다. 이제 혼자 남았습니다. 그런데 바로 이때 우리가 함께 살펴볼 특이한 사건이 벌어집니다.

  야곱은 이제 무슨 일이 일어날지 궁금해하고 있었습니다. 비록 부자지만 다음날 형을 어떻게 만나야 좋을지 몰라 쩔쩔매고 있었습니다. 에서가 무장한 남자 400명을 거느리고 이쪽으로 오고 있다는 소식도 들었습니다. 자신은 그 공격에 전혀 손쓸 수 없다는 사실도 알고 있습니다. 재산을 모두 빼앗기고 자신은 물론 처자식까지 살해될 것이라는 두려움에 불안해하며 떨고 있었습니다. 모두 얍복강을 건너가고 야곱 혼자 남았습니다. 왔다 갔다 하며 안절부절못하고 잠도 이루지 못한 채 무슨 일이 일어날지 궁금해하며 불길한 예감으로 가득 차 있는 야곱이 있습니다. 그런데 바로 이때, 이 장 마지막에 기록된 그 엄청난 결과로 이끌어갈 놀라운 사건이 벌어졌습니다.

  의심할 여지 없이 이 사건은 야곱의 인생에서 큰 전환점이 됩니다. 그 점에는 어떤 의문도 제기될 수 없습니다. 야곱이 진정으로 하나님의 사람이 된 것이 바로 이때입니다. 그때까지 야곱은 종교를 이용하는 사람에 지나지 않았습니다. 그는 하나님을 믿었고, 곤란에 빠지거나 어려움이 생기면 늘 하나님께 기도했습니다. 그러나 이때까지 그는 단지 종교를 가지고 놀았을 뿐입니다. 이것은 매우 명백한 사실입니다. 그에게 종교는 형식적인 것으로 자기에게 편리할 때나 괜찮은 그런 것이었습니다. 야곱이 맨 처음 집을 떠날 때 하나님과 흥정한 사실을 기억하십니까? 그는 "당신이 저를 축복하시면 제가 이것을 하겠습니다"라고 말했습니다. 그러나 이 사건 이후 모든 것이 달라집니다.

이 사건이 야곱의 이상야릇하고 변화무쌍한 인생에서 매우 중요한 전환점이 되었다는 것은 의심할 여지가 없습니다. 이때부터 그에게 종교는 실제가 되고, 그는 진정한 하나님의 사람이 되었습니다. 에서를 만나기 전날 밤 이 체험을 한 이후, 야곱은 그전과 완전히 다른 사람이 되었습니다.

이처럼 이 이야기는 매우 중요합니다. 구약에서 가장 중요한 인물이라고 할 수 있는 야곱의 인생사에 나타난 전환점을 보여주기 때문입니다. 그러나 제가 이 이야기를 전하는 또 다른 이유가 있습니다. 이 이야기가 회심, 즉 기독교와 하나님을 진정으로 체험하는 것의 본질을 완전하게 보여주기 때문입니다. 어떤 의미에서 이 이야기는 기독교의 복음이 무엇이며 그것이 한 개인 안에서 하는 일이 무엇인지를 우리에게 보여주고 있습니다.

제가 보기에 이 시대를 살아가는 우리에게 시급한 문제는 바로 자신을 살펴보는 것입니다. 오늘날 우리 주변에는 교회 밖에 있는 세상은 몹시 신경 쓰면서 자기 자신은 전혀 신경 쓰지 않는 사람이 많습니다. 물론 그들을 비난할 생각은 전혀 없습니다. 그렇지만 우리는 자신부터 살펴보아야 합니다. 이 이야기가 보여주는 대로 "하나님을 믿는" 것만으로는 충분하지 않습니다. 필요할 때 하나님께 기도하는 것만으로는 충분하지 않습니다. 기독교에 흥미를 갖는 것만으로도 충분하지 않습니다. 중요한 것은 우리가 진짜 체험, 이 중요한 체험을 했느냐입니다. 여러분은 브니엘 환상을 체험하기 전의 야곱과 같습니까, 아니면 브니엘 환상을 체험한 후의 야곱과 같습니까? 이것이 문제입니다. 다시 말해 지금 이 시간 하나님은 우리가 우리 자신과 우리가 믿고 있는 신념, 우리의 처지를 살펴보길 원하신다는 것입니다. 여러분도 야곱처럼 중요한 체험을 했습니까? 이와 같은 결정적인 중대한 변화를 알고 있습니까? 하나님을 만난 후로 완전히 달라진 그런 변화를 체험한 적이 있습니까?

다시 말씀드리지만 이 이야기는 하나님을 실제로 체험한 성경의 고전 이야기 중 하나입니다. 성경의 다른 곳을 보십시오. 비슷한 체험들이 얼마나 자주 나오는지 모릅니다. 그중 어떤 것은 직접적인 서술 형식으로, 또 어떤 것은 가르침과 설명 형식으로 기록되어 있습니다. 그런가 하면 사람들의 삶에 나타난 놀라운 예로 기록된 것도 있습니다. 이것은 매우 중요한 주제로 한 번의 설교로는 다 설명할 수 없습니다. 그래서 여기서는 야곱이 겪은 극적인 체험을 전반적으로 살펴보고, 한 번 더 이 사건을 상세히 다루려고 합니다.

우리는 이 주제를 둘로 나누어 살펴보고자 합니다. 우선 그리스도인의 체험의 전반적인 성격을 알아본 다음, 그 체험을 겪는 상세한 방법과 그것이 효과를 발하는 방법을 알아보겠습니다.

야곱의 사건을 전반적으로 살펴볼 때, 우리가 반드시 물어보아야 할 아주 단순하고 기본적인 질문이 몇 가지 있습니다. 그 이야기에 깔려 있는 가장 핵심적인 질문은 바로 이것입니다. "나는 진정한 그리스도인의 체험을 했는가? 나는 신약에서 그러한 사람이 겪은 모습과 형식을 따르고 있는가?"

이렇게 말하면 이런 질문을 할 사람들이 있을 것입니다. "그런 질문도 좋습니다. 그렇지만 그런 체험의 특징이라는 게 도대체 무엇입니까? 제가 그 체험을 했는지 안 했는지 어떻게 테스트해 볼 수 있습니까? 제 믿음이 진짜인지 가짜인지 어떻게 알 수 있단 말입니까? 제가 브니엘 체험 이전의 야곱인지, 브니엘 체험 이후의 야곱인지 어떻게 알 수 있습니까?" 그럼 이제부터 지극히 중요한 이 체험의 특징들을 말씀드리겠습니다.

첫째, 회심은 늘 강렬한 개인적 체험입니다. "야곱은 홀로 남았더니." 무엇보다 이 체험은 항상 우리를 고립시킵니다. 우리를 따로 떼어 홀로 있게 만듭니다. 그렇게 해서 우리로 하여금 우리의 개체성을 깨닫게 해줍니다.

이것이야말로 이 시대를 살면서 가장 하기 어려운 일이라는 사실에 누구나 동의할 것입니다. 특히 지금과 같은 세상에서는 굉장히 어려운 일입니다. 한번 주변을 둘러보십시오. 마치 인생의 모든 것이 서로 짜고 우리로 하여금 우리의 개체성과 독립된 정체성을 잊게 만들려는 것 같지 않습니까? 일에 파묻혀, 전문직에 파묻혀, 직업에 파묻혀 자신을 망각하기가 얼마나 쉬운 세상입니까? 가족에 파묻히거나 세상 속에 휩쓸려 자신을 잃어버리기는 또 얼마나 쉽습니까? 이 세상이 점점 대중과 군중 단위로 생각하고 있다는 것은 이미 정해진 사실입니다. 세계대전이 일어나기 전에도 그랬지만 이러한 사실은 그 전쟁 때문에 더욱 강화되었습니다. 이제 우리는 수많은 대중, 수백만의 사람을 연구합니다. 세상은 이런 식으로 생각합니다. 개인이 무시되고 있습니다. 모든 것이 집단과 그룹으로 조직되어 있으며, 그 단위가 점점 커집니다.

이런 현상은 실업계에서도 볼 수 있습니다. 지금은 소자본을 가진 개인이 기업에 합병되거나 체인점이 되는 세상입니다. 이런 현상은 정치계에서도 볼 수 있으며, 노동조합이라는 조직 아래 노동자 개인이 사라지고 마는 산업계에서도 볼 수 있습니다. 이것은 단순한 비난이 아닙니다. 고용주와 피고용자의 개인적 관계가 이전 같지 않다는 것이 사실입니다. 이제 그 관계는 조직에 의해 조정되고 있습니다. 모든 부서의 전체 생활은 그 부서에 속한 개인보다는 집단 전체에 기초해서 운영되고 있습니다.

국제 관계와 관련해서 생각할 때도 같은 현상이 눈에 띄게 나타나고 있습니다. 이제 우리는 자신을 하찮은 존재로 생각할 수밖에 없게 되었습니다. 지구상의 전쟁, 세계대전, 원자폭탄은 많은 사람, 아니 수백만 명의 사람을 죽일 수 있기 때문입니다. 대체 개인은 어디로 사라진 것입니까? 한 개인은 전혀 중요하지 않은 것 같습니다. 모든 것이 숫자에 기초하고 있습니다.

이런 사고방식만큼 지금 우리가 함께 논하고 있는 중요한 체험에 역행하는 것은 없을 것입니다. 사실 이런 사고방식은 진정한 그리스도인이 하게 되는 체험에 가장 역행합니다. 이 체험을 하기 위한 첫 단계는 항상 자신의 개체성을 깨닫는 것입니다.

"야곱은 홀로 남았습니다." 그런 다음 "한 사람", 즉 하나님과 단둘이 남게 된 야곱이 하나님과 씨름을 하기 시작했습니다. 하나님이 우리를 여기까지 끌고 오시는 데는 참으로 여러 방법이 동원됩니다. 그중에서도 본문에서 보는 방법은 아마 가장 극적인 방법에 속할 것입니다. 야곱은 문자 그대로 자신의 처자식은 물론 모든 소유물에서 분리되어야 했습니다. 야곱의 위험은 자신을 이것들과 동일시하는 데 있었습니다. 그래서 하나님이 그것들에서 그를 떼어놓으신 것입니다. 하나님은 여러 방법을 동원해서 분리 작업을 하십니다. 때로는 질병이라는 수단으로 이런 일을 하십니다.

한 사람이 있습니다. 그는 자기 사업이나 재산에 관심이 많으며, 가족에게 둘러싸여 아주 행복하고 단란하게 삽니다. 그는 이런 것들을 위해 삽니다. 잠시 멈춰 서서 "나는 누구인가? 나는 영혼이 있는가? 이 인생이 다 지나가고 나면 내게 어떤 일이 생길까?"라는 질문을 생각하는 일은 전혀 없습니다. 온통 다른 것에 관심이 쏠려 자기 자신을 잊고 삽니다. 그러다가 갑자기 병이 듭니다. 하나님이 그가 하던 사업에서 그를 분리시키십니다. 그의 소유물과 관심사에서 그를 떼어놓습니다. 어쩌면 가족과 떨어져 병원에 입원하게 될지도 모릅니다. 그는 병원 침대에 누워 자신은 결국 한 개인에 지나지 않는다는 사실, 절대적으로 혼자라는 사실을 깨닫기 시작합니다. 많은 사람이 병원 침대 위에서 이런 체험을 합니다. 물론 자기 집 병상에 누워 이런 체험을 하는 사람들도 있습니다. 이것은 다만 하나님이 이런 체험을 하게 하시는 방법일 뿐입니다.

하나님은 때로 우리 삶에 찾아오셔서 실망을 안겨주시기도 합니다. 돈을 앗아가고 사업을 망하게 하실 수도 있습니다. 아니면 친구와의 우정에 금이 가거나 그보다 깊은 애정 관계에 실망하여 고립시키실 수도 있습니다. 성도의 삶에 관한 이야기들을 한번 읽어보십시오. 그러면 하나님이 바로 그런 식으로 그들에게 말씀하시기 시작했다는 사실을 발견할 것입니다.

하나님은 그들을 고립시키셔야만 했습니다. 자기 자신은 물론 자기 영혼까지 잃은 채 빠져 있는 것들에서 그들을 단절시켜야만 했습니다. 그들은 그렇게 고립된 후에야 비로소 자신은 개인이라는 것, 혼자 문제를 직면해야 한다는 것을 깨달았습니다.

결국 이것이 설교가 하는 일입니다. 무엇보다 설교는 우리 모두가 개인이라는 사실을 깨닫게 해주어야 합니다. 이런 이유 때문에 강단에서 사회, 경제, 정치, 국제 문제를 이야기하는 것은 모두 어떤 의미에서 복음을 설교하는 것에 위배됩니다.

복음은 지나칠 정도로 언제나 개인적입니다. 복음은 우리가 한 개인이며 혼자라는 사실을 말해 줍니다. 이렇게 많은 사람과 세상에서 함께 살고 있지만 우리는 각자 따로 서 있다는 것, 이 사실을 상기시켜주는 것이 바로 복음의 첫째 메시지입니다. 우리는 이 세상에 혼자 태어납니다. 죽을 때도 모두 혼자입니다. 무리를 지어 죽지 않습니다. 사망은 아주 개인적인 것입니다.

복음의 두 번째 메시지는 우리가 하나님 앞에서 하나의 개체라는 것, 하나님이 우리 각자에게 개인적으로 책임을 물으시리라는 것입니다. 우리는 모두 떼를 지어 한꺼번에 하나님의 심판대 앞에 서는 것이 아닙니다. 모두 각자 심판받습니다. 성경은 여러분과 제가 행한 모든 것, 심지어는 "무익한 모든 말"까지 적힌 개인의 기록이 그곳에 다 있다고 말합니다. 하나님은 우리가 말하고 행한 모든 것을 알고 계시며, 우리는 그 점에 대해 각자 책임을 져야 합니다. "야곱은 홀로 남았습니다."

여러분은 이렇게 고립된 상태에서 자신을 바라보신 적이 있습니까? 자신이 이 세상과 삶에서 하나님 앞에 선 한 개인이라는 사실을 깨달으신 적이 있습니까? 여러분, 간절히 부탁드립니다. 제발 군중과 대중에서 떨어져 나오십시오. 따로 떨어져 나와 지금 이 시간 복음의 말씀을 듣고 홀로 서서 여러분에게는 개인적인 책임이 있다는 사실을 깨달으십시오. 다시 말씀드리지만 복음의 첫 번째 특징은 항상 지극히 개인적이라는 것입니다. 복음은 각자 이 땅에서 살아간 자신의 인생에만 책임이 있다는 사실, 그 밖에 다른 어떤 사람의 인생에도 책임이 없다는 사실을 일깨워줍니다. 우리는 오늘 여기 있다가 내일이면 없어질 것이며, 각자 혼자서 심판대 앞에 서야 한다는 사실을 깨닫게 해줍니다.

이제 지극히 중요한 이 체험의 두 번째 특징을 말씀드리겠습니다. 회심은 항상 하나님과 인격적인 관계를 맺도록 인도해 줍니다. 저는 특히 이 점을 강조하고 싶습니다. 이것이 분문에서 강조하는 위대한 사실이기 때문입니다. 지극히 중요한 이 체험의 본질이 무엇인지 아십니까? 바로 한 개인이 하나님과 인격적으로 만나게 된다는 것입니다.

기독교를 단순히 도덕과 행실의 문제로 생각하지 마십시오. 단순한 개념이나 원리의 문제로 생각하지도 마십시오. 기독교는 어떤 견해가 아닙니다. 단순히 평화와 전쟁, 교육이나 산업에 관한 어떤 태도도 아닙니다. 사회를 위해 행할 수 있는 것에 대한 메시지도 아닙니다. 절대 그렇지 않습니다. 무엇보다도 기독교는 한 인간이 하나님을 인격적으로 만나는 것입니다.

브니엘에서 이 일을 체험하기 전의 야곱은 아주 달랐습니다. 많은 사람들처럼 야곱도 늘 하나님을 자신이 필요할 때 축복을 주는 일종의 힘 정도로 생각했습니다. 아니면 힘과 능력이 필요할 때 찾아가 그것을 달라고 요구할 수 있는, 하늘 어딘가에 있는 위대한 능력 정도로 생각했습니다. 그리고 필요한 것을 얻은 후에는 하나님을 새까맣게 잊어버렸습니다. 그런데 하나님과 대면한 이 극적인 밤에 그 모든 것이 완전히 바뀌었습니다. 모든 회심 체험의 본질도 마찬가지입니다. 그것은 하나님을 인격적으로 만나는 것입니다.

오늘날 기독교계, 특히 신학생들을 볼 때 소망을 품을 수 있는 징조가 있다면, 바로 이런 개념이 눈에 띄게 나타나고 있다는 점입니다. 교회는 매우 오랫동안 사회 복음에 관심을 쏟아왔습니다. 기독교를 단순히 윤리의 문제, 사람을 정신적으로 고양시키고 소생시키는 것, 추상적인 신학의 문제로 보아왔습니다. 그런데 이제 하나님과 인간의 인격적인 관계가 기독교의 참된 본질이라는 사실을 깨닫는 사람이 점점 많아지고 있습니다. 어떤 의미에서 이런 새로운 관심은 19세기에 살았던 유명한 덴마크 철학자 키르케고르의 저서와 함께 시작되었다고 할 수 있습니다. 그는 이 특별한 면을 아주 분명히 보았습니다. 그래서 기독교는 종교적인 개념을 다루는 것이 아니라, 인간이 하나님을 만나는 것이라고 말했습니다. 그리고 하나님을 만난 인간은 그 점에 대해 무언가 해야 한다고 말했습니다. 이른바 "결정적 만남"이라는 것입니다. 이런 생각은 『나와 당신』(I and Thou)이라는 의미심장하고 흥미로운 제목의 책을 통해 더욱 보편화되었습니다. 다시 말해 하나님을 "나와 당신"이라는 인격적 관계로 생각하지 않고 천국 어딘가에 있는 "그것"으로 생각하는 것은 위험하다는 것입니다.

어떤 사람은 이것을 적용해서 진짜 인생은 인격간의 만남이라고 표현했습니다. 우리는 관념의 영역에서 살아서는 안 됩니다. 진짜 인생, 현실은 하나님과의 인격적인 만남의 문제라는 사실을 깨달아야 합니다. 그래서 저는 이 중요한 체험의 두 번째 특징으로 하나님은 더 이상 철학 속에 있는 단순한 추상적 부호가 아니라는 것을 강조하고 싶습니다. 하나님은 우리가 자신의 술책을 이루기 위해 가서 엎드려야 하는 어떤 개념, 즉 우리에게서 멀리 떨어져 외딴곳에 있는 어떤 개념이 아닙니다. 그분은 이따금씩 우리를 축복해 주는 어떤 힘이 아닙니다. 하나님은 인격이십니다. 실재하는 분입니다. 우리는 그분께 말할 수 있고, 그분의 말씀을 들을 수 있으며, 그분과 용무가 있습니다. 그분은 우리가 관계해야 할 분입니다. 하나님과 우리는 서로 대화를 나눌 수 있습니다.

브니엘 체험을 하기 전에는 야곱도 저 멀리 떨어져 있는 비인격적인 하나님을 믿었습니다. 그러나 브니엘에서 하나님을 인격적으로 만났습니다. 아니, 하나님이 야곱에게 찾아오셨습니다. 야곱이 홀로 남았더니 그 "사람"(바로 하나님 자신이었습니다)이 야곱과 이야기하고, 야곱과 씨름했습니다. 야곱은 그분이 누구인지 알아챘습니다.

여러분에게도 하나님이 진짜입니까? 이처럼 인격적인 존재입니까? 하나님이 실재입니까? 살아 계신 하나님입니까? 다시 말씀드리지만 이 체험의 두 번째 특징은 항상 우리를 즉각적으로 하나님과 직접 만나게 해주는 인격적인 관계라는 것입니다.

이것을 아주 단순하고 솔직하게 표현하면 이렇습니다. 여러분은 무릎 꿇고 기도할 때 하나님이 정말 거기 계시다고 믿습니까? 여러분의 기도 생활은 어떻습니까? 단순히 몇 가지 경건한 소원과 간구를 중얼거리는 정도입니까? 여러분 자신에 대해 말하고 어떤 가능성들을 단순히 물어보는 정도입니까? 아니면 하나님의 임재를 느낀 적이 있습니까? 살아 계시고 거룩한 인격체이신 하나님이 정말 그곳에 계시다는 것을 안 적이 있습니까? 하나님을 만나본 적이 있습니까? 이 체험을 해본 사람에게 하나님은 정말 그리스도 안에 살아 계신 참된 하나님입니다.

지금까지 말씀드린 것에 비추어볼 때 이 체험의 세 번째 특징은 이것입니다. 이 체험을 한 사람은 항상 그것을 그의 인생 전체에서 가장 중요한 것으로 인식합니다. 그것은 이 오래된 이야기에도 잘 나타나 있습니다. 간단히 끝맺는 말로 그것을 표현해 보겠습니다.

여기 야곱이 있습니다. 무슨 일이 일어날지 궁금해하는 야곱, 자기 소유물에 닥칠 위험과 에서를 생각하며 불길한 예감에 가득 차서 걱정 근심에 싸여 왔다 갔다 하는 야곱이 있습니다. 그러나 브니엘 체험이 시작되고 진행되는 동안 야곱은 에서를 새까맣게 잊어버립니다. 자신의 가축, 소 떼와 양 떼, 그 많은 재산, 심지어 처자식들도 다 잊어버립니다. 이분, 이 놀라운 체험, 그에게 제시된 이 축복의 가능성 말고는 모두 잊어버립니다. 그것은 매우 자명하고 불가피한 일 아니었을까요? 바로 이것이야말로 그리스도인의 본질적인 체험, 즉 회심을 경험한 사람들에게 늘 나타나는 현상 아닐까요? 야곱은 이 축복을 받기 위해 씨름했습니다. 그는 그 축복을 간청하며 "당신이 내게 축복하지 아니하면 가게 하지 아니하겠나이다"라고 말했습니다. 날은 밝아 오고 에서가 올지도 모르지만, 그게 무슨 상관입니까? "나는 절대 당신을 가게 하지 않을 것입니다. 이것이 다른 무엇보다 중요합니다. 모든 것을 다 잃어버리더라도 나는 이것을 반드시 갖고야 말겠습니다." 이 말은 지극히 중요한 체험을 할 때면 늘 그리스도인에게서 터져 나오게 되어 있습니다.

참된 그리스도인이란 어떤 사람일까요? 바로 하나님이 자기 인생에서 가장 중요한 분이라는 사실을 깨달은 사람입니다. 그리스도인이란 자기에게 영혼이 있다는 것과 그 영혼을 잃어버렸다는 사실을 깨달은 사람입니다. 자신이 하나님 앞에서 죄인이라는 사실을 깨달은 사람입니다. 자기 영혼의 운명이 가장 중요하다는 것을 깨달은 사람입니다. 그는 다른 일들에도 흥미를 갖고 있습니다. 그러나 다른 모든 것은 사라져 버리지만 영혼은 영원히 살 것이라는 사실 또한 알고 있습니다. 심판이 있을 것이라는 사실도 알고 있습니다. 그리고 이 모든 사실 때문에 이제 무엇보다 가장 중요한 것을 알게 되었습니다. "나는 구원받아야 한다. 나는 용서받아야 한다. 나는 새 생명을 받아야 한다. 나는 하나님과 화목해야 한다!" 이런 그를 도와줄 사람이 있을까요? 있습니다! 그는 그리스도께 돌아서서 말합니다. "저는 당신을 절대 가게 하지 않겠습니다. 저는 이 축복을 반드시 갖고 말겠습니다." 그는 이것을 간청합니다. 달라고 부르짖습니다. 이제 이것이 그의 인생에서 가장 큰 관심사가 되었습니다.

다시 한 번 간단한 질문을 던져보겠습니다. 여러분 인생에서도 이것이 가장 중요합니까? 모든 것이 다 없어져도 반드시 붙잡고 싶은 한 가지가 무엇이냐고 묻는다면, 뭐라고 대답하시겠습니까? 모든 것을 다 희생해서라도, 어떤 대가를 치르더라도 그리스도께 꼭 매달려 있으시겠습니까? 그것이 바로 그리스도인의 특징입니다.

그리스도인은 자기 죄를 사해 주실 수 있는 유일한 분이 십자가 위에서 돌아가신 그리스도라는 사실을 아는 사람입니다. 그는 오직 그리스도 안에서만 새 생명과 새로운 본성, 그리고 하나님 앞에 새롭게 설 수 있는 신분이 주어진다는 사실을 압니다. 사망과 무덤을 이기신 그리스도 안에서 자기에게 영광스러운 영원한 유업이 주어졌다는 사실을 압니다. 그래서 그리스도 안에 있는 모든 것을 보고 "비록 모든 것을 다 빼앗긴다 해도 내게 그리스도만 계시면 아무 상관없다"고 말합니다.

여러분의 삶에서도 이처럼 그리스도가 최고입니까? 그분이 가장 중요하다는 사실을 알고 있습니까? 그분을 위해 다른 모든 것을 기꺼이 희생할 준비가 되어 있습니까? 야곱이 느끼고 있는 심정이 바로 이런 것입니다. 그리고 지금까지 모든 참된 그리스도인의 심정이 그러했습니다. 그는 이렇게 말합니다. "사람은 얼마든지 나를 곤란하게 만들고 낙심시킬 수 있다. 나를 핍박할 수도 있고, 내게 뭐든지 행할 수 있다. 그러나 그리스도만 나와 함께 계시다면 그런 것들은 아무래도 상관없다."

마지막으로, 이 체험은 항상 영원한 변화가 뒤따릅니다. 저는 그 변화가 영원하다는 사실을 강조하고 싶습니다. 그리스도 안에서 하나님을 진정으로 체험한다는 것은 단순히 감정적인 체험이 아닙니다. 감정적인 체험을 하고 회심했다고 고백하지만 사실은 그리스도 안에서 하나님을 진정으로 만나지 못한 사람도 얼마든지 있습니다. 예를 들어 심리적인 회심 같은 것이 그렇습니다. 그러나 저는 그런 감정을 말하는 것이 아닙니다. 그 체험이 진짜라는 것을 알 수 있는 특징은 그로 인해 그 사람이 영원히 변한다는 것입니다.

브니엘 체험 이후 야곱은 전과 같을 수 없었습니다. 그는 다리를 절었습니다. 몸에 흔적을 갖게 되었고, 이름도 야곱에서 이스라엘로 바뀌었습니다. 이 시점부터 성경을 계속 읽어보십시오. 야곱이 전과 전혀 다르게 행동하고 있다는 사실을 발견할 것입니다. 이제 옛 야곱은 없어졌습니다. 어떤 의미에서 그는 절름발이지만 새사람으로 전혀 다른 삶을 살고 있습니다. 회심에는 항상 영원한 변화가 뒤따릅니다. 그리스도 안에서 하나님을 알게 된 사람은 새사람입니다. 그는 새로운 체험을 하게 됩니다. 옛날의 그가 사라지고, 세상도 그가 달라진 것을 압니다. 비록 여생을 절름발이로 살긴 했지만, 누구든지 야곱을 보면 그가 이전의 야곱이 아니라는 사실을 알았습니다.

회심을 체험한 사람은 누구나 자신이 이전과 다른 존재가 되었다는 사실을 압니다. 그의 옛사람은 그리스도와 함께 십자가에 못 박혔습니다. 그는 자기 위에 표징을 얻게 되었고 새 생명을 갖고 있습니다. 자기 자신을 강하게 믿던 야곱, 그 야곱이 사라지고 하나님을 의지하는 불구의 야곱, 이스라엘이 "다리를 절뚝거립니다." 그것이 마지막 특징입니다. 지극히 중요한 이 체험의 마지막 테스트는 그것이 영원한 변화를 수반한다는 것입니다. 그리스도 안에서 하나님을 만난 사람은 이제 더 이상 이전의 그가 아닙니다. 그는 새사람입니다. 그에게는 옛 것이 지나가고 모든 것이 새것이 되었습니다.

여러분도 이 브니엘 체험을 하셨습니까? 혼자 고립되어 거룩하신 하나님 앞에서 책임 있는 존재로 자기 자신을 보셨습니까? 하나님을 만나셨습니까? 하나님이 정말 살아 계신 분으로 다가옵니까? 하나님을 아십니까? 그리스도 안에서 하나님을 알게 된 것, 이것이 여러분 인생에서 가장 크고 중요한 일입니까? 하나님의 은혜로 여러분이 현재의 여러분이 되었다고 정직하게 말할 수 있습니까? 여러분 안에 있는 새사람, 새 생명, 새로운 흥미, 새로운 능력, 새로운 존재를 의식하고 있습니까? 여러분 안에 여러분이 이해할 수 없는, 여러분 자신을 뛰어넘는 어떤 것이 있다는 사실을 의식하고 있습니까? 그래서 바울과 같이 "이제는 내가 사는 것이 아니요 오직 내 안에 그리스도께서 사시는 것이라 이제 내가 육체 가운데 사는 것은 나를 사랑하사 나를 위하여 자기 자신을 버리신 하나님의 아들을 믿는 믿음 안에서 사는 것이라"(갈 2:20)고 말한 적이 있습니까?

여러분이 혼자 따로 떨어져 있을 때 그리스도께서 여러분을 찾아오신 적이 있습니까? 그리스도를 만난 적이 있습니까? 그분을 발견하고 만나 본 적이 있습니까? 그분이 여러분에게 주실 수 있는 축복을 간청해 본 적이 있습니까? 이 순간까지 그런 적이 한 번도 없다면, 하나님께서 바로 지금을 여러분의 브니엘이 될 수 있게 해주시길 바랍니다! 지금 하나님의 임재를 느끼고 그분이 여기 계시다는 사실을 알 수 있게 해주시길 바랍니다! 야곱이 한 것처럼 여러분도 하나님께 매달려 축복해 달라고 간구하십시오. 여러분에게도 이런 체험을 달라고 구하십시오.

믿음으로 구하면 하나님도 거절하지 않으실 것입니다. 반드시 그 축복을 주실 것입니다. 그런 다음 예수 그리스도 안에서 하나님을 만난, 브니엘 체험 이후의 사람으로 계속 나아가십시오.

3장
먼저 하나님과 화해하라[1)]
브니엘에서 만난 하나님 2

야곱은 홀로 남았더니 어떤 사람이 날이 새도록 야곱과 씨름하다가. _창세기 32장 24절

우리는 앞서 야곱이라는 족장의 인생사에 나타난 전환점이 특히 중요하다는 사실을 지적했습니다. 그 사건은 단순히 그의 후속사를 이해하기 위한 열쇠일 뿐 아니라, 회심 체험의 본질 또는 하나님을 체험적으로 아는 참된 지식의 본질을 보여주는 장면이기 때문입니다.

야곱 이야기는 다시 상세히 말씀드리지 않아도 될 것입니다. 그리스도인이라면 누구나 알고 있으리라고 생각하기 때문입니다. 야곱은 형 에서에게 아주 큰 잘못을 범했습니다. 술책을 써서 아버지 이삭의 축복을 얻어낸 것입니다. 그리고 그것 때문에 고향에서 도망쳐 나와야 했습니다. 먼 땅으로 간 그는 그곳에서 일자리를 얻고 결혼도 했으며 나중에는 엄청난 부자가 되었습니다. 그 시점에서 야곱은 그곳을 떠나 고향으

---

1) 웨스트민스터 채플, 1947년 4월 27일.

로 돌아옵니다. 그러나 즉시 어려움에 봉착합니다. 형 에서가 자기를 어떻게 맞아줄지 걱정이 생긴 것입니다. 에서가 몹시 분개하고 있다는 사실을 잘 알고 있었기 때문에 그는 에서에게 끔찍한 봉변을 당할 거라고 생각했습니다. 앞에서 우리는 야곱이 에서의 마음을 누그러뜨리기 위해 어떤 계획과 술책을 세웠는지 보았습니다. 그는 모든 준비를 마친 뒤, 먼저 에서에게 줄 선물들을 보내고 뒤이어 처자식들을 보냅니다. 그런 다음 혼자 남은 그가 일이 어떻게 전개될지 몰라 걱정과 불안에 싸여 안절부절못하는 장면이 나옵니다. 바로 그때 "어떤 사람이 날이 새도록 야곱과 씨름했습니다." 그리고 아주 놀라운 일이 생겼습니다. 그것이 바로 이 이야기의 핵심입니다.

앞서 우리는 야곱의 브니엘 체험을 전반적으로 살펴보았습니다. 즉 한 사람이 그리스도 안에서 살아 계신 하나님을 체험하는 것을 보았습니다. 앞서 설명한 전반적인 요점 몇 가지를 다시 간단하게 설명해 보겠습니다. 우선 이 사건은 무엇보다 이 체험이 아주 개인적이라는(철저하게 개인적이라는) 사실을 지적해 주고 있습니다.

야곱은 홀로 남았더니(창 32:24).

인간이 진정으로 하나님을 만나려면 먼저 고립되어야 한다는 것, 우리 모두 하나님을 개인적으로 만난다는 것, 이것이 첫 번째 요점입니다. 두 번째 요점은 그 체험이 하나님을 하나의 인격체로 만나는 인격적인 체험이라는 것입니다. 회심은 하나님과 기독교에 관한 일반적인 개념을 거론하는 것이 아니라, 하나님과의 인격적인 만남입니다. 그래서 세 번째 요점으로 이 체험을 한 사람은 늘 그것을 자기 인생에서 가장 크고 중요한 일로 간주하게 됩니다. 그 밖의 것은 모두 잊어버립니다. 따라서 우리가 진짜 그리스도인인지 아닌지 알아보려면 하나님과 우리의 관계가 우리 마음속이나 인생에서 가장 중요한 것인지를 물어보아야 합니다. 마지막 요점은 그 체험에 영원한 변화가 수반된다는 것입니다. 하나님을 만난 사람은 절대 이전과 같을 수 없습니다. 그는 완전히 변화된 사람입니다. 완전한 인간은 아니지만 전과는 다른 사람입니다. 환도뼈가 어긋나 다리를 저는 야곱처럼 진정한 그리스도인에게는 영원한 표징이 생깁니다. 그는 절대 이전과 같지 않습니다.

이것이 우리가 앞서 살펴본 브니엘 체험의 전반적인 특징들입니다. 이 사건은 한 인간이 진정한 그리스도인이 되는 체험이라 할 수 있는 회심을 완벽하게 보여준다는 사실을 명심하고 계속 살펴보겠습니다.

이 사건은 보는 즉시 우리를 깜짝 놀라게 하는 것이 몇 가지 있습니다. 여러분도 모두 그 사실에 동의하실 것입니다. 첫째, 회심은 항상 놀라운 체험이라는 것입니다. 인간의 회심, 즉 그리스도 안에서 하나님을 알게 되는 이 결정적인 체험에는 늘 놀라운 요소가 들어 있습니다. 우리 앞에 있는 야곱 이야기를 보십시오. 이 모든 것이 야곱에게 아주 갑작스럽고 전혀 뜻하지 않게 일어났다는 사실을 분명히 보여주고 있습니다. 야곱은 그 밤이 그런 밤이 되리라고는 전혀 생각하지 못했습니다. 그날 밤, 야곱은 형과의 만남이 어떨지, 형이 자기를 보면 뭐라고 말할지를 생각하며 에서를 만나려 하고 있었습니다. 그런데 뜻하지 않게도 그가 생각한 것과 전혀 다른 밤이 된 것입니다. 자신이 상상한 것과 전혀 다른 일이 일어난 것입니다.

복음의 특성에서 가장 특이한 것은 복음이 자연인을 찾아오는 방식입니다. 자연인은 복음을 접할 때 늘 놀라게 됩니다. 이 문제에 심한 편견을 가지고 직면하기 때문입니다. 우리는 모두 그리스도인이 어떤 사람인지, 기독교의 본질이 무엇인지에 어느 정도 편견이 있습니다. 저는 강단에서 늘 이 사실을 언급합니다. "인간은 어떻게 해서 그리스도인이 됩니까?"라는 질문을 굉장히 자주 듣기 때문입니다. 이 질문에 대한 대답들을 한번 들어보십시오. 어느 특정 나라에 태어나는 것, 유아 세례를 받는 것, 일정한 나이에 세례를 받는 것, 도덕적인 사람, 박애주의자, 이상주의자, 이런 것들입니다. 얼마나 놀랍습니까? 그러나 분명히 말씀드리지만 누군가 정말 그리스도인이 되면, 정말 하나님을 만나면, 그에게 가장 먼저 일어나는 일은 얼굴빛이 하얗게 질릴 정도로 깜짝 놀라게 되는 것입니다.

저는 이것이야말로 한 사람이 그리스도 안에서 하나님을 진정으로 체험했는지 여부를 테스트해 볼 수 있는 기본 조건 가운데 하나라고 주저 없이 말씀드립니다. 성경에 따르면, 사람이 자신에 대해 깜짝 놀라지 않고 그리스도인이 될 수는 없습니다. 사도 바울이 그 좋은 예라 할 수 있습니다. 우리는 그가 이 사실을 어떻게 표현했는지 기억합니다.

> 이제는 내가 사는 것이 아니요 오직 내 안에 그리스도께서 사시는 것이라(갈 2:20).

그는 자기 자신을 이해하지 못하겠다는 것을 이런 식으로 표현하고 있습니다. 그는 자기 자신에게 놀라고 있습니다. 놀란 눈으로 자신을 바라보고 있습니다. "내가 정말 이 사람일까? 내가 이런 사람이 되었나? 내게 이런 일이 일어났었나?"

처음에 우리는 기독교에 대한 신통치 않은 개념들로 출발합니다. 복음에 관해 인간적이고 도덕적인 견해와 관념을 갖고 있다가, 진짜 복음을 만나면 대경실색합니다. 회심은 놀라운 일입니다. 그리고 야곱의 경우처럼 사람들이 자기에게 일어날 것으로 기대하지 않는, 아니 맨 마지막으로나 기대하는 그런 일입니다. 그러나 그 일은 정말 일어납니다. 여러분도 아마 이런 말을 기억할 것입니다. "처음에 비웃고 조롱하려고 갔던 어리석은 자들이 나중에는 남아서 기도한다."

지금까지 일어난 부흥 역사들을 한번 살펴보십시오. 그런 일이 얼마나 자주 일어났는지 알게 될 것입니다. 집회를 훼방하려는 목적으로 간 사람이, 때로는 소란을 피우기 위해 폭도까지 데리고 간 사람이 갑자기 하나님을 만나 회심하고 변화된 예가 얼마나 많은지 모릅니다. 그들은 집에 돌아가 가족에게 자신은 이제 메시아, 자기들이 핍박하려고 간 바로 그분을 따르는 사람이 되었다고 선포합니다. 그것이 복음에 관한 가장 놀랍고 신기하며 영광스러운 일 중 하나입니다. 우리의 모임이 단순한 세상 모임과 전혀 다른 것도 바로 그 때문입니다. 지금도 무슨 일이 일어날지 전혀 모릅니다. 전혀 생각지도 못한 사람이 갑자기 하나님을 만날 수도 있습니다.

우리는 여기서 회심의 두 번째 특징을 깨닫게 됩니다. 그리고 바로 그것 때문에 우리는 그토록 복음을 놀라워합니다. 바로 회심은 전적으로 하나님이 행동하신 결과라는 것입니다. 이 요점은 본문에도 분명하게 나타나 있습니다.

> 야곱은 홀로 남았더니 어떤 사람이 날이 새도록 야곱과 씨름하다가(창 32:24).

그날 밤 야곱에게 일어난 일은 야곱이 행동한 결과가 아니었습니다. 하나님이 먼저 야곱에게 찾아오셨습니다. 그날 밤, 야곱은 하나님을 구하고 찾기 위해 애쓰겠다고 결심하지 않았습니다. 야곱은 다른 일들에 골몰해 있었습니다. 그런데 하나님이 먼저 야곱에게 찾아와 어떤 일을 행하셨습니다. 이 이야기 전체의 기초는 바로 하나님이 친히 행동하고 일하신 결과, 야곱이 하나님을 발견하게 되었다는 것입니다.

여기서 분명히 짚고 넘어가야 할 것이 하나 있습니다. 예수 그리스도의 복음은 본질적으로 그리고 주로 하나님의 행위라는 사실입니다. 한 사람을 그리스도인으로 만드는 것은 인간이 행하는 일이 아닙니다. 하나님이 이미 행하셨으며 지금도 여전히 행하고 계신 것 때문에 그리스도인이 될 수 있는 것입니다. 이것은 아주 기본적인 사실입니다. 제 노력으로 하나님을 발견할 수 있다고 믿는다면, 저는 그리스도의 복음의 기초도 모르는 사람입니다.

복음 설교는 사람들에게 그리스도인으로 만들어줄 무언가를 하라고 호소하는 것이 아닙니다. 하나님이 그들을 그리스도인으로 만들어주시기 위해 무엇을 행하셨으며 무엇을 행하실지를 그들에게 공표하고 선포하는 것입니다. 구원은 전적으로 하나님의 은혜와 놀라운 사랑의 결과입니다. 다시 말씀드리지만 이것은 굉장히 기본적이고 매우 중요하며 근본적인 것입니다. 바로 기독교 복음의 진수입니다.

인간은 하나님을 대적하고 죄를 범했습니다. 그래서 그 모든 불행이 임한 것입니다. 인간은 이 점에 대해 아무것도 할 수 없습니다. 자신의 죄를 절대 버릴 수 없을 뿐 아니라, 자신의 범법 행위를 대속할 수도 없습니다. 그는 절대 스스로 추구하여 하나님을 발견할 수 없습니다. 궁극적인 것을 추구하며 여생을 묵상에 바치겠다고 결심할 수 있지만, 그렇다고 해서 하나님께 도달할 수 있는 것은 아닙니다. 그렇다면 인간에게는 전혀 소망이 없다는 말입니까? 아닙니다. 그렇지 않습니다. 인간 자신은 그 일을 할 수 없으나 그 이름이 찬양받기에 합당하신 우리 하나님이 필요한 모든 것을 다 이루어놓으셨기 때문입니다. 하나님이 죄와 비참함과 수치 가운데 빠져 있는 인간을 내려다보시고 구원의 길을 제공해 주셨습니다.

> 하나님이 그 아들을 보내사 여자에게서 나게 하시고 율법 아래에 나게 하신 것은 율법 아래에 있는 자들을 속량하시고(갈 4:4, 5).

복음의 모든 메시지는 바로 이것을 말해 줍니다. 하나님이 독생자 나사렛 예수, 베들레헴에서 아기로 태어나신 분을 보내주셨다는 것, 하나님이 우리 죄를 속하시려고 그를 이 세상에 일부러 보내주셨다는 것, 이 땅에 오신 예수께서 자신을 인류의 죄와 동일시하시고 그 죄를 짊어지셔서 갈보리에서 십자가형을 받으셨다는 것입니다. 그렇게 하나님이 "죄를 알지도 못하신 이를 우리를 대신하여 죄로 삼으신 것은 우리로 하여금 그 안에서 하나님의 의가 되게 하려 하심입니다"(고후 5:21 참조). 이것이 복음이 주는 메시지입니다!

하나님은 우리를 제쳐놓고 그렇게 친히 죄를 다루셨습니다. 하나님이 죄를 벌하시고 죄책을 다루신 것입니다. 이로 인해 하나님은 죄 사함과 용서, 구원과 새 생명, 그 밖에 우리에게 필요한 모든 것을 제공해 주셨습니다. 하나님이 이 일을 친히 행하셨습니다. 다시 말씀드리지만 하나님이 먼저 야곱을 찾아오셨습니다. 제 메시지에서 가장 중요한 것은 바로 이것입니다. 하나님이 십자가 위에서 우리를 위해 모든 일을 다 끝내셨다는 것입니다. 우리 죄를 사하시려 그리스도께서 돌아가셨습니다.

이런 집회에서 하나님이 하고 계신 일이 무엇인지 아십니까? 그분의 성령을 통해 우리에게 그와 같은 것들을 말씀해 주시는 것입니다. 야곱이 그 특별한 장소에 도착한 것처럼 우리도 이 자리에 있습니다. 우리 모두 여기 올 때는 서로 다른 목적과 동기와 생각을 가지고 왔을 것입니다. 그러나 그것은 별로 중요하지 않습니다. 중요한 것은 하나님이 아시고, 하나님이 말씀하시며, 성령 하나님이 우리에게 어떤 것들을 계시해 주신다는 것입니다. 하나님이 브니엘에서 야곱에게 말씀하시고 계시해 주셨듯이, 지금은 복음 설교를 통해 성령으로 우리에게 말씀하시며 계시해 주십니다. 그것이 복음의 정수이자 가장 큰 특징이라면, 복음은 우리에게 무엇을 계시해 주는 것일까요? 야곱 이야기에 근거해서 살펴보겠습니다.

이 사람 야곱이 여기 혼자 서 있습니다. 처자식과 재산은 물론 모든 것은 이미 앞서 보냈습니다. 야곱 혼자 남아 있는 그때, 하나님이 찾아오셔서 그에게 무언가를 계시해 주셨습니다. 복음이 성령을 통해 우리에게 계시해 주고 있는 것은 과연 무엇일까요?

첫째, 복음은 우리가 그토록 많은 시간과 열정을 쏟고 있는 문제들이 사실은 그렇게 중요하지 않다는 것을 계시해 줍니다. 실제로든 궁극적으로든 중요한 문제가 아니라는 것입니다. 둘째, 복음은 우리에게 진짜 문제를 계시해 줍니다. 셋째, 복음은 하나님이 우리에게 베푸시는 축복을 보여줍니다. 그 축복은 우리를 놀라게 할 뿐 아니라 우리가 아무리 꿈꾸고 바라더라도 이룰 수 없는 것입니다.

이제부터 이 세 가지를 각각 간단히 다뤄보겠습니다. 복음이 우리에게 계시해 주는 첫 번째는 우리가 그토록 많은 시간과 열정을 쏟고 있는 문제, 우리가 그토록 염려하고 괴로워하는 문제가 사실은 중요한 것이 아니라는 것 또는 궁극적으로 중요한 것은 아니라는 것입니다. 야곱은 모든 소유물과 남녀종, 그리고 처자식마저 먼저 얍복강을 건너게 한 후 혼자 남아 속으로 이렇게 생각했습니다. '자, 이제 에서 형만 남았다. 내가 해결해야 할 문제는 이제 형뿐이다. 이 문제만 해결되면 모든 게 완벽해진다.' 야곱에게는 에서가 유일한 문제였습니다. 그래서 에서에게 어떻게 접근할지 계획을 세우고 묘안을 짜냈습니다. 단순한 이야기 차원에서만 보자면 바로 이것 때문에 창세기 32장이 그토록 흥미진진한 것입니다.

혹시 야곱 안에서 우리의 모습이 보이지 않습니까? 여기 야곱이 있습니다. 그는 지금 고향으로 돌아가려고 합니다. 그런데 그곳에는 형 에서가 있습니다. 그곳에는 항상 무언가가 있습니다. 야곱은 에서에게 어떻게 할 수 있을까요? 자, 야곱의 재간을 한번 보십시오. 그는 속으로 이렇게 생각합니다. '나는 에서 형을 꽤 잘 알고 있지. 마지막으로 본 이후 형이 별로 변하지 않았다면, 돈으로 얼마든지 매수할 수 있을 거야. 형은 새끼를 잘 낳는 통통한 가축들을 좋아하지. 그러니 내 가축을 여러 떼로 나누어 보내자. 그러면 형이 첫 번째 가축 떼를 보고 화가 났다가도 두 번째 떼를 보면 흡족해할 거야.' 우리는 그가 어떤 계획과 묘책을 갖고 있었는지 잘 알고 있습니다.

여기서 한 걸음 더 나아가 봅시다. 그는 아마 형 문제를 두고 기도도 했을 것입니다. 아주 진지하게 말입니다. "오, 하나님 저를 불쌍히 여기소서." 그런 다음 하나님께 어떤 약속들을 상기시켜드렸을 것입니다. 그렇습니다. 그리스도인이 아니더라도 자기 재산이나 소유물을 잃어버릴 위험이 있다고 생각되면 누구나 간절히 기도할 것입니다. 야곱 역시 깊이 생각하고, 책략을 세우고, 기도했습니다. 그에게 남은 문제는 오직 한 가지, 에서였습니다. 형 때문에 끙끙대고 괴로워하며 어쩔 줄 몰라 했습니다. 그런데 그날 밤 야곱에게 실제로 일어난 일은 무엇입니까?

하나님은 야곱에게 그가 지극히 중요한 문제는 고려하지 않고 있다는 것, 진짜 문제는 에서가 아니라는 사실을 계시해 주셨습니다. 바로 이것이 복음이 하는 첫 번째 일입니다. 복음은 우리가 그토록 번민하고 괴로워하는 가운데 머리를 짜내고 계획하는 모든 것이 사실은 진짜 중요한 일이 아니라는 사실을 보여줍니다.

우리가 살고 있는 골치 아픈 세상을 향해 복음이 주는 첫 번째 메시지가 뭔지 아십니까? 이 세상이 진짜 문제를 직면하여 헤아리지 않는다는 사실입니다. 야곱처럼 이 세상도 지금 자신이 곤란에 빠져 있음을 알고 있습니다. 불쌍한 야곱이 그곳에 혼자 있었습니다. 잠도 오지 않습니다. 몹시 불안하고 괴로워서 도저히 잠을 이룰 수 없습니다. 이것은 오늘날도 마찬가지입니다.

진지하거나 무언가 읽을 줄 아는 사람이라면 누구나 이 세상이 얼마나 병들어 있으며 얼마나 심각한 곤경에 빠져 있는지 잘 알 것입니다. 그러나 그것은 중요하지 않습니다. 중요한 것은 그 곤경이 무엇이냐입니다. 그 곤경이 무엇인지 말씀드리겠습니다. 바로 야곱이 오래전에 한 짓을 이 세상이 지금도 그대로 반복하고 있다는 것입니다. 사람들의 머리를 굴리게 하는 문제들, 그 문제를 해결하기 위해 사람들이 머리를 짜내어 보여주는 재간은 사실 진짜 문제도, 가장 중요한 문제도 아닙니다.

이 세상은 지금 무엇을 생각하고 있을 것 같습니까? 세상은 지금 이런 것들을 생각하고 있습니다. '우리가 전쟁을 추방할 수 있는 방안만 마련한다면, 만사가 다 잘될 텐데! 1차 세계대전 전까지만 해도, 또 2차 세계대전 전까지만 해도 모든 게 다 순조롭게 돌아갔는데, 오, 이런 것들만 제거할 수 있다면…….' 그래서 국제 관계 협의회와 회담 등을 계획하고 전쟁 예방과 종결 방안을 강구합니다. 살인, 절도, 부도덕, 결혼 생활의 실패, 도덕성 약화 등과 같은 사회 문제와 산업 문제를 다루기 위한 묘책을 생각해냅니다. 세상은 지금 바로 이런 것들을 생각하고 있습니다.

브니엘에 서서 어떻게 에서의 마음을 누그러뜨릴 수 있을지 생각하고 있을 때, 야곱은 에서만 보였습니다. 마찬가지로 우리가 살고 있는 이 세상도 꼬박 일주일씩 바쳐가며 원자폭탄에 대해 토론합니다. 지금까지 복음에 일주일을 바친 적은 한 번도 없으면서 말입니다! 그리고 이 세상의 진짜 문제는 라디오 방송을 통해 듣는 것, 신문과 책과 기사를 통해 끊임없이 읽는 것, 바로 그런 것들이라고 생각합니다.

세상이 그 문제를 다루는 방법 역시 야곱과 같습니다. 아마 지금처럼 이 세상이 그 문제들을 해결하고 세상을 제자리에 돌려놓기 위해 바쁘게 애쓴 적도 없을 것입니다. 이것은 문자 그대로 사실일 거라고 저는 생각합니다. 정말 역사상 금세기만큼 이 세상이 문제들을 해결하기 위해 열심히 일한 적도 없습니다. 국회 법안, 새로 생긴 기관과 단체, 사회 개선을 위해 계획하고 있는 것들을 한번 생각해 보십시오. 그러면 지금 말씀드리고 있는 것이 무슨 뜻인지 정확히 알게 될 것입니다.

인생이 갑자기 무너져 내립니다. 그리고 우리는 지금 그 문제를 다루려고 애쓰고 있습니다. 그런데 이런 문제들을 해결하기 위해 애쓰는 이 세상의 방법 속에 무언가 아주 애석한 점이 있습니다. 그것은 이 세상이 진짜 근본적인 문제는 거들떠보려고도 하지 않기 때문에 생긴 것입니다. 우리는 어떤 문제를 해결하기 위해 항상 새로운 기관과 단체를 만들어냅니다. 그런데도 세상은 여전히 비참하고 불행하며 한심합니다. 물론 이것은 세상만 그런 것이 아니라 개인도 마찬가지입니다.

지금 이 세상에는 야곱의 행동을 그대로 재현하며 살아가는 사람이 얼마나 많습니까? 세상에는 이렇게 말하는 사람이 많습니다. "내가 재산만 많으면 모든 게 다 괜찮아질 텐데. 다른 것은 다 갖고 있으니, 돈만 조금 더 있으면 내 인생이 정말 낙원으로 변할 텐데." 그들에게는 돈이 에서입니다. 어떤 사람들에게는 교육이 에서가 될 수 있습니다. "내게 지식을 얻고 교육받을 기회나 시설만 있다면, 모든 게 다 괜찮아질 텐데." 그것이 그들의 문제입니다. 또 어떤 사람들에게는 인간관계가 문제일 수 있습니다. 즉 다른 사람이 문제입니다. 야곱은 속으로 이렇게 생각했습니다. '문제는 에서 형이야. 형만 잘 구워삶을 수 있다면 아무것도 문제될 게 없는데.' 많은 사람이 이렇게 말합니다. "나는 옳아. 문제는 저 사람이야. 저 사람이 ……한다면 다 괜찮아질 텐데." 그 사람이 그들의 에서입니다. 어떤 사람에게는 꼭 필요한 한 가지가 새로운 환경일 수도 있고, 새 출발일 수도 있으며, 새로운 기회일 수도 있습니다. 오늘날 많은 사람이 바다를 건너 다른 나라로 가고 있습니다. 새로운 멋진 나라에서 새 출발만 할 수 있다면 모든 것이 잘될 거라고 확신하면서 말입니다. 그것이 그들의 에서입니다. 또 어떤 사람은 한 가지 약점만 제거하면 아무 문제가 없다고 말하면서 그 한 가지 죄를 제거하기 위해 필사적으로 싸우고 있습니다. 그들에게는 그 약점이 모든 문제인 것입니다.

복음의 첫 번째 메시지는 이들이 그토록 신경 쓰고 있는 문제는 사실 진짜 문제가 아니라고, 그렇게 중요한 문제가 아니라고 말해 줍니다. 하나님은 야곱에게 에서라는 문제는 중요한 것이 아니라는 사실을 보여 주셔야만 했습니다.

여기서 우리는 두 번째 요점으로 넘어갈 수 있습니다. 복음이 하는 두 번째 일은 성령의 역사를 통해 우리에게 진짜 문제가 무엇인지 계시해 주는 것입니다. 그렇다면 무엇이 진짜 문제일까요? 간단히 요약해 보겠습니다.

하나님이 나타나셔서 다루기 시작하자 야곱은 얼마 안 가 자신의 진짜 문제를 보게 되었습니다. 앞서 살펴본 것처럼 야곱은 자신의 진짜 문제를 보는 순간 에서는 새까맣게 잊어버렸습니다. 그 중요한 것이 계시되는 순간 에서는 새까맣게 잊어버리고 하나님께 꼭 매달렸습니다.

인간의 진짜 문제는 하나님과 어떤 관계에 있느냐입니다. 야곱이 브니엘에서 가장 처음 발견한 것은 바로 자신의 진짜 문제였습니다. 정중하게 말하자면 문제는 에서가 아니라 바로 하나님이었습니다. 야곱의 주요 관심사는 "내가 어떻게 하면 형의 마음을 누그러뜨릴 수 있을까?"였습니다. 그런데 하나님은 다르게 말씀하셨습니다. "사랑하는 야곱아, 네게 필요한 건 에서와 화해하는 것이 아니라 나와 화해하는 것이다." 이것이 바로 이 시대가 겪고 있는 어려움과 고민의 본질입니다. 우리는 다른 문제들을 바라보면서 우리가 병을 앓고 있는 진짜 원인, 가장 중요한 원인은 까맣게 잊어버리고 있습니다. 하나님과 잘못된 관계에 있는 것, 이것이 진짜 문제인데 까맣게 잊어버리고 있습니다. 복음이 첫 번째로 계시해 주는 것이 바로 이것입니다.

복음은 인간이 이 세상에서 행복해질 수 있는 길은 오직 하나님이 세운 법에 순종하는 것이라고 말해 줍니다. 하나님이 자신을 위해 인간을 만드셨을 뿐 아니라 자연과 인간 안에 일정한 법을 두셨기 때문입니다. 다시 말해 성경은 모든 개인적인 문제나 일반적인 문제는 바로 거기서 발생하는 것으로, 인간이 하늘과 땅을 탐사하고 자기가 좋아하는 것은 뭐든지 다 할 수 있지만 하나님과의 관계가 잘못되어 있는 한 결코 평화와 행복을 발견할 수 없다고 말합니다. 그 영혼이 결코 안식을 누리지 못하고, 그토록 간절히 사모하는 것을 발견하지 못할 것이라고 말합니다. 인간의 문제는 에서가 아닙니다. 바로 하나님입니다. 복음은 인간이 그 중심에 하나님과 바른 관계에 있지 않는 한, 다른 어떤 관계에서도 바른 관계를 맺을 수 없다는 사실을 우리에게 상기시켜줍니다. 에서가 아니라 하나님이 문제입니다!

그런 다음, 복음은 인간이 이 첫 번째 사항에 대해 잘못 생각하고 있으면 자신에 대해서도 잘못 생각할 것이라는 사실을 계시해 줍니다. 다시 말해, 야곱은 에서가 자신의 문제가 아니라는 사실뿐 아니라 자기 자신도 있는 그대로 보게 되었습니다. 바로 이것이 야곱이 브니엘에서 두 번째로 본 것입니다. 달리 표현해서 야곱이 지속적으로 겪은 문제는 하나님이 본래 의도하신 자기 모습을 망각한 것이었습니다. 다른 나라로 간 그는 놀라울 정도로 모든 일을 잘해내고 성공도 거두었습니다. 그는 이제 고향으로 돌아가 풍족한 삶을 누리기만 하면 된다고 생각했습니다. 그것이 자신에 대해 갖고 있던 생각의 전부였습니다. 그는 많은 재산으로 인생과 가정생활을 즐기는 사람, 세상의 눈으로 볼 때 기막히게 성공한 사람이 될 거라고 생각했습니다.

그런 그에게 하나님이 찾아오셨습니다. 하나님은 본래 의도하신 야곱의 모습에 비추어볼 때 그 모든 생각이 얼마나 터무니없이 거짓된 것인지 일깨워주셨습니다. 야곱은 장자권을 받은 사람입니다. 그는 하나님의 축복을 받았습니다. 하나님이 그에게 이런 축복을 주신 것은 그를 통해 무언가 하시기 위해서였습니다. 브니엘에서 하나님은 야곱을 불러 그의 참된 본질이 무엇인지, 그의 진정한 운명이 무엇인지 깨우쳐주셨습니다. 이것이 바로 그리스도의 복음이 인간에게 찾아올 때 일어나는 일입니다.

복음은 인간에게 찾아와 이렇게 묻습니다. "당신이 지금 살고 있는 인생은 하나님이 본래 의도하신 모습에 합당한가? 오직 이생과 이 세상에만 전념해서 사는 인생이 과연 하나님이 본래 의도하신 인생만큼 훌륭하고 가치 있는 삶이라고 생각하는가?" 인간은 하나님에 의해 하나님의 형상대로 만들어졌습니다. 인간은 하나님과 교제하도록 만들어졌습니다. 그리스도를 닮도록 되어 있습니다. 자신과 하나님을 연결시켜주는 영을 가지고 있습니다. 그런데 지금 인간의 모습은 어떻습니까? 그것이 문제입니다. 복음은 우리에게 찾아와 우리가 하나님을 떠나고 그리스도를 떠나 살아가는 것으로 인간 본성에 완전히 위배된 삶을 살고 있다는 사실을 일깨워줍니다. 우리는 지금 하나님을 전적으로 모욕하는 삶을 살고 있습니다. 인간은 본래 하나님과 교통하는 생령이 되도록 창조되었습니다. 복음은 우리에게 그것을 깨닫게 해줍니다.

셋째, 복음은 우리의 진짜 위험이 무엇인지 일깨워줍니다. 문제는 에서가 아닙니다. 사실은 하나님과 나의 관계, 나 자신과 나의 관계, 그리고 나의 진짜 위험이 문제입니다. 그러나 야곱은 자신의 위험을 이렇게 생각했습니다. '에서 형이 내 재산에서 얼마를 빼앗아갈지도 모른다. 내 처자식을 죽일지도 모른다. 아니 어쩌면 나까지도 죽일지 모른다.' 야곱은 지금 맞닥뜨리고 있는 위험이 바로 이런 것들이라고 생각했습니다.

우리가 이미 본 것처럼 야곱은 안절부절못하고 왔다 갔다 하며 속으로 이렇게 생각했습니다. '형이 나한테 어떻게 할까? 어쩌면 이 많은 소 떼와 양 떼를 다 잃어버릴지도 몰라. 내가 외삼촌 집에서 교배시킨 이것들을 다 잃어버릴지도 몰라. 그러면 어떡하지? 손실이 어마어마할 텐데……. 어쩌면 처자식들도 잃게 될 거야. 아니, 내 생명도 잃게 되겠지.

그렇게 되면 어쩌지…….' 그래서 그는 하나님께 정신없이 기도합니다. 그런데 하나님은 뭐라고 하셨습니까?

"야곱아, 너는 가장 큰 위험이 무엇인지 깨닫지 못하고 있다. 네 가장 큰 위험은 네 영혼을 잃을지도 모른다는 것이다. 네가 지금 걱정하고 있는 것들은 조만간 모두 잃을 수밖에 없는 것이다. 네가 죽는 날에는 그 가축들을 모두 두고 가야 한다. 그때는 처자식도 재산도 모두 두고 죽어야 한다. 죽음을 기다리며 침상에 누워 있을 날이 올 것이다. 그때 너는 그것들 가운데 하나도 가져갈 수 없다. 그렇지만 그 순간에도 네 영혼만은 여전히 갖고 있을 것이다. 그 영혼으로 네가 무엇을 했는지 나한테 결산 보고를 해야 한다. 야곱아, 그 영혼은 내가 네게 준 것이다. 이 순간 네게 가장 큰 위험이 무엇인지 아느냐? 바로 그 영혼을 잃어버리는 것이다. 네가 내가 원하던 사람이 되지 못한 것, 장자권 축복을 가진 사람이 되지 못한 것, 바로 그것이 네가 처한 위험이다. 나와의 잘못된 관계, 바로 그것이 네게 저주와 형벌을 가져다주고 너를 지옥과 파멸로 이끌어갈 너의 위험이다." 그것이 바로 예수 그리스도의 복음 안에서 하나님이 인간에게 주시는 메시지입니다.

물론 우리에게는 생명을 위협하는 위험이 있습니다. 우리에게 그런 위험이 없다고 말씀드리는 것이 아닙니다. 그러나 몇 년 안에 죽게 될지 모를 위험보다 훨씬 크고 중요한 위험이 있습니다. 바로 하나님과의 잘못된 관계 때문에 내 영혼이 지옥으로 가서 비참함과 고통 가운데 영원히 살게 될지도 모른다는 사실입니다. 그것이 바로 우리가 직면하고 있는 위험입니다! 에서가 아닙니다. 생명을 위협하는 무언가가 아닙니다. 경제 상황이 아닙니다. 문제는 그런 것들이 아닙니다. 궁극적으로 우리 자신이 문제입니다. 에서가 아니라 하나님이, 에서가 아니라 바로 나 자신이 문제입니다. 문제는 내가 어떤 사람이 되어야 하느냐가 아닙니다. 내 재산이나 소유물, 내가 사는 나라가 아닙니다. 죽지 않고 영원히 살게 될 내 영혼을 잃어버리는 것, 나의 영원한 미래를 위험하게 만드는 것, 이것이 문제입니다.

복음은 우리가 삶에서 엉뚱한 문제로 괴로워하고 걱정한다는 사실을 계시해 줍니다. 그런 다음에는 우리의 진짜 문제가 무엇인지 보여줍니다. 그런데 감사하게도 그것이 전부가 아닙니다. 복음은 인간이 생각하거나 꿈꾸거나 상상한 어떤 것보다 훨씬 크고 초월적인 가능성, 인생의 축복을 계시해 줍니다. 야곱 이야기에서 그것을 한번 살펴보겠습니다.

야곱은 브니엘에서 속으로 생각했습니다. '이제 내 미래는 어떻게 될까? 형 마음을 누그러뜨려 저 강을 건널 수만 있다면, 고향에 정착해서 아주 부유하고 번영하는 사람이 되겠지. 가축도 많겠다, 농작물 있겠다, 처자식 있겠다, 이만하면 멋진 인생 아닌가?' 이것이 바로 야곱이 탐내고 있던 인생입니다. 그런데 하나님은 그날 밤 야곱을 만나주시면서 야곱에게 엄청난 축복을 주십니다. 즉 에서, 소 떼나 양 떼, 농작물, 그 밖의 모든 것을 새까맣게 잊어버릴 만큼 큰 축복의 비전을 주십니다.

야곱은 하나님을 뵈었고 하나님을 만났습니다. 이때 하나님은 야곱에게 그를 위해 비축해 두신 축복을 계시해 주셨습니다. 그러자 야곱은 말했습니다. "당신을 가게 하지 않겠습니다. 저는 제 가축들을 포기하고 처자식들도 포기하고 그 밖의 모든 것을 다 포기할 수 있습니다. 그러나 당신만은, 하나님의 축복만은 포기할 수 없습니다." 그는 모든 죄를 용서해 주겠다고 약속하신 하나님, 자기에게 그 손을 얹어주겠다고 확신시켜주신 하나님, 열방의 아비이자 궁극적으로는 이 세상의 구주가 되실 주 예수 그리스도의 조상이 되리라는 비전을 주신 하나님을 만난 것입니다.

저는 야곱이 이때 자기 후손에게서 메시아가 나오리라는 사실을 어렴풋이 깨달았을 것이라고 확신합니다. 그래서 야곱이 이렇게 말씀드린 것입니다. "당신을 가게 하지 않겠습니다. 이제 저를 통해 이 나라를 구원하실 실로가 오실 것을 알게 되었는데, 이 땅의 명예와 재산, 소유물이 뭐가 중요하겠습니까?" 그것이 축복입니다. 새로운 이름, 더 이상 야곱이 아니라 "이스라엘"이라는 그 새 이름이 곧 축복입니다. 그리고 바로 이것이 복음을 듣는 모든 사람에게 성령의 능력을 통해 복음이 말하고 있는 것입니다. 복음은 죄 사함과 용서, 그리고 하나님이 빽빽한 구름처럼 많은 우리 죄를 도말하시고 등 뒤로 던져버린다는 것을 확신시켜줍니다.

세상에서 이보다 큰 일을 생각해낼 수 있습니까? 양심을 깨끗이 씻음 받고 하나님 앞에 서서 "저는 죄를 지었지만 그리스도께서 제 죄를 위해 고난당하셨습니다. 저는 이제 죄 사함을 받은 자유인입니다"라고 말할 수 있는 것보다 큰 일이 어디 있습니까? 그것은 새 생명의 출발을 의미합니다. 새로운 본성(하나님 자신의 본성)을 받아 하나님의 자녀가 되는 것을 의미합니다. 이 큰 일을 표현할 수 있는 말이 어디 있습니까! 우리는 명예를 탐냅니다. 우리는 야곱과 같습니다. 중요한 기회를 잡기 위해 눈독을 들입니다. 계획을 세우고 묘책을 강구합니다. 그러나 하나님이 우리에게 주시는 것은 다릅니다. 하나님은 우리를 그분의 자녀로 만들어주겠다고 하십니다. 그런데 이보다 크고 위대한 일이 있단 말입니까?

하나님이 우리에게 새로운 능력과 새로운 힘을 주십니다. 우리로 하여금 오래된 죄들을 정복하게 하시고, 우리의 과거를 못 쓰게 만들고 망쳐놓은 것들을 제거해버릴 수 있도록 도와주십니다. 우리에게 의와 기쁨과 평강을 주십니다. 사망과 무덤에 대한 두려움을 없애주십니다. 우리가 사망과 무덤을 보고 웃으면서 "나는 이미 그리스도 안에서 저것들을 다 통과했다. 나는 사망에서 생명으로, 심판에서 영생으로 옮겨졌다"고 말할 수 있게 해주십니다. 그리고 그것은 우리에게 절대 사라지지 않을 영원한 소망을 줍니다.

복음은 이 세상이 궁극적으로는 죄에서 해방될 것이라고 말합니다. 하나님의 아들 나사렛 예수께서 이 세상에 다시 오셔서 그의 모든 원수, 사탄과 죄와 악과 추하고 더러운 모든 것을 다 멸망시킬 것이라고 말합니다. 죄 되고 악한 모든 것이 이 땅에서, 아니 창조 자체에서 뽑혀져 나갈 것이라고 말합니다. 그리고 "의가 거하는 새 하늘과 새 땅"이 있을 것이라고, 그리스도인들은 그곳에서 하나님의 얼굴을 들여다보고 영원한 지복을 누리며 살 것이라고, 그리스도를 머리로 모시고 그분과 함께 영원히 살게 될 것이라고 말합니다. 복음이 이 모든 것을 제공해 줍니다. 처음에 복음이 우리를 놀라게 한다고 말씀드린 것도 바로 이런 이유 때문입니다.

복음은 단순히 우리 안에 있는 모든 것을 끌어내어 더 나은 사람이 되게 하는 것이 아닙니다. 절대 아닙니다. 복음은 하나님이 우리를 하나님의 자녀로 만들겠다는 것입니다. 하나님이 그분 자신의 본성을 우리 안에 넣어주시겠다는 것입니다. 우리를 (제가 지금까지 미력하나마 애써 설명한) 지복의 상속자로 만들어주시겠다는 것입니다. 또한 사망이 더 이상 우리를 두려움에 떨게 하지 못할 것이라는 뜻입니다. 우리는 우리 자신이 영화롭게 될 그날을 즐거이 기다릴 수 있습니다. 그것이 하나님이 우리에게 주시는 축복입니다. 우리는 다만 하나님이 필요하다는 것, 우리 인생은 실패라는 것, 우리 영혼이 위험하다는 것, 이런 것들을 깨닫고 주 예수 그리스도를 믿기만 하면 됩니다. 그러면 이 모든 것을 다 받을 것입니다.

혹시 지금까지의 말씀을 다 듣고도 야곱처럼 "당신을 가게 하지 아니하겠나이다"라고 말하고 싶지 않은 분이 계십니까? 여러분, 여러분은 하나님의 자녀입니까? 자신이 하나님의 자녀라는 사실을 알고 계십니까? 자기 자신에 대해 놀라고 계십니까? 여러분 안에 새사람이 있다는 사실을 알아채셨습니까? 사망과 무덤에 대한 두려움이 없습니까? 여러분이 이전에 짓던 죄에 대해 이미 승리하셨습니까? 여러분의 삶 속에는 새로운 능력이 있습니까? 앞으로 임할 저 영광스러운 시대를 바라보며 "나는 그곳에 갈 것"이라고 말할 수 있습니까? 이런 것들이 정말 사실처럼 느껴집니까? 그렇지 않다면, 하나님께 이렇게 큰소리로 부르짖으십시오. "당신을 가게 하지 않겠습니다!"

> 인애하신 구세주여 내 말 들으사
> 죄인 오라 하실 때에 날 부르소서.[2]

"당신을 가게 하지 아니하겠나이다." 정직하고 진지한 마음으로 하나님께 이렇게 말씀드리십시오. 그러면 하나님이 그 옛날 야곱을 축복하신 것처럼 여러분도 축복하실 것입니다. 그렇게 되면 여러분은 새사람이 되어 하나님이 갖고 계신 모든 부요를 받아 누리는 후사가 될 것입니다.

---

2) 패니 크로스비, "인애하신 구세주여", 새찬송가 279장.

4장
복음 앞에 순복하라[1]

이에 모세가 이르되 내가 돌이켜 가서 이 큰 광경을 보리라 떨기나무가 어찌하여 타지 아니하는고 하니 그때에 여호와께서 그가 보려고 돌이켜 오는 것을 보신지라 하나님이 떨기나무 가운데서 그를 불러 이르시되 모세야 모세야 하시매 그가 이르되 내가 여기 있나이다 하나님이 이르시되 이리로 가까이 오지 말라 네가 선 곳은 거룩한 땅이니 네 발에서 신을 벗으라. _출애굽기 3장 3-5절

본문에 나온 사건 전체를 살펴보기 전에 이 세 구절을 특별히 강조하고 싶습니다. 이 세 구절을 정확히 이해하지 않고서는 전체 단락과 그 단락에 담겨 있는 위대한 메시지를 이해할 수 없기 때문입니다.

우리는 지금 성경에서 가장 중요한 사건 하나를 보고 있습니다. 이 사건은 모세 개인의 삶에서는 물론 이스라엘 백성의 삶에서도 아주 중요합니다. 특히 그들이 애굽의 속박에서 벗어나 약속의 땅 가나안을 소유하기까지의 역사와 관련지어 볼 때 아주 중요합니다. 이 사건은 성경에서 중추적인 사건이라고 할 만큼 중요합니다. 성경 여러 부분에서 이 사

---

1) 웨스트민스터 채플, 1950년 10월 1일.

건이 자주 언급되는 것도 바로 이런 이유 때문입니다. 그렇다면 우리는 지금 역사상 매우 중요한 이야기를 보고 있는 셈입니다. 그러나 제가 이 사건에 관심이 많은 이유는 이 사건이 우리 주요 구세주 되신 예수 그리스도 안에 있는, 그리고 예수 그리스도를 통한 구원이라는 전체 문제와 관련해서 아주 위대한 교훈이자 모형이기 때문입니다.

구약이 전하는 위대한 메시지와 신약이 전하는 위대한 메시지는 사실 하나입니다. 이것은 아무리 강조해도 지나치지 않습니다. 신약과 구약에서 역사하시는 하나님은 동일한 분입니다. 초창기에 교회가 성령의 인도에 따라 구약과 사복음서와 신약 서신들을 하나로 묶을 수 있었던 것도 하나님이 동일하시기 때문입니다.

지금까지 사람들은 이 점을 종종 의아하게 생각했습니다. 심지어 그리스도를 믿는 사람들 가운데 지금도 구약에 더 이상 관심을 가지면 안 된다고 말하는 어리석은 자들이 있습니다. 그들은 구약이 유대인의 책이며 신약을 소유하고 있는 우리와 아무 상관 없다고 합니다. 그러나 성령의 인도를 받은 초대 교회는 그렇게 보지 않았습니다.

초대 교회는 하나님이 주신 지혜로 구약을 보존하는 것, 구약과 신약을 합쳐 우리가 성경이라 부르는 한 권의 책으로 만드는 것, 이 두 가지를 모두 중요하게 보았습니다. 구약과 신약에서 같은 방식으로 역사하고 계신 하나님은 동일한 분이기 때문입니다. 같은 하나님이 말씀하시며, 둘 다 자비로운 목적을 지닌, 본질적으로 같은 메시지입니다. 앞서 모세의 일생과 이스라엘의 삶에서 일어난 큰 사건을 보면서 우리가 우리 주 예수 그리스도의 복음과 관련하여 아주 중요한 교훈, 생사가 달린 교훈을 배우게 될 것이라고 말씀드린 것도 바로 이런 이유 때문입니다.

본문은 아주 특별한 교훈 한 가지를 특이하고 놀라운 방식으로 제시해 주고 있습니다. 이것은 복음에 어떤 자세로 접근해야 하는지와 관련이 있습니다. 저는 사람들이 기독교 신앙과 복음에 대해 겪는 어려움이 바로 복음에 접근하는 자세와 관련이 있다고 봅니다. 그런데 많은 사람이 이 점에서 잘못을 범하고 있습니다. 이것은 단순히 제가 읽은 성경뿐 아니라 지난 23년간 목회를 하면서 얻은 체험에 근거해서 얻은 결론입니다. 대부분의 사람들이 안고 있는 문제는 복음 자체보다 복음에 접근하는 자세와 관련되어 있습니다. 잘못된 것은 복음에 접근하는 방법, 즉 그 자세입니다. 자세가 잘못되어 있으니 다른 모든 것이 잘못될 수밖에 없습니다.

본문이 속한 단락에서 우리는 모세가 장인인 미디안 제사장 이드로의 가축을 돌보고 있는 장면을 봅니다. 모세는 여러 해 동안 목자로 지냈습니다. 자그마치 40년이나 목자 생활을 해왔습니다. 날이면 날마다 반복되는 단조롭고 지루한 생활입니다. 그는 좀 더 나은 목초지를 찾아 양 떼를 끌고 이리저리 돌아다녔습니다. 그 생활에는 로맨틱하거나 신나는 일이 전혀 없었습니다. 본문을 보면, 그날도 모세는 여느 때와 마찬가지로 양 떼를 보살피고 있었습니다. 그는 양 떼를 이끌고 광야 뒤편으로 가다가 하나님의 산, 호렙에 이르렀습니다. 이것은 별로 놀랄 일이 아닙니다. 다른 목초지에서 양 떼를 먹이다 풀이 다 떨어져 그리로 왔을지도 모릅니다. 그곳에는 양 떼에게 먹일 양식이 충분할 것이라고 생각했을지도 모릅니다. 그렇게 늘 하던 대로 그곳으로 양 떼를 몰고 가려는데, 전혀 뜻밖의 일이 벌어졌습니다.

> 여호와의 사자가 떨기나무 가운데로부터 나오는 불꽃 안에서 그에게 나타나시니라 그가 보니 떨기나무에 불이 붙었으나 그 떨기나무가 사라지

지 아니하는지라 이에 모세가 이르되 내가 돌이켜 가서 이 큰 광경을 보리라 떨기나무가 어찌하여 타지 아니하는고 하니 그때에 여호와께서 그가 보려고 돌이켜 오는 것을 보신지라 하나님이 떨기나무 가운데서 그를 불러 이르시되 모세야 모세야 하시매 그가 이르되 내가 여기 있나이다 하나님이 이르시되 이리로 가까이 오지 말라 네가 선 곳은 거룩한 땅이니 네 발에서 신을 벗으라(출 3:2-5).

하나님은 이렇게 말씀하신 다음, 모세에게 엄청난 메시지를 전해 주셨습니다. 그가 어떻게 이스라엘 백성을 애굽의 잔인한 속박과 포로 생활에서 건져내어 약속의 땅 가나안으로 인도할지 보여주신 것입니다.

이것이 본문 이야기입니다. 그리고 이 장면은 일찍이 어떤 방식으로든 그리스도인이 된 사람들에게 일어난 상황을 완전하게 설명해 주고 있습니다. 우리는 모두 여기 나오는 모세와 같습니다. 이 세상에서 해야 할 매일의 일과와 과업을 수행하며 아주 평범하게 살아가는 사람들입니다. 그리고 어떤 일만 일어나지 않는다면, 우리의 진로를 방해하는 일만 발생하지 않는다면, 우리는 지금까지 살아온 대로 계속 살아갈 것입니다.

그 "어떤 일"은 굉장히 여러 형태로 나타날 수 있습니다. 그러나 그 일은 우리를 붙잡아 일으켜 우리가 말하는 "종교"에, 기독교 신앙에, 성경에 주목하게 만듭니다. 그 뜻하지 않은 어떤 일은 "질병"이라는 형태로 찾아올 수도 있습니다. 우리 주변에도 어떤 의미에서 질병 때문에 그리스도인이 된 사람이 많을 것입니다. 그들은 기독교에 아무런 관심이나 생각이 없이 지냈기 때문에, 병에 걸리지만 않았다면 아마 끝까지 그렇게 살았을 것입니다. 그런데 덜컥 병에 걸린 것입니다. 갑자기 병상에

늙게 된 그들은 생각이 많아졌습니다. 그 결과 종교에, 기독교에 주목하게 되었고, 그로 인해 결국 회심까지 하게 된 것입니다. 때로 그것은 "사건"이라는 형태로 찾아올 수도 있습니다. 전혀 생각지 않았던 일이 일어나 한 사람의 인생을 완전히 뒤바꿔버리는 그런 사건 말입니다. 예를 들면 죽음이나 사별, 슬픈 일, 사업상의 곤란, 사업 부진, 파산 등입니다. 또 전쟁 같은 것에 충격을 받고 하나님을 찾게 될 수도 있습니다.

모세가 타는 떨기나무(평범한 오후, 평범한 일과 가운데 일어난 어떤 일)에 사로잡힌 것처럼 사람들로 하여금 이런 것들을 생각하게 만들 수 있는 것은 세상에 무궁무진합니다. 뜻하지 않았던 그 일은 갑자기 찾아올 수도 있고 서서히 찾아올 수도 있습니다. 어떻게 찾아오는지는 전혀 중요하지 않습니다. 특정한 집회에 참석했을 때 찾아올 수도 있습니다. 어떤 이유 때문에 서둘러 집회에 참석했는데 갑자기 우리 영혼을 사로잡는 설교를 듣고 복음과 하나님 말씀에 주의를 기울이게 될 수도 있습니다.

많은 사람에게 이런 일이 일어나지만 애석하게도 그로 인해 회심까지 체험하는 사람은 그리 많지 않습니다. 그들은 어떤 것에 사로잡혔습니다. 생각하도록 자극을 받았습니다. 잠시 서서 심사숙고해 보는 자리까지 이르렀습니다. 그것에 주의를 기울이기도 했습니다. 그러나 이 모든 것이 더 발전하여 완전하게 결실하는 데까지는 이르지 못했습니다. 실제로 구원을 체험해 본 적이 없는 것입니다. 하나님을 안 적이 한 번도 없는 것입니다. 그렇다면 대체 무엇이 잘못된 것일까요? 우리는 지금 그것을 알아보려는 것입니다.

이런 사람들의 문제는 대부분 그들에게 일어난 일을 대하는 그들의 태도입니다. 그 태도가 결국 실패의 원인인 것입니다. 그들은 자신에게 필요한 것이 무엇인지 그 성격을 이해하지 못했습니다. 그들에게는 이

유명한 사건이 가르쳐주고 있는 교훈이 필요합니다. 모세도 처음에는 우리 중 대부분이 보였을 행동을 하려 했습니다. 갑자기 뜻하지 않게 타는 떨기나무를 보았을 때, 그는 "내가 돌이켜 가서 이 큰 광경을 보리라 떨기나무가 어찌하여 타지 아니하는고"라고 말했습니다. 그러나 하나님은 그를 책망하시면서 그가 취할 태도를 지시하십니다. 그 말씀이 우리에게 주는 메시지는 이렇습니다. 오직 그리스도의 복음이 줄 수 있는 축복을 진심으로 알고 싶다면, 우리는 그 복음에 호기심 대신 순복하는 마음으로 접근해야 한다는 것입니다. 우리가 보는 것처럼 모세는 지금 호기심이 생겼습니다. 물론, 그 현상은 뭔가 특이하고 놀라운 것이었습니다. 그래서 모세는 "내가 돌이켜 가서 조사해 보리라"고 말합니다(모세도 우리와 같은 인간에 지나지 않았습니다). 무언가 흥미로운 것이 보이자 호기심이 발동한 것입니다. 그래서 다가가 살펴보려는데, 그때 이 메시지가 들린 것입니다.

매우 많은 사람이 이런 식으로 이 문제에 접근하려 한다고 말한다면, 지나치게 불공평한 말일까요? 이 세상에는 이런 문제들에 대한 새로운 관심이 있습니다. 끔찍한 세계대전을 두 번이나 치른 후, 오늘날 이 세상에서 우리가 희망을 건 것들이 거의 다 실패하고 무너져 내리는 것을 볼 때, 새로운 관심이 일어난다는 것은 조금도 놀라운 일이 아닙니다. 사람들이 마침내 결국 기독교 안에 뭔가가 있는 것 아니냐며, 혹시 기독교 신앙과 복음이 그 해답 아니냐며 생각에 잠긴 듯 묻기 시작하는 것도 놀라운 일이 아닙니다.

우리가 이런 처지에 있다면, 바른 방법으로 문제에 직면하고 바른 자세로 접근하는 것이 매우 중요합니다. 그릇된 접근 방법도 있기 때문입니다. 그런 예는 기독교에 매력을 느낀 사람들 가운데서 얼마든지 찾아볼 수 있습니다. 그들은 기독교를 논하고, 기독교에 관한 것을 읽고, 기독교에 대해 논쟁하는 것에서 대단한 즐거움을 발견한다고 말합니다. 그리고 기독교는 얼마든지 조사하고 탐구할 수 있다고 장담합니다. 여러분도 이런 부류의 사람들을 알고 있을 것입니다. 그런 사람은 보통 지적이며 생각이 많습니다. 그는 우리에게 와서 "나는 정말 이 문제에 굉장한 흥미를 갖게 되었다"는 식으로 말합니다.

저는 이런 말을 얼마나 자주 듣는지 모릅니다! 그들은 기독교가 엄청나게 흥미롭다는 사실을 발견했다느니, 설교 좀 한번 들어보면 좋겠다느니, 이런 종교 신념을 토론하는 방송을 들어보면 좋겠다느니 하고 말합니다. 그들은 기독교에 대해 읽고, 논하고, 쟁론하기 시작할 것입니다. 심지어 신학에 관한 책이나 이른바 "비교 종교학"에 관한 책들도 읽을지 모릅니다. 아니면 기독교 신앙에 대해 심리학적으로 접근하거나 황홀할 만큼 마음을 사로잡은 철학에 관한 책들을 읽을지도 모릅니다. 확실히 그들은 흥미, 즉 "타는 떨기나무"를 갖고 있습니다. "내가 돌이켜 가서 살피고 이것을 보리라!" 세상에는 이런 식으로 기독교 신앙에 접근하며 인생을 모조리 허비하는 사람들도 있습니다. 그들 인생에서 그것은 아주 큰 흥밋거리입니다. 그들은 항상 그것을 읽고 이야기하는 등 그것과 관련하여 엄청나게 많은 무언가를 합니다.

그들은 자신이 죽을 것에도 여전히 관심이 있지만 그것에 대해 아는 바가 전혀 없습니다. 그 능력을 체험하지 못했습니다. 즉 사망에 대해 알지만, 행복하고 승리에 차서 영광스럽게 죽을 수 있는 방법은 모릅니다. 그들에게는 "죽는 것도 유익하다. 그것은 곧 그리스도와 함께 있는 것을 의미하며, 그것이 훨씬 낫기 때문이다"라고 말할 수 있는 능력이 없습니다. 절대 그렇게 말하지 못합니다! 그들은 연구 조사로 시작해서 연구 조사로 끝납니다. 성경이 말하고 있듯이 "항상 배우나 끝내 진리의 지식에 이를 수 없습니다"(딤후 3:7). 진리와 실재를 찾겠다고 나서지만 끝내 발견하지 못하는 그들의 문제는 바로 복음에 접근하는 자세가 잘못되어 있다는 것입니다.

모세가 "내가 돌이켜 가서 이 큰 광경을 보리라 떨기나무가 어찌하여 타지 아니하는고"라고 말했을 때(한 목자의 단조로운 삶에서 그 사건은 아주 놀라운 현상이었을 것입니다), 그리고 우리가 기독교 신앙에 직면해서 흥미진진하다고 말할 때, 하나님의 메시지는 모세와 우리에게 이렇게 찾아옵니다. " '하나님이 떨기나무 가운데서 그를 불러 이르시되' 네가 하려는 조사를 포기해라. '이리로 가까이 오지 말라. 네가 선 곳은 거룩한 땅이니 네 발에서 신을 벗으라.' " 하나님이 말씀하셨습니다. "모세야, 그런 자세를 버려라. 나를 연구하고 조사하려는 자세를 버려라. 그런 객관적인 자세를 버리고 네 발에서 신을 벗고 네가 있는 곳에서 내게 순복해라."

이것이 성경 처음부터 끝까지 흐르는 메시지입니다. 우리가 제삼자의 자세로 성경을 조사하는 단순한 조사원이나 검사관이라면, 절대 성경 메시지를 이해하지 못할 것입니다. 호기심이나 불러일으키는 분 정도로 하나님을 생각한다면, 우리가 사색하고 추측해 볼 수 있는 분 정도로 생각한다면, 계속 그분을 연구하고 조사해 보십시오. 그러나 진노 말고는 하나님에 대해 절대 알지 못할 것이라는 사실을 명심하십시오. 여러분은 그분의 생명 밖에 있게 될 것입니다. 그렇게 접근해서는 안 됩니다! 우리는 처음부터 이런 자세를 취해야 합니다. "네가 선 곳은 거룩한 땅이니 네 발에서 신을 벗으라." 그것은 하나님을 만나기 위해 반드시 필요한 준비 단계입니다. 그렇습니다. 반드시 필요한 단계입니다.

이스라엘의 큰 선생인 니고데모가 찾아왔을 때, 예수님도 같은 말씀을 하셨습니다. 니고데모가 한 말을 쉽게 표현하자면 이렇습니다. "저는 선생님께 대단히 관심이 많습니다. 그동안 선생님의 설교도 들었고, 선생님이 행하신 놀라운 이적들도 보았습니다. 선생님은 저보다 한 수 위인 것 같습니다." 그러나 니고데모에게도 같은 대답이 돌아왔습니다.

> 예수께서 대답하여 이르시되 진실로 진실로 네게 이르노니 사람이 거듭나지 아니하면 하나님의 나라를 볼 수 없느니라(요 3:3).

즉 주님은 니고데모에게 이렇게 말씀하신 것입니다. "나는 너와 토론할 수 없다. 너는 돌아가야 한다. 우리는 동등한 사람이 아니다. 내려가서 네 신을 벗어라. 내게 접근하는 네 자세는 아주 잘못되어 있다." 같은 메시지입니다. 이 메시지는 성경 어디서나 찾아볼 수 있습니다. 다소의 사울은 사도 바울이 된 후 우리에게 이렇게 말했습니다.

> 나도 나사렛 예수의 이름을 대적하여 많은 일을 행하여야 될 줄 스스로 생각하고(행 26:9).

그런데 그때 갑자기 예수님이 나타나 바울을 치셨습니다. 바울은 장님이 되어 힘없이 땅에 엎드러졌습니다. 같은 일이 일어난 것입니다.

어떤 사람은 이렇게 질문할 것입니다. "그 태도가 어떻단 말입니까? 왜 이 문제만은 다른 것들과 다른 자세로 접근해야 한단 말입니까? 왜 나 자신을 순복시켜야 합니까?" 그 질문에 몇 가지 답을 드리겠습니다.

첫째, 복음은 주로 계시의 문제이기 때문입니다. 인생에서 복음을 제외한 다른 모든 것은 거의 다 조사해서 발견할 수 있는 것들입니다. 우리가 복음에 잘못된 자세로 접근하는 것도 바로 이런 이유 때문입니다. 복음에도 그런 자세를 취해야 한다고 생각하는 것입니다. 사실 그것이 현대인의 주장이지 않습니까? 오늘날 사람들은 이렇게 묻습니다. "모든 진리는 과학과 자연에 의해 연구 조사한 결과 발견된 것이다. 그런데 왜 복음은 그렇게 하면 안 되는가?" 그 질문에 대한 답은 이렇습니다. "여러분은 지금 조사가 아닌 계시와 함께 시작하기 때문입니다." 검사나 탐색을 통해서는 "하나님을 발견"할 수 없습니다(욥 11:7). 절대 발견할 수 없습니다!

타는 떨기나무 사건 전체가 우리에게 주는 메시지는 바로 이것입니다. 모세가 다른 것은 생각하지 않고 오직 자기 양 떼만 생각하고 있을 때, 가장 좋은 목초지를 발견할 수 있는 곳만 생각하고 있을 때, 하나님이 갑자기 나타나셨습니다. 하나님이 떨기나무 속에서 타는 불꽃으로 찾아오셨습니다. 항상 이런 식입니다. 이것이 하나님에게서 온 계시가 아니라면 여러분에게 드릴 메시지도 없을 것입니다.

기독교 신앙은 철학이 아닙니다. 인간이 하나님에 대해, 인생에 대해, 이 세상에 대해 생각해낸 것이 아닙니다. 하나님이 친히 자신을 계시해 주시는 것입니다. 하나님이 우리에게 찾아오셔서 무언가를 말씀해 주시는 것입니다. 이것이 계시입니다. 그렇기 때문에 연구하고 조사하는 정신으로 접근해서는 안 된다는 것입니다. 이것은 우리가 보고 들어야 할 계시입니다.

성경 처음부터 끝까지 나오는 전체 이야기가 무엇인지 아십니까? 바로 찾아오시는 하나님, 갑자기 침입해 들어오시는 하나님입니다. 태초에 하나님이 세상을 만드셨습니다. 그런데 인간이 죄를 범하는 바람에 모든 것이 잘못되고 말았습니다. 그 다음 어떻게 되었습니까? 하나님이 서늘한 저녁에 동산으로 찾아오셨습니다. 갑자기 그곳을 침입해 들어오신 것입니다. 그리고 말씀하셨습니다. 이것이 계시입니다. 그때를 시작으로 계시는 계속되고 있습니다. 하나님이 노아에게 할 일을 일러주시며 말씀하셨습니다. 아브라함을 불러내셨습니다. 모든 위대한 역사들을 보십시오. 사사기, 열왕기, 선지서, 어느 곳에서나 하나님이 활동하신 것을 볼 수 있습니다. 어느 시대에나 하나님이 계셨습니다. 이것이 바로 "때가 차매 하나님이 그 아들을 보내사 여자에게서 나게 하시고 율법 아래에 나게 하셨다"(갈 4:4)는 복음이 우리에게 주는 메시지의 정수입니다.

계시! 하나님이 행하시고 자신의 자비로운 목적을 우리에게 계시해 주셨습니다. 전기는 그런 식으로 발견되지 않았습니다. 그것은 많은 생각과 연구 조사를 통해 발견되었습니다. 인생의 다른 모든 것도 마찬가지입니다. 그러나 여기 전적으로 다른 질서에 속한 진리, 독특하고 이질적이며 확실히 다른 진리가 있습니다. 바로 하나님이 말씀하시는 것입니다. 하나님이 우리에게 무언가 말씀하시고, 자신을 계시하시며 나타내십니다. 그렇기 때문에 우리는 기독교 신앙에 전혀 다른 방식으로 접근해야 합니다. 이것이 첫 번째 이유입니다.

둘째, 주어진 계시가 기이하고 놀라운 것이기 때문입니다. 그 계시는 정말 기이하고 초자연적입니다. "내가 돌이켜 가서 이 큰 광경을 봐야겠다. 저 떨기나무는 왜 타지 않는 걸까? 이건 기적이다. 도저히 이해할 수 없는 일이다." 이런 모세의 생각은 상당히 옳은 것이었습니다. 비록 모세 자신은 자기가 얼마나 옳은지 깨닫지 못했지만 말입니다.

우리는 예수 그리스도의 복음이 초자연적인 것과 함께 시작된다는 사실을 인식하는 것에서 출발해야 합니다. 복음은 가장 위대한 인간의 머리로도 이해할 수 없으며, 온 인류의 머리를 다 합쳐도 이해할 수 없는, 절대로 독특하며 설명할 수 없는 것입니다. 그렇습니다. 저는 지금 예수 그리스도의 복음이 기적적이라는 사실을 말하고 있습니다. 복음은 우리에게 인간의 지성으로는 도저히 파악할 수 없다고 말하면서 출발합니다. 그것은 하나님이며, 하나님이 행하시는 일입니다. 그렇다면 그것을 "조사하고" "검사하는" 것으로 시작하는 것은 괜한 시간 낭비 아닐까요? 이 딱한 사람들이 왜 80년이나 조사하고도 결국 맨 처음처럼 하나님에게서 멀리 떨어져 있는지 그 이유를 모르시겠습니까? 누군가 자신의 명철을 의지하고 "나는 틀림없이 복음을 파악할 수 있을 거야"라고 말한다면, 그 사람은 절대 조사원 이상이 되지 못할 것입니다. 그는 구원받지 못합니다. 인간의 지성이 아무리 높고 훌륭해도 그 지성은 자연적인 것이기 때문에 초자연적인 것을 이해할 수 없습니다.

이제 더 중요한 다음 요점으로 넘어가 보겠습니다. 우리 발에서 신을 벗어야 할 세 번째 이유는 기독교 복음의 전체 요점과 목적이 우리로 하여금 하나님을 만나게 하는 것이기 때문입니다. 바로 이 중요한 사실을 망각한 것이 모세의 큰 실책이었습니다. 그는 타는 떨기나무가 하나의 현상에 지나지 않는다고 생각했습니다. 어쩌면 초자연적인 현상일 거라고 생각했을지도 모릅니다. 그런데 그는 그것이 불꽃이 아닌, 한 인격과의 만남이라는 사실을 발견했습니다. 그가 발에서 신을 벗어야 하는 이유도 바로 이 때문입니다. 그는 하나님을 만나고 있던 것입니다. 기독교 신앙의 전체 목적은 우리를 하나님과 개인적으로 대면시키는 것, 하나님과 인격적으로 만나게 해주는 것입니다. 하나님을 인격적으로 아는 지식, 그것이 기독교 신앙의 핵심이며 구원이 놀랍게 제안하는 것입니다!

이것을 소극적으로 표현하자면, 우리는 하나님에 관한 진리에도 관심을 갖지 말아야 합니다. 복음이 하는 일은 우리에게 "하나님에 관한" 것을 알게 해주는 것이 아닙니다. "하나님을" 알게 해주는 것입니다. 매우 많은 사람이 복음을 잘못 생각하고 있습니다. 그들은 복음이 인생에 관한 진리와 살아가는 방법을 알려준다고 생각합니다. 그래서 이렇게 말합니다. "나는 더 나은 삶을 사는 법을 알고 싶다. 그러니 그에 대한 지시와 인도를 받기 위해 복음으로 돌아서자." 물론 어떤 점에서는 복음이 그런 일에 도움이 되기도 합니다. 그러나 그것은 복음이 하는 핵심적인 일이 아닙니다. 복음이 하는 중추적인 일은 우리로 하여금 하나님을 알게 해주는 것입니다.

더 나아가 보겠습니다. 기독교 신앙이 하는 일은 우리에게 신학적 지식을 제공하는 것이 아닙니다. 신학적 지식이 풍부해도 여전히 하나님을 모를 수 있습니다. 저는 절대 신학을 비난하는 사람이 아닙니다. 사실 가장 골치 아픈 일 중 하나는 신학 지식의 결여입니다. 그렇지만 우리는 신학 지식은 있으나 하나님의 사랑은 전혀 모르는 사람이 될 수도 있습니다. 이 세상에는 평생 신학에 대해 쟁론하는 사람, 심지어 기독교 신앙을 확고히 사수하지만 하나님은 전혀 몰라 구원에서 벗어나 있는 사람이 많습니다. 그렇습니다. 복음은 그런 것이 아닙니다.

또한 복음은 어떤 관념이나 도덕, 윤리에 관한 행동 원리와 관련 있는 것도 아닙니다. 복음은 개념이나 철학의 문제가 아닙니다. 결코 그렇지 않습니다. 복음은 하나님을 만나는 것입니다. 하나님의 존전에서 하나님을 직접 인격적으로 만나고 있다는 사실을 아는 것입니다.

한 가지만 덧붙이겠습니다. 기독교 신앙과 그 메시지에 접근하는 사람들은 체험 같은 현상에도 관심을 가지면 안 됩니다. 오늘날 체험에 관심 있는 사람이 많습니다. 저는 그런 사람들과 이야기를 나눌 기회가 많고 그런 사람들을 대해야 할 때도 종종 있는데, 그들은 이렇게 말합니다. "저는 신학과 철학은 조금도 관심 없지만 체험에는 관심이 많습니다. 어떤 사람의 삶에서 대단한 변화를 보았는데, 어떻게 하면 저도 그런 체험을 할 수 있을까요?" 성경은 체험에 큰 관심을 두고 있지 않습니다. 우리가 하나님을 알아야만 한다는 사실에 관심을 두고 있습니다. 그것이 체험입니다. 감사하게도 그것은 영적 체험입니다. 그러나 우리가 영적 체험을 바라보고 관심을 가지며 철학과 영적 체험의 차이에 흥미를 느낄 뿐 거기서 더 나아가지 않는다면, 절대 하나님을 알지 못할 것입니다. 그것은 타는 떨기나무를 잘못된 자세로 바라보는 것입니다. "네 발에서 신을 벗으라." 영적 체험이 아닌 하나님을 알아가는 것에 관심을 가져야 합니다. 성경이 하는 중점적인 일은 우리를 이런 지식으로 인도하는 것입니다.

우리가 신을 벗고 순복하는 자세로 접근해야 할 마지막 이유는 이런 식으로 만나게 되는 하나님이 우리에게 하신 말씀 때문입니다. 하나님이 우리에게 주신 계시는 무엇입니까? 무엇보다 하나님은 자신의 거룩함을 계시하셨습니다. 우리가 언제나 하나님에 대해 가장 처음 발견하게 되는 것은 거룩입니다. "네가 선 곳은 거룩한 땅이니 네 발에서 신을 벗으라." 하나님의 거룩함에서 출발하지 않았다면, 우리는 절대 하나님을 안 것이 아닙니다.

간단하게 예를 들어보겠습니다. 사복음서를 읽으며 주 하나님의 아들이신 예수 그리스도를 지켜보십시오. 주께서 하나님을 얼마나 "거룩하신 아버지"로 말씀하시는지 알아채지 못했습니까? 사실 사람들이 이 문제를 논하는 소리를 들을 때처럼, 그들이 마음대로 하나님을 이야기하는 것을 볼 때처럼, 겁나고 놀라는 때도 없습니다. 우리는 하나님이 이것도 하고 저것도 해야 한다고 말합니다. 우리는 우리 견해를 발표합니다. 그런데 자신이 지금 무슨 말을 하고 있는지 깨닫기나 하고 있습니까? 이 하나님은 바로 소멸하는 불이시요, 거룩하신 하나님이요, "변함도 없으시고 회전하는 그림자도 없으신 빛들의 아버지"(약 1:17)라는 사실을 깨닫고 있습니까? 간곡히 부탁드립니다. 앞으로 하나님이라는 이름을 사용할 때면 아주 조심해서 사용하십시오. 저는 옛날 유대인들이 하나님이라는 이름을 사용할 때 왜 그렇게 두려운 마음을 품었는지 이해할 수 있을 것 같습니다. 그들은 어떤 의미에서 하나님의 거룩함 때문에 하나님이라는 이름조차 사용하기를 두려워한 것입니다.

사람들이 기도할 때 우리는 "사랑하는 아버지"라고 부르는 소리를 듣습니다. 하나님의 아들은 하나님을 "사랑하는 아버지"라고 부르지 않았습니다. 주님은 그분을 "거룩하신 아버지"라고 불렀습니다. "네가 선 곳은 거룩한 땅이니 네 발에서 신을 벗으라." 하나님은 자신을 거룩한 하나님으로 계시하셨습니다. 그것이 십계명이 의미하는 것입니다. 다시 말씀드리지만, 말하거나 견해를 표현할 때 조심하십시오. 우리는 바로 거룩하신 하나님 손에 있기 때문입니다.

감사하게도 이것 말고 덧붙일 것이 있습니다. 하나님은 우리가 그분의 메시지를 듣기 원하십니다. 하나님은 자신의 거룩함을 계시하신 후, 계속해서 사랑과 긍휼과 자비를 우리에게 계시해 주십니다.

> 여호와께서 이르시되 내가 애굽에 있는 내 백성의 고통을 분명히 보고 그들이 그들의 감독자로 말미암아 부르짖음을 듣고 그 근심을 알고(출 3:7).

오, 얼마나 복된 말씀입니까! 우리가 대면하고 있는 문제는 지적인 문제가 아닙니다. 우리 자신이 문제입니다. 우리 인생, 우리가 죄와 사탄의 노예가 되어 있다는 것, 이것이 문제입니다. 기독교에 대한 문제는 지적인 것이 아닙니다. 다만 인간이 그런 식으로 생각하는 치명적인 경향을 가졌을 뿐입니다.

우리는 이렇게 생각해야 합니다. 우리는 죄의 노예입니다. 우리도 그 사실을 잘 알고 있습니다. 우리는 나쁜 성질의 노예입니다. 질투, 여러 모양으로 나타나는 부정직, 그것이 바로 우리의 문제입니다. 우리의 문제는 하나님을 이해하거나 그분의 기적을 이해하는 것이 아닙니다. 우리를 넘어뜨리고 우리와 우리 인생을 실패자로 만드는 것에서 어떻게든 구원받고 해방되는 것입니다.

"내가 애굽에 있는 내 백성의 고통을 분명히 보고 그들이 그들의 감독자로 말미암아 부르짖음을 듣고 그 근심을 안다"라는 메시지를 듣기만 한다면, 신을 벗고 경외심을 품고 주의를 기울일 수만 있다면, 우리는 하나님께 감사해야 할 것입니다. 우리가 조사하고 검사해서 그분을 이해하려고 애쓰는 노력을 포기할 수만 있다면, 하나님은 우리에게 그렇게 말씀하실 것입니다. 하나님의 말씀을 들으십시오. 우리는 지금 하나님이 이렇게 말씀하시는 소리를 들을 것입니다. "나는 너의 근심을 알고, 너의 불행과 실패를 안다. 나는 너에 관한 모든 것을 안다. 나는 사랑과 긍휼과 자비의 하나님이다." 그런 다음 하나님은 8절에서 마지막 메시지를 말씀하십니다.

> 내가 내려가서 그들을 애굽인의 손에서 건져내고 그들을 그 땅에서 인도하여 아름답고 광대한 땅, 젖과 꿀이 흐르는 땅 곧 가나안 족속, 헷 족

속, 아모리 족속, 브리스 족속, 히위 족속, 여부스 족속의 지방에 데려가려 하노라(출 3:8).

"내가 내려가서 건져낼 것이다." 얼마나 완전한 말씀입니까? 제가 처음부터 우리는 구약에서 복음을 발견할 수 있다고 말씀드리지 않았습니까? 바로 이것이 신약 전체의 줄거리입니다.

나사렛 예수는 성삼위 하나님의 복되신 두 번째 위격이십니다. 그 성자 하나님이 천국에서 내려오셨습니다. 왠지 아십니까? 우리의 고통을 보셨기 때문입니다. 우리의 비참함과 불쌍함을 아셨기 때문입니다. 우리 죄와 수치, 실패를 보셨기 때문입니다. 그분이 내려오셨습니다. 우리를 구원하려고 내려오셨습니다. 우리를 구원할 수 있는 유일한 길은 갈보리 언덕 십자가 위에서 거룩하고 흠 없고 죄 없는 자기 몸에 우리 죄를 짊어지는 것이었습니다. 주님은 그곳에서 그 일을 행하셨습니다. 그 속전을 지불하셨습니다. 대속을 이루셨습니다. 그렇게 해서 하나님이 만족하셨고, 율법이 충족되었으며, 지옥과 사탄이 패하고 애굽이 정복되었습니다. 홍해, 즉 하나님과 새 생명으로 가는 길이 열렸습니다. 죄를 용서받고, 하나님과 화해하고, 중생해서 새로운 힘과 능력을 얻고, 하늘나라에 들어가 영원이라는 무궁한 세월 동안 영적인 젖과 꿀을 마시며 살 수 있다는 복된 소망이 생겼습니다. 그것이 복음의 메시지입니다.

이른바 연구와 조사라는 객관적인 제삼자의 자세를 취하면서 단순히 종교에 관심을 갖는다면 복음을 절대 알지 못할 것입니다. 우리는 그대로 죄의 노예로 남아 있을 것이며, 어둠 가운데 있을 것이고, 마침내 지옥에 가게 될 것입니다. 그러니 멈춰 서서 듣기만 하십시오. 발에서 신을 벗고 자신의 지적인 교만을 버리고 이와 비슷한 다른 모든 것을 포기하고 자신을 어린아이처럼 낮추십시오. 그리고 하늘에서 땅으로 오신 하나님의 아들 주 예수 그리스도에 관한 메시지를 들으십시오. 그렇게만 하면 하나님이 우리를 새사람으로 만들어주실 것입니다. 죄와 사탄과 악의 속박에서 구원해 주실 것입니다. 그 손으로 우리를 잡아 마침내 흠 없이 완전한 모습으로 하나님 앞에 서게 해주실 것이며, 영원한 천국으로 인도해 주실 것입니다.

사랑하는 여러분, 하나님을 만나셨습니까? 하나님을 아십니까? 하나님을 만날 준비가 되어 있습니까? 여러분에게 하시는 하나님의 말씀을 들었습니까? 하나님이 "나는 너의 근심을 안다. 내가 네 근심을 듣고 이 일을 행했다. 내가 너를 구원하고 자유롭게 해주려고 내 아들을 보냈다"고 말씀하시는 소리를 들었습니까? 여러분은 지금 해방되었습니까? 그리스도께서 여러분을 구원해 주셨습니까? 여러분의 모든 죄가 다 용서 받았다는 사실을 아십니까? 새 생명을 받았습니까?

이 단순한 메시지를 듣고 믿기만 하십시오. 그것을 받아들인다고 하나님께 말씀드리기만 하십시오. 그리고 여러분 자신과 인생을 모두 하나님께 맡긴다고 말씀드리십시오. 그러면 여러분은 그것을 알 뿐 아니라 복된 실재로 체험하게 될 것입니다. 아직 그렇게 하지 않으셨다면, 발에서 신을 벗고 그 말씀을 듣고 믿으십시오.

5장
거짓 평안

이에 다섯 사람이 떠나 라이스에 이르러 거기 있는 백성을 본즉 염려 없이 거주하며 시돈 사람들이 사는 것처럼 평온하며 안전하니 그 땅에는 부족한 것이 없으며 부를 누리며 시돈 사람들과 거리가 멀고 어떤 사람과도 상종하지 아니함이라 …… 그들을 구원할 자가 없었으니 그 성읍이 베드르홉 가까운 골짜기에 있어서 시돈과 거리가 멀고 상종하는 사람도 없음이었더라 단 자손이 성읍을 세우고 거기 거주하면서. _사사기 18장 7, 28절

이 두 구절에는 시돈 사람들에 관한 이야기의 처음과 끝이 나타나 있습니다. 이 이야기는 아주 주목할 만한데, 가장 놀라운 사실은 이 이야기가 오늘날과 매우 닮았다는 것입니다.

이야기를 대충 정리해 보면 이렇습니다. 시돈에 살던 많은 사람이 자기들끼리 모여 자기네 방식대로 살아갈 수 있는 장소를 찾기 위해 시돈을 떠나 이리저리 돌아다녔습니다. 그들이 왜 그렇게 했는지는 정확히 나와 있지 않습니다. 어쩌면 세금 문제와 관련된 책임을 회피하고 싶어서 시돈을 떠났을지도 모릅니다. 아니면 자기들이 살고 있는 성읍을 보호하고 방어하기 위해 전쟁터로 끌려갈지 모른다는 위험 의식 때문에

떠났거나, 시돈에 인구가 지나치게 많아 살기 어렵다는 생각이 들어 떠났을지도 모릅니다. 미개간 지역으로 가면 일을 덜 해도 더 많은 보상을 받게 되리라고 생각해서, 즉 일을 거의 하지 않고 과실이나 열매만 따먹어도 배불리 먹고 살 수 있을 만큼 천연적인 혜택을 많이 받은 지역으로 가고 싶어서 그렇게 했을지도 모릅니다. 아무튼 우리는 이 사람들이 왜 시돈을 떠나 다른 곳을 찾아 헤맸는지 정확히 모릅니다. 본문에 나온 이야기만으로 추정해 볼 때 마지막 이유가 가장 그럴 듯하다는 생각이 들기도 합니다. 어쨌든 이들은 시돈을 떠나 돌아다니다가 마침내 원하는 조건에 딱 들어맞는 장소를 발견합니다. 그리고 그곳에 정착해 살며 그곳을 라이스라고 이름 붙였습니다.

라이스에 정착한 후 그들이 어떻게 살아갔는지는 본문에 자세히 묘사되어 있습니다. 온순하고 평화를 사랑하는 그들은 법과 질서를 유지하기 위해 어떤 행정관도 필요 없을 만큼 굉장히 바르게 살았습니다. 각자 자신의 일과 사업에 전념했으며 다른 사람들 일에는 참견하지 않았습니다. 그곳에는 내적으로 골치 아픈 일이 하나도 없었습니다.

그들은 "염려 없이 평온하고 안전하게 거했다"고 했는데, 이 말은 그들이 그곳을 수호하기 위해 어떤 법도 만들지 않았다는 뜻입니다. 외부에서 쳐들어올지도 모를 공격을 감안한 어떤 대비책도 마련해 두지 않았다는 것입니다. 그런 점에서 그들은 정말 "무사태평"했습니다. 아무 염려 없이 살았습니다. 누가 그 땅에 들어와서 정탐을 하고 가든 그들은 전혀 관심을 기울이지 않았습니다. 자기들이 평화를 사랑하니까 다른 사람들도 당연히 그러리라고 생각한 것입니다. 이웃이나 근처에 사는 누군가가 자기들을 공격하리라고는 꿈에도 생각하지 않았습니다. 다른 사람들도 그들과 같은 생각일 거라고 여겼습니다. 그들은 정말 "염려 없이 평온하고 안전하게 거했습니다."

새로운 땅, 라이스에 가서 정착한 이들의 삶에 중요한 점이 또 하나 있습니다. 바로 그들이 "시돈(그들의 동족)과 거리가 멀었을" 뿐 아니라 아예 "상종하는 사람도 없었다"는 점입니다. 그들은 조국을 등지고 고립된 채 자기들끼리 살았습니다. 그들만의 힘으로 아무와도 상종하지 않고 살았습니다. 그 땅이 얼마나 풍요로웠던지 교역할 필요도 없었습니다. 모든 면에서 자립할 수 있었습니다. 필요한 필수품은 모두 자급자족할 수 있었습니다. 게다가 그들이 정착한 곳은 다른 사람들에게는 거의 알려지지 않은 "별난" 곳 같았습니다. 이처럼 그들은 완전히 격리되어 독자적으로 살아가고 있었습니다. 그곳에서 이상적이며 목가적인 자세로 인생을 즐기며 살아갔습니다. 따라서 본문에 나와 있듯이 기업의 땅을 분배받지 못한 단 지파 사람들이 거할 곳을 찾아 헤매다 마침내 그들이 살고 있는 곳까지 오지 않았더라면, 아마 그들은 계속 그렇게 살았을 것입니다.

본문 말씀을 보십시오. 다섯 명의 정탐꾼이 라이스 땅을 발견하고 그곳 사람들이 사는 모습을 자세히 관찰한 다음, 돌아가서 동료들에게 보고합니다. 그리고 곧 600명의 남자들이 무기를 들고 그곳으로 올라가 라이스 주민들을 칼로 쳐 죽이고, 그 성읍을 누워서 떡 먹듯 쉽게 불사른 다음 그곳에 정착합니다. 여기서 제가 "누워서 떡 먹듯"이라고 말하는 데는 그만한 이유가 있습니다. 본문을 보십시오.

그 땅에는 부족한 것이 없으며 부를 누리며 시돈 사람들과 거리가 멀고 어떤 사람과도 상종하지 아니함이라(삿 18:7).

그러니 그곳을 점령하기가 얼마나 쉬웠겠습니까? 이것이 라이스에 살던 시돈 사람들의 이야기입니다.

이 이야기에 주목하는 이유는 이야기 자체에 무슨 특별한 가치가 있어서가 아닙니다. 다만 종교적인 의미에서 이 시대를 사는 많은 사람의 인생을 그대로 보여주는 한 폭의 그림과 같기 때문입니다.

종교라는 전 영역과 관련해서 우리가 깨달아야 할 가장 중요한 사실은 인간이 하나님을 거부하고 하나님께 죄를 범할 수 있는 방법이 참으로 많다는 사실입니다. 좀 주제 넘긴 하지만 제가 감히 우리 부모나 조부모 세대가 범한 잘못에 대해 한마디 하려고 합니다. 그들이 범한 본질적인 오류와 약점은 그들이 항상 죄라는 것을 눈에 보이는 죄악 된 행위로만 여기는 경향이 있었다는 것입니다. 그래서 그들은 죄의 진짜 교묘함을 보지 못했습니다. 그리고 가장 치명적인 것은 바로 자신의 세대에서 그렇게 생각하는 경향이 있었다는 것입니다. 그들은 마치 특정한 죄만이 진짜 문제라는 듯 그것과 싸우기 위해 단체들을 조직했습니다. 사실은 그 단체에 속한 많은 사람과 그 단체에서 가장 열심 있어 보이던 회원들이 그보다 훨씬 치명적이고 위험한 죄(불신앙이라는 죄와 하나님을 서서히 떠나는 죄)의 맹공격을 받고 있었을 뿐 아니라 실제로 그 죄에 굴복하고 있었습니다. 그런데도 그 사실을 깨닫지 못한 채 마치 눈에 보이는 그 특정한 죄만 진짜 문제라는 듯 그것과 싸우기 위해 단체들을 조직한 것입니다.

이 모든 과정은 아무도 의식하지 못하는 새에 슬그머니 일어났기 때문에 우리 조상들은 그것을 전혀 눈치 채지 못했습니다. 우리는 이미 발생한 후에 보고 있는 것이기 때문에 그들보다 훨씬 쉽게 알아챌 수 있는 것입니다.

그런데 실은 지금도 그것을 알아채지 못하는 사람이 아주 많습니다. 하나님을 거부하는 것과 같은 죄를 단순히 겉으로 드러난 죄악 된 행위와 동일시하는 위험은 지금도 여전히 존재하고 있습니다. 예를 들어보겠습니다. 소련은 기독교를 완전히 떠났을 뿐 아니라 하나님을 공공연히 거부하고 모독하기 때문에, 누구에게나 분명 불신 국가로 보입니다. 그리고 대부분의 사람들은 나치 독일이 기독교를 이교주의와 인종 숭배 사상으로 서서히 대체한 사실을 알고 있습니다. 그들은 그리스도인을 핍박하고 목회자들을 옥에 가두어 사람들의 주목을 끌었습니다. 그래서 누구나 이 점을 잘 의식하고 있는 것 같습니다. 마찬가지로 여러 가지 무신론적 자유사상(특히 18세기의 이신론)이 판을 치는 사회에서 일어나는 활동이나 이단 종파들은 분명 하나님을 대적하는 것으로 죄악 된 행위라는 사실을 우리 모두 알고 있습니다.

또 아주 뻔한 육신적인 죄, 변명할 여지가 없는 육신적 죄에 빠진 사람들을 보면 누구나 경건하지 않다고 생각합니다. 공공연히 하나님을 대적하는 말을 하고 서슴없이 하나님의 이름을 모독하는 사람들, 제멋대로 살면서 하나님을 욕되게 하는 사람들, 이런 사람들을 보아도 누구나 불신앙의 사람들이라고 생각합니다. 그러나 같은 죄를 범하지만 그들과 다른 유형의 사람들이 있습니다. 두려운 것은 오늘날 이 유형에 속한 사람이 가장 많다는 것입니다. 다른 유형의 사람들을 다 합친 것보다 더 많습니다. 사실 라이스에 거한 시돈 사람들이 바로 이런 유형에 속한 사람들인데 우리는 대체로 그 점에 무지합니다. 그러면 그 유형을 한번 살펴보겠습니다.

라이스에 거한 이들이 처음에 시돈에서 삶을 시작했듯이, 시돈 사람과 같은 유형의 그리스도인들도 분명한 출발이 있습니다. 기독교 전통에서 양육을 받으며 자란 그들은 아주 어릴 때부터 하나님과 그분의 아들 예수 그리스도에 대해 듣습니다. 그리고 하나님은 창조주일 뿐 아니라 재판관이자 주님이라는 것, 하나님은 우리에게 예배와 경의를 표할 것을 요구하신다는 것, 하나님이 인류에게 살아갈 방식을 지시해 주셨다는 것 등도 배웁니다. 온 인류는 죄를 범해 타락한 후, 유죄 판결을 받아 변명할 여지 없이 모든 소망을 잃은 채 하나님 앞에 서 있다는 것도 배웁니다. 또한 하나님이 구원의 길을 만들어주시기 위해, 이 세상을 하나님과 화목하게 하시기 위해, 무한하신 사랑으로 독생자를 실제로 이 땅에 보내셔서 십자가에 못 박혀 죽게 하시고 다시 부활하게 하셨다는 말도 듣습니다. 그들은 이 모든 사실을 처음부터 들어 알고 있으며, 그들 마음에 이런 인상을 강하게 새겨주는 전통과 분위기 속에서 자랍니다. 게다가 그들 자신 안에는 이 모든 것에 동의할 뿐 아니라 이 모든 것을 증언해 주는 소리까지 갖고 있습니다. 이것이 그들이 시작한 인생이자 내적으로 옳다고 생각한 삶입니다.

그들은 하나님을 예배하고, 오직 예수 그리스도 안에서만 하나님과 화해할 수 있다고 믿으며, 십계명, 특히 산상수훈과 신약에 규정된 방침에 따라 살라는 소명을 받았습니다. 그들은 처음에 이렇게 인생을 시작했습니다. 그러나 그들은 본문에 나오는 시돈 사람들처럼 행동했습니다. 이런 삶에서 서서히 벗어나 자기들이 정한 새로운 방식으로 살기 위해 그곳을 떠나 방황합니다. 그들이 그렇게 한 이유는 나중에 그 삶을 분석할 때 드러날 것입니다.

그들은 라이스에 살던 시돈 사람들과 같은 유형의 사람들입니다. 하나님을 떠났고 하나님께 등을 돌렸으며 자기들끼리 따로 떨어져 스스로 정한 범주에서 살았습니다. 하나님과 한마디 대화도 나누지 않고 그분의 거룩한 율법은 전혀 개의치 않은 채 자기들 식으로 살아갈 작정인 것입니다. 이런 유형의 사람들을 더 자세히 살펴보기 전에 강조하고 싶은 사실이 두 가지 있습니다.

첫째, 이런 종류의 사람들은 절대 기독교와 하나님을 공공연히 대적하지 않는다는 사실입니다. 그들은 절대 하나님을 대적하는 말을 하지 않습니다. 공개적으로 신성모독 죄를 범하지도 않을 뿐 아니라 신앙이 없는 사람처럼 살지도 않습니다. 단지 하나님을 무시하고 자기 인생에서 제외시킬 뿐입니다. 하나님에 대한 그들의 적개심과 반항은 적극적이지 않고 늘 소극적입니다.

라이스에 살던 시돈 사람들은 자기네 나라나 동족을 공격한 적이 없습니다. 그냥 조국을 떠나 그곳과 더 이상 아무 관계도 갖지 않았을 뿐입니다. 오늘날 우리는 여러 곳에서 난폭하고 맹렬하게 기독교를 공격하는 말을 많이 듣습니다. 일간 신문에도 회의론자나 무신론자에 대한 맹공격이 자주 나옵니다. 그렇지만 소리 없이 하나님께 등을 돌린 채 철저히 불신앙의 삶을 살아가고 있는 많은 사람에 대해서는 한마디도 들을 수 없습니다!

둘째, 현재 종교 상황은 본문에 나온 것보다 훨씬 미묘하다는 것입니다. 본문에서 그들은 실제로 시돈을 떠났습니다. 그렇지만 종교적으로는 실제로 몸까지 떠날 필요가 없습니다. 오늘날 불신앙의 사람들이 모두 교회 밖에 있는 것은 아닙니다. 사실 지금까지 그런 적이 한 번도 없었습니다. 물론 로마 교회의 경우에는 그랬습니다. 그러나 개신교도나 비국교도를 보면 늘 그렇지는 않습니다. 이런 유형의 사람들이 항상 예배당에서 완전히 떨어져 있는 것은 아닙니다. 요점은 조직화된 단체로서의 기독교(가령 교회와 같은)를 떠나는 것이 아닙니다. 하나님에게서, 진정한 신앙생활에서 떠나는 것을 말하는 것입니다. 자신이 라이스에 살던 시돈 사람들과 같은 유형에 속한 교인인지 아니면 진짜 교인인지 알고 싶습니까? 그렇다면 다음 질문들에 대답해 보십시오.

여러분은 하나님을 아십니까? 하나님과 정기적으로 교제하고 있습니까? 하나님의 율법과 그분의 거룩하신 뜻에 따라 다스려지고 지배되는 삶을 살고 계십니까? 지금도 여전히 하나님과 관계를 갖고 있습니까? 궁핍하거나 곤경에 빠졌을 때 하나님을 발견할 수 있습니까? 아니면 이 모든 질문을 한데 합쳐 이렇게 물어볼 수도 있습니다. 지금 하나님께 통치 받는 삶을 살고 계십니까? 아니면 하나님을 떠나 자기 방식대로 살아가고 있습니까? 저는 지금 여러분이 공개적인 말로 하나님을 거부하거나 구체적인 글을 통해 하나님을 부인하고 있는지를 묻는 것이 아닙니다. 혹시 삶에서 하나님을 부인하고 있지 않은지 묻고 있는 것입니다. 지금 하나님 방식대로 살고 계십니까? 아니면 여러분 방식대로 살고 계십니까?

사실 이런 질문들은 참된 그리스도인의 삶을 구분 짓는 경계선이 단순히 교회에 출석하느냐 하지 않느냐보다 훨씬 깊은 데 있다는 사실을 분명히 보여주고 있습니다. 라이스에 살던 시돈 사람들과 같은 이들은 교회 밖뿐 아니라 교회 안에서도 얼마든지 발견할 수 있습니다.

그렇다면 이제 이런 종류의 삶, 이런 유형의 사람을 살펴보겠습니다. 이런 유형에 속한 사람들은 어떤 특징을 가지고 있을까요? 본문에 나온 것만으로도 그들에 대해 많은 것을 말할 수 있습니다. 우선 이런 유형의 사람은 아주 선량하고 전혀 해를 끼칠 것처럼 보이지 않습니다. 그들이 바라는 유일한 소원은 그들 방식대로 인생을 사는 것입니다. 다른 사람의 인생에 이러쿵저러쿵 참견하고 싶지 않으니 그들도 자기 마음대로 하게 내버려두라는 것입니다. 그래서 자기 일에 참견하는 사람을 아주 싫어합니다. 자기 일에 참견하는 종교도 아주 질색합니다. 그들은 진부한 말이나 감상적인 이상주의는 전혀 반대하지 않습니다. 또 종교가 일반적이라면, 즉 개인적인 문제가 되어 그들에게 무엇을 요구하지 않는다면 종교도 전혀 반대하지 않습니다.

그들은 절대 법을 어기지 않으며 말썽도 부리지 않습니다. 비록 죄는 짓지만 거의 언제나 높이 존경받을 만합니다. 그들에게는 행정관이나 법관도 필요 없습니다. 삶은 아주 안락하고 태평해 보입니다. 대단히 성공적이고 지극히 행복해 보입니다. 걱정거리나 염려거리가 전혀 없어 보입니다. 만사형통입니다. 일하러 가거나 사업장에 나갔다가 집으로 돌아와 자기가 좋아하는 것을 하고 자기 방식대로 즐깁니다. 이런 식으로 한 해 두 해 살아갑니다. 가정생활도 행복해 보이고 친구들도 있으며 사회생활도 잘해 나갑니다. 제가 더 이상 설명하지 않아도 여러분 모두 이런 유형의 인생을 잘 알고 있을 것입니다. 사실 이런 인생은 지금 이 순간 우리 주위에서 가장 흔히 볼 수 있습니다.

그런데 그것이 어떻다는 걸까요? 아주 고상하고 존경할 만하며, 자주적일 뿐 아니라 지극히 행복한 이런 유형의 삶에서 무엇이 잘못되었다는 걸까요? 이제부터 무엇이 잘못인지 살펴보겠습니다.

이런 유형의 삶에 대해 말할 수 있는 **첫 번째 사실**은 그것이 본질적으로 이기적인 삶이라는 것입니다. 이 사실은 본문에 나온 사람들에게서도 분명히 나타납니다. 우리는 시돈 사람들이 조국 땅을 등지고 라이스에 정착한 동기를 이미 살펴보았습니다. 그들은 철저한 이기주의자였습니다. 자기들밖에는 아무도 생각하지 않았습니다. 적당해 보이는 장소를 발견하자 그곳에 정착한 후, 외부 세계와 교류를 완전히 끊어버렸습니다. 자기들이 원하는 대로 하고, 어느 누구에게도 괴롭힘 당하지 않았습니다.

그들을 보면 이기심이 늘 다른 사람들의 소원은 전혀 고려하지 않은 채 자기 자신만 위한 것을 바라는 공격적인 형태인 것만은 아니라는 사실을 깨닫게 됩니다. 이기심이 항상 탐욕의 형태를 취하는 것도, 늘 "움켜쥐거나 가로채는 것"도 아닙니다. 이런 것과는 다른 이기심이 있습니다. 바로 다른 사람들의 운명에 전혀 관심을 갖지 않는 이기심입니다. 그러한 이기심은 다른 사람 처지야 어떻든 자신만 아무 일 없이 행복하게 살면 된다는 식입니다. 라이스에 살던 시돈 사람들은 원하는 모든 것을 갖고 있었습니다. 그들은 다른 어느 누구도 신경 쓰지 않았습니다. 이것이 불신앙이 가져오는 첫 번째 결과입니다. 오늘날 가장 두드러지게 나타나고 있는 것도 아마 이런 종류의 이기심일 것입니다.

국제 정세를 결정할 때 오로지 자국에만 유리하게 하려는 것도 이런 이기심입니다. 세계 각국은 자기 나라만 고려하는 경향이 있습니다. 그래서 경제 국수주의가 생겨나고, 여러 나라가 공의와 원리에 따른 문제들을 전적으로 수호하지 못하는 것입니다.

이러한 특징은 국가뿐 아니라 개인의 삶에서도 얼마든지 찾아볼 수 있습니다. 너 나 할 것 없이 모두 자기만 알고 자기 가족과 자기 운명만 생각합니다. 사람들이 하는 이야기를 들어보십시오. 어떤 계층, 어떤 분야에 속한 사람인지는 상관없습니다. 서로 무슨 말을 하는지 한번 들어보십시오. 그들이 추구하는 것이 무엇입니까? 그들이 탐내는 것이 무엇입니까? 한마디로 노력과 책임은 최소한으로 하면서 부요와 안락은 최대한으로 누리자는 것입니다. 사람들은 거의 대부분 행복과 편안과 안락을 목적으로 삼고 있습니다. 사람들이 가장 많이 쓰는 말이 무엇인지 아십니까? "즐거움"입니다. 모든 사람이 자기만 알고 자기 가족, 자기 운명만 생각합니다. 원칙이나 원리는 무시하거나 잊어버리는 정도가 아니라 아예 팔아먹었습니다. 한 인간의 삶이 점점 돈과 소유물로 평가되고 있습니다. 요즈음은 "의무"나 "봉사", 자신의 인생과 삶에 대한 "책임"이라는 말을 거의 들어볼 수 없습니다. 공공복지에 관심 있는 것처럼 보이는 사람들이 사실은 철저하게 이기적인 꿍꿍이속을 갖고 있는 것으로 의심받는 경우가 많은데, 실제로 그렇습니다.

이것이 바로 오늘 우리가 살고 있는 모습 아닙니까? 금세기 들어 해를 거듭할수록 점점 늘어가고 있는 모습 아닙니까? 왜 이렇게 되었을까요? 우리는 그 이유에 대한 답을 이미 제시했습니다. 바로 하나님을 떠나고, 하나님이 우리를 위해 정해 주신 삶의 방식을 떠났기 때문입니다. 하나님은 우리에게 이웃을 생각하고, 이웃을 내 몸처럼 사랑하라고 명하십니다. 우리에게 "자신을 부인하고" 우리 자신을 하나님께 내어드림으로 인생을 시작하라고 하십니다. 우리는 우리가 지닌 어떤 소유물에 대해서도 진짜 소유주가 아니며 다만 청지기일 뿐이라고 말씀하십니다. 심지어 우리가 낳은 자녀나 우리 생명조차 우리 것이 아니라고 말씀하십니다.

또한 인생의 궁극적인 목적은 행복이 아니라 진리와 의라고 말씀하십니다. 인생에서 얻을 수 있는 여러 가지보다 "먼저 하나님의 나라와 그의 의를 구하라"고 말씀하십니다. "그리하면 이 모든 것을 너희에게 더하시리라"고 하십니다(마 6:33). 하나님은 "의에 주리고 목마른 자"들만이 정말 배부르고 축복받을 것이라고 말씀하셨습니다. 그리스도는 우리에게 살던 곳을 떠나 편안하게 흡족할 만큼 즐기며 살 수 있는 어딘가로 가서 정착하라고 말씀하시지 않았습니다. 오히려 십자가를 지고 주님을 따르라고 권면하셨습니다. 그런 다음 "누구든지 제 목숨을 구원하고자 하면 잃을 것이요 누구든지 나를 위하여 제 목숨을 잃으면 찾으리라"(마 16:25)고 덧붙이셨습니다. 신약은 어디서나 이 교훈을 가르치고 있습니다. 예를 들어 고린도전서 8장에서 바울은 우상에게 바친 고기에 관해 쓰면서 같은 원리를 말하고 있습니다. 이때 바울은 좀 더 깨우쳤다는 교인들에게 사실상 이렇게 말하고 있는 것입니다. "너희 자신을 생각하지 말고 너희보다 약한 형제를 생각해라." "내가 말한 양심은 너희의 것이 아니라 남의 것이다"(고전 10:29).

성도의 삶을 볼 때, 가장 마음에 와 닿는 것이 무엇입니까? 아마 다른 사람들을 위해 자기가 가진 모든 것을 주기까지 자신을 부인한 그들의 태도일 것입니다. 이들은 일찍이 세상에 알려진 사람들 가운데서 가장 위대한 은인들이며, 여태껏 세상을 살아간 사람들 가운데서 가장 아름답게 살아간 사람들입니다. 그들에게서 가장 아름다운 부분은 바로 전혀 이기심이 없었다는 것입니다.

사람들이 기독교를 떠나는 진짜 이유가 무엇인지 아십니까? 이런 종류의 교리를 견딜 수 없기 때문입니다. 그들이 하나님께 등을 돌리고 하나님의 율법에서 멀리 떠나 지금의 악한 세상에서 인생을 즐기기 위해 자기만의 장소에 "정착"하는 이유가 무엇인지 아십니까? 마음속에 있는 이기심, 안락과 편안을 사랑하는 마음, 이제나저제나 오직 자기만 잘 되기를 바라는 소원 때문입니다. 인생이 점점 물질주의에 빠지고 이기적으로 변해 가며 추하고 거칠어지는 이유는 바로 사람들이 이렇게 살기 때문입니다.

잠시라도 좋으니 이 두 삶을 한번 비교해 보십시오. 오늘날 그토록 많은 사람에게 호소력을 지닌 이 이기적인 삶과, 성경에 나온 성도 가운데 어느 한 사람의 삶을 비교해 보십시오. 이런 유형의 인생이 얼마나 이기적이고, 추하며, 무섭고, 가증스러운지 알게 될 것입니다!

그 다음에는 그 이기적인 삶과 하나님의 아들 나사렛 예수 그리스도의 삶을 비교해 보십시오. 특히 못 박힐 이유가 전혀 없으신 주님이 여러분과 나를 위해 십자가에 못 박혀 계신 모습을 생각해 보십시오. 그 십자가의 길이 무엇을 뜻하는지 아시겠습니까? 그러면서도 여전히 우리 자신과 우리의 행복 말고는 아무것도 생각하지 않고 살아갈 수 있습니까? 경건치 못한 삶은 아무리 존경할 만하며 평온하다 할지라도, 얼마나 이기적이고, 창피하고, 추하고, 더러운지 모릅니다.

둘째, 이런 종류의 삶은 얼마나 빈약한지 모릅니다. 이런 삶의 반경은 얼마나 옹졸하고 좁은지 아마 그보다 우리를 놀라게 하는 것도 없을 것입니다. 라이스에 거한 시돈 사람들은 자기들만의 편협한 삶을 살았습니다. 시돈은 물론 다른 모든 사람과 단절하고 살아갔습니다. 경건하지 못한 삶에서 가장 딱하고 불쌍한 것이 무엇인지 아십니까? 바로 옹졸하고 좁다는 것입니다. 우리는 불신앙의 삶에 담긴 이기적인 면을 살피면서 이미 이것을 보았습니다. 그러나 불신앙의 삶이 지닌 옹졸함과 편협함은 그 밖에도 다른 많은 방식으로 나타날 수 있습니다. 지금은 살펴볼 시간이 없지만, 볼 줄 아는 눈을 가진 분이라면 그게 무엇인지 분명 아실 것입니다.

본문에 완벽하게 그려져 있는 이런 종류의 삶이 갖고 있는 또 다른 면은 그 삶이 매우 근시안적이라는 사실입니다. 그 인생관 전체가 절망적이라고 할 만큼 합당치 못합니다. 이 이야기의 첫 부분을 보면 라이스에 거한 시돈 사람들은 "평온하고 안전한" 삶을 살면서 "염려 없이 거주했다"고 말합니다. 모든 것이 흠잡을 데 없이 행복하고 평온한 것 같았습니다. 아무것도 그들을 괴롭히지 않았습니다. 그래서 무엇 하나 걱정하거나 고민하지 않아도 되었습니다. 혹시 있을지 모를 공격에 대비해 방어책을 세워야겠다는 생각도 전혀 하지 않았습니다. 살다 보면 전혀 예상치 못한 일들이 일어나는 법인데 아무 대비책도 세워놓지 않았습니다. 아니, 그런 것들을 아예 생각조차 하지 않았습니다. 혹시 누군가가 그런 말이라도 하는 날이면 어리석은 소리 하지 말라며 말문을 막아버렸습니다. 그런 사람을 보면 괜한 걱정으로 남의 흥이나 깨는 못된 인간이라고 생각했습니다. 지금 이렇게 흠잡을 데 없이 행복하면 됐지 왜 그런 소리를 하느냐는 것입니다. 주변에 그런 사람들이 있다면 앞으로 어떤 어려움이 닥쳐오든 그런 것들을 미리 생각할 것 없이 그렇게 행복하게 살도록 내버려두십시오. "그들은 염려 없이 거주했습니다."

여기서 우리는 인생철학으로는 아주 근시안적이고 전혀 쓸모없는, 그리고 철저하게 절망적이라고 할 수 있는 인생 태도를 완벽하게 묘사해 놓은 장면을 봅니다. 사실 그것은 철학이라고까지 말할 수도 없습니다. 오히려 철저한 철학 부재라는 말이 합당할 것입니다.

이런 종류의 인생을 살아가고 있는 사람들이 서 있는 기초가 무엇인지 아십니까? 바로 생각하기를 거부하는 것입니다. 모든 것이 괜찮을 거라고 믿고, 그 생각과 반대쪽으로 나아가는 것처럼 보이는 것은 모두 무시해 버리는 것입니다. 시돈 사람들은 "평온하고 안전해" 보였습니다. 그러나 그들은 그 평안이 어떤 평안인지 분석하려 들지 않았습니다. 사실 그것은 어떤 외적(外敵)도 공격하지 않을 거라는, 그들 자신의 신념에 근거한 거짓 평안이었습니다. 그러나 그들은 그 사실을 깨닫지 못하고 있었습니다. 자기들이 평온하고 안전하다는 사실만 생각했지, 그것이 무엇에 근거한 평온과 안전인지는 전혀 검토하거나 분석하려 들지 않았습니다. 무턱대고 만사가 괜찮을 것이라고만 말했습니다. 화산 위에 앉아 있더라도 그 화산이 폭발하지 않는 한 상관없다는 식입니다. 그래서 심지어는 예측할 수 없는 일들이 일어날 가능성조차 검토해 보지 않았습니다.

자신들이 행복하고 평안한 이상, 그 밖에 다른 어떤 것도 신경 쓰지 않았습니다. 아무것도 생각하지 않고 염려하지 않았습니다. "그들은 염려 없이 거주했습니다." 그렇습니다! 그렇게 살았기 때문에 어느 날 다섯 명의 남자가 자기들 땅을 정탐하고 갔는데도 전혀 눈치 채지 못한 것입니다. 아마 그 사람들을 보지도 못했을 것입니다. 보았다 해도 그들이 정탐꾼이라는 사실을 알아채지 못했을 것이고, 따라서 아무 대책도 강구하지 않았을 것입니다. 평소처럼 그런 것을 상관하지 않고 염려 없이 살았습니다. 그러던 어느 날 무장군인 600명이 갑자기 쳐들어오자 꼼짝달싹할 수 없었습니다.

여러분은 인생 계획이나 인생철학을 갖고 계십니까? 앞을 내다볼 뿐 아니라 미리 볼 줄도 아십니까? 인생에서 일어날 가능성이 있는 모든 일, 즉 반드시 일어나고야 말 일을 직시하고 검토해 본 적이 있습니까? 여러분의 인생은 지금 어떤 기초 위에 서 있습니까? 혹시 지금 당장 곤란한 일이나 어려움만 없으면 그저 순간순간 사는 것에 만족하고, 장래에 대한 대책 없이 그날 벌어 그날 먹는 것에 만족하며 살고 있지는 않습니까? 자신의 인생을 깊고 철저하게 생각해 보신 적이 있습니까? 어떤 문제가 생기면 그 문제에 즉시 직면하십니까? 아니면 그런 일들을 직면하기에는 인생이 너무 짧다고 말하며 옆으로 제쳐놓으십니까? 혹시 그런 것들을 살펴봤자 다 쓸데없고 허망한 일이라고 생각하며, 곤란한 일들은 앞으로도 얼마든지 닥칠 테니 그 사이에 할 일은 목숨을 부지하는 동안 인생을 최대한 즐기는 것이라 생각하고 아예 고려조차 하지 않는 것은 아닙니까? 그 순간, 여러분은 "평온하고 안전하게" 거하고 있을지도 모릅니다. 하늘에 구름 한 점 떠 있지 않을 수도 있습니다. 라이스에 거한 시돈 사람들의 삶이 오랫동안 그랬듯이 여러분의 삶도 모든 것이 완벽할 만큼 밝고 행복해 보일지 모릅니다.

여러분은 그런 삶에 만족하고 계십니까? 그 삶에 안주해서 계속 그렇게 살고 싶습니까? 현재 염려 없이 살고 계십니까? 혹시 여러분 경내에 들어온 정탐꾼을 보지 못하셨습니까? 그들은 아직 아무 해도 가하지 않았고, 모든 것은 아무 훼방도 받지 않은 채 그대로 있습니다. 그들은 그저 와서 둘러보기만 하고 자기네 군대로 돌아갔습니다. 보고하기 위해서입니다. 그러니 이제 곧 여러분을 향해 진격해 올 것입니다. 여러분, 그들을 보셨습니까? 그들이 분명히 조만간 여러분에게 걸어올 싸움에 대비해 강구책을 마련해 놓으셨습니까?

지금은 모든 것이 괜찮습니다. 그러나 역경이 닥쳐올 때 여러분은 어떻게 될까요? 어떤 처지에 빠지게 될까요? 빈곤, 질병, 고통, 고난, 실망, 환멸에 대비해 대책을 세워놓았습니까? 여러분이 믿던 사람이 배신할 때는 어떻게 하시겠습니까? 누군가와 사별하거나 슬픈 일을 당할 때는 또 어떻게 하시겠습니까? 죽음에 대해서는 어떻게 하시겠습니까? 이런 일들에 만반의 준비가 되어 있습니까? 이런 것들을 견딜 수 있는 능력이 있습니까? 이럴 때 물러설 수 있는 안전지대나 보호 구역이 있습니까?

제가 지금 괜히 잔인하고 기분 나쁜 이야기를 하고 있는 걸까요? 이 모든 것이 병적이라고 할 만큼 과민한 상상력의 산물에 지나지 않는 걸까요? 아닙니다. 그렇지 않습니다. 인생에서 흔히 일어날 수 있는 아주 평범한 일들입니다. 이런 것들을 직면하길 거부하는 것, 이런 것들에 대해 미리 준비하지 않는 것은 스스로 재앙을 불러오는 일입니다. 그뿐인 줄 아십니까? 그것은 행복의 환영 속에 살고 있는 모든 사람의 머릿속이 텅텅 비었다는 사실, 철학이 완전히 바닥났다는 사실을 보여줍니다. 정탐꾼들이 들어와 그 땅을 정탐하고 갔습니다. 이제 잠에서 깨어나십시오! 분발하십시오! 그 둔한 게으름과 태평함을 떨쳐버리십시오! 우리 주 예수 그리스도의 복음에서 제시하고 있는 바, 성공할 수 있는 유일한 노선을 따라 준비하십시오.

그렇게 하지 않으면, 우리가 보게 될 삶의 마지막 특징이 우리의 삶에서도 분명히 나타날 것입니다. 라이스에 살던 시돈 사람들의 삶의 마지막 특징은 자멸적인 삶이라는 것입니다. 이들은 아무 생각 없이 살았을 뿐 아니라 자신들을 수비할 자구책을 전혀 마련하지 않았다는 점에서 아주 경솔했습니다. 어디 그뿐입니까? 그들은 시돈과는 물론이고, 어려운 일이 생겼을 때 시돈에 메시지를 전해 줄 만한 사람 하나 없을 정도로 모든 외부인과 단절하고 살았다는 점에서도 아주 경솔했습니다.

> 그 땅에는 부족한 것이 없으며 부를 누리며 시돈 사람들과 거리가 멀고 어떤 사람과도 상종하지 아니함이라(삿 18:7).

그들은 시돈을 떠났을 뿐 아니라 다른 사람들과 의사소통할 수 있는 수단마저 모두 끊고 자신들을 철저히 고립시켰습니다. 처음에는 그것이 얼마나 멋져 보였겠습니까! 그들은 "염려 없이 거주하며" "평온하고 안전하게" 지냈습니다. 걱정이나 고민 없이 인생의 모든 의무와 책임에서 해방되어 그저 자신들을 위해 살고 자기 마음에 흡족한 대로 인생을 즐기기만 하면 그만이었습니다. 그래서 종종 시돈에 그대로 남아 있는 사람들을 비웃으며, 용기와 주도권과 모험심이 부족한 그들을 불쌍히 여겼습니다. "시돈에서 살던 옛날식 삶이 아니라 이것이야말로 진짜 인생이다. 이렇게 사는 것이야말로 진짜 인생이다! 얼마나 멋진 인생이냐!" 이렇게 자기도취에 빠져 살았습니다.

그때 갑자기 600명의 무장군인으로 이루어진 군대가 번쩍이는 칼을 들고 쳐들어왔습니다. 그들이 살고 있는 곳을 정복하고 파괴하기 위해 쳐들어온 것입니다. 이때서야 그들은 자기들이 절망적인 궁지에 빠져 있다는 사실을 깨달았습니다. 그들에게는 방어할 만한 것이 하나도 없었을 뿐 아니라 와서 도와달라고 청할 사람도 전혀 없었습니다. "우리가 시돈 가까이만 살고 있었어도 얼마나 좋을까, 누군가를 그곳에 보낼 수만 있었어도 얼마나 좋을까"라며 후회했지만, 아무 소용이 없었습니다. 그들은 시돈에서 너무 멀리 떨어져 있었고 그동안 누구와도 상종하지 않았습니다. 그들을 위해 시돈으로 가서 이 소식을 전해 줄 만한 사람이 하나도 없었습니다. 이때 그들은 분명 그동안 다른 사람들과 계속 왕래하고 살았으면 얼마나 좋았을까 하고 후회했을 것입니다. 그러나 때는 이미 늦었습니다.

라이스에 살던 사람들은 모두 살해되고 그들이 살던 성읍마저 불타 버렸습니다. 그들은 구원받을 수 있는 유일한 소망을 일부러 제거해 버린 채 그들끼리 떨어져 나와 따로 살았습니다. 그리고 도움과 구제를 청할 수 있는 유일한 의사소통 수단마저 그들 손으로 끊어버렸습니다. 즉 그들이 이렇게 모두 죽게 된 직접적인 원인은 시돈과 단절하고 살았기 때문입니다. 그들 자신의 정책이 결국 이 같은 자멸을 불러온 것입니다.

하나님에게서 떠난 인생, 하나님의 법과 도를 무시하는 인생이 처음에는, 아니 꽤 오랫동안은 아주 멋져 보일 뿐 아니라 상당히 성공적으로 보일 수도 있습니다. 그것이 유일한 인생처럼 보일 수도 있습니다. 그런 인생을 살고 있는 사람들은 좁은 길을 가며 애쓰고 있는 사람들을 보면 비웃고 딱하게 여깁니다. 우리도 얼마든지 하나님과 단절하고 등 돌린 채 마음대로 살아갈 수 있습니다. 그래도 모든 게 괜찮을 것입니다.

그러나 저는 이미 여러분에게 언제인지 예측할 수 없지만 분명히 일어나게 될 일들에 대비할 것을 요청했습니다. 여러분은 지금 그것들을 직면할 수 있을 만큼 강합니까? 물론 그렇지 못할 것입니다. 그렇다면 뒤로 물러서서 의지할 수 있는 누군가는 있습니까? 여러분이 돌아설 수 있는 구원자, 누군가를 보내서 도움을 청할 수 있는 구원자는 있습니까? 여러분의 의사소통 수단은 모두 열려 있습니까? 다른 사람들처럼 우리도 곤경에 처하면 하나님께 돌아서서 기도합니다. 그런데 그때 하나님을 발견하십니까? 하나님이 너무 멀리 떨어져 있는 것 같지는 않습니까? "때를 따라 돕는 은혜"를 발견할 수 있습니까? 혹시 하나님께 돌아섰을 때, 여러분이 겁 많고 어리석을 뿐 아니라 야비한 사람이었다는 사실을 발견하게 되지는 않습니까?

이것이 전부가 아닙니다. 우리에게는 실망과 사고, 질병과 고통, 사별과 죽음만 찾아오는 것이 아닙니다. 이보다 감당하기 힘들고 치명적인 원수가 있습니다. 여러분은 자신을 비난하는 양심을 어떻게 맞이할 예정입니까? 거룩한 하나님의 법이 뇌성을 울리며 맹공격할 텐데 그것에 어떻게 반응할 것입니까? 마지막 심판 날 뭐라고 말할 것입니까? 자기만의 작은 공간 속에 갇혀 산다고 해서 영원한 사실과 진리가 변하는 것은 아닙니다. 자신을 숨기고 산다고 해서 하나님 없이 지낼 수 있는 것은 아닙니다. 우리가 생각하지 않는다고 해서 영원한 실체가 변하지는 않습니다. 자기 마음에 들고 자신의 소원이나 죄 된 본성과 일치하는 현대 이론과 개념을 믿고 따른다고 해서 하나님이 정하신 영원한 법들이 폐지되는 것은 아닙니다. 그렇게 해봤자 우리 자신만 어리석은 사람이 될 뿐입니다.

스스로 속이지 말라 하나님은 업신여김을 받지 아니하시나니(갈 6:7).

여러분은 지금 어떤 상태입니까? 피할 길이 전혀 없습니까? 권세 잡은 자, 구원자가 전혀 없습니까? 라이스에 거한 시돈 사람들에게는 아무도 없었습니다. 그래서 전멸했습니다. 그러나 감사하게도 우리는 그렇지 않습니다. 우리에게는 활짝 펼쳐진 영광스러운 복음이 있습니다.

우리는 모두 본질상 라이스에 거한 시돈 사람들과 같은 처지입니다. 우리는 하나님을 떠났고, 하나님의 음성을 거절했습니다. 의사소통 수단을 모두 끊어버렸고, 인생의 마지막 시험과 대면하고 있습니다. 무엇보다 하나님의 진리, 그리고 영원한 세계와 마주하고 있습니다. 우리는 이처럼 잃어진 무력한 존재입니다. 심히 번민하며 자신을 구원해 보려고 부단히 애쓰지만 아무 능력이 없습니다. 하나님을 향해 손을 뻗치고 그분을 발견하려고 끊임없이 노력하지만, 우리가 하나님에게서 "너무 멀리" 떨어져 있다는 사실만 발견할 뿐입니다. 길을 잃었는데, 그 길 자체가 이미 파괴된 것처럼 보입니다. 돌아갈 수 있는 길도 전혀 보이지 않습니다. 그러나 신기하고도 놀라운 사실은 하나님이 친히 길을 제공하시고 우리와 대화할 수 있는 새로운 방편을 마련해 놓으셨다는 것입니다.

인류가 그토록 극악무도하게 만들어놓은 이 세상으로 하나님은 독생자를 보내주셨습니다. 인류는 "염려 없이 거하며" 아무 생각 없이 편안히 있는데 하나님이 구원 계획을 세우셨습니다. 우리 죄를 위해 자기 아들을 죽게 하셔서 우리를 용서하시고, 우리를 하나님과 화목하게 하는 영광스러운 구속 계획을 세우셔서 그 계획을 실행하셨습니다. 그로 인해 우리는 하나님과 다시 대화할 수 있게 되었고, 하나님을 "우리의 피난처시요 힘이시니 환난 중에 만날 큰 도움"(시 46:1)으로 삼을 수 있게 되었습니다. 여기 우리의 모든 원수를 정복하고, 우리의 모든 적에게 대답해 주며, 우리를 궁극적으로 완전히 구출해 줄 수 있는 구원 계획이 있습니다.

여러분은 구원자 되신 하나님의 아들 나사렛 예수 그리스도와 지금 만나고 계십니까? 물론 정탐꾼들이 와 있습니다! 그렇지만 우리의 구원자 되신 주님도 와 계십니다! 그분을 뵌 적이 있습니까? 그분을 아십니까? 그분과 연결되어 있습니까? 그분이 지금 우리에게 그분 자신과 그분의 구원을 베풀고 계십니다. 그분에게 굴복하십시오! 그분의 말씀을 듣고 그분을 따르십시오! 그분에게 순종하십시오!

우리의 모든 죄와 수치에도 그분 안에서 하나님과 천국으로 가는 길이 열려 있습니다. 주님은 우리를 위해 이 땅에 오셔서 살다가 죽으셨습니다. 그리고 다시 살아나셨습니다. 주님께 여러분 자신을 드리고 이렇게 노래하십시오.

눈에 보이지 않지만 영원히 내 곁에 계신

전능하신 보호자

주께서 언제나 변함없이 구원하시며

전능하게 다스리고 통치하시네.

주님의 미소로 내 마음에 위로가 넘치네.
이슬처럼 내리는 주님의 은혜
주께서 기뻐하시는 영혼을 지키기 위해
구원의 성벽으로 둘러주시네.

6장
전적으로 하나님만 의존하라[1]

> 블레셋 사람들이 하나님의 궤를 빼앗아 가지고 에벤에셀에서부터 아스돗에 이르니라 블레셋 사람들이 하나님의 궤를 가지고 다곤의 신전에 들어가서 다곤 곁에 두었더니 아스돗 사람들이 이튿날 일찍이 일어나 본즉 다곤이 여호와의 궤 앞에서 엎드러져 그 얼굴이 땅에 닿았는지라 그들이 다곤을 일으켜 다시 그 자리에 세웠더니 그 이튿날 아침에 그들이 일찍이 일어나 본즉 다곤이 여호와의 궤 앞에서 또다시 엎드러져 얼굴이 땅에 닿았고 그 머리와 두 손목은 끊어져 문지방에 있고 다곤의 몸뚱이만 남았더라. _사무엘상 5장 1-4절

본문은 사무엘상 4장에 나온 사건에 대한 후편 또는 에필로그라고 할 수 있습니다. 이 사건은 이스라엘 백성의 역사, 오랫동안 남에게 지배받고 살았던 역사에서도 가장 슬픈 사건입니다.

당시 이스라엘 백성은 하나님을 잊은 채 영적으로 타락하였습니다. 그래서 정치적으로나 군사적으로 쇠퇴하여 오랜 숙적인 블레셋에 정복당해 그 밑에서 살고 있었습니다. 그런데 본문을 보십시오. 그로부터 상

---

[1] "개혁 신앙과 행동을 위한 국제 대회", 프랑스, 1953.

당한 시간이 흐른 후, 이스라엘 백성이 블레셋의 멍에에서 벗어나야겠다고 느끼기 시작했다는 사실을 알 수 있습니다. 이스라엘 백성은 군대를 소집해서 블레셋에 전쟁을 걸지만 패배하고 맙니다.

그들은 패배 원인을 규명해야겠다는 생각에서 군사 회의를 열었습니다. 그때 누군가 이런 제안을 한 것 같습니다. "우리가 패배한 건 지나치게 급히 서두르다 여호와의 언약궤도 메지 않은 채 블레셋을 공격하러 갔기 때문이다." 보다시피 그들은 지금 언약궤를 일종의 "행운의 물건"으로 생각하고 있습니다. 즉 언약궤를 메고 나가면 행운이 따라 성공할 것이고, 그렇지 않으면 반드시 패배할 것이라고 생각하는 것입니다. 그래서 그 사람은 이렇게 말했습니다. "우리가 이렇게 패배한 원인은 언약궤 없이 나갔기 때문이다. 그러니 다시 군대를 소집해서 이번에는 언약궤를 들고 나가자. 그렇게만 하면 반드시 이길 것이다. 블레셋을 정복할 수 있을 것이다."

이스라엘 백성은 그 말을 따릅니다. 또다시 군대를 소집해서 언약궤를 메고 올라가 블레셋에 도전합니다. 그 뒤 어떤 일이 발생했는지는 잘 아실 것입니다. 이번에는 그냥 패한 정도가 아니라 완전히 참패하여 적들 앞에서 도망하기까지 합니다. 그뿐인 줄 아십니까? 블레셋에 하나님의 언약궤마저 빼앗기고 맙니다. 블레셋 사람들이 하나님의 언약궤를 그들 나라로 가져간 것입니다.

우리가 살펴보려고 하는 이 네 구절은 그 후 어떤 일이 발생했는지 말해 주고 있습니다. 블레셋 사람들은 빼앗아 온 언약궤를 부수지 않았습니다. 오히려 이렇게 말했습니다. "이 물건은 아주 귀한 것이다. 이것이 그동안 이스라엘 백성에게 굉장히 많은 승리를 안겨주었다. 그러니까 이 물건이 우리에게 큰 도움을 줄 날이 올지도 모른다." 그리고 그들은 여호와의 언약궤를 자기들 신을 모셔놓은 다곤 신전에 갖다 두기로 했습니다. 이 상자, 언약궤 안에 들어 있다고 생각되는 이스라엘의 하나님께 일종의 경의를 표한 셈입니다. 그들은 언약궤를 다곤 신전에 갖다 두었습니다. 신전 안에 있는 다곤 신상 옆에 두었습니다. 그렇게 한 다음 자기들이 거둔 대승리를 축하하며 잔치를 벌이기 시작했습니다. 사실 그들에게는 경축할 만한 이유가 있었던 것 같습니다. 오랜 숙적인 이스라엘을 정복했습니다. 그것도 완패시켰습니다. 게다가 그 원수의 하나님마저 사로잡아왔으니 얼마나 신나겠습니까? 그 하나님이 지금 자신들의 신전에 있습니다. 이만하면 완벽하지 않습니까? 이제 영원히 기뻐하며 축하할 일만 남았습니다. 그래서 블레셋 사람들은 기뻐하며 축하하기 시작했습니다.

그런데 그때 기이한 일이 벌어졌습니다. 이튿날, 다곤 신전을 지키는 사람이 늘 하던 대로 신전을 순찰했습니다. 아무 이상도 없을 거라고 생각했는데 기절초풍할 만큼 놀라운 일이 일어났습니다. 그들의 신 다곤이 여호와의 궤 앞에 엎드러져 얼굴을 땅에 박고 있는 것이었습니다. 그는 왜 이런 일이 일어났는지 도무지 이해할 수 없었습니다. 정말 뜻밖의 일이었습니다. 아무리 질서 정연한 사회에서도 사고는 늘 일어나게 마련이니 이것도 그런 사고일 거라고 생각했습니다. 그래서 성경에 나온 대로 그는 다곤을 다시 일으켜 세워놓았습니다. 여호와의 언약궤 바로 옆에 다시 세워놓은 것입니다. 그리고 그를 포함한 모든 블레셋인은 또다시 승리를 축하하며 기뻐했습니다.

그런데 성경을 보면 기괴한 일이 또 발생합니다. 이튿날 그 사람이 신전에 가보니 다곤이 또다시 여호와의 궤 앞에 엎드러져 얼굴을 땅에 박고 있었습니다. 이번에는 두 손과 머리까지 끊어져 문지방 위에 있었습니다. 그는 그만 대경실색하고 말았습니다. 다 없어지고 다곤의 몸뚱이만 남다니!

그것이 바로 본문 이야기입니다. 이 이야기를 듣고 이렇게 반문하는 사람이 있을 것입니다. "구약에 나오는 이야기가 도대체 지금의 우리와 무슨 상관이 있습니까? 그것이 우리에게 주는 교훈이 무엇입니까? 그 이야기가 오늘의 우리 처지나 상황과 무슨 상관이 있단 말입니까?"

저는 이 이야기가 오늘날 교회에 아주 중대하고 결정적인 교훈을 전해 준다고 봅니다. 이 이야기의 목적은 무엇일까요? 이것은 쇠잔해가고 있는 기독교에 관한 이야기입니다. 원수에게 패하되 완전히 참패한 그리스도인들의 하나님, 그들이 믿는 기독교를 보여주는 한 폭의 그림이라고 할 수 있습니다. 이 이야기는 숙적에 의해 거의 파멸되고 참패당한 하나님의 일과 하나님을 보여주고 있습니다. 그 원수는 지금 승리감에 도취되어 몹시 즐거워하고 있습니다. 이것이 바로 이 이야기가 보여주고 있는 그림입니다.

이 이야기는 현대 교회의 상황을 아주 사소한 부분까지 상세하게 설명해 주고 있습니다. 하나님의 교회는 지금까지 수백 년이 넘는 오랜 기긴 동안 잔인하고 맹렬한 블레셋의 공격을 받아왔습니다. 물론 블레셋의 공격 방식이 항상 같지는 않았습니다. 어떤 때는 오래전 이스라엘 역사에서 보듯 순전히 군사적인 형태로 공격해 올 때도 있었습니다. 그러나 늘 그런 것은 아닙니다. 그들은 여러 모양으로 변장할 수 있습니다. 아주 다양한 형태로 나타날 수 있습니다.

지난 몇 백 년 동안 블레셋이 하나님의 교회와 하나님, 하나님의 그리스도를 공격해 온 형태는 다음과 같습니다.

우선, 그들은 지적인 지식과 이해를 통해 맹공격해 왔습니다. 우리 모두 그동안 교회, 성경, 하나님의 전체 사역에 가해진 가장 큰 공격 가운데 하나가 바로 철학적 공격이었다는 사실을 잘 알고 있습니다. 사람들은 지금까지 100년 넘게 하나님의 계시를 옆으로 제쳐놓고, 그 자리에 철학을 올려놓았습니다. 그들은 아주 독특하게 영감을 받은 하나님의 무오한 말씀을 더 이상 믿지 않습니다. 그 대신 인간의 사고, 인간의 이성, 인간의 명철, 인간의 추론을 믿습니다. 이 엄청난 공격은 그동안 철학과 함께 들어온 것입니다.

그뿐만이 아닙니다. 과학이라는 형태를 빌린 블레셋의 공격도 있습니다. 1859년 찰스 다윈이 『종의 기원』을 출판한 지 벌써 100년 넘게 지났습니다. 그 책은 성경을 공격했을 뿐 아니라, 기독교 신앙의 전 기초와 토대를 단번에 흔들어 무너뜨렸습니다. 그래서 이제 웬만한 사람들은 생물학 지식이 기독교 신앙을 우습게 만들었다고 생각할 정도입니다. 성경의 입장이 무너져 내렸습니다.

또한 블레셋은 사회나 정치 형태를 빌려 교회를 공격해 왔습니다. 사회적으로 법률을 제정하고, 국회에서 결정을 내리고, 불법 행위들을 경감시키고 고통을 개선하면 인간, 그리고 이 세상에서 인간의 운명이 완전해질 수 있다는 생각이 유행하게 된 것입니다. 사람들을 적당히 교육만 시키면 된다는 것입니다. 그러면 그들이 곧 전쟁을 추방하고 서로 사랑하기 시작해서 이 세상을 낙원으로 만들어놓으리라는 것입니다. 이 이야기는 이렇게 끝납니다. "그 후 그들은 오래오래 행복하게 살았습니다."

블레셋은 그동안 이런 식으로 하나님, 하나님의 일, 하나님의 백성을 맹공격해왔습니다. 여기서 우리 모두 솔직해져야 합니다. 이 상황을 직시한다면, 우리는 대번에 현대 블레셋이 고대 블레셋처럼 큰 성공을 거두었다고 결론 내릴 것입니다. 오늘날 우리는 현대 블레셋이 정말 교회와 기독교의 대의명분을 무너뜨렸다고 믿고 있습니다. 원수가 계속 승리하는 것처럼 보입니다. 모든 인생이 세속화되어가는 것처럼 보입니다. 그 원수가 온 우주에서 승리하고 있는 것처럼 보입니다.

그러나 이쯤에서 비교를 끝내서는 안 됩니다. 사실 현대 블레셋도 고대 블레셋과 같기 때문입니다. 그들은 미세한 부분에 이르기까지 고대 블레셋인의 행동을 그대로 되풀이하고 있습니다.

앞서 고대 블레셋인이 여호와의 언약궤를 빼앗았을 때 그것을 파괴하지 않았다는 사실을 지적했습니다. 그들은 이렇게 말했습니다. "이것을 다곤 신전에 두었다가 혹시 사용할 기회가 오면 꺼내서 사용하자. 그리고 다 사용한 다음에는 제자리에 다시 갖다 두자." 즉 "언젠가는 그것을 유용하게 써먹을 수 있을 것이다"라고 생각한 것입니다. 그래서 그들은 언약궤를 부숴버리지 않고 구석진 뒷자리 어딘가에 올려놓았습니다. 다시 꺼내 사용할 수 있는 곳에 두었습니다. 그리고 사용한 다음에는 다시 그 자리에 갖다 둘 생각이었습니다.

현대 블레셋인도 같은 일을 저질러왔습니다. 현대인은 하나님과 기독교를 믿지 않습니다. 그러면서도 완전히 절교하지는 않습니다. 여러분도 이 점에 대해 이미 알고 있을 것입니다. 어느 세기에 살았든 인간은 고대 블레셋인을 그대로 따라하는 경향이 있습니다. 그래서 자기 목적에 합당할 때라든가 그렇게 하고 싶다고 느낄 때는 기독교를 사용합니다. 영국에는 주일에 교회 근처에도 가지 않으면서 결혼만큼은 교회에서 하고 싶어하는 사람이 많습니다. 자신은 생전 교회에 가지 않지만 자녀만큼은 꼭 세례를 받게 하고 싶어하는 사람들도 있습니다. 장례식 때는 교회에서 와서 예배를 드려주길 바랍니다. 큰 전쟁이 일어나 싸워야 한다든가 아군이 여러 번 패해 고통을 당할 때면, 영국 정부는 이른바 "범국민적 기도의 날"을 정하고 국민에게 기도할 것을 요청합니다. 여왕이나 왕의 대관식이 있을 때 역시 예배의식을 가져야 합니다. 이처럼 더 이상 기독교를 믿지 않으면서도 저 뒤 어딘가에 두었다고 생각하고 필요할 때 꺼내 쓴 다음 더 이상 필요 없으면 다시 그 자리에 처박아 둡니다. 그들은 실제로는 기독교를 믿지 않습니다. 진심으로 하나님을 예배하지 않습니다. 그저 막연한 존경심을 가지고 입으로만 하나님을 예배합니다. 이것이 바로 지금 우리가 처한 처지입니다. 아니 전반적으로 볼 때 이것이야말로 금세기 내내 우리가 처한 상황입니다.

지금은 널리 성공하고 있는 것이 분명해 보이는 블레셋인들이 있습니다. 하나님의 교회와 하나님의 주장은 굴욕적인 패배를 당해 아주 비참한 상태에 빠져 있는 것처럼 보입니다. 중요한 것은 이 사건이 이런 시대, 이런 상황에 있는 우리에게 무엇을 전해 주느냐입니다. 감사하게도 그것은 우리에게 많은 것을 말해 줍니다.

이 메시지에 담긴 긍정적인 면을 설명하기 전에 간단한 질문을 하나 던져보겠습니다. 이스라엘 백성이 왜 이런 참패를 당해야만 했을까요? 하나님의 백성이 왜 블레셋에 이런 식으로 패해야 했으며, 그것도 참패해야만 했을까요? 이 질문은 매우 중요합니다. 이 시대의 교회가 직면해야 할 가장 시급한 질문이기도 합니다. 우리가 나라마다 있는 큰 교단에서 주는 대답에 만족한다면, 이스라엘이 패배한 원인은 블레셋이 강력하고, 힘이 있으며, 용맹스러웠기 때문이라고 믿을 것입니다. 그들은 우리에게 그렇게 설명합니다. "우리는 절대 낙심해서는 안 됩니다. 오늘날 교회는 우리 조상들이 거의 직면할 일이 없던 큰 원수를 직면하고 있습니다. 우리 조상들은 쾌락과 세속적인 추구를 위해 이처럼 고도로 조직화된 세상과 경쟁할 일이 없었습니다. 영화, 라디오, 텔레비전은 물론 오늘날 사람들의 관심을 하나님의 집에서 앗아가고 있는 다른 모든 것과도 경쟁할 필요가 없었습니다." 그래서 우리가 이처럼 패배하는 것이라고 그들은 말합니다. 그러면서 이렇게 덧붙입니다. "현대인은 교육을 받습니다. 대학 교육까지 받습니다." 우리는 이처럼 강력한 원수와 대면하고 있는데, 이 블레셋이 워낙 강하고 능하기 때문에 그동안 교회가 패배했으며, 오늘날도 패배하고 있는 것 같다고 말하는 것입니다. 그러나 저는 그것이 새빨간 거짓말이라고 말씀드리고 싶습니다.

구약 시대에 이스라엘이 패배한 이유는 그것이 아니었습니다. 마찬가지로 오늘날 우리가 패하고 있는 것도 그런 이유 때문이 아닙니다. 성경으로 돌아가서 이스라엘 백성의 이야기를 읽어보십시오. 그러면 그들이 패한 원인은 절대로 원수가 강했기 때문이 아니라, 이스라엘 백성이 내적으로 약해졌기 때문이라는 사실을 발견할 것입니다. 이스라엘 백성이 하나님과 바른 관계에 있을 때는 늘 원수를 정복했습니다. 그러나 하나님을 잊어버린 채 게으르고 나태한 신앙생활을 하는 순간에는, 그리고 자기 자신과 자신의 힘을 믿는 순간에는 항상 패했습니다. 문제는 절대 블레셋인의 힘이 아니었습니다. 이스라엘이 약해진 것, 언제나 그것이 문제였습니다. 사무엘상에서 본문 뒤에 나오는 장들을 읽어보십시오. 요나단과 그의 병사, 이렇게 단 두 사람이 블레셋 대군을 물리친 사건이 나옵니다. 그렇습니다. 단 두 사람이 블레셋 대군을 물리쳤습니다. 그때에도 블레셋군은 다른 때와 같이 막강했습니다. 그러나 이스라엘의 힘이 변했기 때문에 그런 승리를 거둘 수 있었던 것입니다.

이스라엘은 항상 하나님이 패배를 허락하셨을 때만 패했습니다. 이스라엘은 하나님께 등을 돌리고, 하나님께 순종하지 않았으며, 하나님과 그분의 능력을 의지하지 않았습니다. 이스라엘이 그렇게 할 때마다 하나님은 그들을 내버려두셨습니다. 그들은 하나님의 백성이며, 하나님 없이는 아무것도 할 수 없다는 사실을 보여주고 가르쳐주시기 위해 그대로 내버려두셨습니다.

오늘날도 마찬가지입니다. 바로 그것이야말로 오늘날의 교회를 그대로 설명해 주고 있습니다. 그런데 참 애석하게도 교회의 거의 모든 영역에서 이 사실을 깨닫지 못하고 있습니다. 그들은 지금과 같은 상황에 처한 이유가 이 세상의 상태 때문이라고 생각합니다. 자기들이 실패한 이유는 자동차, 라디오, 영화, 텔레비전과 같은 것들이 사람들을 하나님의 집에서 멀리 떨어져 있게 만들기 때문이라고 생각합니다. "우리 조상들은 한 번도 이렇게 강한 원수와 직면할 일이 없었다. 세상이 이처럼 강할 뿐 아니라 하나님과 그분의 교회를 대적해서 고도로 조직화된 적은 한 번도 없었다." 그러나 그것은 새빨간 거짓말입니다.

세상은 지금까지 항상 교회를 대적해 왔고, 사람들은 늘 자신을 즐겁게 할 수단과 방편을 발견해 왔으며, 하나님의 집에 참석하지 않기 위한 이유를 찾아왔습니다. 물론 그 쾌락과 오락의 형태는 시대마다 다르겠지만 하나님을 향한 자연인의 증오심은 절대 변하지 않습니다.

이 세상은 조금도 달라지지 않았습니다. 세상은 항상 우리를 대적하고 있습니다. 그렇다면 무엇이 달라졌을까요? 달라진 것은 바로 교회 안에 있습니다. 교회가 지금처럼 약하고 힘이 없는 이유는 옛날 이스라엘 백성이 범한 잘못을 되풀이하고 있어서입니다. 우리는 우리 자신, 우리의 능력과 힘, 우리의 명철을 의지해 왔습니다. 그리고 하나님은, 말하자면 우리에게 지극히 중요한 이 교훈을 가르쳐주시기 위해 우리 마음대로 하도록 내버려두신 것입니다. 저는 그렇게 믿고 있습니다.

교회는 자신이 "하나님의" 교회라는 사실, 하나님 없이는 아무것도 할 수 없는 존재라는 사실을 망각해 왔습니다. 학문과 지식, 명철과 조직을 믿었습니다. 그래서 많은 기관과 단체를 만들었습니다. 청년들을 위한 단체, 중년층과 노년층을 위한 단체, 여성 및 남성을 위한 단체, 문화 단체 등을 조직했습니다. 교회는 혼자 힘으로도 영원히 사라지지 않고 살 수 있다고 믿었습니다. 전적으로 하나님께 의존하고 있는 존재라는 사실을 잊었습니다. 따라서 교회가 지금과 같은 상태에 빠지게 된 것은 하나님이 우리에게 이같이 중요한 교훈을 가르쳐주시려는 것이라고 설명할 수밖에 없습니다.

하나님은 지금 우리에게 돌아오라고 부르고 계십니다. 하나님의 능력을 믿으라고 말씀하십니다. 우리가 자기 의존(그것이 어떤 형태를 취하고 있는지는 별로 중요하지 않습니다)을 버리고, 자신의 힘과 능력의 한계를 깨닫고, 회개하는 마음으로 하나님 앞에 무릎 꿇고, 그분의 힘과 성령의 능력을 구할 때까지 이러한 쇠퇴기는 계속될 것입니다. 그때까지는 우리 상태가 더욱 나빠질 것입니다. 자신이 누구인지 잊어버리고, 하나님만 의존하게 되어 있는 존재라는 사실을 망각한 채 어리석게도 자신의 능력과 용맹을 믿을 때, 하나님의 교회는 언제나 그 힘을 잃고 패배했습니다. 바로 이것이 본문이 주는 가장 중요한 교훈입니다.

그러나 감사하게도 이 사건은 우리에게 위로도 주고 있습니다. 간단한 질문을 해보겠습니다. 교회 역사상 이런 일이 생길 때마다 하나님은 무슨 일을 행하실까요? 본문에 나온 오래된 이야기가 그 질문에 답해 줍니다. 이럴 때 하나님은 가장 먼저 우리가 계획하고 결정한 것 속에 들어오셔서 그것들을 뒤죽박죽으로 만들어놓으십니다. 본문을 보십시오. 블레셋인을 보십시오. 그들은 적인 이스라엘을 정복했습니다. 이스라엘 군대를 완패시켰을 뿐 아니라, 그들이 갖고 있던 하나님의 궤도 빼앗았습니다. 앞서 말씀드린 대로 이제 그들은 완전한 세상이 되었다고 생각했습니다. 이제부터는 아무것도 잘못될 수 없다고 생각했습니다. 그러나 그들이 그렇게 축제 분위기에 빠져 있는 바로 그 순간, 자신들의 힘으로 완전한 세상을 만들었다고 믿고 있는 바로 그 순간, 모든 일이 잘못되어 가기 시작했습니다. 다곤 신전에 들어가 보니 다곤이 바닥에 엎드러져 있었습니다! 신전을 순찰하던 사람은 몹시 당황했습니다. 뭔가 잘못된 것입니다. 그는 다곤을 집어 다시 제자리에 세워두었습니다. 그리고 "괜찮아, 계속 임무나 수행해야지"라고 혼잣말을 했습니다. 그런데 다곤이 또 엎드러졌습니다. 마침내는 몸뚱이만 남고 다 망가져버렸습니다.

이 오래된 이야기를 읽고 있으면 마치 오늘날 일어나고 있는 일들을 완벽하게 묘사해 주는 한 폭의 그림을 보는 것 같습니다. 여러분도 지금까지 금세기 역사를 이런 식으로 보지 않으셨습니까? 19세기 말, 세상은 자신감과 낙관주의로 팽배해 있었습니다. 지식과 발전, 진보와 진화의 결과, 인간은 정말 낙원 같은 세계로 들어가기 직전에 있다고 믿었습니다. 20세기는 인류 역사상 가장 위대한 세기가 될 것이라고 믿었습니다. 이제 인간은 싸움을 벌이지 않을 만큼 똑똑하기 때문에 전쟁은 곧 추방될 것이며, 온 세계는 평화 시대를 구가하게 될 것이라고 믿었습니다. 인간은 인류 역사상 처음으로 흠잡을 데 없이 완전한 국면으로 접어들고 있다고 믿었습니다. 그리고 하나님은 구석에 처박아두었습니다. 그런데 무슨 일이 일어났습니까?

20세기로 접어든 지 얼마 안 되어서부터 일이 잘못되기 시작했습니다. 많은 사람이 1911년 그날을 기억하고 있을 것입니다. 그날, 우리는 신문에서 "모로코 위기 사태"라는 기사를 읽었습니다. 모로코를 사이에 두고 영국과 프랑스가 같은 편이 되어 독일과 싸울 가능성이 있다는 것입니다. 그러나 그 기사를 보고 사람들은 이렇게 반응했습니다. "있을 수 없는 일이야! 20세기에 전쟁이라니, 그런 일은 일어날 수 없어." 그런데 그 위기가 정말 일어났습니다. 다곤이 엎드러진 것입니다. 그러자 우리는 그를 다시 세워놓고 그대로 계속 살았습니다.

그러다가 1912년 어느 날, 이번에는 굉장한 배가 대서양에서 침몰했다는 기사에 온 세계가 경악했습니다. 타이타닉호라는 아주 훌륭한 배였습니다. 사람들은 그 배를 가리켜 과학의 궁극적 성취라고 말했습니다. 절대 가라앉지 않을 배라고 말했습니다. 인간이 그동안 진보 발전해서 이 세상 어느 것으로도 가라앉힐 수 없는 배를 만들었다고 했습니다.

어느 주일 오후, 절대 가라앉지 않을 거라던 그 배가 증기를 내뿜으며 대서양을 항해하고 있었습니다. 배 위에서는 밴드가 재즈를 연주하고, 사람들은 이 과학의 궁극적 위업을 경축하며 마냥 즐거워하고 있었습니다. 그때, 배 주변에 빙산이 있다는 보고가 들어오기 시작했습니다. 그러나 그 정도는 무시해도 된다고 생각했습니다. 절대 가라앉을 수 없는 배인데 그까짓 빙산이 무슨 대수겠습니까! 우습게 여겨도 된다고 생각했습니다. 그래서 증기를 내뿜으며 항해를 계속했습니다. 그런데 갑자기 쿵 하는 굉음이 들렸습니다. 배가 빙산에 부딪힌 것입니다. 배는 곧 침몰했고 수많은 사람이 목숨을 잃었습니다. 이 일로 온 세계가 다시 한 번 발칵 뒤집혔습니다. 다곤이 또다시 엎드러진 것입니다. 그때 우리는 "괜찮아, 사고야 언제든지 일어나게 마련이잖아. 다곤을 제자리에 갖다놓고 계속해 나가자. 어서 이 낙원으로 들어가자"라고 말했습니다. 그리고 계속 그렇게 살았습니다.

그런데 1914년 8월, 현대의 계몽된 문화인들에게는 절대 일어나지 않을 거라던 전쟁이 발발하고 말았습니다. 그러자 우리는 또다시 "괜찮아, 전쟁이 일어나긴 했지만 이건 종전(終戰)을 위한 마지막 전쟁이야. 이제 평민의 시대, 완전한 민주주의가 도래할 거야"라고 말했습니다. 마침내 전쟁이 끝나자 우리는 이제 정말 인생을 즐길 수 있게 되었다고 생각했습니다. 모든 것이 흠잡을 데 없이 완벽해 보였습니다.

그런 자기도취의 시간도 그다지 오래가지 못했습니다. 다곤이 계속 엎드러진 것입니다. 동맹 파업이니 산업상의 어려움이니 하는 문제들이 발생했습니다. 그 다음에는 파시즘과 같은 새로운 철학 등이 나타나기 시작했습니다. 그것들은 마치 인간을 다시 밀림 속으로 데려가는 것 같았습니다. 정말 믿을 수 없을 만큼 놀라운 이론들이었습니다. 그러나 다곤은 계속 엎드러졌습니다.

우리의 완전한 세상, 우리의 낙원이 자꾸만 흔들렸습니다. 그러나 우리는 우리의 낙원이 흔들린다는 사실을 믿을 수 없었습니다. 그러다가 1930년대를 맞이하게 되었고, 그때 또 다른 전쟁을 준비해야만 했습니다. 그래도 인간은 여전히 이렇게 말했습니다. "그런 일은 일어날 수 없어. 불가능한 일이야. 25년 만에 전쟁을 두 번이나 치르다니. 그런 일은 있을 수 없어. 전쟁은 절대 일어나지 않을 거야." 그러나 1939년 9월, 마침내 전쟁이 발발하고 말았습니다. 그러자 이번에는 또 이렇게 말했습니다. "그래, 다곤이 엎드러졌다. 그렇지만 그건 순전히 한 사람 때문에 그렇게 된 거야. 그 사람만 제거해 버리면 우리는 정말 완전한 평화를 누리게 될 거야." 마침내 승리를 거두자 온 세상은 또다시 완전한 낙원과 지복을 기대하기 시작했습니다. 학수고대하던 20세기가 왔다고 말입니다! 그러나 1945년 8월이 다 가기 전 어느 날 아침, 신문을 보니 일본에 이른바 원자폭탄이란 것이 떨어졌다는 기사가 났습니다. 이로 인해 온 세계가 또다시 흔들리고 전율하기 시작했습니다.

세상은 그때 이후로 지금까지 계속 전율하고 있습니다! 평화는 영원히 올 것 같지 않습니다. 낙원에는 절대 들어갈 수 없을 것 같습니다. 우리는 모든 것이 완벽하다고 생각하지만, 다곤은 계속 엎드러지고 있습니다. 모든 것이 잘못되어갈 것입니다. 바로 그것이 지금 이 시간까지 계속 일어나고 있는 일입니다.

제가 보기에 이 모든 일에 대한 설명은 오직 하나입니다. 다곤을 신전 바닥에 계속 엎드러뜨리시는 하나님이 지금 우리 삶을 소란하게 만들고 계신다는 것입니다. 하나님은 인간이 하나님을 떠나 인생을 즐기도록 내버려두시지 않을 것입니다. 하나님은 우리에게 말씀하셨습니다.

> 내 하나님의 말씀에 악인에게는 평강이 없다 하셨느니라(사 57:21).

하나님이 우리 삶 속에 침입해 들어오셨습니다. 하나님이 우리를 가로막고 계십니다. 우리의 계획들을 훼방하고 계십니다. 우리를 흔들어 놓고, 우리를 방해하며, 우리를 뒤죽박죽으로 만들어놓고 계십니다.

이런 일은 국가에만 해당되는 것이 아닙니다. 개인에게도 똑같이 해당됩니다. 저는 하나님과 기독교를 비웃으며, 하나님 없이도 얼마든지 완전한 인생을 살 수 있다고 주장한 많은 사람을 알고 있습니다. 그런 사람이 재산도 많고 사업도 잘되어서 처자식과 아주 행복하게 살고 있는 모습도 보았습니다. 정말 모든 것이 완벽해 보였습니다. 그런데 갑자기 그 사람이 앙기나(angina, 질식감을 수반한 경련성 통증을 특징으로 하는 질환의 총칭. 구협염, 협심증, 편도선염 등을 말한다_옮긴이)에 걸린 첫 증상을 보이기 시작했습니다. 죽음과 대면해야 하는 끔찍한 병에 걸리자 그의 세계가 완전히 흔들리기 시작했습니다. 그의 모든 계획이 뒤집어지기 시작했습니다. 모든 것이 잘못되어가는 것 같았습니다. 앞서 말씀드린 것과 같은 상황입니다.

하나님이 이러한 때에 하시는 두 번째 일은 우리가 섬기는 신들을 겸비케 하시고 굴욕을 당하게 하시는 것입니다. 그것이 바로 하나님이 다곤 신전에서 하신 일입니다. 당시 블레셋의 신은 다곤이었습니다. 그들은 다곤을 숭배했습니다. 그런데 패배해서 사로잡힌 이스라엘의 하나님이 다곤을 겸비케 하고 굴욕 당하게 만들더니, 마침내 부숴버리셨습니다. 여기서 우리가 20세기 상황에서 분명히 보아야 할 것이 또 나타납니다. 사실 우리가 금세기에 볼 수 있는 모든 것은 하나님이 우리의 신들을 겸비케 하시고 굴욕 당하게 하신다는 것뿐입니다. 그럼 하나님이 지금까지 무엇을 행하셨으며, 또 행하고 계십니까? 그것을 다음과 같이 생각해 보겠습니다.

우리는 그동안 어떤 신들을 숭배해 왔습니까? 저는 이미 그 신들 중 몇 가지를 말씀드렸습니다. 우선 교육의 신입니다. 제 말을 오해하지 마십시오. 저도 물론 교육의 힘을 믿습니다. 그로 인해 하나님께 감사드립니다. 이 세상에 태어나는 어린이는 모두 교육을 받아야 할 권리가 있다고 생각합니다. 그렇다고 해서 교육을 신격화하면 절대 안 됩니다. 그런데 인류는 지식과 교육을 신으로 만들어놓았습니다. 그 결과가 무엇입니까? 영국에서는(다른 나라에서도 마찬가지라고 생각됩니다만) 청소년 비행이 중요한 문제인데, 이 청소년 비행은 점점 늘어나고 있는 실정입니다. 그렇다면 결국 이전 어느 세대보다 훌륭한 교육을 받은 우리 아이들이 어떤 의미에서는 이전 어느 때보다 더 큰 문젯거리라는 셈입니다. 교육은 그 문제를 해결하지 못합니다. 알코올중독, 부도덕, 부정(不貞), 별거, 이혼, 결혼과 같이 인생에서 신성하게 여기는 것들이 자꾸만 무너져 내리는 것 등 이 모든 것이 어느 나라에서나 그토록 자랑스러워하는, 교육받은 세대가 살아가는 민주주의 시대에 일어나고 있습니다! 인간은 교육이 자신의 문제를 해결해 줄 거라고 믿었습니다. 그래서 교육을 신격화했는데, 지금 그 신이 바로 인간의 면전에서 굴욕 당하고 있습니다.

마찬가지로 인간은 정치학이라는 신을 섬깁니다. 인간의 능력을 믿고 법률 제정이라는 수단으로 모든 문제를 해결할 수 있다고 생각합니다. 그런데 모든 정치, 모든 국제회의, 그 밖에 다른 모든 수고와 노력을 들이는데도 우리는 국가적 차원에서든 국제적 차원에서든 인류의 문제들을 해결하지 못하고 있습니다. 이렇게 해서 지난 세기에는 거의 신처럼 추앙받던 정치인들이 지금은 대중 앞에서 신용을 잃고 말았습니다.

과학이라는 신도 마찬가지입니다. 그동안 그렇게 많은 사람이 숭배해 온 과학이라는 신은 어떤 의미에서 오늘날 우리의 가장 큰 문제가 되고 있습니다.

그러나 궁극적으로 인간이 지난 몇 백 년 동안 숭배해 온 최고의 신은 따로 있습니다. 바로 자기 자신입니다. 인간은 그동안 자기 자신을 숭배해 왔습니다. 하나님이 필요 없다고 말하는 것도 바로 이런 이유 때문입니다. 인간은 자기 형상을 만들어놓고 그 앞에 절해 왔습니다. 그래서 어떤 일이 일어났습니까?

이 시대는 우리에게 인간이 어떤 존재인지 그 실상을 보여주고 있습니다. 인간은 어떤 존재입니까? 나치 강제 수용소가 있던 벨젠과 부헨발트를 보십시오. 오늘날 러시아에 있는 강제 수용소들을 들여다보십시오. 죄 없는 부녀자들에게 원자폭탄을 떨어뜨려 단숨에 날려버리는 사람들을 보십시오. 그것이 인간입니다. 이미 결혼한 사람의 삶과 가정 속으로 파고들어가 그 가정을 고의적으로 망가뜨려놓는 자들을 보십시오. 그것이 인간입니다. 신문은 날마다 인간이라는 신이 굴욕 당하는 모습을 보여주고 있습니다. 인간은 자신을 숭배하는 자들 앞에서 고꾸라져 낮아진 채 굴욕 당하고 있습니다. 이것이 지금 이때, 하나님이 하시는 두 번째 일입니다.

마지막으로 언급하고 싶은 것이 있습니다. 다곤 신전에 계신 하나님은 이런 식으로 간섭해서 단순히 그들의 모든 계획을 뒤죽박죽으로 만드시며 그들의 신을 겸비케 하실 뿐 아니라, 그렇게 하셔서 **심판을 선포**하고 계셨다는 것입니다. 그분은 블레셋에 자신은 이런 식으로 다뤄질 수 없다는 사실을 경고하고 계셨습니다. 하나님이 자신의 능력을 나타내고 계셨습니다. 그들에게 앞으로 하실 일을 보여주고 계셨습니다. 하나님은 블레셋과 이스라엘, 양쪽 모두에게 동시에 심판을 선포하고 계셨던 것입니다.

금세기에 온 인류에게 가장 분명하게 밝혀져야 할 일이 한 가지 있다면, 바로 하나님이 인류에게 심판을 선언하고 계신다는 사실입니다. 그것 말고는 세계대전이 두 번이나 일어난 것을 설명할 적절한 이유가 없습니다. 제가 두 번의 세계대전에서 본 것이 무엇인지 아십니까? 하나님이 인간과 이 세상을 향해 이렇게 말씀하셨다는 것입니다.

"너희는 나 없이 너희끼리 완전한 세상을 만들 수 있다고 주장했다. 나 없이도 모든 일을 잘 수행할 수 있을 만큼 너희가 나보다 커졌다고 주장했다. 이제 나는 필요 없다고 말했다. 너희는 나를 천국에 처박아두었다. 그래서 나도 너희에게 너희가 어떤 존재인지, 너희가 나 없이 살려고 할 때 어떤 인생을 만들어낼 수 있는지 보여주었다. 나는 지금 너희에게 너희 자신이 범한 죄가 뿌린 결과들을 거두게 하고 있다. 죄 뒤에는 늘 파멸이 따른다는 사실을 보여주고 있다. 이 두 세계대전은 역사의 장 속에서 나의 독생자인 주 예수 그리스도가 이룰 인간에 대한 마지막 심판을 보여주는 한 폭의 그림에 지나지 않는다."

노아의 홍수가 마지막 심판에 대한 예언인 것처럼, 소돔과 고모라의 멸망이 그와 비슷한 예언을 담고 있는 것처럼, 성경에 나오는 심판은 모두 이 마지막 심판을 가리킵니다. 금세기에 일어나고 있는 모든 것 역시 반항하는 인간에 대한 하나님의 심판을 가리키고 있습니다. 하나님께 순복하지 않는 모든 사람의 마지막 파멸을 선포하고 있습니다.

그렇다면 이 모든 것에 비추어볼 때, 오늘날과 같은 세계 속에서 현대인에게 설교해야 할 메시지는 과연 무엇일까요?

인간을 향한 우리의 메시지는 심판의 메시지여야 합니다. 우리는 그들에게 하나님은 여전히 동일하신 하나님이라고, 이스라엘 백성을 에발산과 그리심산에서 만나주신 하나님, 축복하든지 저주하든지 하겠다고 말씀하신 바로 그 하나님이라고 말해 주어야 합니다. 이 세상에서 축복을 알기 원한다면, 하나님의 축복을 받기 원한다면, 인간은 반드시 하나님이 오래전 다곤 신전에서 계시해 주신 이런 진리들을 깨닫고 믿어야 한다는 사실을 선포해야 합니다.

하나님은 살아 계십니다. 이스라엘 백성과 블레셋인이 범한 잘못이 무엇인지 아십니까? 하나님을 궤 속에, 하나의 상자 속에 담아 들고 다닐 수 있는 분으로 생각한 것입니다. 그들은 하나님을 그렇게 생각했습니다. 이스라엘 백성은 하나님에 관한 것을 모두 잊어버렸습니다. 그들은 언약궤를 들지 않고 블레셋과 싸우려고 전쟁터로 급히 나갔습니다. 그런 다음 "아하! 그게 잘못이었구나! 하나님의 언약궤만 메고 가면 우리가 반드시 이길 거야"라고 말했습니다. 하나님을 자기 마음대로 할 수 있는 분으로 알았던 것입니다. 그것은 블레셋인도 마찬가지였습니다.

그러나 하나님이 다곤 신전에서 가르쳐주신 것이 있습니다. 하나님은 살아 계신 분이라는 것입니다. 그분은 사람들에 의해 운반되는 분이 아닙니다. 인간을 손에 쥐고 계신 분입니다. 다시 말해 살아 계신 하나님, 전능하시고 영원하신 하나님, 능력의 하나님임을 가르쳐주신 것입니다. 우리가 하나님이 패했다고 생각할 때 하나님은 행동을 개시하십니다. 우리가 하나님을 잡았다고 생각할 때, 우리의 신을 엎드러지게 하십니다. 하나님은 우리가 감금하거나 제지할 수 있는 분이 아닙니다. 무한하시고 절대적이며 영원하신, 살아 계신 하나님입니다.

그분이 유일하신 하나님이라는 사실을 기억하는 것도 중요합니다. 블레셋인은 그분을 다곤 옆에 세워두면서 하나님께 경의를 표하고 있다고 생각했습니다. "그는 여러 신 중 하나다. 우리의 신 다곤과 비슷하니 다곤 옆에 세워두자." 그들은 하나님을 여러 신 중 하나라고 생각했습니다. 그러나 다곤 신전에서 하나님은 그분만이 유일한 하나님임을 증명해 보이셨습니다. 하나님은 절대 다곤이나 다른 신과 나란히 계시지 않을 것입니다. 하나님은 그곳을 모두 혼자 차지하고 싶어하십니다. 우리가 살아 계신 하나님 옆에 다른 신을 갖다 두면, 하나님이 그 신을 엎드러뜨리실 것입니다. 그것을 침묵시켜버리실 것입니다. 하나님은 유일하십니다.

하나님 옆에 갖다놓으려는 신이 어떤 것인지는 상관없습니다. 어쨌든 하나님은 그것을 용납하시지 않을 것입니다. 그분은 질투의 하나님입니다. 전체주의적인 하나님이요, 절대적인 하나님입니다. 하나님은 "너는 내 옆에 다른 신을 두지 말라"고 말씀하십니다. 우리가 다른 신을 만들면, 하나님이 그것들을 다 부숴버릴 것입니다. 파시즘이라든가 나치즘이라든가 공산주의라든가 다른 정치 강령을 만들면, 그것도 모두 멸망시키실 것입니다. 우리가 우리 국가, 우리 인종, 우리 국적, 우리의 민족성을 신격화하면, 그것 역시 같은 운명에 처해질 것입니다. 혹시 삶에서 아내를 신격화하여 하나님 옆에 나란히 두었다면 일이 잘못되어 가더라도 놀라지 마십시오. 남편이든, 자녀든, 지식이든, 인생에서 하나님 아닌 다른 것을 하나님 옆에 나란히 세워두면, 하나님이 그것을 파멸시킬 것입니다.

하나님은 "네 마음을 다하고 목숨을 다하고 뜻을 다하고 힘을 다하여" 하나님을 사랑하라고 우리를 부르십니다. 하나님은 우리 인생의 보좌에 앉길 원하십니다. 우리 존재의 중심에 있고 싶어하십니다. 우리의 전적인 충성을 원하십니다. 그분은 우리의 사랑을 그 누구와도, 그 무엇과도 공유하려 하시지 않습니다. 그분은 살아 계신 하나님일 뿐 아니라, 유일하신 하나님입니다.

그렇게 해서 하나님은 하나님이 지시하신 방법대로 다가가야 한다는 사실을 가르쳐주셨습니다. 구약에 나오는 이야기를 읽어보십시오. 그러면 이스라엘 백성과 블레셋인이 잘못된 방식으로 하나님의 궤를 다루다가 고난당하고 벌 받는 장면을 목격할 것입니다. 하나님이 정하신 방식대로 다뤄야 합니다.

오늘날도 마찬가지입니다. 우리가 정말 하나님의 축복을 받고 그분을 알고 싶다면, 하나님이 정하신 방법대로 그분께 나아가야 합니다. 하나님께 나아갈 수 있는 길은 오직 한 길밖에 없습니다. "내가 곧 길이요 진리요 생명이니 나로 말미암지 않고는 아버지께로 올 자가 없느니라"(요 14:6)고 말씀하신 주 예수 그리스도를 통해서입니다. 만유 가운데 가장 거룩하신 분 앞으로 들어갈 수 있는 길은 오직 한 길, 예수님의 피를 통해서입니다. 우리 자신은 무력하고 소망도 없으며 추천할 만한 것이라고는 하나도 없는, 지옥에 떨어져 마땅한 죄인이라는 것, 우리 죄를 위해 죽으셨다가 우리의 칭의를 위해 다시 살아나신 그분의 독생자만을 앞세우고 간청하는 자로서, 모든 것이 부족한 자로서, 하나님께 나아가야 할 죄인이라는 사실을 깨닫는 것 말고는 하나님께 나아갈 수 있는 길이, 하나님의 축복을 받을 수 있는 길이 전혀 없습니다.

하나님이 이 영광스러운 메시지를 바로 우리에게 맡기셨습니다. 우리 하나님은 패배하지 않으십니다. 그분은 여전히 보좌 위에 계십니다. 그분이 친히 원수들을 모두 멸망시키실 것입니다.

우리는 우리 자신을 위해 이 중요한 교훈을 배워야 합니다. 우리가 개인의 삶이나 교회에서 축복받고 싶다면, 우리 자신을 의지해서는 안 됩니다. 우리의 지식과 명철, 우리의 철학, 우리의 논쟁, 우리의 기관을 믿으면 안 됩니다. 대신 자신의 무력함을 깨닫고 하나님께 나아가 그분의 성령으로 충만해져야 합니다. 성령으로 충만해져야만 비로소 현대인을 만나 이 메시지를 전하고 도전해서 그들이 자신의 죄를 깨닫고, 회개하고, 통회하여 홀로 구원하실 수 있는 우리 주 예수 그리스도께 돌아서게 할 수 있습니다.

하나님, 우리가 하나님의 성령의 능력과 증거에 전적으로 의존하는 존재라는 사실을 깨달을 수 있게 해주시옵소서.

7장
죄란 무엇인가

다윗이 나단에게 이르되 내가 여호와께 죄를 범하였노라 하매 나단이 다윗에게 말하되 여호와께서도 당신의 죄를 사하셨나니 당신이 죽지 아니하려니와. _사무엘하 12장 13절

다윗의 인생사에서 가장 무섭고 어두운 오점이라 할 수 있는 이 이야기에 주목하는 이유는 여러분과 함께 죄라는 문제의 심오한 본질을 살펴보기 위해서입니다. 그렇다고 해서 제가 갑자기 성상 파괴자가 되거나, 과거의 영웅들에 관한 기록에서 좋지 않은 면만 강조하며 그들의 "가면을 벗긴다"고 믿고 있는 현대 전기(傳記) 기법의 애호가가 된 것은 아닙니다. 또 이런 이야기의 자세한 부분들을 강조해서 음란 서적에 대한 현대인의 관심과 열망에 영합하고 싶은 것도 아닙니다. 그렇다고 별난 취미 때문도 아닙니다. 즉 대부분의 사람이 원칙적으로 살피고 싶어 하지 않을 뿐 아니라 종종 살펴보지 않는 주제를 선택하는 별난 취미가 있어서도 아니라는 것입니다.

솔직히 말씀드리면 저는 죄라는 문제를 살펴보고 싶은 생각이 없습니다. 오히려 이런 문제를 전혀 살펴보지 않아도 된다면 얼마나 좋을까

하고 생각하는 사람입니다. 오직 하나님의 사랑과, 그 밖에 다른 기쁘고 즐거운 주제들만 말할 수 있다면 얼마나 좋겠습니까! 그것 말고는 다룰 주제가 전혀 없어서 다른 것들은 살펴볼 필요조차 없다면 얼마나 좋겠습니까! 그러나 슬프게도 현실은 그렇지 못합니다. 하나님의 사랑을 살펴보기 전에 먼저 반드시 죄라는 문제를 살펴보아야 하는 것이 우리의 실정입니다.

죄가 이미 정해진 사실이라는 이유 때문에 우리는 죄라는 문제를 반드시 다뤄야 합니다. 그런데 여기서 가장 중요한 것은 우리가 그 사실의 정확한 성격을 깨달아야 한다는 것입니다. 본문에 나온 이야기를 고찰해 보려는 것도 바로 이런 이유 때문입니다. 본문 이야기는 죄가 가진 심오한 성격을 분명히 해주고 있습니다. 이 이야기의 상세한 내막 자체는 사실 우리에게 별로 중요하지 않습니다. 중요한 것은 이 이야기가 보여주는 원리입니다.

오늘날 사람들이 구원이라는 성경 교리를 실제로 체험하지 못하는 이유는 주로 두 가지인 것 같습니다. 첫째, 접근 방법이 제삼자적이고 이론적이며, 실제 체험이나 인생의 사실들과는 동떨어진 경향이 있기 때문입니다. 참된 기독교의 가장 큰 원수 중 하나가 무엇인지 아십니까? 바로 기독교가 매우 흥미롭다는 사실입니다. 즉 사상이나 철학적 견지에서 볼 때, 아주 흥미롭다는 뜻입니다. 기독교는 단순한 사색이나 추론의 문제로, 토론이나 논쟁의 주제로 삼기에 아주 흥미롭습니다.

지금까지 종교 토론은 늘 사람들에게 인기 있었습니다. 지금도 여전히 인기가 있습니다. 사람들은 하나님에 관한 견해를 피력하기 좋아합니다. 하나님은 어떤 분이며 어떤 일을 해야 하는지에 관해 자신들의 견해를 피력하기 좋아합니다. 마찬가지로 교회가 가끔씩 선언해 온 위대한 교리들에 대해서도 다양한 측면과 요점을 거론하기 좋아합니다.

일반적으로 볼 때 이런 토론이라는 것은 매우 제삼자적입니다! 사람들은 그런 질문들을 마치 유클리드의 기하학처럼 추상적인 문제라도 되는 듯 토론합니다. 이것은 비단 이단적 견해를 지닌 사람들에게만 해당되는 말이 아닙니다. 교회의 정통 교리를 옹호한다는 사람들도 종종 마찬가지입니다.

지금 그 이유들을 살펴볼 수는 없지만, 교리는 반드시 있어야 합니다. 그러나 솔직히 저는 차라리 교리가 완전히 폐지될 수 있다면 얼마나 좋을까 하는 생각이 들 때가 있습니다. 교리는 짧고 분명하게 정의하고 진술하기 때문에 우리를 순전히 지적이고 철학적인 방식으로 가르칠 수 있습니다. 그렇게 해서 그 뒤에 숨겨진 위대하고 무서운 진리를 은폐시켜버릴 수 있습니다. 그렇게 되면 우리는 어느 쪽이 옳은지 망각한 채(사실은 어느 쪽을 믿느냐가 우리에게 영원한 차이를 만들어낼 수도 있는데도) 교리 자체만 중시하게 됩니다.

그들이 토론과 논쟁을 시작할 때 누군가가 일어서서 이렇게 말할 수 있다면 얼마나 좋겠습니까? "여러분, 우리는 비록 하나님을 뵐 수 없지만 하나님은 우리를 보실 수 있으며, 우리는 이 귀로 하나님의 음성을 들을 수 없지만 하나님은 우리가 하는 말을 다 들으실 수 있을 뿐 아니라 실제로 듣고 계신다는 사실을 기억하십시오. 게다가 하나님의 불꽃 같은 눈이 지금 우리 위에 있으며, 하나님의 귀가 우리가 하는 말을 향해 열려 있다는 사실을 기억하십시오. 더욱이 우리는 유한한 피조물에 지나지 않지만 하나님은 영원하신 분이라는 사실을 기억하십시오. 무엇보다도 여러분이 말할 때는 주께서 다시 오실 거라는 사실, 우리는 그때를 모르지만 언제든지 심판자 되신 그분 앞에 서게 될 거라는 사실을 명심하십시오. 자, 그럼 이제 시작해 볼까요?"

누군가 이렇게 말해 줄 수만 있다면 토론하고 논쟁하는 태도가 크게 달라지지 않겠습니까? 아니, 이렇게까지는 못한다 해도 누군가 항상 우리에게 우리가 어떤 존재이며 그동안 어떤 삶을 살아왔는지(본문에 나온 다윗처럼) 상기시켜주기라도 한다면 좋지 않겠습니까? 그러면 우리 자신의 견해를 피력할 때 조금이나마 조심하게 될 것입니다! 기독교에 대해 추상적이고 이론적인 토론을 할 때, 사실 우리는 우리 자신을 토론하고 있는 것입니다. 마치 다윗이 나단의 비유에 나온 사람을 책망할 때 실은 자기 자신을 책망한 것처럼 말입니다.

둘째, 기독교가 관여하고 있는 문제의 참된 본질을 전적으로 깨닫지 못하기 때문입니다. 한마디로 죄의 참된 본질을 깨닫지 못하기 때문입니다. 이 두 번째 이유는 어떤 의미에서 첫 번째 이유에서 연유된 것으로 좀 독특하다고 볼 수 있습니다. 저는 여기서 죄에 관한 현대의 다양한 개념을 모두 살펴볼 생각이 전혀 없습니다. 우리가 살펴보고자 하는 주제를 위해서는 그저 그 모든 개념이 어떤 방식으로든 죄를 심각하게 여기지 않는다고 말하는 것만으로 충분합니다.

죄에 관한 다양한 견해들은 하나같이 죄를 아주 가볍게 보고 있으며 철저히 낙관적으로 생각합니다. 따라서 죄에 대한 치유책 역시 아주 가볍고 낙관적일 수밖에 없습니다. 그들은 죄를 그저 단순한 약점이나 인류 역사에 나타난 부정적인 한 단면, 또는 전적으로 문화나 문화의 결핍 때문에 생겨난 문제 정도로 여깁니다. 그렇기 때문에 죄를 근절시키는 것 역시 단순한 훈련을 통해 가능하며 시간이 지나면 저절로 해결될 것이라고 보고 있습니다. 따라서 그들은 성경이 가르치고 있는 구원의 필요성을 의식하지 못합니다. 대속 제물을 요구할 뿐 아니라 인간의 본성과 관련해서 중생과 같은 단어를 사용할 만큼 인간을 비관적으로 보는 구원이 필요하다고 보지 않습니다. 그런 구원이 반드시 필요하다고 생각하지 않습니다. 죄라는 문제가 그렇게 간단한 것이라면 죄에 대한 해결책 역시 간단할 것입니다. 죄의 본질을 보지 못한 사람은 결코 구원을 주는 복음을 믿고 받아들일 수 없습니다. 그런 사람에게는 구원을 주는 복음이 얼토당토않아 보일 것입니다.

현대인은 죄를 하나님의 관점뿐 아니라 인간의 관점에서도 보지 못하고 있습니다. 하나님을 모를 뿐 아니라, 자기 자신도 모릅니다. 문제는 우리 모두 본질상 자신의 문제와 내적 본성을 정직하게 대면하려 들지 않는다는 것입니다. 우리는 자기 자신의 실제 모습 대신 이상적인 자아상을 토론합니다. 우리의 마음속을 벌거벗은 모습 그대로 대면하려 들지 않습니다. 우리가 자기 자신을 있는 그대로 대면하기만 한다면, 즉시 죄라는 문제에 바른 견해를 갖게 될 텐데 말입니다. 죄의 본질이 얼마나 무섭고 가혹한지, 무엇보다도 죄의 무서운 세력과 힘을 깨달을 텐데 말입니다. 제가 이 사건에 집중하는 이유도 바로 이런 것들을 깨닫는 데 도움을 드리기 위해서입니다.

다윗왕은 구약에서 가장 위대한 사람은 아니더라도, 최소한 위대한 사람 중 하나로 손꼽힐 수 있는 인물입니다. 그는 진정으로 위대한 인물이 지닐 수 있는 특징을 모두 갖추었습니다. 그뿐입니까? 그는 우리가 칭송하고 좋아하는 아주 매력적인 인물입니다. 게다가 선량하고, 신앙심이 돈독하며, 아주 경건한 사람입니다. 그러나 그의 됨됨이 중 가장 훌륭한 점은 무엇보다 인품이 고결하다는 것입니다.

지금까지 나온 어느 문학 작품에서도, 다윗이 사울 왕에게 보여준 것과 같은 충성심과 신실함을 찾아볼 수 없습니다. 사울의 모욕과 학대,

질투와 배신에도, 생명을 노리며 계속 이어지는 사울의 추적에도 다윗은 사울에게 늘 진심어린 존경과 사랑을 담아 말하고, 그를 섬기기를 바라는 심정으로 대했습니다. 다윗에게는 사울을 죽일 수 있는 기회가 두 번이나 있었습니다. 그동안 사울이 다윗에게 한 소행에 비추어볼 때, 또한 어차피 다윗이 왕이 될 거라는 사실에 비추어볼 때, 설사 다윗이 사울을 죽인다 해도 대부분의 사람들은 잘한 일이라고 말했을 것입니다. 그러나 다윗은 사울을 죽이지 않았습니다. 모든 사람이 부추겼지만 그렇게 하지 않았습니다. 나중에는 어떤 사람이 그에게 사울이 죽었다는 소식을 알려주었습니다. 그는 다윗이 그 소식을 듣고 몹시 기뻐할 줄 알았는데 놀랍게도 그는 오히려 몹시 슬퍼했습니다. 사울의 죽음은 곧 다윗이 왕위에 오르고 이스라엘을 다스리게 된다는 뜻이었지만 다윗에게는 그것이 아무것도 아니었던 것입니다. 다윗의 인품이 참으로 고결하고 관대했다는 사실은 사울의 후손들을 대하는 그의 태도에서 가장 잘 나타납니다. 그는 그들이 잘되기를 간절히 바랐습니다. 그들을 존중해 주려고 신경을 많이 썼으며, 어떤 상황에서든 늘 용서할 준비가 되어 있었습니다.

이처럼 그는 선량하고 경건하며 고결한 영혼을 가진 사람, 가장 고상한 의미에서의 진정한 왕이었습니다. 그런데 바로 이 사람이 사무엘하 11-12장에 기록된 것처럼 비겁하고, 비열하며, 말할 수 없이 이기적이고 천박한 사람으로 변한 것입니다! 거의 믿을 수 없을 정도입니다. 그러나 사실입니다. 다른 무엇보다도 고결한 인품의 소유자였던 바로 그 사람이 이처럼 악하고 못된 비겁자로 변한 것입니다. 그처럼 충성스럽던 사람이 변절자가 되었으며, 늘 용서할 준비가 되어 있고 어떤 모욕이든 감내할 준비가 되어 있던 사람이 살인자로 변한 것입니다.

오늘날에는 다윗을 이 사건과만 관련지어 생각하려는 사람이 많습니다. 그들에게는 다윗이라는 이름이 오늘날의 세상과 비교해 볼 때 아주 원시적이던 옛 세상의 낮은 도덕상을 보여주는 한 예일 뿐입니다. 그러나 그것은 무지에 근거하거나, 사실을 일부러 왜곡시킨 피상적인 견해일 뿐입니다.

다윗은 우리가 지금까지 살펴본 대로 아주 고결한 사람이었습니다. 본문에 나온 이야기가 그의 인생에서 유일한 오점이었습니다. 그러나 끔찍하고 무서운 일은 그것이 그의 오점이라는 것뿐 아니라, 이런 일이 그처럼 고결한 사람에게도 얼마든지 일어날 수 있다는 사실입니다!

여러분이라면 그것을 어떻게 해명하시겠습니까? 뭐라고 설명하시겠습니까? 다윗 같은 사람한테 이런 일이 일어나다니, 그토록 고결한 인품을 가진 사람이 그 인품과 완전히 대조되는 행동을 하다니, 도대체 무엇이 그런 행동을 하게 만들었을까요? 단순히 그의 약점 때문일까요? 지식이 부족해서일까요? 더 좋은 것들을 일시적으로 망각했기 때문일까요? 아니면 어떤 다른 현상 때문일까요? 지금까지 말한 이유들은 그것을 해명하기에 매우 부족합니다.

다윗이 그런 일을 저지른 것은 더 깊고 심오하며 무서운 어떤 것, 즉 아주 강력한 세력 때문입니다. 그 힘은 여러분 안에도 있고 제 안에도 있습니다. 물론 늘 같은 형태를 취하는 것은 아니지만, 그 힘은 언제나 거기 있으며 그 본성이 항상 동일합니다. 자신과 자신의 체험을 한번 생각해 보십시오. 마음속에서 오가는 그 싸움을 잠시 생각해 보십시오. 이따금씩 여러분을 사로잡고 지배하는 헛된 생각과 소원들을 떠올려보십시오. 사람들 앞에서 그것들을 모두 공개하고 싶으십니까? 이 세상이 여러분에 관한 모든 것을 알면 좋겠습니까? 우리가 "대속"이나 "중생", 다른 여러 교리를 두고 이론적으로 쟁론하는 대신 바로 이 지점에서 토론을 시작할 수 있다면 얼마나 좋을까요! 자기 자신을 제대로 알고 그로 인해 죄의 본질과 그 문제를 조금이라도 알게 되면, 은혜 교리에 대해 이러쿵저러쿵 쟁론하려 들지 않습니다. 오히려 그로 인해 하나님께 감사하고 온 마음과 영혼을 다해 그것을 받아들이게 됩니다.

아직 그렇게 하지 않았다면 우리 모두 그렇게 할 수 있도록, 이 무서운 이야기에 나타난 죄를 살펴봅시다. 여러분이 그것에 주목할 수 있도록 먼저 다음과 같이 분명하게 정의된 원리들을 살펴보려고 합니다.

첫째, 죄는 단순한 약점이나 아무 힘 없는 것이 아닙니다. 오히려 사람의 눈을 멀게 하고 그 힘을 제압하여 가장 강인한 인간 본성도 패하게 만드는 하나의 세력입니다. 오늘날 종교적으로 혼란한 근본 원인도 바로 이 사실을 깨닫지 못하기 때문입니다.

우리는 힘으로서의 죄, 세력으로서의 죄를 당연히 깨닫고 이해하고 있어야 하는데도 그렇지 못합니다. 새로 나온 심리학이 인간과 인간 본성에 관한 옛날의 인본주의적 낙관주의를 어리석다고 보는 것은 사실입니다. 그러나 이 심리학조차 물질적이고 생리적인 반응에 기초하여 죄를 설명하려고 할 뿐 이 진리는 밝혀내지 못했습니다. 즉 죄는 인간 자신과 동떨어져 있을 뿐 아니라 인간에게 작용하는 여러 요인과도 전혀 다른 하나의 세력이자 힘이라는 사실을 보지 못한 것입니다. 그러나 실은 바로 그것이 소름 끼칠 만큼 무서운 죄의 잔학성입니다.

죄란 우리를 붙잡고 마음대로 조정해서 우리로 하여금 죄가 선택하는 것을 믿게 만드는 힘입니다. 우리가 이전에 갖고 있던 모든 예측과 결단을 뒤죽박죽으로 만들어버리고, 그 대신 죄가 선택하는 것을 믿게 만드는 그런 힘입니다. 그것이 바로 본문에 분명하게 나타나 있습니다.

우선 죄가 하나의 세력이라는 사실은, 그것이 다른 모든 관심사나 고려해야 할 사항들을 한동안 완전히 옆으로 제쳐놓게 만든다는 사실에서 분명히 엿볼 수 있습니다. 다윗을 보십시오. 그가 지닌 한 가지 소원, 즉 정욕과 죄가 그를 완전히 사로잡고 있어서 그 밖의 모든 것(우리가 살펴본 그의 모든 훌륭한 점)을 다 희생시키고 있지 않습니까? 그것은 다윗을 완전히 다른 사람으로 만들어버립니다. 아마도 그 사건이 기록된 전체 이야기에서 사무엘하 11장 21절만큼 그 사실을 분명하게 표현한 곳은 없을 것입니다.

> 여룹베셋의 아들 아비멜렉을 쳐 죽인 자가 누구냐 여인 하나가 성에서 맷돌 위짝을 그 위에 던지매 그가 데벳스에서 죽지 아니하였느냐 어찌하여 성에 가까이 갔더냐 하시거든 네가 말하기를 왕의 종 헷 사람 우리아도 죽었나이다 하라.

교활한 사람 요압은 큰 용사이자 장군이었을 뿐 아니라 심리학자이며, 죄의 세력이 얼마나 무서운지 아는 사람이라는 것을 알 수 있습니다. 그는 다윗에게 전령을 보내어 전쟁에 관해 보고합니다. 사태가 악화되었는데 요압이 무언가 실수를 한 것입니다. 장군인 다윗은 그것 때문에 질책할 것이 뻔했습니다. 그 사실을 안 요압은 전령에게 만일 다윗이 화를 내거든 "왕의 종 헷 사람 우리아도 죽었나이다"라고 말하라고 일렀습니다.

다른 때 같으면 이스라엘 군대가 승리를 거두고 원수가 패하여 이스라엘의 이름이 영예롭게 되는 것에 가장 큰 관심을 기울였을 다윗입니다. 그러나 죄의 세력 아래 있을 때는 그런 것이 모두 상관없으며 별로 중요하지 않습니다. 다윗은 오직 한 가지만 보고, 한 가지만 소원합니다. 그 소원만 충족된다면, 대가가 무엇이든 손실이 얼마나 크든 신경 쓰지 않습니다. 그 한 가지가 국가와 민족의 자부심, 군사적 승리, 다른 모든 것을 옆으로 제쳐놓게 했습니다. 그 한 가지는 바로 불타는 정욕입니다.

이것은 죄가 어떤 것인지 보여주는 한 가지 예일 뿐입니다. 성질이 나서 발끈 화를 내는 사람을 한번 생각해 보십시오. 여러분 자신이 바로 그런 상황에 있다고 생각해 보십시오. 평소 같으면 절대 하지 않을 언행, 나중에 몹시 속상해하며 후회하게 될 그런 언행을 저지르고 맙니다. 심지어 그런 말을 하고 있을 때 자기 안에서 경고하는 소리, 그것을 하지 못하도록 금하는 소리가 들리지만, 죄의 세력은 그런 것에 괘념치 않습니다. 속에 있는 이 무서운 세력이 그를 사로잡아 그런 짓을 하도록 몰아붙입니다. 그는 무기력합니다. 그 순간에는 자기가 하는 언행이 다른 사람들을 얼마나 해칠지, 어떤 결과를 가져올지 전혀 생각하지 않습니다. 그가 원하는 것은 오직 하나, 그 순간 자신을 사로잡고 있는 그것을 말하고 행하는 것입니다.

시기, 질투, 악독, 반감, 이 모든 것이 그런 식으로 역사합니다. 그것들이 우리를 완전히 독점해서 소멸시켜버립니다. 질투심에 불타 있는 사람 눈에는 자기가 시기하는 대상 말고는 아무것도 보이지 않습니다. 자기 자신이 잘하고 있다는 사실만으로는 충분하지 않습니다. 그것만으로는 절대 만족할 수 없습니다. 중요한 것은 바로 자기가 시기하고 있는 그 사람입니다. 인간이 바랄 수 있는 모든 것을 갖고 있어도 소용없습니다. 다른 사람이 가진 것을 갖고 싶어하는 한, 그는 절대 만족하지 못할 것입니다. 우리 삶에서 그토록 무시무시한 일들이 벌어지는 것도 바로 우리를 사로잡고 있는 이 끔찍한 정욕의 힘 때문입니다. 어떤 의미에서 질투하는 사람은 머리가 돈 사람, 미치광이입니다.

상상이든 진짜든, 어떻게 그런 잘못된 것이 우리를 사로잡을 수 있는지 한번 생각해 보십시오. 복수하고 싶어하는 사람은 앙갚음할 기회, 원수 갚을 기회를 기다립니다! 그러나 사람들이 자기의 명성과 인품, 명예, 심지어 생명까지 무릅쓰고 어떤 욕구를 충족시키려 드는 방법도 생각해 보십시오.

여기 아내와 자녀를 몹시 사랑하는 한 남자가 있습니다. 그러나 불행히도 그 사람이 술 마시는 정욕에 사로잡힌 노예라면, 처자식을 옆으로 제쳐놓을 것입니다. 조상 대대로 내려온 자기 집과 가재도구들을 아주 자랑스럽게 생각하는 사람이 있습니다. 그러나 그가 도박의 노예가 된 도박광이라면, 그것을 모두 도박에 걸 것입니다. 사실 더 이상 이런 예를 계속 들지 않아도 됩니다. 다윗만 보아도 죄의 세력이 얼마나 무서운지 알 수 있습니다. 바로 그 죄의 세력 때문에 그토록 당당하던 많은 사람이 높은 자리에서 떨어져 무섭게 몰락하고 맙니다. 우리가 부끄러워하고 있는 현재의 우리 모습, 이 모든 것도 바로 죄의 세력 때문입니다. 죄란 다른 모든 관심사를 제쳐놓고 우리를 완전히 지배해 버립니다.

다음으로, 우리는 죄가 우리의 더 나은 판단력을 마비시킨다는 사실을 통해 그것을 약간 다른 방식으로 진술할 수 있습니다. 죄가 방금 살펴본 그 모든 결과로 우리를 인도하는 것도 바로 그 때문이며, 교육이나 다른 것으로 죄의 문제를 해결할 수 있다고 보는 모든 낙관론이 그처럼 유치하고 딱하다는 것도 바로 그 때문입니다. 다윗과 그의 아들 솔로몬은 구약에 나온 인물 중 가장 지혜롭고 정신이 건전했습니다. 그런데 두 사람 다 죄를 범했습니다. 그것도 아주 명백한 죄를 범했습니다. 그러나 사실 이런 일은 이 세상에서 학식 있고 지혜로우며 위대하다는 사람 누구에게나 일어날 수 있습니다. 윤리 강령을 작성하거나 그중 어느 것에 정통하다는 것은 이것과 다른 문제입니다. 문제는 그것을 어떻게 실천하느냐입니다. 바로 그것이 우리의 난제입니다.

어떤 의미에서 지금까지 범한 모든 죄는 우리가 지닌 더 나은 판단력에 위배됩니다. 그 죄들은 항상 양심과의 싸움을 거친 결과입니다. 죄는 교묘하게 우리를 설득하며, 우리가 알고 있는 진리를 간교하게 왜곡시키고 변절시킵니다. 죄에는 항상 양심의 가책이 따릅니다. 우리가 어떤 변명도 하지 못하게 되는 것도 바로 이런 이유 때문입니다. 죄를 범한 후에는(분노나 짜증, 양심이나 잔인함, 정욕이나 강한 소욕, 그 밖에 어떤 것이든) 우리가 어떻게 그런 일을 저지를 수 있었는지 우리 자신을 이해할 수 없을 뿐더러 해명할 수도 없습니다. 그 일이 좋아서 한 것은 분명 아닌 것 같은데, 모든 정황을 고려해 볼 때 도저히 그럴 수가 없었는데, 그 일을 저지르고 말았습니다! 왜 그랬을까요? 단 한 가지 설명밖에 없습니다. 죄라고 하는 세력이 우리를 마비시키고 우리 눈을 멀게 하고 우리를 지배하고 제압했기 때문입니다. 옳고 그른 것을 안다고 해서 죄를 짓지 않는 것이 아닙니다. "율법은 죄를 깨닫게" 해주는 것이지(롬 3:20) 죄를 치료해 주는 것이 아닙니다.

> 내가 원하는 바 선은 행하지 아니하고 도리어 원하지 아니하는 바 악을 행하는도다(롬 7:19).

이것이 바로 유능한 사람, 학식 있는 교양인, 율법의 전문가, 바리새인 중 바리새인인 다소의 사울 입에서 나온 고백입니다. 물론 지식은 훌륭합니다. 그러나 그것은 "악한 자의 모든 불화살"(엡 6:16)을 대적해서 우리를 보호하기에는 아무 힘이 없는 방패에 지나지 않습니다.

우리가 주목해야 할 두 번째 일반 원리는 죄란 변명할 여지가 전혀 없으며 형벌을 받아 마땅한 것이라는 사실입니다. 우리는 이미 이 사실을 언급한 바 있습니다. 사무엘하 12장의 진정한 가치는 이 진리를 아주 독특한 방식으로 논쟁할 여지 없이 분명히 보여주고 있다는 것입니다.

본문은 죄에 대해 할 수 있는 모든 변명과 구실을 막아버립니다. 또 우리가 발달과 진화에 근거해서 우리 자신을 변명하려고 하면, 그렇게 많은 지식을 소유하고 있는 우리가 어떻게 그런 죄를 범할 수 있는지 아예 변명할 여지조차 없게 만들어버립니다.

본문은 무엇보다도 인간 자신이 죄를 전적으로 정죄하고 있을 뿐 아니라 죄는 가장 준엄한 벌을 받아 마땅하다고 말하고 있다는 사실을 보여줍니다. 그것이 바로 나단 선지자와 다윗이 나눈 대화에서 가장 훌륭한 부분입니다. 여기서 나단은 다윗으로 하여금 자기 자신과 자신이 범한 행위에 공평무사한 평결을 내리게 만듭니다. 죄라는 문제가 안고 있는 전반적인 어려움은 우리가 죄를 공평무사하게 보는 경우가 아주 드물다는 것입니다.

우리는 늘 현재 상태를 지키려는 태도를 취합니다. 우리 견해는 우리가 한 행동에 의해 왜곡되고, 우리가 하는 말에 따라 어떤 결과가 따라올지 모른다는 두려움에 의해 왜곡됩니다. 우리는 항상 자신을 변호하려 하는데, 우리가 저지른 일을 설명할 때 보면 우리 모두 얼마나 영리한지 정말 기가 막힐 정도입니다. 우리는 또 자기 자신을 안심시키며 모든 것이 괜찮아질 테니 당연히 아무 벌도 받지 않게 될 거라고 설득하기도 합니다.

그러나 우리는 자신이 생각하는 것만큼 영리하지 못합니다. 그래서 우리가 다른 사람들에 대해 말하는 것 속에서 끊임없이 우리 자신을 정죄합니다. 나단이 비유를 들어 다윗에게 설명하자(삼하 12:1-4), 다윗은 서슴없이 그 사건에 대해 진짜 평결을 내립니다. 자신이 바로 그 사람이라는 사실을 전혀 의식하지 못한 채 말입니다. 그는 그 죄가 얼마나 무섭고 끔찍한지 압니다. 그 죄는 준엄한 벌을 받아 마땅하다고 생각했습니다. 전혀 변명할 여지가 없는 죄라고 말했습니다. 어떤 이유로도 변명될 수 없는 아주 가증한 죄라고 말했습니다. 그때까지 그는 자기변명과 자기 보존이라는 본능 때문에, 자신이 범한 극악무도한 행위들에 대해서는 한 번도 그렇게 말하지 않았습니다. 그러나 이때는 그동안 자신이 딛고 서 있던 발판을 빼내고 자기가 범한 죄는 정말 변명할 여지가 없다는 사실을, 그 죄로 인해 자기는 벌을 받아 마땅하다는 사실을 인정해야만 했습니다.

바울 역시 로마서 2장에서 율법 없는 이방인들을 다루며 같은 사실을 지적하고 있습니다.

> 이런 이들은 그 양심이 증거가 되어 그 생각들이 서로 혹은 고발하며 혹은 변명하여 그 마음에 새긴 율법의 행위를 나타내느니라(롬 2:15).

이 말은 이 사람들이 서로에 대해 표현하는 견해와 행동이야말로 그들이 무엇이 옳고 그른지를 알고 있다는 사실을 증거해 준다는 뜻입니다. 죄에 관여되어 있는 개인적 요소나 자기 보호, 자기 정당화를 빼보십시오. 그러면 다윗이 분명히 인정하고 있는 것처럼 그 죄는 변명할 여지가 없는 것으로 벌을 받아 마땅하다는 것을 알 것입니다.

그러나 그보다 중요한 것이 있습니다. 바로 그렇게 말씀하실 수 있는 권리와 능력을 갖고 계신 하나님 역시 죄에 대해 똑같이 말씀하고 계시다는 것입니다.

다윗이 행한 그 일이 여호와 보시기에 악하였더라(삼하 11:27).

성경에서 가장 위대한 계시가 무엇인지 아십니까? 하나님은 거룩하신 분이라는 것입니다. 하나님은 죄를 미워하시되 전적으로 가증스럽게 여기십니다. 죄에 대해 거룩한 분노와 진노를 일으키십니다. 죄에 대해서는 어떤 변명도 있을 수 없으며 반드시 벌을 받게 될 거라고 분명히 말씀하셨습니다. 여러분도 이 모든 사실을 알고 계셨습니까? 죄란 정말 변명의 여지가 없다는 사실을 깨닫고 계셨습니까? 여기서 잠시 나단이 사용한 방법으로 여러분이 죄에 대한 판결을 내리게 해보겠습니다. 여러분은 이제부터 재판관이 되는 것입니다. 이 사실을 기억하며 다음 사례들을 주의 깊게 읽어보십시오.

• 여러분은 엄숙하고 성스러운 신뢰와 책임을 배신한 사람을 어떻게 생각하십니까? 여기 다른 사람의 귀중품을 맡은 사람이 있습니다. 물건을 맡긴 사람은 그가 잘 간수해 주리라 믿고 맡겼습니다. 그렇게 맡기는 것으로 자신이 상대방을 믿고 신뢰한다는 사실을 표현한 것입니다. 그런데 귀중품을 맡은 사람은 잘 간수하는 대신 물건을 팔아 그 돈을 자기가 좋아하는 일에, 자신의 쾌락과 강한 소욕을 만족시키는 일에 다 써버렸습니다. 그 귀중품은 그의 것이 아니었습니다. 물건을 맡긴 사람은 그를 청지기 삼아 귀중품을 맡길 만큼 그를 믿었습니다. 그런데 그는 이런 식으로 보답한 것입니다. 귀중품 주인의 거룩한 신뢰와 믿음을 배반했

습니다.

여러분이 그 주인이라면 그 사람을 어떻게 하시겠습니까? 그 사람에 대해 뭐라고 말하겠습니까? 그 사람과 그 사람이 한 행동을 변명해 주실 수 있겠습니까? 그의 범죄 행위는 별로 대단치 않다는 식으로 말할 수 있겠습니까? 이런 행위에 어떤 변명이 있을 수 있을까요? 이런 사람은 무엇을 받아야 마땅할까요? 이 땅의 법은 이런 사람에 대해 뭐라고 말하고 있습니까? 재판관은 과연 이 사람에 대해 뭐라고 말할까요? 여러분이라면 이 사람에 대해 뭐라고 말하겠습니까? 그가 한 짓은 정말 변명의 여지가 없는 행위입니다. 그 사실을 인정하십시오.

- 아주 신기하고 놀라운 기회를 갖게 된 사람이 있습니다. 황금 같은 기회라고나 할까요? 예를 들어, 어디서 막대한 유산이 굴러 들어왔다든가, 사업체를 얻게 되었다든가, 그에게 대단한 자리를 마련해 주거나 놀라운 성공과 승진으로 인도할 사다리를 놓아줄 수 있는 어떤 사람을 우연히 소개받았다고 합시다. 그 사람은 그런 행운을 잡을 만한 일을 전혀 하지 않았습니다. 이 놀랍고 신기한 기회가 그냥 그에게 찾아온 것입니다. 이때 그가 할 일은 그저 그 사실을 깨닫고 그 기회를 충분히 활용하여 근면과 결단력으로 최선을 다해 그 기회를 증진시키고 충분한 유익을 얻는 것입니다.

그런데 이를 어쩝니까! 그 사람은 그렇게 하는 대신 오히려 그 기회를 아주 가볍게 생각했습니다. 그래서 그 기회를 가지고 한동안 장난을 한 다음 게으름 때문인지, 순전히 고집 때문인지, 다른 이유 때문인지 아무튼 그 기회를 완전히 등한시해서 백지화시켜버리고 말았습니다. 고의로 그 황금 같은 기회를 낭비해버린 것입니다. 그는 자기에게 맡겨진 일이 너무 많다며 불만을 토로했습니다. 그는 친구들과 인생을 즐기고 싶었습니다. 또 그에게 반드시 필요한 훈련의 양이 너무 많다고 원망했습니다. 그에게 주어진 이 놀라운 기회를 조금만 잘 활용하면 앞으로 정말 깜짝 놀랄 만큼 믿을 수 없는 결과들을 얻을 텐데, 그런 것은 전혀 신경 쓰지 않았습니다. 그저 지금의 자신을 즐기고 싶었습니다. 그래서 자기에게 주어진 그 큰 기회를 일부러 집어던지고, 마지막에는 수중에 돈 한 푼 없는 알거지이자 무력한 존재가 되고 말았습니다.

 이 사람을 어떻게 하면 좋겠습니까? 여러분은 이 사람에 대해 뭐라고 말하겠습니까? 이 사람의 처지를 변명해 주고 이 사람이 한 일을 정당화시켜주겠습니까? 그 사람 편에 서서 해줄 수 있는 말이 있습니까? 그 사람은 비참함, 불쌍함, 실패, 형벌을 받아야 마땅하지 않습니까? 그것 말고 더 받을 것이 있을까요? 이런 일을 여러 번 저지른 사람은 어떻게 해야 할까요?

• 또 다른 사례를 보겠습니다. 여기 어떤 사람한테 엄청난 은혜를 입은 데다 굉장히 신임을 얻은 사람이 있습니다. 이 사람을 첫 사례에서 귀중품을 맡은 사람으로 보겠습니다. 그 사람은 그것을 팔아 그 돈을 다 써버렸습니다. 그러나 귀중품 주인은 그가 보인 배신에도 그를 용서하고 그에게 벌을 내리지 않았습니다. 그리고 청지기직을 박탈하기는커녕 오히려 기회를 한 번 더 주었습니다. 그를 승진시켜 분에 넘치는 큰 은혜를 베풀었습니다. 그런데 그 사람은 이 모든 것에 감사하기는커녕 오히려 그것에서 자기가 얻을 수 있는 유익만 취한 다음 그 나머지에 대해서는 관대한 주인을 모욕했습니다.

 주인에 대한 그의 태도는 하나에서 열까지 배은망덕 그 자체였습니다

다. 주인이 베푼 은혜가 얼마나 자비로운지 전혀 이해하지 못한 태도였습니다. 그는 주인 앞에 있어 본 적이 거의 없었습니다. 심지어 주인을 모욕하고 어떻게든 주인에게 잘못이 있다고 뒤집어씌우려 들며, 자기에게 그렇게 많은 사랑과 선함을 나타낸 주인을 원수로 생각했습니다.

여러분이라면 이런 사람을 어떻게 생각하겠습니까? 이토록 배은망덕할 뿐 아니라 자기에게 과분한 은혜를 베풀어준 관대한 주인을 모욕하고 그가 준 선물까지 무시해버린 그의 삶에 대해 뭐라고 말하겠습니까? 그는 주인에게 받은 모든 것을 몰수당해야 할 뿐 아니라 가장 준엄한 벌을 받아 마땅한, 말할 수 없이 야비한 사람입니다. 그 밖에 그 사람에 대해 달리 할 말이 있습니까?

지금까지 말씀드린 세 가지 사례를 생각해 보십시오! 각 사례에 대해 판결을 내려보십시오! 아주 공평무사한 심정으로 그들을 대면해 보십시오. 그러면 오직 한 가지 결과밖에 없을 것입니다. 세 사람 모두 자기 자신과 자신이 한 행위에 전혀 변명할 여지가 없다는 것입니다. 준엄한 벌을 받아 마땅합니다. 전혀 의심할 여지가 없습니다.

그런데 잠깐 짚고 넘어갈 것이 있습니다! 이 세 가지 사례는 모두 우리 주 예수 그리스도의 복음을 믿는 그리스도인을 제외한 다른 모든 인간에게 그대로 해당됩니다. 영혼은 하나님이 인간에게 주신 선물입니다. 생명 자체도 하나님이 주신 선물입니다. 우리는 그것을 절대 우리 자신을 위해, 우리 자신의 만족을 위해 사용해서는 안 됩니다. 하나님은 우리가 그것을 잘 보호하고 보존해서 하나님이 원하시는 방식대로 다루어, 마지막 날 우리의 청지기 사역에 대해 자신과 계산하도록 그 보물을 우리에게 주셨습니다. 자기 좋은 대로 살고 자기가 기뻐하는 대로 하나님의 형상을 다룰 권리는 아무에게도 없습니다.

죄는 훔치고 악용합니다. 인간은 자신의 목적을 위해 하나님의 재산을 사용하는 반역자가 되었습니다. 여러분은 그런 짓을 한 사람을 정죄했습니다. 그런데 여러분은 지금까지 자신의 영혼으로 무엇을 했습니까? 하나님이 여러분에게 한동안 맡겨주신 그 생명으로 무엇을 했습니까? 또 지금 무엇을 하고 있습니까? 한번 생각해 보십시오. 아마 하나님의 정죄는 제쳐놓더라도 여러분 자신이 여러분을 정죄할 것입니다.

황금 같은 기회를 집어던지고 방탕하게 써버린 사람도 생각해 보십시오. 얼마나 어리석은 사람입니까? 우리 모두 이런 사람을 전적으로 정죄합니다. 그 사람은 모든 것을 잃어버린 채 비참한 상태에 있는 것이 마땅하다고 말합니다. 그러나 그것이 바로 여러분 자신에 대한 정죄일 수도 있다는 사실을 깨달았습니까? 하나님은 그리스도 안에서 우리에게 새 생명과 죄를 이기는 능력의 삶, 축복의 생명과 평강과 기쁨의 삶을 주고 계십니다. 그리고 이 세상을 떠난 후에는 값없이 천국에 들어갈 수 있는 은혜도 주십니다. 그곳에서 우리는 영원한 지복의 기쁨을 누리며 왕으로 통치하게 될 것입니다.

이 모든 것이 우리에게 제공되어 있습니다. 성도들이 알고 체험한 모든 것이 우리에게 제공되어 있습니다. 그런데 여러분은 그것을 받아들였습니까? 그 모든 것을 두 손으로 꽉 움켜쥐고 최대한의 결과를 만들어냈습니까? 혹시 그것이 지나친 요구라고 생각하고 있지는 않습니까? 그의 징계가 지나치게 준엄하다고 생각하지는 않습니까? 우리는 이 세상 방식을 즐기며 이 세상 생활을 즐깁니다. 단지 몇 년 정도밖에 지탱하지 않을, 게다가 절대 참된 만족을 주지 못할 그런 것들에 매달려 있기를 더 좋아합니다. 이것이 합당하다고 생각하십니까?

여러분이 이런 짓을 한 사람에게 어떤 판결을 내렸는지 한번 생각해 보십시오. "그는 그런 벌을 받아 마땅하다"고 단언했습니다. 여러분 말이 맞습니다. 구원과 영원한 생명을 주겠다고 하시는 하나님의 제안을 거절한 사람은 반드시 지옥으로 갈 것입니다. 자기 자신밖에는 탓할 사람이 전혀 없는 상태에서 영원토록 비참하게 살 것입니다.

그러나 이 세 가지 사례에서 가장 절정이라고 할 수 있는 것은 하나님의 자비로운 사랑의 행위를 거절한 야비한 사람입니다. 그것은 그리스도인을 제외한 모든 사람이 처한 상황이기도 합니다. 하나님의 아들 나사렛 예수께서 이 땅에 거하려고 내려오셨습니다. 하나님이 무한하신 사랑으로 아들을 보내셔서 그 아들은 이 땅에 내려오셨습니다. 우리 죄를 위해 죽으시고 우리를 위해 천국문을 열어주시려고 이 땅에 내려오셨습니다. 그렇게 오신 예수님은 고난으로 점철된 삶을 사셨으며 잔인한 죽음을 참고 견디셔야 했습니다. 그 모든 것이 우리를 위한 것이었습니다.

우리가 과거에 어떤 죄를 지었든 하나님은 그리스도 안에서 그 모든 죄를 다 용서해 주겠다고 말씀하셨습니다. 또 지금까지 말씀드린 그 모든 축복도 약속하셨습니다. 그런데 여러분은 하나님의 그런 은혜를 감사해 보신 적이 있습니까? 하나님의 이름을 최우선으로 생각하며 모든 일과 모든 길에서 그분을 기쁘시게 해드리기 위해 최선을 다하여 그분에 대한 고맙고 감사한 마음을 나타낸 적이 있습니까?

앞서 그렇게 하지 않은 사람에 대해 여러분이 어떻게 생각하고 뭐라고 말했는지 기억하실 것입니다. 여러분의 판결은 옳았습니다. 이것들은 전혀 논쟁할 필요가 없습니다. 하나님이 베푸시는 영원한 사랑을 거부한 사람은 지옥으로 떨어지는 형벌 말고는 아무것도 기대할 수 없으며, 받을 자격도 없습니다. 어떤 핑계도 있을 수 없습니다. 그런데 여러분은 그렇게 함으로써 바로 여러분 자신을 정죄한 것입니다. 죄는 전적으로 변명의 여지가 없으며 형벌을 받아 마땅합니다.

우리 모두가 처한 운명은 하나뿐입니다. 우리 모두 죄를 범했기 때문입니다. 우리 모두 하나님의 것을 훔쳤습니다. 우리 모두 하나님의 음성을 들은 척 만 척했으며 하나님이 주시는 것을 거절했습니다. 우리 모두 하나님의 영원하신 사랑에 적개심과 완악함으로 반응했습니다. 우리 모두 지옥으로 떨어진다 해도 불평할 수 없습니다. 우리 모두 다윗처럼 나단에게 "내가 여호와께 죄를 범하였노라"고 말해야만 하기 때문입니다. 그러나 하나님의 이름을 송축하십시오. 하나님은 나단을 통해 다윗에게 하신 말씀을 지금 우리에게도 하고 계십니다. 아니 나단의 입술을 통해 하신 것보다 더 자비롭게 말씀하고 계십니다.

> 여호와께서도 당신의 죄를 사하셨나니 당신이 죽지 아니하려니와(삼하 12:13).

그렇습니다. 하나님은 우리 죄를 흠 없고 거룩하신 그분의 독생자 어깨 위에 지우셔서 사해 주셨습니다. 하나님이 죄를 알지도 못하신 이를 우리를 대신하여 죄로 삼으셨습니다(고후 5:21). 그리스도께서 우리를 위해 죽으셔서 완전한 대속을 이루셨기 때문에 우리는 죽지 않을 것입니다. 그리고 그 죽음 때문에 우리는 새 생명을 가질 수 있습니다. 더 풍성한 생명, 진짜 생명을 가질 수 있습니다.

우리는 그리스도의 생명과 그리스도의 본성을 받을 수 있습니다. 그리고 그 능력으로 마치 그리스도께서 육신으로 계실 때 그러셨듯이 죄라는 무서운 세력을 이길 수 있습니다. 인생의 문제는 죄(죄책, 죄의 세력, 죄의 오염)입니다. 그리고 그에 대한 유일한 해결책은 그리스도입니다. 십자가에 못 박히신 그리스도입니다. 그리스도께서 죄책을 없애시고 죄의 세력을 깨뜨리셔서 인간의 본성을 새롭게 하십니다. 그러니 "말할 수 없는 그의 은사로 말미암아 하나님께 감사하십시오"(고후 9:15).

8장
죄, 모든 문제의 핵심

아도니야와 그와 함께한 손님들이 먹기를 마칠 때에 다 들은지라 요압이 뿔나팔 소리를 듣고 이르되 어찌하여 성읍 중에서 소리가 요란하냐. _열왕기상 1장 41절

문학에 관심이 지대한 사람이라면, 아니 현대 서적이나 잡지를 실제로 읽지 않는다 해도 최소한 일간 신문에 나온 논평이나 서평은 읽을 정도라면, 아마 다음과 같은 사실을 익히 알고 있을 것입니다. 즉 문학계에서 명백하게 볼 수 있는 표현이나 방법상의 혁신적 변화 가운데 전기를 쓰는 방식과 문체에서 일어난 변화만큼 놀라운 것도 없으리라는 사실입니다.

그동안 시인들은 늘 시를 쓰는 형식이나 운율에서 어느 정도 다양한 변화를 구사해 왔습니다. 그래서 사실 시적 허용이란 새롭거나 초현대적인 것이 아닙니다. 그러나 비교적 최근까지 전기를 쓰는 방식이나 문체에는 거의 변화가 없었습니다. 있다 해도 아주 미미한 정도로, 전기를 쓰는 형식은 항상 고정되어 있었습니다. 그 모델로는 보즈웰이 쓴 『존슨의 생애』(Life of Johnson)라든가 그와 비슷한 다른 전기들이 손꼽혔습니다.

보통 전기는 저자가 그 사람의 생애나 주제에 관계된 주요 사실, 때로는 아주 평범하고 사소한 사실까지 최대한 멋지고 아름답게 진술하는 식이었습니다. 전기는 사실상 그 사람의 "생애"였습니다. 다시 말해 그 사람에게 중요해 보이는 것은 모두 모아 진술하는 것이 곧 전기였습니다. 그래서 전기 작가는 자신이 전기를 쓰는 사람의 출생, 부모, 유년 시절, 학창 시절, 마지막으로 한 말, 임종, 장례까지 말해 주었습니다. 그리고 일종의 에필로그 같은 것을 덧붙여 그가 사후에 끼친 영향도 간략하게 소개했습니다. 바로 이것이 이전에 전기를 쓰던 방식입니다. 그런데 지난 20년 동안 이 방식이 엄청나게 달라졌습니다. 이런 방식으로 기록된 전기와는 전혀 다른, 아주 새로운 전기가 생겨난 것입니다.

현대는 사실과 사건, 상세한 내용을 단순히 설명하는 것이 특징인 옛날 전기 집필 방식을 조롱하고 조소하며 정죄합니다. 그런 식의 전기는 전기로서 완전하지도, 충분하지도 않을 뿐 아니라 오해를 불러일으킬 소지도 있다는 것입니다. 작가가 수집해서 기록한 사실들을 독자가 충분히 이해하고 더 나아가 유용하게 활용할 수 있으려면, 그 사실들을 반드시 조사하고 분석해야 한다는 것입니다. 그래서 현대식 전기는 사실을 상세히 묘사할 뿐 아니라 그 사실들에 대한 심리까지 분석합니다. 다시 말해 현대 전기 작가는 사실을 진술하는 데 그치지 않고 그것을 설명하려고 애쓴다는 것입니다. 그는 이러이러한 일이 일어났다는 사실을 진술하는 것만으로 만족하지 않습니다. 그의 주요 관심사는 왜 그런 일이 발생했느냐입니다.

이 학파에 속한 현대의 어느 역사가는 이것을 다음과 같이 표현했는데 아주 완벽한 표현이라고 생각됩니다. "정말 중요한 것은 콜럼버스가 아메리카 대륙을 발견했다는 것이 아니다. 그보다는 콜럼버스가 왜 아메리카를 발견했느냐가 중요하다." 다시 말해 현대 전기 작가는 전경(前景)뿐 아니라 배경에도 관심을 갖고 있다는 것입니다. 그에게는 자신이 쓰고 있는 인물과, 그 사람의 행동을 낳은 다양한 세력이나 요인의 상호 작용이 중요합니다. 일정한 심리 원리와 테스트를 적용하여 그 사람의 삶과 행동이 기초하고 있는 토대를 그대로 드러낼 수 있다고 믿는 현대 전기 작가들은 결국 자기들이 다루는 대상의 전기라기보다는, 그들 표현대로 이른바 "연구"라는 것을 만들어냅니다. 그들은 그 사람의 행동 뒤에 숨겨져 있는 다양한 원동력과 동기를 면밀히 분석하여 그의 인생 철학을 알아내려고 애씁니다.

이처럼 현대 전기는 심리적 연구라 할 수 있습니다. 그들은 이 방법만이 진정하고 영원한 가치를 지녔다는 말로 이런 방식을 정당화합니다. 이 사람들의 일생을 연구하여 어떤 유익을 얻으려면, 사실들을 그냥 일어난 사건으로 생각하고 접근하면 안 된다는 것입니다. 그 사실들은 그 사람이 바르게 반응할 수도 있고 그르게 반응할 수도 있는 일정한 상황과 요인의 결과라는 것을 인식해야 합니다.

이런 연구 결과가 주는 유익은 우리가 비슷한 상황에 직면했을 때 어떻게 반응해야 좋을지 정확히 알게 되리라는 것입니다. 이미 그런 전기를 읽었기 때문입니다. 즉 함정과 그릇된 반응을 피하고 바른 반응을 보이게 되리라는 것입니다. 이 방법에 의해 우리는 영웅들도 결국 우리처럼 법이나 상황에 종속된 한낱 인간이라는 사실을 깨달을 것입니다. 또한 그렇기 때문에 그 사람을 먼발치에 서서 그저 감탄하며 우러러보는 대신 그에게서 많은 것을 배울 수 있게 된다는 것입니다.

그러나 이 세상이 그토록 현대적이고 새로운 방법이라면서 자랑스럽게 생각하고 있는 이 모든 방식은 사실 그렇게 새로운 것이 아닙니다.

성경을 제대로 이해하고 있는 사람이라면 적어도 원리로나마 이미 오랫동안 알아온 방식입니다. 이 방식이야말로 구약을 진정으로 이해할 수 있는, 특히 구약 역사와 이야기 부분을 진정으로 이해할 수 있는 유일한 열쇠이기 때문입니다.

매우 많은 사람이 구약 역사서를 읽을 때 정도(正道)에서 벗어나는 경향이 있는데, 바로 이 사실을 망각하고 있기 때문입니다. 사람들은 단순히 그 안에 기록된 사건이나 상세한 내용들 때문에 구약 역사서들이 성령에 의해 감동되었을 리 없다고 생각합니다. 그러나 사실 구약은 모든 곳에서 우리에게 이렇게 말해 주고 있습니다. 구약에 기록된 역사는 어떤 의미에서 구약이 우리에게 가르치고 우리 마음에 심어주기 위해 애쓰고 있는 근본적인 법을 설명하고 증명해 보이려는 것 말고는 아무것도 아니라고 말입니다. 따라서 이 사실을 파악하지 못한다면, 우리는 그 역사를 정확히 해석하지 못할 것이고 그것이 우리에게 가르치려는 교훈도 배우지 못할 것입니다. 다시 말해 구약과 구약에 나오는 여러 책 뒤에는 결정적인 계획이 있습니다. 마치 현대의 심리학적 전기들이 계획을 갖고 있듯이 말입니다.

구약은 스스로 전 인생을 다스리며 지배한다고 주장하는 특정한 율법의 진술로 시작됩니다. 이 법에 순종하면 어떤 결과가 초래되는지, 반대로 이 법을 어기면 어떤 결과가 초래되는지 말해 줍니다. 그 법은 지금까지 계속 되풀이되면서 우리에게 감명을 주고 있습니다. 그리고 그 법이 진술될 때마다 항상 순종에는 축복이, 불순종에는 저주가 임했다는 분명한 사실을 지적하고 있습니다.

성경 역사서 속에는 열왕, 왕자, 장군 등 위대한 인물에 관한 모든 이야기와 전기가 포함되어 있습니다. 역사서 전체의 요점은 법을 보여준 다음 그 법이 실제로 얼마나 완벽하게 그대로 역사하는지를 보여주는 것입니다. 그 역사는 우리에게 단순한 역사로 주어진 것이 아닙니다. 하나님의 계획과 법이 실제 삶에서 그대로 적용된다는 것을 보여주기 위해 주어진 것입니다. 이 모든 것은 이따금씩 시편에도 완벽하게 나타나 있습니다. 특히 기자가 의도적으로 이 원리에 비추어 자기 백성의 역사를 논하는 시편 속에 잘 나타나 있습니다.

성경은 이처럼 단순히 사실들에만 관심을 갖고 있지 않습니다. 이런 사실들을 언급하는 것만으로 절대 만족하지 않습니다. 성경 전체의 목적은 우리가 의미를 파악하고 그 사실들이 지닌 더 깊은 중요성을 제대로 이해하는 것입니다. 사실과 역사는 근본 원리를 설명해 주는 예일 뿐입니다. 이때 근본 원리란 심지어 왕과 왕자라 해도 그들이 하나님과 어떤 관계에 있었느냐가 가장 중요하다는 것입니다. 그 점을 제외하면 그들도 전혀 중요하지 않습니다.

이렇게 해서 우리는 성경이 현대 전기와 역사의 특징이라고 할 수 있는 심리 연구를 하고 있다는 분명한 사실을 살펴보았습니다. 물론 둘 사이에는 큰 차이가 하나 있습니다. 심리학 자체의 성격으로 아주 중요한 차이입니다. 그런데 이 둘을 비교해 볼 때 즉시 놀라게 되는 사실은 일반 전기나 다른 것과 비교해 볼 때 성경의 방법이 훨씬 단순하고 분명하다는 것입니다.

세속적인 영역, 즉 일반 전기에서는 모든 종류의 동기, 영향력, 요인을 검토하고 파헤치며, 이론이나 개념(이 모든 것은 같은 사실들을 설명하기 위해 착상된 것들입니다)이 서로 다른 경쟁 학파가 많습니다. 그리고 그들이 제시하는 이론이나 개념들은 서로 정반대되는 경우도 종종 있습니다. 그러나 성경의 심리학은 아주 간단합니다. 오직 한 가지 요인만 인식하고 있으며, 한 가지 영향에 대해서만 관심이 있습니다. 성경의 심리학은 다양한 모든 문제의 열쇠가 오직 한 가지 사실에서 발견될 수 있다고 말합니다. 바로 죄입니다.

성경의 심리학은 현재 유행하는 심리학보다 훨씬 깊고 심오하며 정확합니다. 그것은 현대 분석법의 기본 원리들로 간주되고 있는 것들을 완전히 경멸합니다. 예를 들어, 현재 우리가 많이 듣고 있는 유전적 요인을 완전히 경멸합니다. 성경의 심리학이 한 인간과 그의 인생사를 검토하는 것을 보면 정말 유전적 요인을 조롱거리로 만들려는 것처럼 보입니다. 성경을 보십시오. 그러면 그토록 경건한 아버지에게서 어떻게 그토록 전혀 쓸모없는 방탕한 아들이 나올 수 있는지, 변변치 않은 아버지에게서 어떻게 그토록 경건한 아들, 하나님의 집에 열심을 품고 개혁 활동을 열렬히 수행해 나가는 경건한 아들이 나올 수 있는지 정말 의아하다는 생각이 들 것입니다. 가인과 아벨은 야곱과 에서처럼 한 부모에게서 태어났습니다. 거의 모든 것을 유전 요인 하나만으로 설명할 수 있다고 생각하는 사람에게는 성경에 자주 나오는 다양한 계보와 계통만큼 당혹스러운 것도 아마 없을 것입니다!

환경 요인도 같은 방식으로 다룰 수 있습니다. 아무리 이상적이고 훌륭한 환경이라 해도 그 속에서 얼마든지 비극적인 결과를 낳을 수 있습니다. 성경 맨 처음을 보십시오. 인간의 타락은 그 어느 곳보다 훌륭한 낙원인 에덴동산에서 발생했습니다. 하나님의 친구이자 유대 민족의 조상인 위대한 사람 아브라함은 우상을 숭배하는 족속에서 나왔습니다. 그뿐인 줄 아십니까? 좋은 환경에서 훌륭한 교육을 받으며 자란 아이들도 얼마든지 잘못된 길로 나아갈 수 있으며, 나쁜 환경(예를 들어 우상 숭배나 나쁜 짓을 하는 환경)에서 자란 아이들도 얼마든지 성인(聖人)이 될 수 있다는 것, 아니 심지어 같은 환경에서 자란 형제자매마저 서로 완전히 다르게 행동할 수 있다는 사실을 계속 보여드릴 수 있습니다.

　훈련과 교육, 지성과 선천적 능력, 재산 등의 요인을 고려해 볼 때도 같은 사실이 입증되고 있습니다. 유능한 사람들도 얼마든지 잘못을 저지를 수 있으며 다른 사람들처럼 연약할 수 있습니다. 심지어 솔로몬 같은 사람도 우울하게 죽습니다. 그러나 이렇게 말하면 지금까지 제가 단순히 외적 요인에 지나지 않는다고 간주한 것을 다시 들먹이며 이렇게 반문할 사람이 있을 것입니다. "그렇다면 성질이나 기질은 어떻습니까?" 그에 대한 대답 역시 마찬가지입니다. 성질이 아주 난폭하고 못된 사람도 얼마든지 훌륭한 사람이 될 수 있습니다.

　성경에 기록된 사실들을 단순히 현대 개념이나 심리학 방법론에 근거해서 본다면, 성경은 불협화음을 이루는 사실들이 엉클어져 있어서 절대 조화할 수 없을 뿐더러 질서 정연하게 분류될 수도 없는 잡동사니일 뿐입니다. 그렇지만 성경 자체가 제시하고 있는 심리학에 성경을 비춰보십시오. 이른바 죄라고 하는 열쇠로 한번 들여다보십시오. 그러면 모든 문이 열리며 뒤엉켜 있던 실타래가 갑자기 확 풀어지는 것을 발견할 것입니다. 우리가 원하는 어떤 경우든 그 열쇠를 적용해 보십시오. 항상 효과가 있을 것입니다. 그것도 언제나 같은 방식으로 효과가 있을 것입니다. 성경에 따르면 인생은 절대 우리 눈에 보이는 것처럼 복잡다단하지 않습니다. 사실들만 보면 절망적일 만큼 복잡해 보이지만 그에 대한 설명은 아주 간단합니다. 죄가 그 모든 문제의 발생 원인이기 때문입니다. 죄의 결과 그렇게 복잡해진 것입니다. 하나님과 마찬가지로 성경은 절대 인간을 차별하지 않습니다. 왕관이나 왕복도 그 모든 것 뒤에 있는 사람과 그 사람 속에 있는 죄를 은폐시킬 수 없습니다. 그것이 성경에서 말하는 것입니다.

우리가 지금 본문에 관심과 주의를 기울이는 이유는 단순히 아도니야 이야기를 마치 무슨 실마리를 알고 있는 탐정소설 다루듯 접근하기 위해서가 아닙니다. 오히려 인생은 지금도 여전히 동일하며, 우리가 그토록 떠벌리고 자랑하던 요인들도 사실은 이미 살펴본 다른 여러 요인과 마찬가지로 별로 중요하지 않을 뿐 아니라 오늘날의 우리에게는 해당되지도 않는다는 사실을 알고 있기 때문입니다. 인생은 여전히 같습니다. 죄 또한 그대로 남아 있습니다.

> 천지는 없어질지언정 내 말은 없어지지 아니하리라(마 24:35).

하나님의 법은 영원합니다. 지금도 마찬가지입니다. 원인과 결과가 아직도 그대로 남아서 옛날과 같은 방식으로 효력을 발하고 있습니다. 순종과 불순종 역시 여전히 인간이 택할 수 있는 유일한 두 가지 가능성으로 남아 있으며, 순종과 불순종의 결과로 따라오게 되어 있는 축복과 저주 역시 오랜 세월이 흘렀는데도 폐지되지 않았습니다. 아니 조금도 수정되지 않았습니다.

아도니야 이야기를 설명해 주고 있는 것, 바로 그것이 이 시대를 살아가는 수많은 사람의 삶을 설명하고 있습니다. 우리는 그 이야기를 하나의 재밋거리로 읽고 아무런 유익을 얻지 못할 수도 있습니다. 오늘을 살고 있는 많은 사람의 삶이 겉으로는 아주 이상하고 묘해서 도저히 설명할 수 없어 보입니다. 그러나 성경이 죄에 대해 가르치고 있는 바에 비추어 살펴보면, 그 전체가 아주 분명해집니다. 그렇다면 본문 이야기도 그런 식으로 한번 접근해 보겠습니다. 차차 보여드리겠지만 특히 이 이야기에 이미 나와 있는 무오한 심리적 열쇠에 주목하면서 살펴보겠습니다.

하나님이 이 이야기를 주신 이유는 우리와 마찬가지로 많은 사람이 아도니야와 그의 인생에서 자신의 모습과 자신이 범한 오류들을 발견할 수 있게 하시기 위해서입니다. 그리고 한 걸음 더 나아가 유일한 참된 해결책과 치유책을 적용할 수 있게 하려는 것입니다.

이야기가 시작되고 있는 맨 처음에서 출발해 봅시다. 그곳에서 이 모든 일이 일어난 경위를 이해할 수 있는 열쇠를 즉시 발견할 것입니다. 열왕기상 1장 5절에는 이렇게 기록되어 있습니다.

> 그때에 학깃의 아들 아도니야가 스스로 높여서 이르기를 내가 왕이 되리라 하고.

우리는 우선 죄의 성격을 살펴보아야 합니다. 물론 죄를 완전하게 다룰 수는 없습니다. 그러나 적어도 죄에 대한 주요 사항과 죄의 특성, 죄에 대해 책임 있는 부분은 살펴볼 수 있을 것입니다. 여기서 "스스로 높여서"라는 단어가 바로 그것을 완벽하게 표현해 주고 있습니다. 죄란 곧 교만이고, 오만이며, 자기기만입니다. 그리고 죄는 항상 반항으로 인도됩니다.

아도니야에게서도 그것이 분명히 나타나 있습니다. 그는 자신이 왕이 되어야 한다고 생각했습니다. 자기에게는 왕이 될 권리가 있다고 생각했습니다. 아버지 다윗은 연로하고 조금은 무능했습니다. 그런데 아버지는 솔로몬을 편애했습니다. 솔로몬을 후계자로 지명할 뻔했습니다. 아도니야가 보기에 그것은 잘못된 처사 같았습니다. 그는 모든 면에서 볼 때 자기야말로 왕의 직책을 감당할 수 있는 최적임자라고 생각했습니다. 아버지가 뭐라고 하든 무슨 생각을 하든 그게 다 무슨 상관입니까? 자기는 지금 자신이 무엇을 하고 있는지 잘 알고 있는데 말입니다. 자신은 그만한 능력과 권리가 있다고 생각했습니다. 그는 그것을 바라고 소원했습니다. 나라를 자기 방식대로 다스리되 어느 누구보다 훨씬 잘 다스릴 것입니다.

왕이 된다는 것, 머리에 왕관을 쓰고 옥좌에 앉는다는 것은 얼마나 멋진 일입니까! 그렇게 되면 더 이상 순종만 해야 하는 왕의 아들이 아닙니다. 나라에 있는 모든 사람을 자기에게 복종시킬 수 있는 사람, 자신의 말 한마디에 온 백성의 목숨이 걸려 있는, 심지어 백성으로 하여금 "하나님이 왕을 구원하신다"고 소리치게 만들 수 있는 최고 통치자가 되는 것입니다. 얼마나 멋진 일입니까!

성경은 그가 "자기를 위하여 병거와 기병과 호위병 오십 명을 준비했다"(왕상 1:5)고 말합니다. 죄의 본질을 얼마나 완벽하게 보여주는 장면인지 모릅니다. "그가 스스로 높여서 이르기를 내가 왕이 되리라." 이 말 속에서 우리는 교만과 아집과 오만으로 똘똘 뭉쳐 반항하고 있는 아도니야의 모습을 볼 수 있습니다! 이 이야기는 사실 천국 왕께 반역하고 이 땅에 태어난 모든 죄인과 모든 영혼의 반항을 그대로 보여줍니다. 그러나 우리는 이것을 그렇게 생각하기보다는 오히려 이 세상 왕과 왕에 대한 반란으로 생각하기가 훨씬 쉽습니다!

사람들은 왜 기독교를 무시하고, 교회와 아무 상관 없이 지내는 것을 똑똑하고 멋지다고 생각할까요? 사춘기에 이른 대부분의 청소년은 왜 그것을 남자답다고 생각할까요? 기독교를 포기하고 기독교에 등 돌린 채 사는 자칭 "세상사람"들은 왜 아직도 늘 그리스도인을 우습게 여기며 경멸하는 걸까요? 왜 자기들이 그리스도인보다 우월하다는 의식을 갖고 있을까요? 어떤 사람이 단순히 기독교에 관심이 없다거나 기독교에 대해 아무 말도 하지 않는다면, 차라리 이해가 갑니다. 그러나 사람들은 절대 그렇게 하지 않습니다. 기독교에 대해 계속 말할 뿐 아니라 기독교를 조롱하려고 애씁니다. 왜 그런 생각을 하고, 왜 그렇게 열을 내며, 왜 그런 반감을 갖고 있는 걸까요? 뭐가 그렇게 어려운 걸까요?

그 대답을 찾기 위해 굳이 멀리까지 가지 않아도 됩니다. 그저 사람들이 뭐라고 말하는지만 들어보면 됩니다. 즉 우리 자신의 자연스러운 생각과 느낌만 들어보면 됩니다. 그러면 그 이유가 아도니야의 경우와 같으며, 태초에 사탄의 경우와 같다는 사실을 발견할 것입니다. 바로 옛날과 같은 교만과 반항심 때문입니다. 사람들은 아직도 옛날처럼 "하나님이 그렇게 말씀하셨다고?", "하나님이 왜 그렇게 말씀하셨을까?"라고 질문하려는 경향이 있습니다. 아도니야는 계속 푸대접 받아왔다고 생각했습니다. 자신에게는 자유가 전혀 없다고 생각했습니다.

오늘날 사람들이 기독교를 반대하는 이유도 바로 그것입니다. 사람들은 기독교가 우리를 결박해서 쇠고랑을 채운다고 생각합니다. 우리와 우리가 바라는 것 사이에 기독교가 가로놓여 우리를 방해한다고 생각합니다. 세상에는 우리가 좋아할 뿐 아니라 몹시 하고 싶어하는 일들이 있는데, 하나님의 법이 중간에 끼어들어서 그 일을 못하게 한다고 생각합니다. 우리 자신, 그리고 육적인 우리 마음에 가장 큰 호소력을 지닌 것들, 이 둘 사이를 성경이, 교회의 가르침이, 성도의 삶이 가로막고 있다고 생각합니다. 물론 우리는 그런 생각을 우리 자신에게 이런 식으로 말하지 않습니다. 우리도 아도니야처럼 늘 그것을 더 높은 차원에서 논쟁하려 애씁니다. 그래서 그 생각이 아주 합리적이고 지적인 뭐라도 되는 것처럼 보이게 하려고 애씁니다. 아도니야는 속으로 자신을 이렇게 설득했습니다. '나는 정말 이 나라의 유익을 생각해서, 그리고 내가 이 나라를 통치할 만한 최적임자이기 때문에 스스로 높여 왕이 되려 한 것뿐이다.' 대부분의 반역자들이 이런 식으로 자신을 설득합니다. 그래서 기독교를 믿는 데 따르는 어려움은 순전히 지적인 영역이라고, 기독교를 거부하는 사람들이야말로 진짜 진리를 보존하고 수호하는 자들이라고 상상하는 지경까지 이르는 것입니다.

우리 모두 정직해집시다. 항상 그런 식의 언어와 그런 식의 토의로 특징지어지는 그 느낌과 열정, 항상 그런 자세와 사고방식이 특징이 되어 온 모욕적인 언사, 이런 것들을 보면 우리의 진짜 동기가 그보다 훨씬 낮은 데 있다는 것을 알 수 있습니다. 그 진짜 동기는 바로 우리 식대로 하겠다는 생각입니다. 이른바 "도덕적 자유"나 "자기표현"에 대한 현대인의 강한 욕구입니다. 우리 인생을 우리 식으로 우리 생각에 가장 훌륭하고 적합한 방식대로 살겠다는 권리 주장입니다. 그들은 바로 그것 때문에 기독교와 하나님의 이름을 그처럼 증오하는 것입니다. 기독교와 하나님이 우리와 우리가 사랑하는 모든 이론이나 개념 사이에 놓여 있기 때문입니다. 특히 기독교는 불쾌하고 기분 나쁜 말, 즉 "너는 ……하지 말라!"는 말로 우리를 위협하기 때문입니다.

우리는 그것을 보고 얼마나 어리석은 것이냐고 말합니다. "우리가 왜 이런 식으로 갇혀서 꼼짝 못 해야 하느냐? 우리가 왜 이런 케케묵은 조항들에 묶여 있어야 하느냐?" 하나님이 계신다 해도, 그가 무슨 권리로 우리 인생을 이런 식으로 간섭하며 우리와 우리가 가장 탐내는 책략과 욕구 사이에 서서 모든 것을 뒤죽박죽으로 만들 수 있느냐는 것입니다. 우리 인생은 우리 식대로 살고 싶다는 것입니다. "우리 인생은 우리 방식대로 살 테니 하나님은 하나님 마음대로 생각하게 내버려두자. 기독교가 금지 사항과 율법을 만들게 내버려두자. 부모나 사회, 다른 모든 것도 그들이 좋아하는 견해를 마음대로 기록하게 내버려두자. 나는 내가 좋아하고 내가 생각하는 대로 할 테니까!" 바로 이것입니다.

"아도니야가 스스로 높여서 이르기를 내가 왕이 되리라"고 했습니다. 이른바 자유사상을 믿는 사람들은 거의 예외 없이 자유연애나 다른 형태의 방종을 믿습니다. 그것은 결코 우연한 일이 아닙니다. 한 나라가 점점 경건하지 못하여 신앙을 잃어가면 동시에 점점 부도덕하고 방종한 생활을 하게 되는데, 그것 역시 우연의 일치가 아닙니다. 죄의 원인, 우리가 당하는 모든 고통의 원인은 바로 교만, 자기 고집, 하나님의 뜻을 거역하는 반항에 있습니다. 하나님 방식이 아닌 우리 방식대로 하겠다는 결정, 바로 그것이 원인입니다!

열왕기상 1장 7절은 이와 관련하여 또 다른 불변하는 사실을 일깨워 줍니다. 자기 방식대로 하려는 사람이 있으면, 항상 이를 부추기는 상황이 뒤따른다는 것입니다.

> 아도니야가 스루야의 아들 요압과 제사장 아비아달과 모의하니 그들이 따르고 도우나.

이 말이 무엇을 의미하는지 자세히 살펴봅시다. 요압은 위대하고 권세 있는 사람이자 당대에 가장 뛰어난 군인으로, 압살롬이 반역했을 때도 다윗 곁에 끝까지 남아 있던 사람입니다. 아비아달은 당시 두 명의 주요 제사장 중 한 사람으로 그 또한 그의 일생에서 가장 중요한 때에 다윗에게 충실한 사람입니다. 그런데 아도니야가 이 두 사람과 모의했으며, 그들 역시 아도니야의 견해에 동의하고 그를 부추기며 따랐습니다. 이런 호응이 없었다면, 아도니야도 일을 더 이상 진행시키지 못했을 것입니다. 그러나 이런 호응을 얻으니 이제 아무도 그를 막을 수 없게 되었습니다. 이처럼 그가 반란을 일으키려 하자 사람들이 그에게 동의하며 맞는 말이라고 부추겨 세운 것입니다. 게다가 아주 대단한 사람들이 그렇게 해주었습니다! 이 말이 무슨 뜻인지 굳이 설명하지 않아도 될 것입니다. 이 장면은 죄가 발생할 때의 모습을 완벽하게 보여줍니다.

혼자서 죄를 범하는 사람은 없습니다. 혼자서 하나님께 반항하는 사람은 없습니다. 사람들은 자신이 옳다는 것을 증명하기 위해 항상 위대하고 고무적이며 깊은 감명을 주는 사람들의 이름을 들먹입니다. 실제로 당대 저명인사가 모두 자기에게 동의하며, 상류 사회가 절대적으로 자기를 지지한다고 말할 수도 있습니다. 자신이 믿고 있는 모든 것, 자신이 하려는 모든 일이 전적으로 올바르다는 사실을 확증하기 위해 굳이 애쓰지 않아도 됩니다. 그저 그 나라에서 이른바 위대하다는 사람들이 어떻게 안식일을 지내는지 지켜보고, 그들의 사생활과 행동에 대한 소문이나 들으면 됩니다. 그러면 때때로 큰 충격을 받게 됩니다. 항상 충성되고 참되며 그 점에 관한 한 분명히 믿을 만하다고 생각한 요압마저 사실은 그 반대라는 사실이 드러났습니다. 그뿐입니까? 아비아달마저 동의하고 있지 않습니까!

하나님의 교회에서 책임 있는 자리에 앉아 있는 사람들과 제사장마저 종종 반역자를 지지합니다. 그들은 일간 신문에 전편이 실릴 설교나 연설을 통해 하나님의 능력과 기적적인 일을 부인합니다. 그뿐 아니라, "우리를 깨끗하게 하사 선한 일을 열심히 하는 자기 백성이 되게"(딛 2:14) 하시려고 하나님의 아들이 돌아가셨다고 말하는 복음을 완전히 과

소평가하기 위해 최선을 다하는 것처럼 보입니다.

여러분도 하나님께 등을 돌리고 마음대로 살겠다고 결심해 보십시오. 그러면 이 세상이 여러분을 도와줄 것입니다. 이 세상의 요압과 아비아달이 여러분 편에 설 것입니다. 여러분의 인기가 하늘을 찌를 것입니다. 양심과 하나님 말씀보다 사람들 견해에 따라 인도받고 싶다면, 그 결과는 조금도 의심할 필요가 없습니다.

이 세상은 모든 사람을 잘못된 길로 가라고 부추기고 있습니다. 이 사회 자체는 인간이 꾸준히 정도(正道)를 걷기가 어려운 방식으로 조직되어 운영되고 있습니다. 이 세상과 사회는 우리로 하여금 하나님을 거부하고 우리가 택한 방식대로 살아가게 하려고 최선을 다하고 있습니다. 다양한 사상과 철학, 달콤한 말로 우리를 꾀어 기독교에 관한 케케묵고 당치않은 말은 떨쳐버리고 남자답게 자신을 표현하라고 부추기면서, 제안과 암시로, 쾌락과 유흥과 오락으로, 무엇보다도 그에 대한 본을 보여주어 그 일을 자행하고 있습니다. 바울이 고린도 교인에게 쓴 말은 사실입니다.

> 형제들아 너희를 부르심을 보라 육체를 따라 지혜로운 자가 많지 아니하며 능한 자가 많지 아니하며 문벌 좋은 자가 많지 아니하도다(고전 1:26).

그렇습니다. 요압과 아비아달이 아도니야에게 동의했고 아도니야를 도왔습니다! 이제 9절로 넘어가겠습니다.

아도니야가 에느로겔 근방 소헬렛 바위 곁에서 양과 소와 살찐 송아지를 잡고 왕자 곧 자기의 모든 동생과 왕의 신하 된 유다 모든 사람을 다

청하였으나(왕상 1:9).

이것이 무슨 뜻입니까? 이것은 또 다른 유명한 원리입니다. 바로 하나님을 대적하는 죄, 전능자를 대적하는 반역죄가 한동안은 굉장히 성공한 것처럼 보일 수 있다는 원리입니다. 6절은 "그의 아버지가 네가 어찌하여 그리 하였느냐고 하는 말로 한 번도 그를 섭섭하게 한 일이 없었더라"고 했습니다. 사람들의 지지를 받아 수월하게 일이 추진되면서 의기충천한 아도니야가 이제 큰 잔치를 열었습니다. 이렇게 모든 일이 척척 진행되어 가고 있으니 한순간도 망설일 수 없었습니다. 이 와중에 망설이다니, 얼마나 어리석은 짓입니까? 망설일 필요가 어디 있습니까? 이렇게 모든 일이 술술 풀려 나가고 있는데! 아도니야가 스스로 높여 왕이 되려 한 점에 대해 자신을 면밀히 검토해 보았다면, 참으로 미련할 만큼 양심적이고 용의주도한 행동이었을 것입니다! 무엇 하러 그렇게 합니까? 그 일은 분명히 옳고, 이렇게 자신이 상상한 것보다 훨씬 큰 성공을 거두고 있는데 말입니다! 이렇게 멋진데 말입니다! 그렇게 오랫동안 우물쭈물하고 있었다니 얼마나 어리석은 태도입니까!

죄를 범하는 바로 그 순간에 자신이 즉시 벌을 받으리라고 생각하는 것보다 잘못된 것도 없을 것입니다. 이미 알고 있는 분도 있겠지만 그것이 바로 구약 사람들이 이해할 수 없던 큰 문제였습니다. 그들이 보기에 하나님의 백성은 어려운 역경에 처할 때가 많은데 경건치 못한 자들은 오히려 성공하고 번영하는 것 같았습니다. 도저히 이해할 수 없는 일이었습니다. 그들에게는 그것이 항상 의문이었습니다. 그러나 사실 그들은 그것을 문제 삼을 필요가 없었습니다.

죄란 언제나 굉장히 성공한 것처럼 보이는 법입니다. 그래서 지금까지 많은 사람이 아도니야처럼 했습니다. 처음에는 하나님께 등을 돌리고 신앙에서 멀어지는 것이 두려워 망설입니다. 그 결과가 두렵습니다. 그래서 죄 된 생각을 이리저리 굴려봅니다. 그런데 그것이 좋습니다. 갖고 싶습니다. 그렇게 했다가 일이 잘못되면 어떻게 하나 하는 생각 때문에 잠시 망설이기도 합니다. 그러나 결정적인 날이 오고 마침내 그 일을 해냅니다. 그런데 기적 중 기적이라고나 할까요? 무서운 재앙을 받아 종말이라도 맞을 줄 알았는데 불리한 일이 하나도 일어나지 않습니다. 오히려 신기할 정도로 모든 일이 척척 진행되는 것처럼 보입니다. 세상에 태어나서 그때처럼 행복한 적이 없습니다. 하고 싶은 대로 다했는데도 이 세상에서 대성공을 거두고 번영하게 된 것입니다. 그래서 연회를 준비하고 친구들을 초청합니다. 하나님에 대한 두려움, 형벌에 대한 두려움, 천벌에 대한 두려움 때문에 이처럼 쉬운 일을 그렇게 오랫동안 망설였다는 것이 정말 어리석고, 유치하고, 미신적이고, 케케묵은 생각으로 여겨집니다.

이 자유로운 생활이 그저 놀라울 뿐입니다. 주일에 교회에 갈 필요가 전혀 없습니다. 그날 자기가 하고 싶은 대로 하면 됩니다. 더 이상 두려워할 필요가 없습니다. 어떤 문제를 두고 더 이상 처절하게 논쟁할 필요도 없습니다. 양심과 끊임없이 싸울 필요도 없습니다. 자유, 향락, 남자다움, 그리고 성공과 번영까지! 만사가 잘 풀려가고 있습니다! 사람이 죄악의 쾌락도 즐길 수 있을까요? 물론입니다. 역사를 보십시오. 밤의 세상을 보십시오! 9절에서 향연을 베풀고 있는 아도니야를 보십시오. 그러나 이야기는 거기서 끝나지 않습니다.

이제 뒷이야기를 살펴봅시다. 아도니야라는 이름이 나오는 다음 구절은 41절입니다. 바로 본문으로 택한 구절입니다. 저는 앞서 죄악의 쾌락도 즐길 수 있느냐고 물었고, "물론 즐길 수 있다"고 대답했습니다. 그러나 여기서 우리는 그 질문에 모세가 한 대답을 다시 생각해야만 합니다. 히브리서 기자에 따르면 모세는 "도리어 하나님의 백성과 함께 고난 받기를 잠시 죄악의 낙을 누리는 것보다 더 좋아하고"(히 11:25) 그것을 선택했다고 했습니다. 본문에는 이렇게 표현되어 있습니다.

> 아도니야와 그와 함께한 손님들이 먹기를 마칠 때에 다 (솔로몬에게 기름을 부으니 …… 모든 백성이 피리를 불며 크게 즐거워하는 것을) 들은지라(왕상 1:41).

그들은 연회장에 있었습니다. 마음껏 즐기고 있었습니다. 진수성찬이 차려진 그곳에 모인 사람들은 모두 세상에서 내로라하는 사람들이었습니다. 연사들도 모두 뛰어났습니다. 그중에서도 가장 멋진 것은 풍악 소리였습니다. "아도니야 왕이여 만세수를 하소서." "저희는 이 세상에서 가장 훌륭한 분을 발견했습니다." "아도니야의 영광에 비하면 다윗의 영광은 곧 아무것도 아니게 될 것입니다. 왕이여 만세수를 하소서." 연회가 진행되는 내내 이런 소리가 계속 터져 나왔습니다. 아도니야는 그때처럼 행복한 적이 없었습니다. 마침내 왕이 된 것입니다! 위대하고 훌륭한 아도니야를 위해서라면 어떤 위험도 감수하겠노라며 다짐하는 사람들, 자신의 생명까지도 바치겠노라고 말하는 멋진 친구들에게 둘러싸여 있었습니다. 이제 모든 순서가 다 끝나가고 있었습니다. 모두 떠나려던 참이었습니다. 그때 갑자기 또 다른 소리가 들려왔습니다.

"이게 무슨 소리지?"

"아무것도 아닐 거야!"

그렇지만 다시 소리가 들려 왔습니다.

"이게 무슨 소리야? 이게 대체 무슨 소릴까? 왜 성안이 이렇게 요란하지? 무슨 일일까?"

"백성이 아도니야를 환호하며 외치는 소리가 메아리쳐 오는 거겠지."

그러나 그런 소리가 아니었습니다. 소리는 연회장 쪽을 향해 점점 가까워 오고 있었습니다! 대체 무슨 소리였을까요? 사람들의 얼굴을 보십시오. 대경실색하여 두려움에 떨고 있는 모습을 한번 보십시오. 바로 그때 백성이 들어오며 솔로몬이 왕으로 기름 부음 받았다는 소식을 전해 주었습니다. "그들이 먹기를 마칠 때" 말입니다.

죄는 어디서나 늘 이렇습니다. "죄악의 낙"은 얼마든지 누릴 수 있습니다. 그러나 "잠시 잠깐"뿐입니다. 기간은 다르겠지만, 아무튼 잠시 잠깐뿐입니다. 죄의 낙에는 항상 끝이 있습니다. 때로는 그 낙이 아주 빨리 끝나서 즉시 어느 정도 비극을 맛볼 수도 있지만, 때로는 계속되어 끝이 없는 것처럼 보일 때도 있습니다. 그 사람이 계속 하나님을 거부하고, 하나님을 대적하며 반항하고, 하나님의 모든 율법을 어기는데도 아무 일이 일어나지 않는 것처럼 보일 때도 있습니다. 그래서 자기 자신에게 "내 영혼아, 모든 것이 잘되어간다! 안심해라. 먹고 마시며 즐거워하자"고 말합니다. 그런데 어김없이 경건하지 못하고 죄악 된 삶의 종말을 불안하게 만드는 함성 소리가 갑자기 들려옵니다. "어리석은 자여 오늘 밤에 네 영혼을 도로 찾으리니"(눅 12:20).

죄악의 낙은 계속 이어질 수도 있습니다. 그래서 만사가 잘되어가고, 안전하다고 생각할 수도 있습니다. 그러나 반드시 끝이 있습니다. 그리고 그 마지막 말은 항상 하나님의 말씀이 될 것입니다. 아도니야와 친구들이 연회를 즐기고 있는 동안, 솔로몬과 다윗은 준비하고 있었습니다. 우리가 죄악 된 삶을 즐기고 있는 동안, 시간은 흘러갑니다. 그 끝이 점점 가까워 옵니다. 그러나 하나님의 율법은 변함없이 그대로 남아 있습니다. 그 순간에는 모든 것이 잘되어나갈지도 모릅니다. 성공과 행복에 둘러싸여 있을지도 모릅니다. 모든 것이 완전하여 일찍이 그렇게 행복한 적이 없다고 생각할지도 모릅니다.

그러나 마음속 저 깊은 곳에 있는 야릇한 아픔과 고통은 무엇을 의미하는 걸까요? 그것은 아무것도 아닙니까? 그저 떨쳐버리면 되는 것입니까? 그런데 그 고통과 아픔이 점점 커지지 않습니까? 그게 무엇일까요? 그냥 계속 진행시키면 됩니까? 계속 앞으로 나아갈까요? 그런 건 잊어버릴까요? 그렇지만 그 소리가 점점 커지지 않습니까? 올 것은 반드시 오게 되어 있습니다. 조만간 끝이 옵니다. 그 함성을 허락하신 분은 바로 하나님입니다. 너무 늦기 전에 그 소리를 들으라고 하나님이 보내신 것입니다! 지금도 여러분은 그 소리가 들리지 않는다고 말하겠습니까? 그러면 여러분이 하고 싶은 대로 하십시오. 그래도 하나님은 절대 피할 수 없습니다. 어디든 가고 싶은 데로 가보십시오. 그래도 하나님의 임재에서는 절대 도망칠 수 없을 것입니다.

밖에서 외치는 저 소리가 들리지 않습니까? 물론 우리 귀에는 그 소리가 들립니다. 그렇기 때문에 지금 이곳에 있는 것입니다. 하나님의 행렬이 점점 가까워 오고 있습니다. 우리는 뭔가를 암시하는 이상하고 요란한 소리를 들었습니다. 뭔가 심상치 않다는 사실을 감지했습니다. 저 소리를 들어보십시오. 점점 커지고 있습니다. 점점 가까이 다가오고 있습니다. 더군다나 그것을 막기에 우리는 매우 무력합니다.

여러분, 혹시 불행하지 않습니까? 여러분 인생에 질문을 던지기 시작하지 않았습니까? 뭔가 좀 석연치 않다고 생각되십니까? 저 요란한 소리를 잘 들어보십시오! 저 소리는 하나님이 가까이 오시면서 우리를 심판으로 부르는 소리입니다. 마지막 심판 날 울리게 될 나팔 소리를 처음으로 암시해 주는 소리입니다. 나팔 소리가 울려 퍼지고, 죽은 자들이 심판 받기 위해 일어나고, 우리도 그 가운데 서게 될 무서운 날을 알려 주는 첫 번째 암시입니다. "죄악의 낙이라!" "그건 잠시뿐입니다!"

아도니야와 그와 함께한 손님들이 먹기를 마칠 때에 다 들은지라(왕상 1:41).

이제 42-49절을 보십시오. 그들이 대경실색해서 어쩔 줄 몰라 하는 장면이 생생하게 기록되어 있습니다. 여기서 강조하고 싶은 구절은 바로 49절입니다.

아도니야와 함께한 손님들이 다 놀라 일어나 각기 갈 길로 간지라(왕상 1:49).

이 구절을 다시 강조하는 것은 이 구절에 담긴 진리와, 그것이 항상 죄악 된 생활의 실상이라는 사실 때문입니다. 아도니야에게 동의하고 그를 지지하며 일을 계속 추진하라고 부추긴 사람들, 그뿐 아니라 아도니야를 그토록 찬양하며 목숨까지 불사하겠다고 약속한 사람들이 위기와 어려움이 닥치자 모두 즉시 일어나 도망간 것입니다. 아도니야만 남겨둔 채 말입니다. 아도니야에게 가장 필요할 때, 그들은 아무 쓸모가 없었습니다.

몸이 건강할 때는 인생에 관한 현대 개념이나 이론이 멋져 보일 수도 있습니다. 그러나 아플 때, 특히 필사적인 곤경에 빠져 있거나 죽음을 대면하고 있을 때는 그런 것이 얼마나 쓸모없는지 모릅니다. 여러분은 H. G. 웰스의 소설에 나오는 것 같은 영원한 세계를 직면하고 싶습니까? 병상에 누워 있거나 임종할 때, 그동안 시간과 돈과 정력을 바친 일들을 생각하면 위로와 도움과 격려를 받을 것 같습니까? 지금 이 순간, 영혼이 공포에 사로잡혀 부들부들 떨며 죽어가고 있는데 선술집이 무엇을 제공해 줄 수 있단 말입니까? 재즈나 춤, 영화나 도박, 이런 모든 것이 대체 무엇을 제공해 줄 수 있단 말입니까? 사업과 돈과 사교계는 어떻습니까? 절망적인 상태에서 무언가를 가장 필요로 할 때 그것들이 무엇을 제공해 줄 수 있을까요? 그들도 아도니야의 친구들처럼 여러분만 남겨놓은 채 갑자기 떠나갈 것입니다. 형편이 좋을 때나 친구지, 형편이 나쁠 때는 여러분을 배신할 것입니다. 그런데도 그것들을 계속 의존할 작정입니까? 그 정도로 어리석습니까? 그들은 이전의 다른 모든 사람에게 한 것처럼 여러분에게도 그렇게 할 것입니다.

비참하고 불쌍한 아도니야를 보십시오. 공포와 두려움에 떨며 불안해하고 있는 그를 보십시오. 제단으로 도망가 제단 뿔을 잡는 그를 보십시오. 얼마나 볼품없습니까? 죄는 거짓말에서 출발한 것이기 때문에 어쩔 수 없이 우리가 지금까지 살펴본 길을 따라 역사하게 되어 있습니다. 그러다가 결국 공포와 불안, 처절함과 절망에 싸여 끝나게 되어 있습니다. 그 자체에, 그 본질 속에 뭔가 잘못된 것이 들어 있는 것은 반드시 말썽을 불러일으키게 되어 있습니다. 야고보는 그것을 이렇게 표현했습니다.

욕심이 잉태한즉 죄를 낳고 죄가 장성한즉 사망을 낳느니라(약 1:15).

그러면 어떻게 해야 할까요? 무슨 소망이 있을까요? 이런 질문까지도 이 기록 뒤에 숨겨져 있는 하나님의 계획입니다. 51-53절을 보면 이러한 질문들도 명확하게 나타나 있습니다. 솔로몬은 아도니야가 두려움과 공포에 떨며 살려달라고 애원한다는 말을 듣고 이렇게 대답했습니다.

> 솔로몬이 이르되 그가 만일 선한 사람일진대 그의 머리털 하나도 땅에 떨어지지 아니하려니와 그에게 악한 것이 보이면 죽으리라 하고 사람을 보내어 그를 제단에서 이끌어 내리니 그가 와서 솔로몬 왕께 절하매 솔로몬이 이르기를 네 집으로 가라 하였더라(왕상 1:51-53).

아도니야의 반역과 그가 일으킨 모든 말썽에도 솔로몬은 그가 잘못을 인정하고 앞으로 충성하겠다고 약속하면 언제든지 용서할 준비가 되어 있었습니다. 그는 아도니야에게 사람을 보내 이 말을 전하게 합니다. 그리고 아도니야는 솔로몬 앞에 와서 절하고 충성을 다짐했고, 만사가 잘 해결되어 용서받고 집으로 돌아갑니다.

이 장면은 하나님이 죄인에게 베푸시는 모든 것을 희미하게나마 보여주는 그림자라고 할 수 있습니다. 우리가 지금까지 어떤 존재였든 무슨 짓을 했든, 우리가 얼마나 반항하고 불순종했든, 얼마나 오만하고 교만하며 정욕에 가득 차 있든 간에 우리가 진심으로 죄를 회개하여 하나님을 만족시켜드리기만 한다면, 하나님은 언제든지 우리를 용서해 주시고 모든 잘못을 기억하지 않으실 것입니다. 하나님은 경건하지 못한 자들이 그대로 죽는 것을 기뻐하지 않으십니다.

솔로몬은 신하를 보내 아도니야를 불러 오게 했습니다. 무한히 겸손하신 사랑의 하나님도 우리를 부르러 독생자를 보내셨습니다. 하나님은 독생자로 하여금 갈보리 십자가에 매달려 잔인한 죽음과 수치를 당하게 하셨습니다. 우리는 영원히 용서받을 수 있습니다. 모든 죄가 완전히 없어질 수 있습니다. 아도니야처럼 옛 신분을 되찾을 뿐 아니라 하나님의 양자로 승격될 수 있습니다. 하나님이 우리를 영원한 후사로 만들어 주실 것입니다. 그것이 하나님께서 복음을 통해 우리에게 베푸시는 것입니다. 그러나 아도니야에게 말한 솔로몬의 다짐 역시 아직 유효합니다. 우리는 스스로 선한 사람(회개에 합당한 사람)임을 보여주어야 합니다.

여러분에게도 기회가 있습니다. 여러분은 하나님과 예수 그리스도의 존전에 있습니다. 여러분은 정말 자신의 잘못을 인정하고 있습니까? 그렇다면 아도니야가 솔로몬에게 엎드렸듯이 하나님께 엎드리십시오. 하나님을 인정하되 공개적으로 인정하십시오. 회개에 합당한 사람이 되십시오. 여러분의 죄와 이 세상의 길을 잊어버리십시오. 그것에서 돌아서십시오. 하나님께 돌아서서 그분을 인정하고 믿는다고 고백하십시오. 예수 그리스도 안에 있는 하나님의 긍휼에 여러분 자신을 내어 던지십시오. 여러분 자신을 전적으로 그분에게 드리십시오! 하나님은 여러분을 받을 준비가 되어 있을 뿐 아니라 기다리고 계십니다. 하나님이 여러분에게 끝없는 기쁨과 다함없는 사랑을 주실 것입니다. 여러분에게 어떤 일이 일어나든 "하나님은 결코 여러분을 버리지 아니하고 여러분을 떠나지 아니할 것입니다"(히 13:5). 호라티우스 보나가 노래한 하나님의 사랑에 여러분 자신을 전폭적으로 맡기십시오.

하나님의 사랑이 지금부터 영원까지 나를 축복하네.
하나님의 사랑이 지금부터 영원까지 나를 구원하네.
아무 도움도 없을 때 그 사랑이 나를 붙들어주고
거친 파도가 몰아칠 때마다 그 사랑이 나를 안전하게 지켜주네.

하나님이 이것을 우리에게 베풀고 계십니다. 우리는 다만 우리의 죄와 반항을 인정하고 그분 앞에 엎드리기만 하면 됩니다. 우리가 그렇게 할 때 하나님은 절대 솔로몬이 말한 것처럼 "네 집으로 가라"고 말씀하시지 않을 것입니다. 그 대신 "내게로 오라", "내 아버지께 복 받을 자들이여 나아와 창세로부터 너희를 위하여 예비된 나라를 상속받으라"(마 25:34)고 말씀하실 것입니다.

9장
하나님을 이용하지 말라

그때에 여로보암의 아들 아비야가 병든지라. _열왕기상 14장 1절

느밧의 아들 여로보암 이야기는 구약이나 기독교 전반에 관심이 있는 사람이라면 절대 무시할 수 없습니다. 여로보암 이야기에 담긴 의미와 중요성을 먼저 파악하지 않고서는 열왕기와 역대기를 전혀 이해할 수 없을 뿐 아니라 그 교훈도 깨달을 수 없다는 것은 절대 지나친 말이 아닙니다. 열왕기와 역대기에서 그의 이야기가 계속 언급되기 때문입니다. 물론 부분적이기는 하지만 이스라엘을 통치한 많은 왕에 대한 전체 기록은 구약에 자주 등장하는 한 구절에 요약되어 있다고 볼 수 있습니다.

그가 이스라엘로 범죄하게 한 느밧의 아들 여로보암의 길로 행하였다.

이 말은 마치 "여러분은 그게 무슨 뜻인지 정확히 알고 있을 것입니다"라고 말하는 것처럼 들립니다. 그렇다면 여로보암이 범한 특별한 죄

가 무엇인지 알지 못하면 결국 이 왕들 중 어느 한 사람의 경우도 이해할 수 없다는 뜻이 됩니다.

여로보암의 죄가 무엇인지 알아보기 위해 우리는 먼저 열왕기상 12장으로 돌아가야 합니다. 당시 이스라엘은 솔로몬의 아들 르호보암이 어리석게 행동하는 바람에 둘로 갈라졌습니다. 이스라엘과 유다, 북 왕조와 남 왕조로 갈라진 것입니다. 그동안 사울과 다윗, 솔로몬이 다스리고 통치한 열 지파가 반역하여 북 왕조를 이루었습니다. 그들의 지도자는 느밧의 아들 여로보암이었습니다. 따로 갈라져 나가면서 그는 왕으로 추대되었습니다. 이렇게 해서 여로보암은 이스라엘에서 분리되어 나간 북 왕조의 초대 왕이 되었습니다.

여로보암은 세겜이라는 성을 건축하고 그곳에 거했는데, 곧 한 가지 어려움에 부딪쳤습니다. 그동안 이스라엘 백성은 하나님을 예배하기 위해 항상 예루살렘에 있는 성전으로 올라갔는데, 나라가 둘로 갈라진 뒤에도 여전히 그렇게 하고 싶어한 것입니다. 여로보암은 그들이 계속 예루살렘으로 올라간다면, 결국 백성을 장악하지 못하고 분명 자신의 왕국도 잃어버릴 것이라고 생각했습니다. 그래서 그러한 사태를 미연에 방지하기 위해 한 가지 술책을 생각해냈습니다. 금송아지 둘을 만들어 하나는 벧엘에, 다른 하나는 단에 세운 것입니다. 그러고 나서 이스라엘 백성에게 하나님을 예배하기 위해 굳이 예루살렘까지 올라가지 않아도 된다고 말했습니다. 예루살렘은 너무 멀기 때문에 그곳까지 가서 예배 드리는 것은 "너무 지나친 요구"라고 말했습니다.

간단히 말해 그는 자기 멋대로 성전 같은 것을 짓고 제사장을 안수하고 특정한 절기를 정한 다음, 백성에게 예루살렘에서 하던 것처럼 금송아지를 섬기라고 요구한 것입니다. 바로 이것이 구약에서 그처럼 자주 언급되는 "이스라엘로 범죄하게 한 느밧의 아들 여로보암의 죄"입니다.

그렇지만 저는 열왕기상 14장에 기록된 사건이 한층 더 흥미롭습니다. 그뿐 아니라 여로보암의 됨됨이를 이해하는 데 다른 어느 구절보다 많은 것을 보여주며 도움이 된다고 생각합니다. 여로보암의 아들이 병들었다는 말로 시작되는 이 사건에서 우리는 비로소 그처럼 자주 언급되는 다른 이야기, 즉 여로보암의 죄에 관한 기사를 제대로 이해할 수 있습니다. 이 사건에서 종교에 대한 그의 태도를 제대로 엿볼 수 있기 때문입니다. 따라서 여로보암을 충분히 이해하려면 이 두 사건을 동시에 살펴보아야 합니다.

이 두 번째 사건 속에는 우리의 주의를 끌 뿐 아니라 그 자체로도 살펴볼 만한 것이 많습니다. 단순히 극적 요소나 인간적 관심에서만 보더라도 이 이야기는 정말 멋집니다. 처음에 나온 "그때에 여로보암의 아들 아비야가 병든지라"라는 이 짧은 구절은 하나의 걸작으로, 그 자체만으로도 이미 어떤 드라마가 전개될지 암시해 주며 사람을 긴장시키고 있습니다. 인간적인 차원에서 볼 때, 이것은 아주 흥미롭고 측은한 이야기입니다.

인간은 서로 조화하지 못하는 상반된 자질을 함께 지닌 아주 기이한 피조물입니다. 어느 인간 속에나, 심지어 가장 잔인하고 강퍅한 인간 속에도 부드럽고 온유한 영이 들어 있는 법입니다. 느밧의 아들 여로보암은 아주 무섭고 괴팍한 사람이었습니다. 그 속에 부드러움이 들어 있으리라고는 생각조차 할 수 없을 만큼 난폭했습니다.

그러나 본문을 보면, 다정다감하고 부드러운 그의 영이 나타나 있습니다. 그는 좋은 아버지였습니다. 어린 아들 아비야를 몹시 사랑했습니다. 아들이 병들지 않았다면 절대 하지 않았을 일을 지금 막 하려고 합니다. 우리는 순전히 인간적인 차원에서 거기까지만 생각합니다. 그리고 이런 유형에 속한 사람들, 즉 강퍅한 사람들, 아무 거리낌 없이 다른 사람들을 파멸하고 심지어 생명까지 무참히 앗아가는 비양심적이고 무자비한 사람들, 그런데도 자기 자녀나 아내, 아니 어떤 때는 개나 말에게까지 놀랄 만큼 많은 동정심을 베푸는 사람들의 문제를 더 이상 분석하지 않으려는 유혹에 빠지기 쉽습니다. 이것이야말로 인간의 타락 교리를 입증하는 분명한 증거 아닙니까? 그러나 우리는 이런 생각에 지나치게 오랫동안 붙들려 있을 수 없습니다. 이 이야기에는 이보다 훨씬 중요한 것이 있기 때문입니다.

우리가 주목할 것은 종교에 대한 여로보암의 견해를 제대로 이해하려면 아비야가 병든 이 사건을 반드시 살펴보아야 한다는 것입니다. 또한 지금까지 언급한 다른 문제들과 함께 관련지어 살펴보아야 합니다. 한마디로 그는 자기 편리한 대로 종교를 이용했습니다.

여로보암이 금송아지 둘을 만든 것은 하나님을 더 이상 믿지 않았기 때문이 아닙니다. 하나님을 믿는 것 때문에 왕관과 나라를 잃을지도 모른다는 염려 때문입니다. 여로보암의 죄는 무신론자가 되어 하나님 믿기를 포기한 것이 아닙니다. 하나님을 믿지만 자기 양심에 편리한 대로 하나님의 계명을 일부러 수정한 것입니다. 여로보암은 절대 종교인이 되는 것을 포기하지 않았습니다. 그는 하나님의 종교를 자신의 계획과 목적에 맞게 조작했습니다. 그는 백성에게 그들이 믿는 하나님은 하나님이 아니라고 말하지 않았습니다. 하나님을 예배하지 않아도 된다고도 말하지 않았습니다. 다만 자기가 만들어놓은 금송아지들을 통해서도 얼마든지 하나님을 예배할 수 있으니 굳이 예루살렘까지 올라갈 필요가 없다고 말했습니다. 나중에 이스라엘 백성이 범한 우상 숭배는 이 "느밧의 아들 여로보암의 죄"와 전적으로 다릅니다. 그렇습니다! 여로보암의 죄는 하나님을 예배하는 것에 관해 하나님이 특별히 정해 주신 계명들을 무시하고 자기 마음대로 고쳐버린 것입니다. 하나님의 방법이 자기한테 적당하지 않았던 것입니다.

그런데 어린 아들이 덜컥 병이 났습니다. 그러자 그는 하나님의 방법으로 돌아섭니다. 위기를 당하자 몹시 번민하던 끝에 아히야 선지자에게 사람을 보냅니다. 올바른 일을 한 것입니다. 평소에 그는 하나님이 전혀 필요하지 않다고 생각했습니다. 적어도 스스로 그렇게 생각했습니다. 그러나 위기가 닥치자 하나님이 필요하다고 생각하고, 그에 따라 하나님께 돌아선 것입니다. 이처럼 그에게 하나님과 종교는 순전히 자기 편할 때만 써먹는 것일 뿐이었습니다. 얼마나 이상하고 특이한 사람입니까! 그렇지만 또 얼마나 흔히 볼 수 있는 사람입니까!

성경에 나온 여로보암의 모습은 오늘날 우리가 보는 수많은 사람의 모습을 가장 완벽하게 보여줍니다. 안타깝게도 이런 사람들은 교회 밖뿐 아니라 교회 안에도 있습니다.

모든 죄인이 같은 방식으로 죄를 범하는 것은 아닙니다. 우리는 지금 그중에서도 아주 뚜렷하고 명백한 유형의 죄인을 보고 있습니다. 여기 하나님을 믿고 구원받고 싶은 사람들이 있습니다. 그들은 곤경에 빠지면 항상 하나님께 향합니다. 때로 성경도 읽기 때문에 말씀도 꽤 많이 알고 있습니다. 성경이 사랑과 자비, 인자와 긍휼에 대해 말하는 것은 뭐든지 다 믿습니다. 용서와 죄 사함에 관한 성경의 가르침도 즉시 받아들입니다. 천국에 가고 싶고 하나님께 가기를 희망합니다. 그들에게는 아마 하나님의 놀라운 사랑으로 죄인들이 천국에 갈 수 있게 되었다고 말해 주는 복음의 소리를 듣는 것보다 더 기쁜 일이 없을 것입니다.

그들은 그 소리를 듣고 매우 기뻐 웁니다. 아무리 들어도 질리지 않습니다. 그들은 성경이 이런 위대한 주제들을 이야기하는 것은 무엇이든 받아들입니다. 그렇지만 동시에 성경이 진리와 의, 거룩에 관해 말하는 것은 무엇이든 철저히 피하고 무시합니다. 즉 복음이 제공하는 것은 무엇이든 즐기고 받아들일 용의가 있지만, 복음이 요구하는 것은 무엇이든 싫어합니다.

기독교를 원할 뿐 아니라 믿기도 하지만, 제멋대로 자기들이 원하는 대로 믿습니다. 그래서 성경을 읽을 때도 마음에 드는 부분만 뽑아서 취하고 나머지는 전부 거부합니다. 성경에 나오는 산상수훈이나 복음이 말하는 윤리적 요구, 그리스도인은 하나님이 거룩하신 것처럼 거룩해야 한다는 말, 세상의 길에서 벗어나 구별되어 살라는 부르심, 악한 것은 모양이라도 버리라는 말, 이런 것들을 들으면 몹시 싫어할 뿐 아니라 원망까지 합니다. 그런 이야기를 들으면 대번에 의심을 표하며, 그런 것은 유별난 설교자나 사람들이 자신의 편협성을 표현한 것에 지나지 않는다는 식으로 무시해버립니다. 그들도 느밧의 아들 여로보암처럼 하나님을 예배합니다. 아니 적어도 올바로 예배드린다고 생각합니다. 그러나 하나님 방식대로 섬기는 게 아니라 자기들 방식대로 섬깁니다.

오늘날에는 이런 사람이 아주 많습니다. 더욱 가관인 것은 그들이 "하나님의 사랑"을 들먹여가며 이런 행위들에 대해 구구하게 변명을 늘어놓는다는 점입니다. 그들은 오직 하나님만이 주실 수 있는 것(사랑, 자비, 인자, 긍휼, 곤경에 빠졌을 때 도우심)을 얻기 위해 하나님께 나아갑니다. 그렇지만 하나님이 무엇을 하라고 명하시면 즉시 그분에게서 도망칩니다. 일이 잘못될 때는 언제나 무릎 꿇고 기도하며 하나님을 찾지만, 만사가 형통할 때는 그분을 새카맣게 잊어버립니다. 심지어 하나님이 그들의 양심을 통해 역사하시는 것마저 질식시켜버립니다. 여로보암 이야기가 바로 이런 사람들을 잘 묘사해 주고 있습니다. 그뿐 아니라 적나라하게 폭로하고 있습니다. 이제 그것과 관련하여 몇 가지 사항을 살펴보겠습니다.

우선 이런 태도 안에 담겨 암시하고 있는, 하나님께 대한 모욕을 보십시오. 무엇보다 먼저 이 점에 주목하길 바라는 이유는 바로 그것이 이 문제 전체에서 가장 무서운 면이기 때문입니다. 하나님이 보시기에 이런 태도가 얼마나 가증한지 깨달을 수 있다면, 이런 행동의 결과들을 하나님의 관점에서 볼 수 있다면, 아마 사람들은 잠시 이런 태도를 취했다가도 금세 그만둘 것입니다. 결코 그런 식으로 계속 행동하지 않을 것입니다. 우리는 물론 A라는 죄와 B라는 죄를 구별해서 어느 죄가 더 가볍고 어느 죄가 더 무겁다고 말할 수 없습니다. 그렇지만 하나님께 불순종하는 무신론자의 죄가 이런 종류의 사람이 범하는 죄, 즉 하나님을 믿는다고 하면서 이기적인 목적을 이루기 위해 하나님을 이용하는 사람이 범하는 죄보다는 훨씬 가볍다는 사실은 분명히 알고 있습니다. 여기에는 불순종과 반역의 죄만 들어 있는 것이 아닙니다. 하나님을 노골적으로 모욕하는 죄도 들어 있습니다. 그 모욕죄는 두 가지로 나타납니다.

먼저 이런 태도 속에는 특별히 하나님의 선하심을 모욕하는 행위가 들어 있습니다. 한 인격으로서의 하나님 자체가 아닌, 단순히 하나님이 행하시고 또 행하실 수 있는 무언가에만 관심이 있다는 사실을 분명히 보여주기 때문입니다. 그것은 하나님을 소원하는 게 아니라, 단순히 하나님의 도우심을 소원하는 것입니다. 선물을 주시는 하나님 자신에게는 전혀 관심이 없고 오직 하나님이 주실 수 있는 선물에만 관심이 있는 것입니다. 이것은 어떤 증명도 필요 없을 만큼 명약관화합니다. 인간적인 체험에 근거해서만 보아도 아주 분명한 일입니다. 사실 우리 모두 이것을 알고 있지 않습니까?

다음 두 사람 중 어느 쪽이 더 여러분에게 상처를 입히고 여러분을 모욕한다고 생각하십니까? 공개적으로 여러분에게 동의하지 않으며 여러분을 싫어한다고 말하는 사람입니까, 아니면 겉으로는 여러분을 좋아하고 여러분에게 관심이 있을 뿐 아니라 여러분편이라고 말하지만 사실은 순전히 자신의 목적을 위해 여러분을 이용하는 사람입니까? 인간다운 인간이 진정으로 괘씸하게 생각하는 것은 바로 후자와 같은 태도일 것입니다. 그것이 사실인지 아닌지 알고 싶으면 역사책이나 전기를 읽어보십시오. 그것이 사실이라는 증거를 얻고 싶으면 여러 정당의 연대기를 한번 보십시오. 순전히 자신의 목적을 이루기 위해 한 정당과 그 명분, 특정 이론이나 가르침을 이용하는 사람은 항상 비열한 인간으로 간주되었습니다. 그런 사람은 악랄한 위선자입니다. 그는 명분이나 가르침에는 전혀 관심이 없습니다. 다만 그 대의명분을 지지할 경우, 자신의 개인적인 목적을 이루는 데 도움이 된다는 사실에만 관심이 있습니다. 그래서 자신의 목적을 성취하거나 자신이 원하는 자리를 차지하고 나면 그 교훈에 더 이상 충성하지 않습니다. 역사는 이런 사람들을 가차 없이 정죄합니다. 이런 사람들을 가리켜 영혼이 저열하고 인품이 비열하다고 질타합니다.

그렇다면 단순히 한 정당이 아니라 한 인격에게 그렇게 하는 사람은 대체 어떤 사람입니까? 물론 진리도 거룩합니다. 그러나 인격이 진리보다 훨씬 무한히 거룩합니다. 진리는 비인격체이기 때문에 상처 받지 않지만, 인격은 아주 민감하여 깊은 상처를 받을 수 있습니다. 개인적인 목적을 이루기 위해 다른 사람의 인격을 이용할 만큼 저질적인 사람의 야비함을 뭐라고 말해야 좋을까요? 정말 할 말이 없습니다.

인격이 위대하고 중요할수록 불쾌감도 그만큼 커집니다. 이 땅의 왕을 배신한 자도 죽음을 면할 수 없는 법인데 하물며 하나님을 이런 식으로 대접한 사람이야 더 말해 무엇 하겠습니까? 그 점에 대해서는 더 이상 말할 필요가 없을 것입니다. 자신에게 필요할 때만 하나님께 향하고, 하나님을 자신의 목적을 이루는 데 이용할 수 있는 분 정도로 생각한다면, 그것은 하나님께 대한 가장 치욕적인 모욕입니다.

두 번째로 드러나는 모욕죄는 하나님의 거룩하심에 대한 모욕입니다. 사실 이것은 사람들이 하나님의 사랑을 들먹이며 자기 태도를 구구하게 변명하려 드는 이 시대에 가장 많이 강조되어야 하는 문제이기도 합니다. 그들에게는 하나님의 사랑 하나면 모든 것이 무사통과입니다. 성경에 나온 도덕적 교훈 따위는 전부 거부합니다. 하나님이 성경에서 그처럼 분명히 명하고 계신 것을 편협하다고 간주하며 이렇게 말합니다. "구원에 관한 복음의 가르침은 받아들이지만, 그 밖에 다른 것은 모두 무시한다." 이 사람들이 모든 가르침을 받아들였다가 제대로 실천하지 못해서 슬퍼하며 후회하는 것이라면, 절대 하나님을 모욕하는 것이 아닙니다. 오히려 하나님의 거룩하심을 깨달은 것입니다. 사실 자신이 그렇게 실천하지 못하는 것을 후회하며 참회하는 태도야말로 하나님의 거룩하심을 깨달은 행위라고 할 수 있습니다.

그러나 오늘날 많은 사람이 처한 처지는 다릅니다. 그들은 그 가르침을 깨닫지 못하고 있습니다. 그것을 싫어하고 인정하려 들지 않습니다. 아니 그것을 대적합니다. 그들의 문제는 가르침대로 살지 못하는 것이 아닙니다. 그 가르침을 아예 인정하려 들지 않는 것입니다. 물론 그들은 구원받고 싶어합니다. 그러나 자기 방식대로 구원받고 싶어합니다. 바로 이것이 하나님의 거룩하심을 말할 수 없이 모욕하는 행위입니다. 이 말은 곧 하나님이 그들을 실제로 거룩한 사람으로 변화시키지 않고도 구원하실 수 있을 뿐 아니라 또 구원하실 용의가 있다고 믿는다는 뜻이기 때문입니다.

그들의 하나님은 단순히 우리 죄를 용서해 주는 것으로 만족하시는 분입니다. 그 하나님은 실제로 우리를 죄에서 구원해서 거룩하게 변화시키는 데는 전혀 관심이 없는 분입니다. 다시 말해 그들은 하나님이 자신들처럼 죄를 아주 가볍게 보신다고 생각합니다. 죄란 하나님 보시기에 별로 문제가 되지 않는다고 생각합니다. 하나님 보시기에 가증스럽고 혐오스러운 것이 아니라고 생각합니다. 그뿐인 줄 아십니까? 그들은 하나님이 그분의 율법과 계명, 규례 속에서 말씀하고 계신 것들이 진짜 그런 뜻에서 하신 말씀이 아니라고까지 생각하고 있습니다.

그들은 하나님의 전체 구원 계획을 이렇게 생각합니다. "하나님은 사랑이시기 때문에 죄악 된 삶에 어떤 형벌도 내리지 않으실 거야. 따라서 형벌을 두려워하지 않고 계속 이런 식으로 죄악 된 삶을 살아도 괜찮아." 이처럼 그들은 하나님의 사랑을 들먹이며 그분의 거룩하심을 우습게 만들어버립니다. 그러나 그런 행동은 하나님의 거룩하심을 모욕하는 것입니다. 그뿐 아니라 하나님의 성품에 무언가 본질적으로 부도덕한 모순이 들어 있다고 말하는 것이나 마찬가지입니다.

혹시 여러분도 이들처럼 기독교에서 자신이 원하는 것만 골라 취하고 나머지는 버리지 않습니까? 하나님의 사랑은 얼마든지 이용할 용의가 있지만 하나님의 의와 거룩은 전적으로 무시하지 않습니까? 이 점을 명심하고 자신에게 이렇게 물어보십시오. "너는 대체 어떤 근거로 하나님이 말씀하신 것 중 일부는 옳고 중요하지만 나머지는 모두 중요하지 않다고 말하는 것이냐? 스스로 무엇이 중요하고 무엇이 중요하지 않다고 말할 수 있다니, 그렇다면 네가 하나님의 재판관이란 말이냐? 네가 주인이고 하나님은 아무 때나 네 마음대로 휘두를 수 있는 꼭두각시란 말이냐?" 하나님을 믿는다면서 그분의 계시에서 우리 마음에 들거나 우리를 기쁘게 하는 것은 받아들이고, 우리를 정죄하거나 하나님이 거룩하신 것처럼 거룩한 자가 되라고 명하는 것은 거절한다면, 그렇게 해서 하나님을 모욕한다면 차라리 하나님을 믿지 않는다고 말하는 것이 훨씬 나을 것입니다.

여로보암의 태도에 포함된 두 번째 특징은 자기기만입니다. 느밧의 아들 여로보암에게 잘 나타나 있듯이 자기기만은 이런 사람들이 지닌 가장 놀라운 특징이기도 합니다. 인간이 이토록 자기기만적일 수 있다는 사실이 도저히 믿어지지 않겠지만, 사실입니다. 평상시에는 굉장히 빈틈없고 지혜롭고 명민한 사람들이 마치 어린애처럼 비논리적이고 명확하게 생각하지 못하다니 정말 놀라울 정도입니다. 그러나 그것은 바로 죄가 우리에게 가져다준 결과입니다. 이 자기기만을 두 가지 면에서 살펴보겠습니다.

먼저 여로보암은 분명 자신이 하고 있는 일이 잘못되었다는 것을 알고 있었습니다. 앞서 말씀드린 대로, 그는 하나님을 더 이상 믿지 않았기 때문에 종교 체계를 바꾼 것이 아닙니다. 다만 새로 세운 체계도 옛날 체계와 같은 것이니 그대로 실천하면 옛 것과 같은 효과를 얻을 것이라고 말했습니다. 그것이 사실인 양 백성을 설득했습니다. 그러나 자기 자신만은 절대 설득하지 않았습니다. 그는 줄곧 그 모든 것이 알맹이 없는 모조품으로 완전히 쓸모없다는 사실을 알고 있었습니다. 그런데도 백성에게는 그 일을 계속하게 했습니다. 그것이 그의 다른 목적에 꼭 들어맞았기 때문입니다.

그러나 어린 아들 아비야가 덜컥 병이 들자, 그는 자신의 진짜 생각을 아주 분명하게 보여줍니다. 그는 단이나 벧엘로 가지 않았습니다. 자기가 만든 금송아지들한테 가서 의논하거나, 그것들에 제물과 향을 바치지도 않았습니다. 왜 그랬을까요? 그것들이 도울 수 없다는 사실을 진작 알고 있었기 때문입니다. 그는 아내를 하나님의 선지자에게 보냈습니다. 자기가 왕이 될 것을 예언한 사람, 자기에게 나병이 발하게 했다가 기적적으로 고쳐준 또 다른 선지자(왕상 13:4-6)와 동일하신 하나님을 섬기는 선지자 아히야에게 아내를 보냈습니다.

여로보암은 자기가 만들어낸 종교 체계가 전혀 쓸모없을 뿐 아니라 아무 가치도 없다는 사실을 알고 있었습니다. 그리고 그 반대가 유일하고 참된 종교라는 사실을 알고 있었습니다. "그런데 어떻게 사람들에게 그런 명을 내릴 수 있죠?" 이렇게 반문할 사람도 있을 것입니다. 반문하는 것도 당연합니다. 그 반문에 대한 대답은 오직 한 가지뿐입니다.

속으로는 무엇이 참되고 옳은지 아는데도 의도적으로 옳지 않은 일을 행하면서 모든 것이 괜찮을 거라고 자신을 속인 것입니다. 위기나 절망적인 필요가 닥치면 진심이 드러납니다. 그러나 만사가 형통할 때는 모든 것이 괜찮다고 자신을 설득하여 양심을 질식시킬 뿐 아니라 자기 안에 있는 하나님의 음성과 다툽니다. 이런 모습은 자기 자신을 속이는 사람들 모두에게서 전형적으로 나타납니다. 이 점은 쟁론할 여지가 없습니다.

우리는 우리 안에 있는 양심의 소리를 들어야 합니다. 우리는 양심을 통해 무엇이 옳은지, 무엇을 행해야 하는지, 어떤 존재가 되어야 하는지를 듣습니다. 양심은 우리에게 성경에 있는 모든 말씀은 참되며 하나님은 거룩하시니 그분 계명에 반드시 순종해야 한다고 확신시켜줍니다. 우리는 이런 것들을 분명하게 압니다. 정직하게 내적 충고를 듣기만 하면, 선과 악, 옳고 그름, 도덕적인 것과 부도덕한 것의 차이를 분명히 알 수 있습니다. 정확히 알 뿐 아니라, 분명히 알 수 있습니다.

그러나 분명히 알면서도 우리는 여로보암처럼 행합니다. 그 이유를 아십니까? 우리가 그토록 분명하게 알고 있는 모든 것이 마음에 들지 않기 때문입니다. 우리 계획에 맞지 않기 때문입니다. 그것과 반대되는 다른 것을 하고 싶기 때문입니다. 우리는 그 다른 것을 몹시 하고 싶은 나머지 결국 그 일을 행하며 우리 자신을 위해 새로운 종교를 고안해냅니다. 그런 다음에는 이 새로운 종교가 옳다는 사실을 입증하기 위해 구구한 말들을 늘어놓습니다. "그 진짜 종교는 지나치게 많은 것을 요구한다. 간단하고 새로운 이 종교면 충분하다." 우리의 견해에 반(反)하는 모든 이유와 주장을 우리의 달변으로 꺾어버립니다.

이처럼 우리는 우리 안에 있는 양심, 우리 안에 있는 빛과 쟁론합니다. 우리가 옳다고 우기며 자신을 설득하고, 일종의 지적이고 철학적인 정당방위로 우리의 삶과 행동 양식에 구구한 변명을 늘어놓습니다. 우리의 지성과 양심이 맞서고, 우리가 옳다고 믿고 있는 생각과 우리가 분명히 옳다고 알고 있는 지식이 서로 충돌합니다. 삶이 매끄럽게 진행되어 아무 문제가 없을 때는 모든 것이 괜찮습니다. 젊고 힘이 있고 건강할 때는 그 체계가 완벽해 보입니다. 이따금씩 양심이 콕콕 쑤셔 아프긴 하지만 이런저런 핑계를 대며 묵살시켜버립니다.

그런데 아비야가 병이 납니다. 우리 자신이 병들 수도 있습니다. 그때는 우리가 그동안 줄곧 자기기만에 빠져 살았음을 알고 있었다는 사실을 자인할 수밖에 없습니다. 타이타닉호가 빙산을 들이받았을 때 배에 있던 밴드는 "내 주를 가까이 하게 함은"을 연주하기 시작했다고 합니다. 우리는 그저 잔꾀 부리는 짓만 멈추면 됩니다. 그러면 인생의 큰 위기를 만났을 때 하나님의 진리가 무엇인지 분명히 알게 됩니다.

여러분 안에 있는 소리, 여러분의 지성보다 훨씬 크고 깊은 그 소리를 들으십시오. 여러분을 가르치는 내적인 지시와 충고에 귀를 기울이십시오. 듣기에만 좋은 인간의 이론이 아닌 하나님의 진리를 들으십시오. 여로보암이 자신을 속인 것처럼 여러분 자신을 속이지 마십시오. 여러분 스스로 하나님 자리에 세워놓은 금송아지들을 보십시오. 성경이 가르치는 것과 여러분이 주창하고 변호하는 것을 비교해 보십시오. 여러분의 삶과 성경에 나오는 성도의 삶을 비교해 보십시오. 여러분 자신에게 솔직하십시오!

경건치 못한 삶에 대해 진정으로 해줄 수 있는 말이 무엇일까요? 경건치 못한 삶을 매끄럽게 다듬거나 무엇을 빼지 말고 있는 그대로 정확히 조사하십시오. 그것이 우리 영혼에 가져다주는 것은 과연 무엇입니까? 무엇보다 그것을 영원이라는 빛 속에서 조사해 보십시오. 경건한 삶은 편협하다며 공격하지 말고 경건치 못한 삶의 어떤 면이 정말 그렇게 좋고 옹호할 만한지 냉철하게 분별해 보십시오. 우리가 쟁론할 때 사용하는 멋진 말이나 의식은 우리의 판단을 흐리게 하고 우리를 기만합니다. 아무리 멋지게 꾸며 봤자 금송아지는 금송아지일 뿐입니다. 그것이 그저 금송아지에 지나지 않는다는 사실은 우리가 그것을 가장 필요로 할 때 금송아지 자신이 증명해 줄 것입니다.

객관적으로 생각해 볼 때, 자기기만 속에는 그보다 비극적이고 불가해한 요소가 들어 있습니다. 이것이 자기기만에서 살펴볼 두 번째 면입니다. 자기기만은 스스로 자기 꾀에 속아 넘어가는 것입니다. 아비야가 병들자 여로보암은 자신이 만든 가짜 종교가 무용지물이라는 사실을 알고 다른 데서 도움을 얻기 위해 노심초사했습니다. 그래서 결국 아내를 아히야 선지자에게 보내기로 결심합니다. 나중에 살펴보겠지만, 그는 이런저런 이유로 직접 가지 않고 아내를 보냅니다. 그런데 아내에게 가난한 여자처럼 변장하고 가되 선물도 가지고 가게 합니다! 선지자가 아내를 알아보면 무슨 일이 일어날지, 그가 아내에게 무슨 말을 할지 두려웠던 것입니다. 그래서 반드시 변장을 해야 한다고 했습니다! 그는 선지자를 멍청이로 만들면서 동시에 자신에게 필요한 것을 정확히 얻어낼 작정이었습니다. 아내의 신분을 밝히지 않은 채 아히야 선지자에게서 자기가 원하는 지식과 도움을 얻어오게 하려고 했습니다. 얼마나 영리한 생각입니까! 얼마나 간교한 생각입니까! 얼마나 완벽한 술책이며 철저한 계획입니까! 또 얼마나 전형적인 죄의 모습이자 죄인의 모습입니까! 이때 여로보암은 자기가 굉장히 똑똑하다고 생각했을 것입니다! 그러나 그의 이 영리함은 좀 더 분명하게 생각하지 못한 무지에 근거합니다.

이야기의 결말이 어떻게 되었는지 한번 보십시오. 그 잔꾀에 속아 넘어간 사람은 결국 자기 자신뿐이었습니다! 이것은 모두 그가 분명하고 정직하게 생각하지 않았기 때문입니다. 교활함, 주도면밀함, 약삭빠름은 모두 사람의 사고 능력을 마비시키는 교만과 자기기만에 근거하고 있습니다. 여로보암은 틀림없이 자신이 아주 영리하다고 생각했을 것입니다. 그래서 아내가 집을 나서기도 전에 벌써 그 계획이 성공할 것을 상상하며 속으로 좋아했을 것입니다. 그러나 그가 좀 더 분명하게 생각했더라면, 자신의 계획이 얼마나 앞뒤가 맞지 않는 엉터리인지 깨달을 수 있었을 것입니다.

여로보암은 바로 그것을 좀 더 신중히 생각해 봐야 했습니다. 아내에게 찾아가 보라고 한 아히야 선지자는 그에게 이스라엘 왕이 될 것이라고 예언한 사람입니다. 그것도 솔로몬이 아직 살아 있을 때 그렇게 예언한 사람입니다. 그는 미래까지 내다볼 줄 아는 사람입니다. 보통 사람 눈에는 감추어져 있는 지식까지 접근할 수 있는 사람입니다. 그는 시각이나 촉각처럼 평범한 인간의 수단을 의지하지 않고도 정보를 알아낼 수 있는 사람입니다. 하나님의 능력으로 미래를 읽을 줄 알고 미래의 사건들을 미리 말할 수 있는 사람입니다. 그는 정말 기적적인 능력을 지닌 사람입니다. 그런데 아내가 약간의 화장을 하고 낡은 옷만 입으면 그 사람을 속일 수 있다고 생각하다니, 얼마나 어리석습니까! 여로보암이 어리석다는 사실이 얼마나 여실히 드러나는지 한번 보십시오.

여로보암의 아내가 그 집에 도착했을 때 아히야 선지자는 실제로 눈이 어두워 제대로 보지 못하는 상태였습니다. 어떤 의미에서 보면 연로한 선지자가 이미 시력을 잃었기 때문에 여로보암의 아내는 전혀 변장할 필요도 없었다는 이야기입니다. 그런데 여로보암의 아내가 문으로 들어올 때 어떤 일이 벌어집니까?

그가 문으로 들어올 때에 아히야가 그 발소리를 듣고 말하되 여로보암의 아내여 들어오라 네가 어찌하여 다른 사람인 체하느냐 내가 명령을 받아 흉한 일을 네게 전하리니(왕상 14:6).

그렇습니다. 여로보암의 아내가 변장했지만, 게다가 자신이 눈이 멀었지만 아히야 선지자는 그를 알아보았습니다. 그리고 그에게 그에 관한 모든 것과 가정사를 말해 주었습니다. 어떻게 그럴 수 있었을까요?

그 대답은 앞 절에 나와 있습니다. "여호와께서 아히야에게 이르시되."

이 모든 것을 우리에게 적용시켜봅시다. 우리는 정말 어리석습니다! 그러면서도 우리 자신이 굉장히 똑똑한 줄 알고 있습니다! 우리는 우리가 하나님의 율법을 당겼다 늦췄다 할 수 있다고 자신을 설득합니다. 그리고 마음 내키는 대로 삽니다. 그러다가 위기가 닥치면 근심어린 표정을 짓고, 위선적인 눈물을 흘리며, 독실한 신자인 척 거룩한 가면을 쓴 채 하나님께 약간의 선물을 들고 가서 도움을 청합니다. 그것이 정말 효력을 발할 것이라고 생각하며 말입니다. 우리는 멋대로 살다가 하나님이 꼭 필요할 때 막판에 가서 하나님께 돌아서면 된다고 우리 자신을 설득합니다. 이런 식으로 하나님을 우롱할 수 있다고 생각합니다. 이 말씀을 기억하지 못한 채 말입니다.

> 하나님의 말씀은 살아 있고 활력이 있어 좌우에 날선 어떤 검보다도 예리하여 혼과 영과 및 관절과 골수를 찔러 쪼개기까지 하며 또 마음의 생각과 뜻을 판단하나니 지으신 것이 하나도 그 앞에 나타나지 않음이 없고 우리의 결산을 받으실 이의 눈앞에 만물이 벌거벗은 것같이 드러나느니라(히 4:12, 13).

하나님을 믿는다고 하지 않으면서 생전 하나님께 돌아서지 않는다면, 전혀 다른 이야기입니다. 그런데 우리는 하나님을 믿는다고 말합니다. 하나님은 전능하시고 절대적인 분이라고 고백합니다. 그러면서 그 하나님을 속일 수 있다고 생각하는 것입니다! 이 얼마나 무모하고 어리석은 짓입니까? 한번 조리 있게 조용히 생각해 보십시오. 여로보암은 그렇게 조리 있게 생각하지 않았습니다. 자신을 더 이상 바보로 만들지 마십시오. 하나님은 전능하십니다. 우리에 관한 모든 것을 알고 계십니다.

셋째, 제가 이렇게 하라고 간청하는 이유는 여로보암이 밟은 행동 절차에 따라 나올 수밖에 없는 불가피한 결과 때문입니다. 지금까지 여로보암의 자기기만을 강조했습니다. 그러나 그런 상태에서도 여로보암은 틀림없이 수치심을 느꼈을 것입니다. 아들의 병이 심해지자 여로보암은 자신이 저지른 일들을 돌아보지 않을 수 없었습니다. 그는 자신이 한 모든 행동이 전적으로 쓸데없는 짓이었다는 사실을 깨달았습니다. 그리고 틀림없이 자기 자신을 경멸했을 것입니다. 그래서 한편으로 수치심 때문에, 또 한편으로는 하나님의 사람을 대면하는 것과 자신이 들을 말이 두려워서 직접 가는 대신 아내를 보냈을 것입니다. 얼마나 딱한 사람입니까! 여러분도 그 결과가 어떻게 되었는지 잘 알고 계실 것입니다. 그의 아내는 재앙과 저주가 담긴 무서운 메시지를 듣고 돌아오고(왕상 14:7-16), 아비야는 결국 죽습니다. 모든 것을 잃은 것입니다.

진작부터 이렇게 될 줄 몰랐습니까? 여러분은 곤궁에 빠져 곤란할 때 하나님께 향했습니다. 그때 여러분 자신이 정말 비열한 인간이라는 생각이 들지 않았습니까? 혹시 여러분 안에서 이런 속삭임이 들리지 않습니까? '불쌍한 겁쟁이야. 잘난 척하면서 양심과 하나님의 소리 듣기를 그토록 거부하고 멋대로 굴더니 왜 하나님께로 돌아서니? 계속 그렇게 살지!' 이보다 무섭고 끔찍한 것이 있을까요? 이런 양심의 소리를 듣고 나면 두렵다는 생각이 듭니다. 하나님께 돌아설 권리가 전혀 없다는 생각이 듭니다. 자기 자신이 아주 야비한 인간이라는 생각이 듭니다. 종교 체제가 나에게 맞고, 나를 기쁘게 해주고, 내가 편리한 대로 하나님을 이용할 수 있을 때만 하나님께 돌아서는 아주 야비한 인간이라는 생각이 듭니다. 그러나 우리는 그 사실을 어떻게 할 수 없습니다. 완전히 무기력합니다. 자신이 하나님 손에 있다는 것을 압니다. 하나님의 능력을 깨닫고 있으며 우리 자신이 잘못했다는 사실을 압니다. 그런 옹졸하고 비열한 행동에 대해서는 형벌밖에 돌아올 것이 없다는 사실을 인정해야 합니다.

여러분, 이런 사실을 알고 느껴보신 적이 있습니까? 만일 없다면, 여러분은 하나님을 전혀 믿지 않는 것입니다. 어느 누구도 이런 두려움과 수치심을 느끼지 않은 채, 살아 계신 하나님 존전에 나타날 수는 없기 때문입니다. 여러분은 그동안 아프거나 무슨 일이 있을 때마다 하나님께 갔습니다. 그때 이미 이런 것을 느꼈을 것입니다. 그렇지 않습니까?

마지막 날 하나님을 그렇게 대면해야 한다고 한번 생각해 보십시오! 그렇습니다. 우리는 절대 하나님을 우롱할 수 없습니다. 우리는 하나님의 구원의 도에서 우리가 좋아하는 것만 뽑아 취하고 나머지를 모두 버릴 수는 없습니다. 그것을 있는 그대로 다 받아들이든지 다 버리든지 둘 중 하나뿐입니다. 하나님을 우롱하고 기만하여 우리 방식대로 천국에 갈 수 있다고 생각한다면, 반드시 이 사실을 깨닫게 될 것입니다. 어느 날 잠에서 깨어 눈을 떠보니 그동안 우리에게 속아 멍청이가 된 사람은 오직 우리 자신뿐이었다는 사실 말입니다.

여로보암은 한 번도 회개하지 않았습니다. 그가 회개했다면, 그가 직접 아히야 선지자에게 갔다면, 가서 그동안 저지른 죄와 어리석음과 수치심을 고백했다면, 이야기는 전혀 달라졌을 것입니다. 물론 어느 정도 달라졌을지는 순전히 상상에 속한 문제지만 말입니다.

그러나 이 말만은 절대 상상이나 추측이 아닙니다. 우리가 지금 그 어리석음과 공허함을 깨닫는다면, 하나님을 속이려고 시도하는 것 자체가 얼마나 정신 나간 짓인지 깨닫는다면, 그것을 깨닫고 슬퍼하며 창피해서 하나님께 고백한다면, 우리 자신을 하나님의 긍휼에 내맡긴 채 모든 것을 자복하고 이제부터 악한 길을 버리고 오직 하나님만 기쁘시게 해 드리는 삶을 살겠으니 용서해 달라고 빈다면, 하나님은 우리를 받아주실 뿐 아니라 그 모든 것을 완전히 용서해 주시고 축복을 물 붓듯 부어 주실 것입니다.

제가 어떻게 아느냐고요? 어떻게 증명할 수 있느냐고요? 하나님의 아들 나사렛 예수 그리스도가 바로 그 대답입니다. 주님은 우리의 용서와 구원을 값 주고 사기 위해 이 땅에 오셔서 살다가 죽으셨고 다시 살아나셨습니다. 그리스도는 우리로 하여금 죄를 용서받고 천국에 대한 소망을 품게 하시려고 자기 자신을 죽음에 내어주셨습니다. 그뿐만 아니라 "모든 불법에서 우리를 속량하시고 우리를 깨끗하게 하사 선한 일을 열심히 하는 자기 백성이 되게 하시려고"(딛 2:14) 자신을 내어주셨습니다.

지금까지 논리적으로 설명해 보려고 나름대로 애썼습니다만, 이 모든 것은 십자가 속에 요약되어 있습니다. 아이작 와츠의 말은 정말 맞습니다. 십자가를 진정으로 본 사람, 십자가가 무엇을 의미하는지 진정으로 깨달은 사람이라면 와츠가 지은 "주 달려 죽은 십자가"라는 찬송가 가사처럼 그렇게 조리 있게 생각할 줄 알아야 합니다. 우리는 거룩한 삶과 하나님의 계명을 싫어합니다. 그보다 다른 것들을 소원하고 좋아합니다. 그러나 십자가의 빛 속에서 그것들을 보십시오. 그 빛 속에서 우리의 교만과 알량한 소유물을 보십시오. 그 모든 것이 얼마나 헛되게 보입니까? 또 그것이 영원한 소유물이나 되는 양 하나님과 하나님의 거룩하신 뜻보다 소중히 여기고 있는 우리 자신의 모습이 얼마나 어리석고 비열해 보입니까?

그리스도께서 돌아가셨습니다. 그리스도는 우리에게 모든 것을 주셨을 뿐 아니라 자신마저 내어주셨습니다. "큰 자비를 나타내신" 그곳을 다시 한 번 보십시오. "그분은 우리를 선하게 만들기 위해 죽으셨습니다." 그리고 우리를 하나님과 화목하게 하려고 죽으셨습니다. 그렇다면 이런 주님의 사랑에 우리는 과연 어떻게 화답해야 될까요? 아마 와츠가 지은 찬송가처럼 화답해야 할 것입니다.

온 세상 만물 가져도 주 은혜 못 다 갚겠네.
놀라운 사랑 받은 나, 몸으로 제물 삼겠네.[1]

이 모든 것을 그리스도께 드리십시오!

---

1) 아이작 와츠, "주 달려 죽으신 십자가", 새찬송가 149장.

10장
인간이 치유할 수 없는 병[1]
나병환자 나아만 1

> 아람 왕의 군대 장관 나아만은 그의 주인 앞에서 크고 존귀한 자니 이는 여호와께서 전에 그에게 아람을 구원하게 하셨음이라 그는 큰 용사이나 나병환자더라. _열왕기하 5장 1절

본문은 아람 왕의 군대 장관 나아만의 놀라운 이야기가 기록된 장에서 가장 처음 나오는 구절입니다. 이 구절을 주의 깊게 보시기 바랍니다. 이 구절은 성경 어디서나 가르치고 있을 뿐 아니라 그리스도인의 구원과 관련된 매우 중요한 원리를 보여주는 아주 훌륭한 실례입니다.

성경의 메시지는 오직 하나입니다. 성경은 신약과 구약 둘로 되어 있지만 한 권의 책이며 한 메시지를 전해 줍니다. 성경의 목적은 단 한 가지를 다루고 있습니다. 바로 인간과 하나님의 관계입니다. 성경은 이 세상에서 가장 실제적인 책입니다. 세상에는 자기들이 굉장히 현실적이라

---

[1] 웨스트민스터 채플, 1960년 2월 14일.

서 성경을 읽거나 성경을 토대로 한 설교를 들을 시간이 없다고 말하는 어리석은 사람들도 있습니다. 그들은 "우리는 진짜 인생을 살고 싶다"고 말합니다. 그러나 사실은 성경이야말로 우리로 하여금 진짜 인생을 살 수 있게 해줍니다.

성경은 이론적인 책이 아닙니다. 우리가 있는 바로 그 자리로 찾아와 우리가 당하고 있는 고통의 원인을 말해 줍니다. 그뿐 아니라 우리가 그 모든 고통에서 구원받을 수 있는 유일한 길을 제시해 줍니다. 그 길은 신약뿐 아니라 구약도 제시하고 있습니다.

신약과 구약의 차이는 오직 한 가지뿐입니다. 바로 메시지가 제시되는 형식입니다. 구약은 모형, 앞으로 올 일들을 예언합니다. 실체를 알려주는 그림자가 그 안에 들어 있습니다. 그리고 신약에서는 그 위대한 일이 성취됩니다. 그러나 신구약의 원리는 동일합니다.

사도 바울은 서신서에서 구원의 길은 오직 하나이며, 믿음으로 말미암는다고 말했습니다. 사도 바울이 믿음으로 구원받은 것처럼 아브라함 역시 믿음으로 구원받았습니다. 위대한 믿음장인 히브리서 11장을 보십시오. 그 모든 사람이 어떻게 믿음으로 구원받았는지 잘 나와 있습니다. 하나님을 알고 악한 세상과 마귀에게서 구원받을 수 있는 길은 오직 하나뿐입니다. 바로 믿음의 길입니다. 우리는 그것을 구약 어디서나 볼 수 있습니다. 아벨, 아브라함, 이삭, 야곱, 모세, 다윗, 여러 선지자와 같은 위대한 인물들에게서 볼 수 있습니다. 구약의 구원도 신약의 그것과 같습니다.

그런데 신약과 마찬가지로 구약에서도 이 메시지에 걸려 넘어지는 사람들이 있습니다. 이 사람 나아만이 아주 좋은 실례라고 할 수 있습니다. 따라서 이 사람을 살펴볼 때 우리는 신약에서 좀 더 분명히 가르치고 있는 동일한 원리를 구약에서 아주 생생하고 극적인 방식으로 보게 되는 셈입니다. 저는 의도적으로 이 본문을 택했습니다. 이 예가 우리 모두에게 도움을 줄 수 있을 것이라고 생각했기 때문입니다.

우리는 지금까지 교리와 가르침과 원리를 집중적으로 다뤄왔습니다. 우리가 배운 교리와 가르침과 원리를 구체적인 예에서 볼 수 있다면, 많은 사람에게 유익할 것입니다. 하나님은 우리에게 교훈뿐 아니라, 그 교훈을 생생하게 보여주는 실례와 이야기까지 주실 정도로 인자하시며 세심하십니다. 그렇다면 이 중요한 문제를 아람 사람 나아만의 모습을 통해 살펴보는 것도 좋을 것입니다.

이 단락에서 우리가 얻을 수 있는 첫 번째 사실은 죄는 인생을 망친다는 것입니다.

> 아람 왕의 군대 장관 나아만은 그의 주인 앞에서 크고 존귀한 자니 이는 여호와께서 전에 그에게 아람을 구원하게 하셨음이라 그는 큰 용사이나
>
> (왕하 5:1).

성경에 적힌 대로 인용한 것입니다. 그 왕에 의해 크고 존귀하게 된 자, 뛰어나기 때문에 존귀하게 된 자, 선천적인 재능과 능력을 지닌 자, 대단한 용기를 갖고 있어서 자기 군대를 아주 잘 통솔하는 자. 그래서 그는 "주인 앞에서 큰 자"였습니다. 나아만에 관해 읽어보면 밑에서부터 차근차근 밟아 올라온 사람으로 거의 완전에 가까운 인물 같습니다. 그런데 여기 "그러나"("but", 한글 개역개정 성경은 별도로 번역하지 않았다_옮긴이)라는 단어가 나옵니다. "그러나 나병환자더라." 바로 그 구절에서 우리는 성경이 죄에 관해 말하는 모든 것을 보게 됩니다. 나병을 통해 죄의 모

습이 완전하게 전달되고 있기 때문입니다. 구약 시대든 신약 시대든, 나병은 죄의 모형 또는 죄의 실례로 나타나 있습니다.

누구나 인생을 망치는 것이 있다는 사실을 알고 있습니다. 오늘날은 인생에 좋은 것이 매우 많습니다. 그렇지만 우리가 말씀을 듣는 것은 우리 모두 인생을 망치는 것이 있다는 사실을 알고 있기 때문입니다. 우리는 그것이 인생 전반에 있음을 압니다. 우리 개인의 삶과 체험을 통해서도 익히 알고 있습니다. 금세기는 얼마나 뛰어나고 우수한 세기인지 모릅니다. 지식, 특히 과학적인 지식에서 이룬 모든 진보, 의약계와 질병 치료 분야의 괄목할 만한 발전, 주거와 교육, 문화에서 이룬 모든 진보……. 그래서 오늘날은 모든 사람이 이전 어느 때보다 잘 살고 있습니다. "이렇게 좋은 적은 한 번도 없었다고 할 만큼" 잘 살고 있습니다. 그러나 모든 것이 괜찮다고 말하는 사람은 하나도 없습니다.

여기서 바로 그 치명적인 "그러나"가 끼어듭니다. "그러나"는 항상 있습니다. 금세기 내내 있었습니다. 1930년대를 한번 생각해 보십시오. 그때도 히틀러라는 사람만 없으면 모든 것이 괜찮을 거라고 말했습니다. 늘 그런 식입니다. 모든 것이 완전한데도 "그러나"가 있습니다. "그러나"는 늘 따라다닙니다.

이 세상은 마치 아람 사람 나아만과 같습니다. 우리는 이 시대에 대해 얼마든지 이런저런 자랑을 할 수 있습니다. 예를 들어, 세상이 지금처럼 멋진 적은 없었다든가, 이렇게 많은 오락 시설을 갖춘 적은 일찍이 없었다든가, 모든 사람이 개선되었다든가, 환경과 여건과 모든 것이 전보다 나아졌다고 말할 수 있을 것입니다. 그러면 지금의 세상이 완전하다고 말할 수 있을까요? 그렇지는 않습니다.

지금 이 세상은 완전하지 않습니다. "그러나"가 있습니다. 무언가 잘못된 것, 나병처럼 모든 것을 망쳐 놓을 것 같은 무언가가 있습니다. 미래에 대한 불안감이 찾아드는 것입니다. 이 모든 번영이 과연 지속될까? 이 세상은 이제 무엇을 하려고 할까? 혹시 또 다른 전쟁을 위해 일하고 있는 것은 아닐까? 거의 모든 것이 완벽하다고 생각하려는 바로 그 순간, 이 "그러나"가 끼어듭니다. 그런데 그것을 없애버릴 수가 없습니다. "그러나"는 이처럼 일반적인 것 속에서 볼 수 있습니다.

이제 그것을 특별한 것 속에서 살펴봅시다. 거기서도 같은 것을 발견할 수 있을 것입니다. 성경에 따르면 인간의 삶은 죄가 이 땅에 들어온 이래 지금까지 한 번도 완전한 적이 없으며, 흠잡을 데 없이 완벽해 본 적도 없습니다. 하나님이 태초에 만드신 인간은 흠잡을 데 없이 완전했습니다. 그의 인생은 정말 완벽했습니다. 에덴동산에는 부족한 게 하나도 없었습니다. 인간은 하나님의 형상에 따라 완전하게 만들어졌습니다. 모든 것을 누릴 수 있었습니다. 정말 부족한 게 전혀 없었습니다. 실망이나 불행, 뭔가 잘못되어가고 있는 것이 하나도 없었습니다. 하나님이 그 모든 것을 보시고 좋았다고 말씀하셨습니다. 그때 인생의 특징을 말하라면 바로 완전함, 완벽함이었습니다. 아무 흠이 없고, 아무것에도 주의를 빼앗기지 않았습니다. 그런데 죄라는 치명적인 것이 들어와 인간에게서 완벽함과 완전함을 앗아갔습니다. 그래서 우리 모든 사람의 인생이 "이것도 좋고 저것도 좋은데 '그러나'……"로 묘사될 수밖에 없는 것입니다. 죄 때문에 인생이 망가지고 파괴되었습니다.

어떤 사람이 이 세상에서 아무리 성공한다 할지라도 그 성공은 완전하고 완벽할 수 없습니다. 아니 완벽하고 완전한 성공 같은 것은 아예 없습니다. 완전하고 완벽한 행복도, 흠 없이 완전하고 완벽한 평강도 없습니다. 이 세상 위인들의 전기나 자서전을 읽어보십시오. 그러면 여기

나온 이 "그러나"가 지닌 요점을 생생하게 볼 수 있을 것입니다. 이 점을 그보다 잘 보여주고 있는 것도 아마 없을 것입니다.

아주 유능하고 야심만만한 사람이 있습니다. 그는 자기 자신과 가족에게 이렇게 말합니다. "내가 그 자리까지만 갈 수 있다면, 모든 것이 괜찮아질 텐데." 그래서 바라던 자리까지 갑니다. 그런데도 모든 것이 괜찮아지지 않습니다. 그 자리에 오르면 항상 무언가 또 부족한 것이 생겨서 그것을 바라게 됩니다. 제가 비관주의자이기 때문에 이런 말씀을 드리고 있다고 생각하지 마십시오. 저는 지극히 현실적인 사람입니다. 다만 위인들의 전기에서 발견한 것을 말씀드리고 있을 뿐입니다. 우리는 소설에서도 이것을 발견할 수 있습니다. 저자가 단순히 인기나 얻으려고 나선 사람이 아닌, 진짜 소설가라면 말입니다.

어떤 철학자의 말대로 "인생의 비극"이라고나 할까요? 아무튼 인간이 누리는 행복과 완전함 속에는 항상 원치 않는 무언가가 들어 있습니다. 전부 가졌다고 생각하는 바로 그 순간, 다시 부족함을 느끼게 만드는 무언가가 있습니다.

예를 들어 한 사람이 대단한 자리에 올랐다고 해봅시다. 그렇습니다. 마침내 그가 늘 원하던 자리에 오른 것입니다. 그러나 곧 사람들이 그를 시기 질투하고 있다는 사실을 알아챕니다. 그들은 그가 혹시 실수하지 않을까 호시탐탐 노리고 있습니다. 그 자리를 차지하기 위해 그가 갑자기 그 자리에서 떨어지기만 기다리고 있습니다. 그래서 그가 병에 걸리거나 은퇴할 때가 되어도 전혀 실망하거나 마음 아파하지 않습니다. 그 사람은 이 모든 사실을 알고 있습니다. 그리고 바로 그것 때문에 기분이 상하고 맙니다. 어떤 시인은 그것을 이런 식으로 표현했습니다. "왕관을 쓴 머리는 편안하게 잠들지 못한다." 왕관을 쓴 사람은 불안합니다. 왕관을 갖고 싶어하는 사람, 어디선가 칼을 갈며 왕관을 노리고 있는 사람이 있다는 것을 잘 알고 있기 때문입니다. 그는 그 자리에 이르렀고, 왕관을 얻었으며, 마침내 정상에 올랐습니다. 그런데 "그러나"가 끼어듭니다. 이처럼 항상 뭔가 잘못된 것이 있습니다.

성경은 이런 이야기로 가득합니다. 에스더서를 보면 아하수에로 왕의 총애를 받는 하만이라는 사람이 나옵니다. 하만은 높은 자리에 올랐습니다. 모든 것을 가진 그는 자신이 그처럼 위대한 사람이 되었으니 이제 아무것도 자신의 삶을 망쳐놓지 못할 거라고 생각했습니다. 심지어 자기가 길을 지나갈 때면 누구나 자기에게 절해야 한다고 발표했습니다. 그런데 모든 사람이 그에게 절했지만 유독 모르드개만은 절을 하지 않았습니다. 하만은 그것 때문에 아주 기분이 상했습니다. 그래서 집에 돌아가 아내에게 이 일을 불평합니다. 그는 비참하고 불행하다는 생각이 들었습니다. 그는 왕에 의해 존귀하게 되었고, 가장 높은 자리에 올랐으며, 칙령을 발표하고 집행할 수 있는, 사실상 왕의 권세를 지닌 사람입니다. 그러기에 모든 백성이 그에게 절을 합니다. 그러나 그에게 절하지 않겠다고 버티고 있는 사람이 딱 한 명 있었습니다. 이 모든 것에도 불구하고 그 한 가지 때문에 그는 불행했습니다. 아내가 문제가 무엇이냐고 묻자 그는 이렇게 대답했습니다. "모르드개라는 놈이 있는데 그 놈이 내게 절을 하지 않는단 말이야." 우리 인생의 모습을 얼마나 잘 나타내주는 장면입니까!

나아만은 그의 주인 앞에서 크고 존귀한 자였습니다. 여호와께서 전에 그를 통해 아람을 구원하셨기 때문입니다. 그는 큰 용사였습니다. 그러나 나병환자였습니다. 그것이 그의 모든 것을 망쳐놓았습니다. 때로는 문제가 다른 사람일 때도 있습니다. 때로는 자기 자신, 자기 성질, 자기 체질일 때도 있습니다. 이 땅을 살다간 거부(巨富)들의 이야기를 한번 읽어보십시오. 어떤 이야기든 그것을 읽은 다음 그 뒤에 숨겨져 있는 내막을 알아보십시오. 그러면 그들이 자신의 고약한 성질 때문에 몹시 불행했다는 사실을 발견할 것입니다. 우리는 인기 있는 훌륭한 배우들을 보면 "아, 얼마나 멋지고 훌륭한가!"라고 말합니다. 그러나 그들이 무대에 오르기 전, 아니 심지어 무대에서 연기하고 있을 때조차, 그리고 연기가 끝난 후에 무엇을 겪는지(긴장감, 신경과민, 체질성 질환 등) 조금이라도 안다면, 아마 그런 말을 하지 않을 것입니다. 그들의 성공은 끝이 없는 것처럼 거의 완벽해 보입니다. 그러나 그 사람을 깊이 알고 나면, 그 사람에게도 나병이 있음을 발견하게 됩니다. 계속해서 쑤시고 아픈 통증을 발견하게 됩니다!

그 나병은 집에서 일어나는 문제일 때도 있습니다. 우리는 "만일 이렇게만 할 수 있다면", "저렇게만 할 수 있다면"이라는 말을 정말 자주 듣습니다. 항상 모든 것을 망치게 하는 무언가가 있습니다. 바로 이것이야말로 인생의 큰 문제이며, 사람들이 그렇게 많이 이혼하는 사유입니다. 어떤 사람은 이렇게 말합니다. "물론 내가 이런 짓도 하고 저런 짓도 한 것은 사실이다. 그러나 나는 불행하다. 내가 실수를 하긴 했지만 아내는 나를 이해하지 못하는 것 같다. 아내는 나와 같이 살려고 하지 않는다. 아, 아내가 나와 함께 살아만 준다면 얼마나 좋을까!"

"그러나"는 항상 우리 삶 속에 들어와 인생을 망쳐놓는 치명적인 나병입니다. "내 하나님의 말씀에 악인에게는 평강이 없다 하셨느니라"(사 57:21). 그 사람이 얼마나 멋지든 얼마나 성공하든, 아무 상관이 없습니다. 나병 같은 죄가 항상 들어와 전체를 망쳐놓습니다.

죄는 단지 우리가 나무랄 데 없이 행복하다고 느끼는 순간 무언가 부족한 것을 발견하고, 그 행복에서 눈을 돌리게 만드는 것만이 아닙니다. 죄는 실제로 우리를 불행하게 만듭니다. 죄 된 인생을 따라가 보십시오. 이 세상길을 따라가 보십시오. 그러면 불행과 비참이 뭔지 알게 됩니다. 그리고 그 후에는 반드시 깊은 자책이 찾아옵니다. 우리 자신이 자기 자신은 물론, 다른 사람들에게까지 고통의 원인이 됩니다. 죄는 인간에게 실제로 불행을 안겨줍니다. 나아만의 문제는 나병 때문에 자신이 가진 모든 것에 만족하지 못한 채 항상 다른 곳으로 눈을 돌렸다는 것만이 아닙니다. 그의 문제는 나병이 실제로 그를 비참하게 만들었다는 것입니다. 죄가 있는 곳에는 항상 고통과 슬픔이 따라다닙니다. "여전히 슬픈 인간의 노래"라든가 생의 비애감, 인생의 비극, 이런 것이 무엇 때문에 생긴다고 생각하십니까? 성경은 죄 때문이라고 말합니다. 인생은 본래 이렇게 만들어지지 않았습니다. 그러나 죄가 항상 말썽을 일으킵니다.

　이렇게 생각해 봅시다. 죄가 가진 더럽고 불쾌한 특성은 나병과 같습니다! 이 나병은 무섭고 끔찍하고 혐오감을 불러일으킵니다. 그것이 바로 나아만이 고통당하는 이유입니다. 죄는 추하고 역겹습니다. 죄를 그 모습 그대로 보십시오. 신문을 읽을 때 그냥 읽지 말고 내용을 생각하며 읽어보십시오. 부정직, 가식, 사기, 교활함, 몰래 하는 짓, 이 모든 것이 죄가 하는 짓입니다. 죄가 짓밟고 다니며 하는 그 모든 짓을 한번 생각해 보십시오. 죄만큼 불쾌하고 더럽고 역겨운 것이 또 어디 있습니까? 우리 모두 현대의 문제들을 말하며 속상해합니다. 그러나 문제는 그 모든 것이 무엇 때문이냐입니다. 모두 죄라는 나병 때문입니다.

　더구나 나병처럼 죄도 사람을 가리지 않습니다. 나아만은 그의 주인 앞에서 위대한 사람이었습니다. 큰 용사이며, 대단한 성공을 거둔 사람이었습니다. 그러나 나병환자였습니다. 우리가 어떤 사람이든, 어떤 자리에 있든 아무 소용이 없습니다. 죄는 보편적인 문제입니다. 역대 왕과 여왕, 장군과 수상에 대한 전기를 읽어보십시오. 모든 일에 탁월했던 사람들에 대한 기록을 읽어보십시오. 항상 죄를 발견할 것입니다. 우리 모두 죄를 짓게 되어 있으며 죄로 인해 고통당하게 되어 있습니다. 이것은 우리 모두의 공통분모입니다. 죄에 관한 한, 성공도 실패도 없습니다. 우리는 모두 실패자입니다. 우리 영혼이 모두 이 끔찍한 나병에 걸려 있기 때문입니다.

첫 번째 요점은 이것입니다. 성경은 죄라고 불리는 이 무서운 것이 인생을 지금과 같은 모습으로 망쳐놓고 파멸시키고 추하게 만들었다고 말한다는 것입니다.

본문에 나와 있는 두 번째 요점은 아무리 훌륭하고 높은 자리에 있는 사람도 이 문제를 해결할 수 없다는 것입니다. 그것이 바로 나아만 이야기에 담긴 핵심입니다. 나아만은 나병 때문에 모든 것을 망친 사람입니다. 그는 틀림없이 주치의뿐 아니라 다른 의사들에게도 가 보았을 것입니다. 그들이 최선을 다해 치료했지만 나아만의 나병은 자꾸 악화되고 그를 괴롭혔습니다. 더 이상 손을 쓸 수가 없었습니다.

성경을 보십시오. 심지어 아람 왕과 이스라엘 왕도 당황하고 있습니다. 여기 그의 주인 아람 왕이 있습니다. 그로서야 자신이 총애하는 나아만의 나병만 고칠 수 있다면 뭐든지 다 하려 하지 않겠습니까? 그러나 그도 어쩔 도리가 없었습니다. 그런데 마침 이스라엘에 그 병을 고칠 수 있는 사람이 있다는 말을 들었습니다. "좋아, 내가 이스라엘 왕에게 보내는 편지를 들려 나아만을 그에게 보내리라." 그래서 나아만은 길을 떠나게 되었습니다. 그리고 아람 왕이 써준 편지 한 장을 들고 느닷없이 이스라엘 왕 앞에 나타나 자기 병을 고쳐줄 수 있느냐고 물은 것입니다.

이에 대해 이스라엘 왕이 뭐라고 대답하는지 들어보십시오.

> 이스라엘 왕이 그 글을 읽고 자기 옷을 찢으며 이르되 내가 사람을 죽이고 살리는 하나님이냐 그가 어찌하여 사람을 내게로 보내 그의 나병을 고치라 하느냐 너희는 깊이 생각하고 저 왕이 틈을 타서 나와 더불어 시비하려 함인 줄 알라 하니라 (왕하 5:7).

그도 아람 왕처럼 나아만의 병을 고칠 수 없었습니다. 두 사람 다 완전히 무력했습니다. 두 나라에 있는 마술사, 의사, 위대한 사람들, 모두가 이 문제만은 속수무책이었습니다. 이것이야말로 인류 문명사의 축도(縮圖)라고 할 수 있습니다. 역사가 시작된 이래 지금까지 온 세대를 걸쳐 내려온 인류의 이야기입니다.

이렇게 말하면 "그게 무슨 뜻이죠?"라고 반문하는 사람도 있을 것입니다. 제 말은 인류 역사가 시작된 이래 지금까지, 인간은 인류 전체로나 개인의 삶에서 이 문제를 의식해 왔고 해결해 보려고 무던히 애써왔다는 뜻입니다. 그리고 지금도 여전히 애쓰고 있습니다. 지금까지 발표된 모든 사상, 모든 조사, 모든 진리 탐구는 사실 이것, 즉 치유를 발견하기 위해 애쓰는 인간, 이 병을 제거하기 위해 애쓰는 인간에 대해 말해 주고 있습니다. 그것이 인류의 문명사입니다. 그리고 그 이야기는 특히 지금 이 시대에 가장 많이 적용되고 있습니다.

오늘의 세상이야말로 이 이야기와 같은 상황에 놓여 있습니다. 여기 나병환자인 나아만 장군이 있습니다. 그의 모습은 곧 우리 모두의 모습입니다. 우리가 살고 있는 사회의 모습이며, 본성상 우리 각자의 모습입니다. 이 세상은 지금 나병을 제거하기 위해 애쓰지만 완전히 실패하고 있습니다. 그렇다면 세상은 나병을 제거하기 위해 지금까지 어떻게 애써왔을까요?

역사상 가장 원시적인 시대로 돌아가 봅시다. 당시 사람들은 부족법(部族法)을 갖고 있었습니다. 부족법의 요점은 무엇일까요? 바로 혼돈과 혼란 가운데 어느 정도 질서를 유지하면서 이 문제를 다뤄보기 위해 애쓴 그들 나름의 어설픈 노력이었습니다. 나병을 고치기 위한 부족법입니다.

이번에는 규모를 좀 넓혀 왕이나 황제, 정부 등에 대해 생각해 봅시다. 그들이 국민에 의해 선출되었든 그렇지 않든, 상관없습니다. 정부의 전체 개념 역시 마찬가지입니다. 그것 역시 이 문제를 해결하기 위한 하나의 시도일 뿐입니다. 즉 이 문제를 해결하고 제거해서 사람들을 치명적인 나병에서 해방시켜주기 위한 시도입니다.

이제 그것을 국회에서 제정하는 법들과 관련지어 생각해 보겠습니다. 국회법도 따지고 보면 모두 생활 속에 질서를 부여하기 위한 노력, 혼돈을 제거하려는 노력, 인간을 구제하고 해방시켜 "그의 운명을 개선시키려는" 노력에 지나지 않습니다. 2차 세계대전 말기까지만 해도 우리는 인류가 불행한 진짜 원인은 빈곤이라고 들었습니다. 그리고 새로운 조처를 취하고 새로운 법률을 제정하여 빈곤만 제기할 수 있다면, "만일 그렇게만 할 수 있다면" 그때는 인간이 죄에서 구원될 수 있다고 들었습니다. 그래서 우리는 그 빈곤을 제거해 버렸습니다.

그런데 오늘날 우리의 주요 문제는 무엇입니까? 사회학자들은 사람들이 돈을 너무 많이 가진 것이 주요 문제라고 말합니다. 그래서 이처럼 죄와 범죄가 날로 증가하고 있다고 봅니다. 바로 우리 사회가 "지나치게 풍요로운" 데 문제가 있다는 것입니다. 그들이 전에 가르치던 것과 정반대입니다! 전에는 사람들이 지나치게 많은 일을 해야 했기 때문에 피곤에 지쳐 읽고 생각할 겨를이 없었던 것, 바로 그것이 문제라고 했습니다. 따라서 생각하고 읽을 시간과 여가가 좀 더 많이 주어진다면, "만일 그렇게만 할 수 있다면" 그들은 얼마든지 자신을 개선하고 더 이상 악의 희생물이 되지 않을 것이라고 했습니다. 그런데 지금은 바로 여가 시간이 지나치게 많은 것이 우리가 직면하고 있는 큰 문제라고 합니다. 시간이 너무 많으니까 사람들이 그 시간으로 무엇을 해야 할지 몰라서 해서는 안 될 짓들을 한다고 말합니다. 여가 시간이 많은 것이 유일한 "문제"라는 것입니다!

우리는 항상 이렇게 이것을 문제 삼지 않으면, 저것을 문제 삼습니다. 도대체 무엇이 문제일까요? 왜 사람들이 그렇게 행동하는 걸까요? 왜 이런 전쟁들을 치러야 하는 걸까요? 왜 이렇게 불행해야 하는 걸까요? 왜 이렇게 범죄가 날로 급증하고 있을까요? 이것들이 바로 지금까지 모든 세기를 내려오면서 사람들이 해결해 보려고 애쓴 질문들입니다.

철학이 하는 진정한 역할은 인간과 인생을 이해하려고 애쓰는 것입니다. 여러 세기에 걸쳐 위대한 철학자가 많이 나왔지만 그런데도 문제는 여전히 남아 있습니다. 철학자들은 해결책을 알지 못합니다. 그들 자신도 나병으로 고생하고 있기 때문입니다. 우리에게 이렇게 해라, 저렇게 해라 말하지만 그들도 그대로 하지 못합니다. 그들이 말하는 대로 우리가 다 한다 해도 문제는 여전히 남아 있습니다.

오늘날 세상은 이 문제를 해결할 목적으로 생겨난 기관으로 가득 차 있습니다. 그런 기관이 지금처럼 많은 적도 아마 없을 것입니다. 또 바로 이 순간만큼 세상이 자신을 고쳐보려고 분주하게 애쓴 적도 없을 것입니다. 여러분도 결혼 생활 안내 협회 같은 기관이나, 각 학교와 가정과 교도소에 도입된 심리학 등을 잘 알고 계실 것입니다. 그런데도 문제는 여전히 남아 있을 뿐 아니라 점점 심각해지고 있습니다.

이 모든 것이 바로 그 옛날 아무도 고칠 수 없었던 나병환자 나아만의 모습입니다. 지금 이 순간 우리가 살고 있는 이 세상은 절망적일 만큼 병들어 있습니다. 여기 나병이 있습니다. 우리 얼굴에 나병이 발하고 있습니다. 지난 세기 동안 발표된 모든 국회법을 보십시오. 아마 지난 100년 동안 통과된 입법안만큼 좋은 법안들도 없을 것입니다. 그것을 비난하려는 것은 아닙니다. 그것은 제가 이야기할 문제가 아닙니다. 고상하고 유익한 법들이 제정되었는데도 근본적인 문제는 여전히 남아 있습니다. 나병은 여전히 남아 있으며, 인간은 여전히 아프고, 비참하고, 불행하고, 넘어집니다.

인간은 근본 원인을 이해하지 못하고 있습니다. 뭐가 뭔지 몰라 어리둥절한 채, 자기 자신을 도저히 빠져 나올 수 없는 주변 세력의 희생물이라고 생각하고 있습니다. 이 문제는 바로 자신의 성질 속에 있습니다. 그래서 그것을 고쳐보기 위해 별의별 짓을 다 해보았지만 문제는 전혀 해결되지 않는 것 같습니다. 아람 왕과 이스라엘 왕은 완전히 실패했습니다. 그들이 다루기에 그 문제는 너무 깊고 오묘했습니다. 그 질병이 너무 더럽고 역겨워 그들이 갖고 있는 의술로도 어떻게 할 수 없었습니다. 이것이 바로 본문에 나타나 있는 두 번째 요점입니다.

세 번째 요점은 인간이 그 문제를 다룰 수 있는 유일한 방법을 모르고 있다는 것입니다. 본문에 나온 방법을 보십시오. 나병으로 고생하고 있는 위대한 사람이 있습니다. 그는 그 병을 고치기 위해 백방으로 손을 써보았지만 모두 헛수고로 돌아가 깊이 절망했습니다. 그런데 바로 그때, 치유책이 있다는 것을 알게 되었습니다. 그 병을 치료할 수 있다는 것입니다. 그러나 이 위대한 사람들은 그 치유책에 대해 전혀 아는 바가 없었습니다. 그들은 그 점에 완전 백지였습니다. 그 해결책은 엘리사 선지자에게 있었습니다. 그러나 해결책을 찾고 있던 위대한 왕들은 그 사실을 전혀 모르고 있었습니다.

여기서 우리는 또다시 이 세상의 모습을 보게 됩니다. 저는 지금 해결책, 그것도 절대적이고 확실한 치유책을 알려드리려고 합니다. 그러나 세상은 이 치유책에 주의를 기울이지 않습니다. 아니 그런 게 있다는 사실조차 의식하지 못하고 있는 것 같습니다. "어딘가에 다른 의사가 있지 않을까? 어딘가에 위대한 점성가가 있지 않을까? 다른 왕이 있지 않을까?" 지금 이 순간, 세상은 그런 것을 생각하고 있습니다.

세상은 해답이 항상 바로 가까이에 있다는 사실을 모르고 있습니다. 그 이유가 무엇일까요? 이른바 "큰 문제"에만 관심을 갖고 있기 때문입니다. 세상은 작은 것이라면 그게 무엇이든 전혀 관심을 기울이지 않습니다. 이 세상을 위해서는 모든 것이 커야만 합니다. 그것이 무엇이든 상관없습니다. 아무튼 커야 합니다. 인간은 그만큼 위대하기 때문입니다. 인간의 자부심은 대단합니다. 큰 해결책 말고는 아무것도 합당치 않다고 생각합니다. 그래서 늘 큰 해결책만 찾습니다.

두 왕을 보십시오. 그들은 큰 정사(政事)에만 관심이 있었습니다. 큰 군대, 큰 정복……. 늘 이런 식으로 생각했습니다. 어느 날 이스라엘과 벌인 소접전에서 한 계집종이 포로로 잡혀왔습니다. 그러나 왕은 어린 계집종 따위에는 전혀 관심이 없습니다. 어떻게 왕이 그런 걸 알 수 있겠습니까? 그런 생각을 한다는 것 자체가 어리석은 것입니다. 누가 왕에게 가서 "폐하께서도 아시다시피 지난번 전투 때 저희가 어린 계집종 하나를 잡아왔습니다"라고 말한다고 합시다. 그 사람은 어떻게 될까요? 아마 즉시 파면되어 궁 밖으로 내쫓기고 말 것입니다. 왕한테 계집종이 뭐 그리 대단한 존재겠습니까? 거기에 해결책이 있지만 왕들은 오직 큰 일에만 관심이 있습니다. 온 세상이 이런 식입니다.

세상은 왕립 위원회, 국회법, 위대한 철학자의 심오한 이론, 놀라운 과학적 발견 같은 것들에만 시간을 보냅니다. 세상은 하늘을 올려다보며 살피고, 무언가 크고 위대하고 탄복할 만큼 뛰어난 것, 절대적으로 새로운 것, 지금까지 전혀 들어보지 못한 것, 늘 이런 것에만 관심을 기울입니다. 그렇지 않습니까? 그렇기 때문에 코앞에 있는 해결책을 전혀 알아보지 못하는 것입니다. 다른 식으로 표현하면 이렇게 말할 수 있습니다. 이 해결책이 일찍이 생각한 모든 것과 본질적으로 몹시 다르기 때문에 세상은 유일한 진짜 해결책을 모를 뿐 아니라 그것에 무지하다고 말입니다. 바로 그것이 이 이야기에 나와 있는 것입니다.

어떤 의미에서는 성경의 모든 메시지, 기독교의 구원에 관한 모든 것, 우리가 살핀 본문 내용, 이 모든 것이 어린 계집종 안에 있습니다. 성경은 그것을 이렇게 표현합니다(저는 이 표현 방식을 매우 좋아합니다).

> 전에 아람 사람이 떼를 지어 나가서 이스라엘 땅에서 어린 소녀 하나를 사로잡으매 그가 나아만의 아내에게 수종들더니(왕하 5:2).

위대한 장군 나아만을 소개한 말씀 바로 뒤에 나오는 구절입니다. 어린 계집아이에 대해서는 아무도 몰랐습니다. 그 아이는 전혀 중요한 존재가 아니었습니다. 아무 상관 없는 아이, 아무 가치 없는 아이였습니다. 그러나 바로 여기에 복음의 영광이 있습니다.

이 메시지 속에는 특이한 역설과 아이러니가 담겨 있습니다. 위대한 사람들은 위대한 일을 찾아다닙니다. 왕이라면 치유책을 제공할 수 있을 것입니다. 그래서 아람 왕은 그 병을 고쳐달라며 나병환자 나아만을 이스라엘 왕에게 보냅니다. 그러나 해결책과 해답은 어린 계집아이에게 있었습니다. 나아만 아내의 시중을 들고 있던 미지의 어린 하녀에게 있었습니다. 그 문제에 대한 해답은 왕궁이나 법정, 궁중 대신이나 아첨꾼 가운데 있지 않았습니다. 부엌에, 그 어느 곳보다 낮고 천한 자리에 있었습니다. 이것이 우리가 성경에서 처음부터 끝까지 듣는 이야기입니다. 여러분도 그 사실을 깨달은 적이 있습니까?

성경에는 위대한 왕조, 위대한 제국, 애굽과 바벨론, 앗수르와 갈대아인, 이런저런 위대한 백성이 나옵니다. 위대한 왕과 장군, 점성가와 현자들이 나옵니다. 이 세상 역사는 바로 이런 사람들에게 관심을 갖습니다. 그러나 세계사의 진짜 열쇠는 팔레스타인이라는 아주 작은 나라, 땅덩어리는 길쭉하게 조금 뻗어 나와 있고, 주변에 퍼져 있는 위대한 제국들에 비하면 아주 작고 보잘것없는 그 나라에서 발견되었습니다. 이 자그마한 나라가 성경 모든 곳을 수놓고 있습니다. 이 작은 나라가 항상 모든 것을 뒤집어엎으며, 위대하고 강대한 사람들이 찾고 있는 것에 해답을 제시하는 해결책을 소개합니다. 바로 이것이 하나님의 방식입니다.

하나님은 모든 나라에서 가장 작은 나라를 택하셨습니다. 이 작은 나라에 있는 작은 종족이 바로 그 해답을 얻은 사람들입니다. 다른 나라 사람들은 정령을 숭배하거나 다신교를 믿었지만, 그들은 유일하고 참된 신인 살아 계신 하나님을 믿었습니다. 여기 그 밖의 모든 나라가 전혀 모르고 있던 증거가 있습니다. 그들은 그것을 비웃었지만 결국 그것을 찾아야만 했습니다.

성경에 보면 이러한 사실을 그대로 보여주고 있는 놀라운 사건이 많이 나옵니다. 해결책을 지닌 사람은 항상 전혀 중요할 것 같지 않은, 아주 겸손하고 비천한 뜻밖의 인물입니다. 요셉 이야기를 기억하고 계십니까? 애굽에 위대한 사람 바로가 있습니다. 그는 무한한 권세와 부를 갖고 있었습니다. 그의 부귀영화는 끝이 없을 것처럼 보였습니다. 그는 모든 것을 명할 수 있었습니다. 그런데 그런 그가 갑자기 모든 것을 황폐하게 만들어버릴 아주 무서운 문제 때문에 위기에 몰렸습니다. 그 나라에 기근이 찾아오고 있었던 것입니다. 어떻게 해야 좋단 말입니까?

바로는 꿈을 꾸었지만 그 꿈을 전혀 이해할 수 없었습니다. 사람을 보내어 현자와 점성가를 불러들였지만 그들 역시 어안이 벙벙한 채 묵묵부답이었습니다. 그들은 몹시 당황했습니다. 그게 뭔지 알 수가 없었습니다. 그 문제를 해결하기 위해 애굽의 모든 힘과 지략을 쏟아 부었습니다. 위원회도 줄줄이 만들었습니다. 과학과 예술의 날카로움이나 치밀성도 전부 동원되었습니다. 모든 것이 동원되어 그 문제에 대해 발언했지만 어느 하나도 해답을 갖고 있지 않았습니다. 그런데 그 해답이 어디서 나옵니까? 감옥에 갇혀 있던 한 죄수에게서 나옵니다. 그는 도대체 어떤 사람입니까? 대상들에 의해 노예로 팔려온 사람입니다. 한 번도 왕궁에 가본 적이 없으며, 바로가 전혀 모르는 사람입니다. 그러나 감옥에서 불려나온 그 사람 요셉이 바로에게 진짜 해몽을 알려줍니다. 그리고 애굽은 무명 인사인 요셉을 통해 그 기근을 잘 넘기게 됩니다(창 41장).

이 진리는 다윗과 골리앗 이야기에도 분명히 나타나 있습니다. 한 거인이 저벅저벅 걸어오고 있습니다. 사람들은 그가 신은 신만 보고도 무서워 벌벌 떨었습니다. 그런데 누가 이런 골리앗을 물리쳤습니까? 이스라엘 군의 위대한 장군이 아니었습니다. 다윗이라는 작은 목동이었습니다. 그는 왕에게 받은 갑옷과 검으로 무장해 봤지만 제대로 걷지도 못해 벗어버렸습니다. 그러나 물맷돌만은 자신 있게 사용할 수 있었습니다. 그것만으로 충분했습니다. 그것이 성경의 메시지입니다.

비록 세상은 알아채지 못하고 있었지만, 해답은 그때까지 내내 그곳에 있었습니다. 인간은 큰 것들을 찾아 헤매지만, 하나님은 늘 이런 식으로 문제를 해결하십니다. 이것은 하나님의 아들 우리 주 예수 그리스도 안에서 절정에 이릅니다. 이렇게 말하면 "어디에 그런 게 있습니까?"라고 반문할 사람들도 있을 것입니다. 대답해 드리겠습니다.

온 세상은 하늘을 살피며 메시아를 찾고 있었습니다. 그러나 우리 주님은 그들이 아예 찾아볼 생각도 하지 않은 곳, 유대 성읍 가운데 멸시와 천대를 가장 많이 받던 곳, 그중에서도 가장 보잘것없는 곳인 베들레헴에서 태어나셨습니다. 이 세상을 구원하실 구세주는 예루살렘이 아닌 베들레헴에서 태어나셨습니다.

누가복음 2장에 보면 인구 조사 이야기가 나옵니다. 사람들이 호적하러 올라가는 이야기가 나옵니다. 그들은 모두 호적과 정치에 대해 이야기하고 있었습니다. 이러저러한 일들이 어떻게 바로잡혀야 한다고 이야기하고 있었습니다. 지금 이 땅의 구세주께서 바로 그들 가운데 들어오시려 하고 있는데 그들은 그 사실을 전혀 알아채지 못하고 있었습니다. 여관에서 나오려 들지 않았습니다. 아기를 해산하려는 여인에게 방을 내주려 하지 않았습니다. "안 돼요, 안 된다고요. 우리는 절대 딴 데로 가지 않을 거예요." 그래서 여인은 할 수 없이 마구간에서 자야 했습니다. 하나님의 아들은 그곳에서 태어나셨습니다. 가축들과 함께 구유 안 지푸라기 위에 누워 있는 아무 힘 없는 작은 아기, 그 아기가 해답이었습니다. 왕들은 그에 대해 전혀 몰랐습니다. 위인이나 위대한 사상가도 그에 대해 아무것도 몰랐습니다. 철학자도 마찬가지였습니다. 그들은 여전히 이상하고 새롭고 놀라운 것만 찾고 있었습니다. 그러나 구주께서 그곳에 오셨습니다. 늘 같은 원리입니다. 어린 계집종, 전혀 뜻밖의 무명인사, 바로 거기 해답이 있습니다!

인간의 모습으로 이 땅에 오신 후, 주님은 갈릴리에서 지내셨습니다. 그런데 성경에 보면 사람들이 모두 이 사실에 기분 나빠하고 실망했다고 합니다. 그들은 이렇게 반문했습니다. "이 사람은 자기가 특별한 선생이라고 말해. 그런데 그것이 사실이라면 왜 갈릴리에서 가난한 평민 무리에게나 설교하며 시간을 소일하고 있는 거지? 정말 하나님의 아들이라면, 왜 예루살렘으로 올라가지 않는 거야? 왜 스스로 왕이 되지 않느냐고? 왜 큰 군대를 모아 우리를 로마의 권세에서 구출해 주지 않는 거지? 왜 그렇게 하지 않는 걸까? '이 친구', '이 목수'는 항상 평범한 군중과 함께 저 위 갈릴리에 있단 말이야. 그런 사람이 철학자나 위인일 리 없지. 도저히 있을 수 없는 일이야."

그러다가 마침내 그가 십자가에 못 박혀 철저히 나약한 모습으로 숨을 거두는 모습을 목격했습니다. 사람들이 그 시체를 내려 무덤에 묻는 것을 보았습니다. 사람들은 그것을 보고 이렇게 말했습니다. "이 사람이 너희의 구세주라고? 이 사람이 너희를 구원한다고? 아니야, 그럴 리가 없어. 부엌이나 마구간에서는 구원을 얻을 수 없어. 우리는 좀 더 큰 것, 좀 더 위대한 것을 원해."

이렇듯 세상은 지금까지 자신이 안고 있는 문제의 해결책을 알아차린 적이 없습니다. 세상의 필요를 유일하게 만족시켜줄 수 있는 해결책을 알아보지 못했습니다. 하나님의 아들이 이 땅에 계실 때도 그랬지만 그 후 지금까지도 그렇습니다. 처음에 교회가 어떻게 시작되었는지 당시 모습을 보십시오. 평범한 몇몇 사람, 노동자, 어부……. 주님은 이런 사람들에게 자신의 나라를 맡기셨습니다. 세상은 처음에 그것을 알아채지 못했습니다. 그러나 곧 그들에게 주의를 기울이기 시작했습니다. 그들이 나가서 세상을 뒤집어엎었기 때문입니다.

대로마 제국이 고트족과 반달족과 야만족의 공격을 받고 휘청거릴 때, 모든 것을 잃어버렸을 때, 문명과 진리에 의해 보존되어온 것을 지켜낸 것도 교회였습니다. 또다시 부엌에서 그것이 나왔습니다. 제국 황실에 있던 사람들이 아니라, 카타콤에 있던 사람들에게서 황제들이 알지도 보지도 못한 해결책이 나타난 것입니다. 그 후 세기에도 마찬가지였습니다. 해결책은 거기에 있었습니다. 이따금 자포자기에 빠질 때면, 사람들은 나아만이 어린 계집종에게 돌아서야 했던 것처럼 돌아서야만 했습니다. 마르틴 루터를 한번 생각해 보십시오. 혈혈단신인 그는 추기경이 아닌 보통 수도사로 독일 한 모퉁이 알려지지 않은 곳에 있던 무명인사였습니다. 그러나 하나님이 함께하시자 해답이 나왔습니다. 바로 교회사에 기록된 위대한 부흥이 일어난 것입니다.

지금 이 순간도 마찬가지입니다. 사회가 안고 있는 많은 문제에 대한 해답은 오직 하나뿐입니다. 그 해답은 그리스도의 교회가 소유하고 있습니다. 그런데 이 나라 인구 중 90퍼센트는 교회에 관심이 없습니다. 고작 10퍼센트만이 그나마 관심을 갖고 있는데, 그중에서도 겨우 반만 능동적인 교인이라고 합니다.

관심이 없는 것이 당연합니다. 그들은 큰 일에만 관심이 있기 때문입니다! 그들은 이렇게 말합니다. "버트런드 러셀이 뭐라고 말했지? 이 위대한 사상가가 뭐라고 말했지? 이번에는 어떤 국회법이 통과될까? 무슨 위원회를 새로 만들까? 우리가 지닌 과학 지식으로 그 해결책을 찾을 수 있는 방법이 없을까?" 절대 찾지 못할 것입니다! 죄라는 문제를 해결하는 방법은 오직 한 가지뿐이기 때문입니다. 바로 그리스도의 구원의 메시지입니다. 사람들에게 멸시와 조롱을 당하며 잊힌 그리스도의 교회만이 그 답을 갖고 있습니다.

우리는 지금 생명의 부엌에 있습니다. 언론은 우리에 대해 아무것도 모릅니다. 이 세상은 우리에 대해 전혀 듣지 못하고 있습니다. 그렇지만 그게 무슨 상관입니까? 우리는 종이고, 무명 인사이고, 멸시받는 소수민이고, 적은 무리입니다. 그러나 우리는 문제에 대한 해답을 갖고 있습니다. 질병에 대한 치유책을 갖고 있습니다. 그것은 이 세상과 세상의 멸망 사이에 서 있는 우리만의 증언입니다.

그 증언은 어린 계집종이 여주인에게 한 것과 같습니다. 우리는 절대 우리가 이 세상을 치료할 수 있다고 말하지 않습니다. 하나님의 능력이 치료할 수 있습니다. 우리는 그 사실을 압니다. 그것이 소녀가 알고 있던 전부입니다. 그 소녀는 나병을 고칠 수 없었습니다. 그러나 치유책이 있다는 사실을 알고 있었습니다. 소녀는 하나님의 능력이 나타나던 곳에서 왔습니다. 그래서 "만일 나의 주인이 이 능력 아래로 가기만 하면 그의 나병이 치유될 것"이라고 말했습니다. 그것이 바로 제가 지금 이 강단에서 하고 있는 일입니다. 우리는 단지 그것을 증언할 뿐입니다. 이 세상이 사람으로는 불가능하다는 사실을 깨달을 때, 우리는 "(그러나) 하나님으로는 그렇지 아니하니 하나님으로서는 다 하실 수 있느니라"(막 10:27)고 말할 것입니다. 그분께 전능한 능력이 있습니다. 그분께 기적적인 능력이 있습니다.

어린양의 보혈 속에 능력, 능력

이적을 행하는 능력이 있네.

이 본문이 우리에게 전해 주는 메시지, 다시 말해 죄를 근절시키고 사람을 깨끗이 씻어 정결케 하여 본래 모습으로 회복시켜줄 수 있다는 이 메시지 속에는 역동성이 들어 있습니다.

이 복음은 모든 믿는 자에게 구원을 주시는 하나님의 능력이 됨이라 먼저는 유대인에게요 그리고 헬라인에게로다(롬 1:16).

우리의 문제가 무엇이든, 우리 영혼을 계속 괴롭히는 아픔이 무엇이든, 우리를 넘어뜨리고 우리 인생을 망치며 파멸시키는 것이 무엇이든, 한 가지 치유책이 있습니다. 절대적인 치유책, 바로 하나님의 치유책입니다. 그분께 능력이 있습니다. 어린 소녀는 그 능력을 행하실 수 있는 하나님을 증언할 수 있었습니다. 소녀는 이렇게 말했습니다. "우리 주인이 사마리아에 계신 선지자 앞에 계셨으면." 사마리아에 능력이 있었습니다. 그리고 그 능력은 한 선지자를 통해 나타났습니다. 소녀는 바로 그 사람을 지적했습니다.

감사하게도 그것은 제가 누리고 있는 특권이기도 합니다. 저는 그저 애매모호하고 분명하지 않은 능력을 설교하기 위해 서 있는 것이 아닙니다. 한 인격, 그 안에 신성의 모든 충만함이 거하는 분, 하나님이 자신의 은혜와 지혜와 능력의 모든 부요함을 그 안에 담아두신 분, 예수 그리스도를 증거하기 위해 서 있습니다.

우리는 십자가에 못 박힌 그리스도를 전하니 …… 그리스도는 하나님의 능력이요 하나님의 지혜니라(고전 1:23, 24).

깊은 질병과 필요 때문에 번민할 때, 우리가 해야 할 일은 오직 한 가지입니다. 하나님의 아들, 나사렛 예수께 가십시오. 그러면 치유될 것입니다. 예수님은 우리의 죄책을 제거해 주실 수 있습니다. 그리스도께서 이미 그것을 가져가셨기 때문입니다. 그리스도는 우리에게 새 생명과 새 능력을 주실 수 있습니다. 우리를 고쳐주십시오. 우리를 회복시켜주십시오. 새롭게 만들어주십시오. 계속 인도해 주십시오. 그분에게 가는 것, 그것이 우리가 해야 할 전부입니다. 그분은 부족함이 전혀 없으신 구세주십니다. 그분은 "모든 믿는 자에게 구원을 주시는 하나님의 능력"(롬 1:16)입니다.

주님은 이 세상이 할 수 없는 것을 하십니다. 우리는 그저 주님께 가기만 하면 됩니다. 주님은 우리에 관한 모든 것을 알고 계십니다. 주님은 우리를 고치시고, 우리 영혼을 고치시며, 우리 인생을 망치고 있는 것을 제거해 주실 수 있습니다. 우리에게 생명을 주시되 정말 풍성한 생명을 주실 것입니다. 이 세상의 지혜로는 하나님을 알 수 없습니다. 그러나 하나님은 전도의 미련한 것을 통해 믿는 자들을 구원하기를 기뻐하셨습니다. 그 원리는 오늘도 여전히 동일합니다.

육체를 따라 지혜로운 자가 많지 아니하며 능한 자가 많지 아니하며 문벌 좋은 자가 많지 아니하도다(고전 1:26).

사람들은 모두 기독교를 조롱하며 거들떠보지도 않습니다. 그렇습니다. 그러나 그들은 모두 병들어 있습니다. 모두 나병환자입니다.

> 하나님께서 세상의 미련한 것들을 택하사 지혜 있는 자들을 부끄럽게 하려 하시고(고전 1:27).

왕들도 모르는 것을 한 계집종이 알고 있었습니다.

> 세상의 약한 것들을 택하사 강한 것들을 부끄럽게 하려 하시며(고전 1:27).

그렇습니다. 당시 위대한 사람이나 왕들도 알지 못한 답을 갖고 있던 어린 하녀의 간증을 우리로 하여금 계속하게 하시려고, 하나님은 "멸시 받는 것들과 없는 것들", 즉 우리 같은 사람들을 택하셨습니다.

여러분은 무엇을 읽고 무슨 생각을 하고 계십니까? 잠시 그 모든 것을 멈추고 이 오래된 이야기를 들어보십시오. 예수님과 그분의 사랑에 관한, 예수님과 그분의 피에 관한 메시지를 들어보십시오. 우리를 치료하시기 위해 죽었다가 다시 살아나사 우리에게 생명을 주시고, 우리를 하나님께 내어드린 하나님의 아들 나사렛 예수 그리스도에 관한 이 천대받는 메시지를 들어보십시오. 그분에게 가십시오. 그러면 여러분의 나병이 나을 것입니다.

11장
복음을 미워하는 죄인[1]
나병환자 나아만 2

하나님의 사람 엘리사가 이스라엘 왕이 자기의 옷을 찢었다 함을 듣고 왕에게 보내 이르되 왕이 어찌하여 옷을 찢었나이까 그 사람을 내게로 오게 하소서 그가 이스라엘 중에 선지자가 있는 줄을 알리이다 …… 나아만이 이에 내려가서 하나님의 사람의 말대로 요단강에 일곱 번 몸을 잠그니 그의 살이 어린아이의 살같이 회복되어 깨끗하게 되었더라……._열왕기하 5장 8-16절

우리는 앞서 이 이야기를 개괄적으로 살펴보았습니다. 이 이야기는 기독교의 복음, 기독교의 메시지를 아주 잘 나타내주고 있습니다. 이렇게 말하면 "아니, 구약에 기독교 메시지가 있다는 말씀입니까?"라고 반문하는 사람도 있을 것입니다. 물론입니다. 구약의 하나님은 신약의 하나님과 동일한 하나님입니다.

성경은 한 권으로 된 책입니다. 우리는 이 책을 구약과 신약이라고 부르지만 실은 한 권의 책입니다. 어떤 사람들은 이 책을 여러 권의 책이

---

1) 웨스트민스터 채플, 1960년 2월 21일.

있는 하나의 서고라고 말합니다. 그것은 엄청나게 잘못된 생각입니다. 성경은 서고가 아니라, 한 권의 책입니다. 그 안에 66개 부분이 있긴 하지만 단 하나의 주제와 단 하나의 메시지를 담고 있는 한 권의 책입니다. 그 메시지는 하나님이 죄악 가운데 있는 인간을 위해 행하신 일에 관한 것입니다. 그것이 성경 처음부터 끝까지 흐르는 유일한 메시지입니다.

성경은 생명에 관한 책입니다. 죄를 지은 결과 비참한 지경에 빠져 있는 인간, 자기 자신을 구원하려고 애쓰는 인간의 시도, 그리고 그 시도가 전적으로 실패하고 있는 것을 그려놓은 책입니다. 그 주제와 함께 하나님이 절망 가운데 빠져 있는 인간을 위해 행하신 일, 하나님이 그분의 독생자를 통해 열어놓으신 구속의 길에 대한 계시가 들어 있습니다. 이것이 성경 전체의 메시지입니다. 구약에는 여러 실례와 모습을 통해 구속의 예언과 예시가 나타나 있으며, 사복음서에서는 바로 그 일이 일어나고 있습니다. 그리고 신약 나머지 부분은 그것을 돌아보며 부연 설명하고 있습니다. 그러나 주제는 같습니다. 하나님은 인간을 늘 같은 방식으로 다루시기 때문입니다.

열왕기하에는 죄 가운데 빠져 구세주를 찾고 있는 인간의 모습, 그리고 그런 인간을 다루시는 하나님의 방법이 완벽하게 나타나 있습니다. 앞서 이것을 총체적으로 살펴보았습니다.

우리는 인생을 망치고 파멸시키는 죄가 어떤 것인지 보았습니다. 지금 이 순간 인간의 마음속에 있는 모든 불행은 죄 때문입니다. 죄가 이 세상에 들어오지 않았다면, 아무도 불행하지 않을 것입니다. 죄가 들어오기 전까지 인생에는 불행이란 것이 전혀 없었습니다. 죄는 모든 것을 파멸시킵니다. 이 세상에 완전히 행복한 사람은 하나도 없습니다. 언제나 뭔가가 빠져 있습니다. 우리는 "만일 그렇게만 할 수 있다면"이라고 말합니다. 그러나 그 "만일……"이 채워진다 해도 여전히 그 말을 되풀이합니다. 죄가 이 모든 것의 원인입니다. 나아만은 위대한 사람이었으며 큰 용사였습니다. 그러나 나병환자였습니다. 그것이 모든 것을 망쳐 놓았습니다.

이어서 우리는 이 세상의 위대한 사람들도 이 문제 앞에서는 속수무책이었다는 사실을 살펴보았습니다. 아람 왕이나 이스라엘 왕이나 모두 이 문제에 무력했습니다. 그들 수하에 있던 대단한 사람들도 마찬가지였습니다. 세상은 죄에 대해 아무것도 할 수 없습니다. 제 말이 지나치게 들립니까? 그러나 사실입니다. 인류 문명사가 그것을 입증해 주고 있습니다. 문명사는 인간이 자신을 구원하기 위한 시도의 역사라고 할 수 있습니다. 그러나 인간은 자신을 구원할 수 없습니다. 나병은 매우 치명적이고 파괴적인 병입니다. 인간의 능력과 재간으로 해결하기에 죄는 매우 심오한 문제입니다.

세 번째 요점은 비록 치유책이 있지만 세상은 눈이 멀어 그 치유책을 전혀 모른다는 것이었습니다. 어린 계집종은 나아만이 어디로 가야 할지 알았습니다. "우리 주인이 사마리아에 계신 선지자에게 갈 수만 있다면! 그러면 그 선지자가 주인의 나병을 고쳐줄 텐데!" 아무도 치유책을 몰랐습니다. 소녀만 알고 있었습니다. 치유책이 소녀에게 있었지만 나아만도, 그의 아내도, 아람 왕도, 이스라엘 왕도 전혀 몰랐습니다. 세상은 항상 치유책이 있는 바로 그곳만 제외하고 다른 모든 곳을 찾아 헤맵니다. 세상은 이 치유책에 대해 아무것도 모릅니다. 그것을 하찮고 무가치하게 여기며 조롱합니다.

마지막 요점은 교회가 할 일에 관한 것이었습니다. 교회는 아람 사람 나아만의 집에 있던 계집종이 한 것처럼 치유책, 유일한 치유책("이스라엘에 있는 선지자")을 가리켜주어야 합니다. 아이작 와츠는 주 예수 그리스도를 바라보며 "내 하나님의 위대한 선지자!"라고 말했습니다. 그렇습니다! 그리스도는 대선지자고, 대제사장이며, 만왕의 왕이십니다. 주님이 우리의 치유책이십니다. 주님은 우리 죄를 고쳐주실 수 있습니다. 주님 자신의 피로 고쳐주실 수 있습니다. 주께서 제공해 주시는 치료는 "이중 치료"입니다. 즉 우리를 죄책에서 건져주시고, 죄의 세력에서 건져주십니다.

여기서부터 이야기를 다시 시작해 보겠습니다. 어쩌면 더 이상 할 이야기가 없을 것이라고 생각하는 사람도 있을 것입니다. 여기 나병이라는 절망적인 병에 걸린 사람이 있습니다. 그는 자기 병을 고칠 수 있다는 말을 들었습니다. 그래서 자기 주인인 아람 왕에게 소개장과 많은 선물을 받아 들고 이스라엘로 가서 왕에게 편지를 건네주었습니다. 이스라엘 왕은 편지를 읽었지만 그의 문제에 대해서는 아무것도 해줄 수가 없었습니다. 그러나 그 소식을 들은 선지자가 "그 사람을 내게로 오게 하소서"라고 말했습니다. 자, 여기 소녀가 말한 선지자, 엘리사가 등장합니다. 이제 여러분은 이렇게 말할 것입니다. "모든 문제가 해결되겠구나. 소녀는 나아만이 엘리사 선지자한테 가기만 하면 나병을 고칠 수 있을 거라고 말했는데, 이제 나아만이 선지자의 집 문 앞에 서 있으니 문제는 다 해결된 것 아니겠어? 이제 이 이야기도 다 끝났군."

애석하게도 이야기는 거기서 끝나지 않습니다. 나아만은 분명히 자기를 고쳐줄 수 있다는 선지자에게 갔습니다. 그런데도 그는 나병을 그대로 가지고 돌아갈 뻔합니다. 왜 그랬을까요? 그 사람 속에 여전히 남아 있는 다른 악한 것들 때문입니다. 이 사람이 고생하고 있는 문제는 나병만이 아니었습니다. 다른 것들로도 고생하고 있었습니다. 그리고 이 다른 것들 때문에 치료받지 못하고 돌아갈 뻔합니다.

이 세상도 마찬가지입니다. 성경에는 인류가 안고 있는 모든 문제를 해결해 줄 수 있는 메시지가 들어 있습니다. 저는 자신 있게 그렇게 말씀드릴 수 있습니다. 세상사람 모두 산상수훈에 나온 주님의 가르침대로 산다면, 이 세상에는 아무 문제가 없을 것입니다. 군비를 확장할 필요도, 폭탄을 만들 필요도 없을 것입니다. 그런 것들에 항의하느라 괜한 시간을 허비할 필요도 없을 것입니다. 전쟁도 전혀 일어나지 않을 것입니다. 부정직한 일도, 부도덕한 일도, 별거도, 이혼도 없을 것입니다. 온 세상이 십계명과 산상수훈만 지키며 산다면 말입니다! 다시 말해 만일 오늘 밤 온 세상이 주 예수 그리스도를 믿고 그분의 능력을 덧입는다면, 이 세상에는 아무 문제도 남아 있지 않을 것입니다.

성경에 해답이 있습니다. 인간 영혼에게 필요한 모든 것이 있습니다. 그러나 마치 엘리사가 그 집에 있었던 것처럼 해답이 성경에 있지만, 세상은 아직도 나병에 걸려 있습니다. 아직도 죄와 불행 가운데 빠져 있습니다. 그 원인이 무엇일까요? 우리는 곧 그 원인이 무엇인지 정확하게 보게 될 것입니다.

이야기의 나머지 부분을 보면, 나아만에게는 나병을 고치기 전에 먼저 해결되어야 할 문제가 있었다는 사실을 알 수 있습니다. 그것은 복음 메시지와 관련하여 가장 근본적인 원리 가운데 몇 가지를 분명히 보여 주고 있습니다.

나아만을 보십시오. 그는 치료 받을 수 있었던 그 순간, 넘어지고 맙니다. 그래서 그 축복을 거의 놓칠 뻔합니다. 왜 그랬을까요? 복음 속에는 나아만과 같은 육에 속한 사람이 증오하는 것들이 들어 있기 때문입니다. 그가 그토록 화를 내며 저벅저벅 걸어 나가 자기 집으로 돌아갈 뻔한 것도 바로 이 때문입니다. 나아만이 증오하는 것들이 있었기 때문입니다. 그의 종들이 간청하지 않았더라면 그는 화를 내며 그냥 그대로 나병 환자인 채 집으로 돌아갔을 것입니다. 문제는 바로 이것입니다. 예수 그리스도의 복음 속에는 육에 속한 사람이 증오하는 것들이 들어 있습니다. 바로 그것 때문에 육에 속한 사람이 복음으로 돌아서지 못하는 것입니다. 그것 때문에 복음으로 치료받지 못하는 것입니다.

우리는 주변에서 일어나고 있는 모든 일에도 불구하고 마땅히 기뻐해야 하며 또 충분히 기뻐할 수 있습니다. 그러나 육에 속한 사람은 그렇게 하지 못합니다. 왠지 아십니까? 자, 그것을 한번 살펴보겠습니다. 고린도전서 2장이 그에 관한 주석이라고 할 수 있는데, 특히 그 말씀에 비추어 살펴보겠습니다. 고린도전서 2장에는 그것이 교리 형식으로 나타나 있지만, 본문인 열왕기하 5장에는 그림 형식으로 나타나 있습니다. 이런 그림은 도움이 됩니다. 따라서 우리는 오래전에 나아만이 실제로 행하던 행위를 보며 바울이 고린도전서 2장에서 말하고 있는 것을 살펴보겠습니다.

육에 속한 사람이 복음을 미워하는 첫 번째 이유는 복음이 그의 자존심을 상하게 만들기 때문입니다. 나아만 이야기가 그것을 어떻게 보여주고 있는지 기억하십니까? 나아만은 선물, 돈, 옷 등을 가지고 이스라엘에 도착했습니다. 그는 말과 병거를 거느리고 엘리사 선지자의 집 문 앞에 왔습니다. 거기 나아만이 서 있습니다. 말과 병거, 선물, 수행원, 이 모든 것이 한낱 선지자에 지나지 않는 엘리사의 집 문 앞에 있습니다. 그런데 성경을 보십시오. 이런 기록이 나옵니다.

엘리사가 사자를 그에게 보내 이르되 너는 가서 요단강에 몸을 일곱 번 씻으라 네 살이 회복되어 깨끗하리라(왕하 5:10).

나아만은 치료를 받기 위해 그곳까지 갔습니다. 그렇지 않습니까? 그리고 엘리사 선지자는 그에게 나을 수 있는 방법을 말해 주었습니다. 그러나 바로 뒷부분을 보십시오.

나아만이 노하여 물러가며 이르되 내 생각에는 그가 내게로 나와 서서 그의 하나님 여호와의 이름을 부르고 그의 손을 그 부위 위에 흔들어 나병을 고칠까 하였도다 다메섹 강 아바나와 바르발은 이스라엘 모든 강물보다 낫지 아니하냐 내가 거기서 몸을 씻으면 깨끗하게 되지 아니하랴 하고 몸을 돌려 분노하여 떠나니(왕하 5:11, 12).

우리가 고린도전서 2장에서 보는 내용 대부분이 바로 이 구절 속에 들어 있습니다. 나아만은 자존심이 상했습니다. 초라해진 것입니다. 굴욕과 멸시를 당했다고 느꼈습니다. 그는 위대한 사람이고, 훌륭한 장군이며, 자기 나라에서는 왕 다음 가는 사람이었기 때문입니다. 그는 왕의 소개장도 갖고 왔습니다. 그래서 이스라엘 왕에게 갔다가 이제 그 보잘 것없는 선지자에게 간 것입니다. 그는 그 선지자가 틀림없이 자기를 특별 대접하거나 적어도 일반적인 예우는 갖추어 대접할 것이라고 생각했습니다. 자기처럼 대단한 사람에게 그냥 사자만 보내 말을 전하게 한다는 것은 있을 수 없는 일이라고 생각한 것입니다. "왜 그 선지자는 직접 나와서 자기에게 절한 다음 이렇게 위대한 분이 찾아오셔서 무한한 영광이라고 말하지 않는단 말인가? 왜 그는 그 부위 위에 손을 얹고 나병을 고치지 않는단 말인가?" 그러기는커녕 얼굴도 내밀지 않았습니다! 세상에 이런 모욕과 굴욕이 어디 있단 말입니까! 아무리 나병환자라도 도저히 참을 수 없는 일이었습니다. 자기는 대단한 사람이니까 당연히 특별 대접을 받아야 하는데, 그러기는커녕 보통 사람과 같은 대접을 받은 것입니다. 마치 자기가 다른 사람과 같은 보통 사람이라도 되는 것처럼 말입니다. 세상에 이렇게 분하고 원통한 일이 또 어디 있단 말입니까? 나아만은 그게 싫었습니다. 증오스러워 화가 났습니다. 부아가 치밀었습니다. 정말 모욕적인 처사이고 도저히 있을 수 없는 일이었습니다. 그래서 화를 내며 가버리려 했습니다.

인류 역사상 나아만이 그처럼 화를 낸 마지막 사람은 결코 아닙니다. 아마 우리 가운데도 전에 나아만과 같은 자리에 있던 사람이 많을 것입니다. 이렇게 말하면 "그게 무슨 말씀이죠?"라고 반문할 사람도 있을 텐데, 설명해 드리겠습니다.

사람들은 복음을 처음 들을 때 불쾌해합니다. 하나님의 집에는 전혀 차별이 없다는 말이 마음에 걸리는 것입니다. 교회 밖에서는 어떤 사람인지 몰라도 일단 교회에 오면, 우리는 다 같습니다. (말이 난 김에 하는 말인데, 제가 자유교회[비국교회] 사람인 것도 바로 그 때문입니다.) 하나님의 교회에서는 어떤 사람도 머리가 될 수 없습니다. 어떤 구분이나 차별도 있을 수 없습니다. 그러나 우리는 그것을 싫어합니다. 차별과 같은 것들에 매우 익숙해져 있기 때문입니다. 그래서 지금까지 그토록 믿고 자랑하던 것들과 완전히 상반되는 복음에 직면하면 주춤하게 됩니다. 기분이 상하고 화가 납니다.

하나님의 교회에서는 출생 배경이나 인종, 사회적 지위 같은 것들로 사람을 구분하거나 차별하는 일이 없습니다. 사실 그것들은 교회와 아무 상관이 없습니다. 하나님의 집에서는 지성과 관련해서도 아무런 구분이나 차별이 없습니다. 어쩌면 우리 중에 이 세상에서 가장 위대한 천재가 있을지도 모릅니다. 그러나 그런 것은 아무 상관이 없습니다. 일단 하나님의 교회에 들어오면 다른 사람들과 같은 사람이 됩니다. 지능 면에서 가장 바보 같은 사람과 동등한 위치에 서게 됩니다. 또 대단한 학문과 지식을 보유한 사람이 있을지도 모릅니다. 그러나 일단 교회 문을 통해 들어오면 그런 것으로 인한 어떤 차이도 생기지 않습니다. 아무런 도움이 되지 않습니다. 그 사람도 배우지 못해서 아는 것이 없는 사람과 같은 위치에서, 마치 아무것도 모르는 사람처럼 교회에 들어오는 것입니다.

마찬가지로 도덕적인 행위나 과거의 어떤 행동에서도 아무런 차이가 없습니다. 우리 중에는 모든 미덕의 화신이라 할 만한 사람이 있을지도 모릅니다. 그러나 복음 앞에서는 아무 소용이 없습니다. 어떤 도움도 되지 않습니다. 그 사람은 복음을 들을 때 화가 날 것입니다. 복음은 그 사람의 모든 의를 보고 마치 더러운 누더기와 같다고 말하기 때문입니다. 거리에서 배회하다 들어온 가장 방탕한 죄인과 같은 처지라고 말해 주기 때문입니다. 전혀 차이가 없다고 말합니다! 그것이 기독교 복음의 메시지입니다. 특별한 경우가 전혀 없습니다. 그것이 바로 사람들이 복음에 그처럼 격노하는 이유입니다. 사람들이 복음을 싫어하고 화를 내는 이유입니다. 복음에는 특별한 경우가 없습니다. 전혀 없습니다.

우리가 어느 세기에 속했느냐도 복음의 관점에서는 아무런 차이가 없습니다. 현대인에게 이것은 아주 심한 충격입니다. 사람들은 이렇게 반문합니다. "그러면 20세기에 사는 우리가 1세기 때 사람들과 같은 처지라는 뜻입니까?" 그렇습니다. 똑같습니다. 하나도 다른 게 없습니다.

그러면 또 누군가가 이렇게 말할 것입니다. "그렇지만 목사님, 그들이 얼마나 무지했는지, 그리고 우리가 얼마나 많은 것을 알고 있는지 보세요. 우리가 그동안 지식에서 이룬 많은 발전과 진보를 한번 보세요." 그런 것은 아무 상관이 없습니다. 심지어 우리는 예수 그리스도께서 탄생하시기 수세기 전에 살았던 나아만과도 같은 처지입니다. 전혀 차이가 없습니다.

다음 요점으로 넘어가기 전에 이 사실과 관련하여 제가 겪은 일을 말씀드리겠습니다. 그 사건이 이 사실을 기억하는 데 조금이나마 도움이 될지도 모르겠다는 생각이 들기 때문입니다. 아마 1941년이었을 것입니다. 저는 그때 영광스럽게도 옥스퍼드대학에서 열린 대학생 선교 집회에 연사로 와 달라는 초청을 받았습니다. 모두 세 사람의 연사가 초빙되었고, 저는 주일 밤에 옥스퍼드 안에 있는 세인트메리교회에서 설교했습니다. 예배가 끝난 뒤에는 구 목사관에서 질의응답 시간이 있다는 광고가 나갔습니다.

구 목사관은 대학생으로 꽉 찼습니다. 청중을 둘러보는데 앞에 앉아 있던 이지적으로 생긴 한 청년이 눈에 띄었습니다. 마침 질문 시간이 되자 그 학생이 가장 먼저 질문했습니다. 그는 자신을 유니온 토론 연수회의 주요 멤버라고 소개했습니다. 토론을 많이 한 사람답게 말투가 세련되었습니다. 그는 우선 설교자에게 찬사를 표한 뒤(물론 의례적인 말입니다), 설교 내용에서 이러이러한 부분에 상당한 매력을 느꼈다고 말했습니다. 그런 다음 이런 말을 했습니다. "그렇지만 그 설교 전체를 망쳐놓은 것이 딱 하나 있었다고 봅니다. 물론 저는 목사님이 전개하신 논리 정연한 주장들을 모두 받아들입니다. 그러나 어째서 옥스퍼드셔 농장에서 일하는 노동자들에게는 그와 같은 방식으로 설교할 수 없는 건지, 저는 그 이유를 전혀 모르겠습니다." 이것이 그의 의문이었습니다.

이때 의장이 내게 대답하라고 했습니다. 제가 할 수 있는 말은 오직 하나뿐이었습니다. 그 순간뿐 아니라 늘 저는 옥스퍼드대학에 있는 학생들도 다른 모든 사람과 같이 평범한 인간 질그릇일 뿐이라고 생각했습니다. 저는 이런 심정을 솔직하게 고백했습니다. 그리고 복음의 견지에서 볼 때, 명석한 옥스퍼드 대학생과 농장 노동자 사이에는 아무런 차이가 없다고 고백했습니다. 사실 그것은 복음이 말하고 있는 것입니다.

> 의인은 없나니 하나도 없으며 …… 모든 사람이 죄를 범하였으매 하나님의 영광에 이르지 못하더니(롬 3:10, 23).

"온 세상"이 하나님 앞에 죄인입니다. 그렇습니다. 저는 농장 노동자들에게도 같은 설교를 할 것입니다. 이 문제 앞에서는 여러분이나 그들이나 아무런 차이가 없기 때문입니다.

지성이라는 문제를 한번 생각해 봅시다. 하나님을 아는 데 인간의 지성이 대체 무슨 가치가 있습니까? 하나님은 무한하십니다. 하나님은 영원하십니다. 영원무궁하시며, 절대적인 자질을 지니신 분입니다. 물론 지성은 좋은 것입니다. 저도 그 점은 잘 알고 있습니다. 예를 들어, 지성은 이 세상에서 시험을 볼 때 아주 유익합니다. 인간이 만든 지식과 과학, 예술, 다른 모든 분야에서도 유익합니다. 그런 영역들에서는 유능한 것이 중요하기 때문입니다. 그렇지만 우리는 지금 절대적이며 영원하신 하나님을 대면하고 있습니다. 그런데 이 세상에서 가장 위대한 지성인이 다 무슨 소용이 있습니까? 그것은 하나님을 아는 데 가장 무식한 사람의 지성만큼이나 무력합니다.

사람이 자신의 지성으로 하나님을 알 수 있다고 생각하는 것은 어떤 의미에서 그 지성에 뭔가 잘못이 있음을 보여주는 것이나 다름없습니다. 즉 그는 바르게 생각할 줄 모르는 사람입니다. 바르게 생각할 줄 아는 사람이라면 스스로 이렇게 말할 것입니다. "하나님의 지성을 측정하려고 하는 나는 도대체 누구인가? 내가 그렇게 할 수 있다면 내가 하나님보다 큰 존재가 아닌가?" 그런데 인간은 바로 그런 짓을 하려고 애쓰고 있습니다. 그래서 그의 위대한 지성도 아무 가치가 없다고 말하는 복음의 소리를 들으면 나아만이 그랬던 것처럼 아주 기분 나빠합니다. 그것은 비단 지성뿐 아니라 다른 모든 영역에서도 마찬가지입니다.

죄는 지적인 문제가 아닙니다. 도덕적인 문제입니다. 이 세상에 있는 모든 사람의 문제는 지적인 문제가 아니라 도덕적인 문제입니다. 여러분의 지능이 아무리 높아도 상관없습니다. 또 여러분이 아무리 높은 가문에서 태어났다 해도 상관없습니다. 우리는 모두 비참한 죄인에 지나지 않습니다. 질투와 투기, 열정과 정욕, 소욕으로 똘똘 뭉쳐진 피조물일 뿐입니다. 역겹고 불결한 존재일 뿐입니다. 우리 영혼은 나병에 걸렸습니다! 우리가 어떤 존재이든 무엇을 하는 사람이든, 중요하지 않습니다. 우리는 지금 나병환자입니다. 그런데 그런 큰 자질들을 갖고 있다고 한들 무슨 소용이겠습니까?

바로 그것이 우리의 문제입니다. 우리는 하나님을 모릅니다. 악을 범합니다. 무가치하고 불결합니다! 복음은 거기에서 출발합니다. 엘리사는 나아만을 영접하러 나오지 않았습니다. 그에게 특별한 주의를 기울이거나 특별 대접을 하지도 않았습니다. 그렇습니다. 그는 그렇게 하지 않았습니다! 나아만은 여느 나병환자와 같은 한낱 나병환자였습니다. 그런데 왜 특별 대접을 해야 합니까? 그에게 필요한 것은 나병을 치료

받는 것입니다. 그래서 엘리사 선지자는 병이 치료될 수 있는 처방책을 알려주었습니다. 그 밖의 것은 모두 옆으로 제쳐놓았습니다. 죄 가운데서 하나님을 대면하고 있는 사람에게는 그 밖에 다른 어떤 것도 중요하지 않습니다. 우리의 지성이나 다른 모든 특질은 그 점에 대해 손톱만큼의 차이도 만들어내지 못합니다.

이제 두 번째 요점으로 넘어가 보겠습니다. 복음이 우리를 화나게 만들고 우리가 본질상 복음을 증오하는 이유는 그것이 구원에 관한 우리의 모든 생각과 개념이 잘못되었다는 사실을 보여주기 때문입니다. 우리가 생각하고 있는 모든 것이 잘못되었다는 것입니다. 그것도 완전히 잘못되었습니다. 여러분은 혹시 나아만 이야기에서 그 사실을 알아채셨습니까? 그의 말을 한번 들어보십시오. 그의 본성이 드러나고 있습니다. "나아만이 노하여 물러가며 이르되." 이 말에서 사람이 어떻게 구원받을 수 있는지에 관한 나아만의 견해가 나옵니다.

> 내 생각에는 그가 내게로 나와 서서 그의 하나님 여호와의 이름을 부르고 그의 손을 그 부위 위에 흔들어 나병을 고칠까 하였도다 (만일 강물에 몸을 씻어 낫는 거라면) 다메섹 강 아바나와 바르발은 이스라엘 모든 강물(이 비참한 나라와 그 요단강)보다 낫지 아니하냐 내가 거기서 몸을 씻으면 깨끗하게 되지 아니하랴 하고 몸을 돌려 분노하여 떠나니 (왕하 5:11, 12).

바로 이것이 나아만의 생각이었습니다. 그는 자신의 나병이 이런 식으로 치료되어야 한다고 생각했습니다.

그의 주인 아람 왕 역시 나아만과 같은 오류를 범했습니다. 그는 나아만에게 큰 선물을 들려 보냈습니다. 나아만은 은 십 달란트와 금 육천

개와 옷 열 벌, 소개장 한 장을 들고 떠났습니다. 그와 같은 잘못은 이 이야기 끝에도 나옵니다. 나아만은 병을 치료 받은 후에도 여전히 잘못된 생각을 고치지 못하고 있었습니다.

> 나아만이 …… 하나님의 사람에게로 도로 와서 그의 앞에 서서 이르되 내가 이제 이스라엘 외에는 온 천하에 신이 없는 줄을 아나이다 청하건대 당신의 종에게서 예물을 받으소서 하니(왕하 5:15).

이때 엘리사는 "내가 섬기는 여호와께서 살아 계심을 두고 맹세하노니 내가 그 앞에서 받지 아니하리라"고 대답했습니다. 나아만이 또다시 선물을 강권합니다. 그러나 엘리사는 거절합니다. 나아만은 그것을 도저히 이해할 수 없었습니다. 구원에 관한 그의 모든 개념이 완전히 잘못되어 있었기 때문입니다. 바로 그것이 육에 속한 사람이 안고 있는 문제입니다. 엘리사는 나아만이 예상한 것과 완전히 다르게 행했습니다.

저는 이 점을 길게 이야기하고 싶지 않습니다. 그러나 바로 이 부분으로 죄의 철저한 어리석음이 들어옵니다. 이 세상에서 죄와 불신보다 어리석고 미련한 것은 없습니다. 나아만을 보십시오. 여기 나병환자가 있습니다. 자기 능력으로는 물론 의사나 현자, 점성가도 그를 고쳐줄 수 없습니다. 심지어 자기 나라 왕도, 이스라엘 왕도 고쳐줄 수 없습니다. 그런데 이 어리석은 사람을 보십시오. 이런 사람을 두고 어리석다는 것 말고 달리 표현할 말이 있습니까? 그는 지금 한낱 나병환자일 뿐입니다. 무력하고 절망에 빠진 사람입니다. 어느 누구도 그를 위해 무엇 하나 해줄 수 없는 상황입니다. 그런데도 엘리사가 한 말을 가지고 이러쿵저러쿵 비난하며 반대하고 항의하다니, 세상에 이렇게 어리석은 사람이 어디 있습니까? 여러분 같으면 이 사람을 뭐라고 부르시겠습니까? 미련하고 둔한 사람 아닙니까?

우선 그는 아무것도 몰랐던 것이 분명합니다. 그가 나병 치료에 대해 뭔가 알았다면 절대 엘리사의 집에 가지 않았을 것입니다. 전혀 몰랐기 때문에 엘리사의 집 문 앞에 서 있는 것입니다. 어느 누구도 몰랐습니다. 그런데 엘리사가 한 말을 가지고 이러쿵저러쿵 시비를 벌이다니 얼마나 어리석은 사람입니까? 그는 엘리사가 한 말을 비난하며 "이게 맞느냐, 저게 맞느냐? 만일 강에서 씻는 거라면 아바나와 바르발로 가서 씻으면 되지 왜 굳이 이 요단강에서 씻어야 하느냐? 그 선지자는 왜 나와서 그 손을 그 부위에 얹지 않느냐"라고 말합니다. 마치 나병 치료에 대해 다 아는 것처럼 떠들어댔습니다. 사실은 아무것도 모르면서 말입니다.

여러분도 분명히 모르지 않습니까? 여러분은 죄를 치료할 수 있습니까? 영혼을 찌르고 있는 그 아픔을 제거할 수 있습니까? 여러분은 지금 완전히 행복하며 흡족하십니까? 여러분이 어떤 철학을 갖고 있는지 모르지만 아무튼 그 철학을 통해 그 길을 발견하셨습니까? 물론 발견하지 못했을 것입니다. 그렇다면 나아만처럼 어리석은 사람이 되지 마십시오. 여러분이 실패자라면, 그것도 아주 처절한 실패자라면, 대체 여러분이 누구이기에 복음의 도를 비난합니까? 왜 자신이 믿고 있는 이론이나 개념을 내세웁니까? 어째서 "나는 그것을 인정하지 않아"라고 말합니까?

그리스도께서 이 세상에 오셨을 때 유대인들이 주님을 거절한 것도 바로 이런 이유에서였습니다. 주님이 메시아였는데도 그들은 이렇게 말했습니다. "이 사람은 갈릴리에서 몇 안 되는 가난한 자들에게나 연설하며 시간을 보내던 사람 아니냐? 메시아라면 군대를 소집해서 로마를 물리치고 예루살렘에서 스스로 왕이 되어 이 나라를 높이고 세상을 정복해야지. 바로 그런 사람이 메시아야." 그것이 그들이 지닌 메시아관이었습니다! 그런데 이것은 그리스도의 메시아관이 아니었습니다. 그리스도께서 자기들 생각에 순순히 따르지 않자 유대인들은 주님을 증오했습니다. 바리새인과 서기관, 사두개인과 율법사들이 음모를 꾸며 주님을 죽였습니다. 얼마나 큰 비극이며, 정신 나간 짓입니까!

비참한 죄인인 우리 인간들은 지금도 여전히 같은 짓을 계속하고 있습니다. 사람들은 말합니다. "왜 선하게 사는 것만으로는 충분하지 않다는 건지 도대체 그 이유를 모르겠어. 사람이 선하게 살면 된 거 아냐? 그런데 그것으로 충분하지 않다니, 도대체 그 이유가 뭐람. 도대체 왜지? 왜 그런 거야?" 그러면서 화를 내며 가버립니다. "아바나와 바르발이 요단강보다 낫지 아니하냐."

인간은 비참한 실패자이자 죄인인 주제에 하나님이 이 세상에 보내신 구원의 도를 비난합니다. 그 정도로 뻔뻔하고 어리석습니다. 사실 따지고 보면 정신 나간 짓 아닙니까? 그러나 사람들이 복음을 듣고 화를 내는 것은 바로 이런 이유에서입니다. 마치 나아만이 엘리사 말에 화를 낸 것처럼 말입니다. 엘리사의 말 한마디에 자기가 지닌 모든 생각이 허물어진 것입니다. 어느 하나 자신의 계획이나 방식에 따라, 자기 생각대로 진행되지 않았습니다. 그런데도 그는 그것들을 고집하며 엘리사의 말에 이의를 제기하고 쟁론하며 싸웠습니다. 그러면서 여전히 나병환자로 남아 있었습니다!

여기서 배워야 할 사실은 우리 모두 일찍이 기독교를 완전히 잘못 생각하고 있었다는 것입니다. 우리는 기독교 국가에 태어나면 저절로 그리스도인이 되는 줄 알았습니다. 우리는 "이방 나라"에 대해 말했습니다. "이 나라는 기독교 국가다. 나는 기독교 가정에서 성장했고, 항상 하나님을 믿었으며, 항상 그리스도인이었다. 항상 예배드리는 곳에 갔으며, 항상 착한 일을 했고, 나쁜 짓은 절대 하지 않았다……. 그러니까 당연히 그리스도인이다!" 우리 죄를 깨닫게 해주실 때 성령께서는 가장 먼저 이런 생각이 얼마나 잘못된 것인지 보여주십니다. 그것은 기독교가 아닙니다! 그런 생각이야말로 기독교를 믿는 데 가장 큰 장애물입니다. 그것을 제거해야만 합니다. 엘리사는 나아만에게서 무엇이 제거되어야 하는지 알았습니다. 엘리사는 나아만을 알았을 뿐 아니라 그가 무슨 생각을 하고 있는지도 알았습니다. 그래서 그 모든 것을 깨뜨려버리려고 했습니다. 그러자 나아만이 불같이 화를 낸 것입니다. 복음은 지금도 그 일을 하고 있습니다. 하나님이 그 일을 하십니다.

복음이 육에 속한 사람을 화나게 하고 복음을 증오하게 만드는 또 다른 이유는 그것이 정말 한심하고 우스워 보이는 길을 제시하기 때문입니다. 복음은 우리가 생각하고 있던 것, 그것이 무슨 일을 할지 상상하고 있던 것을 모두 박살내버립니다. 그러나 거기서 그치지 않고 복음 자체가 가진 길을 우리에게 제시합니다. 바로 이 점이 우리를 더욱 격노하게 만듭니다. 저는 지금 나아만에 대해 좀 모질게 말하고 있습니다. 저는 사실 이 사람을 아주 유감스럽게 생각합니다. 제가 이 사람을 매우 잘 이해하고 있기 때문입니다. 저도 한때 나아만의 자리에 있었습니다. 여러분이 보시는 다른 사람들과 마찬가지로 저도 한때 그 자리에 있었습니다. 그 자리가 얼마나 어리석고 어처구니없는지 보여드리겠습니다.

여기 나아만이 있습니다. 그는 왕의 소개 편지를 갖고 왔습니다. 병거, 말, 수행원, 종, 돈, 갈아입을 옷, 이 모든 것을 챙겨왔습니다. 그런데 선지자는 종을 내보내 겨우 말만 전했습니다. 나아만을 보러 나오지도 않고 그냥 종만 내보내서는 "가서 요단강에 몸을 일곱 번 씻으라"는 말을 전했습니다. 엎친 데 덮친 격이라고나 할까요? 선지자가 나와서 이것저것 해주지 않은 것만으로도 이미 기분이 상했는데, 요단강에서 일곱 번을 씻으라니요. 그는 요단강보다 더 나은 아바나와 바르발강을 이미 알고 있는데 말입니다! 얼마나 모욕적이며 한심한 소행입니까!

복음이 우리 모든 사람에게 하는 말은 육에 속한 사람이 듣기에 정말 화나는 말입니다. 육에 속한 사람에게는 그 말이 완전히 모욕적이고 굴욕적으로 들립니다. 복음은 우리에게 오직 선하게만 살면 된다고 말하지 않기 때문입니다. 오직 주 예수 그리스도만 바라보고 그분의 완전하신 모범을 본받아 그리스도처럼 살라고 말하지 않기 때문입니다. 그리스도를 본받아 그분이 한 대로 실천하라고 말하지 않기 때문입니다. 우리는 모두 자신의 능력을 발휘하고 자기를 희생해가며 훌륭하고 멋진 일을 할 준비가 되어 있습니다. 그런 식으로 그리스도를 본받아 살 준비가 얼마든지 되어 있습니다. 우리는 "이것이 기독교다. 그리스도를 본받는 것, 이건 아주 좋은 거야!"라고 말합니다.

그러나 복음은 기독교란 전혀 그런 것이 아니라고 말합니다. 하나님은 그리스도를 본받으라고 우리를 부르신 것이 아닙니다. 그리스도의 가르침을 실천하려고 애써 보라고 부르신 것이 아닙니다. 그렇게 하면 그 보상으로 우리 죄를 없애주겠다고 약속하신 것이 아닙니다. 절대 그런 것이 아닙니다! 복음 메시지는 "예수"를 (그들이 부르는 대로 하자면) 도덕적으로 위대한 모범자이자 위대한 교사로 바라보라는 게 아닙니다. 십자가에 못 박히신 분, 머리에 가시관을 쓰고 몹시 괴로운 표정을 지으며 "나의 하나님, 나의 하나님, 어찌하여 나를 버리시나이까?"라고 울부짖은 분을 바라보라는 것입니다. 그렇게 나약하게 죽으신 분, 사람들이 돌을 굴려 입구를 막아놓은 무덤에 묻힌 분, 바로 그분을 바라보라는 것입니다. 예수 그리스도, 십자가에 못 박히신 그리스도, 바로 그분을 보라고 우리를 부르신 것입니다! 복음은 그것이 구원의 길이라고 말합니다. 그것이 우리 죄와 문제를 제거하는 길이라고 말합니다. 그것이 온전한 사람이 되어 행복해질 수 있는 길이라고 말합니다.

갈보리로 가십시오. 십자가에서 죽어가는 그리스도를 바라보십시오. 어떤 일이 일어나고 있는지 깨달으십시오. 그것이 무슨 뜻인지, 즉 십자가에서 예수님이 그 몸으로 친히 우리 죄를 담당하셨다는 것, 우리 죄로 인해 그분이 형벌을 받으셨다는 것, 하나님이 우리의 불법을 그분에게 담당시키고 해결하셨다는 것을 깨달으십시오. 그것이 전부입니다. 우리는 그저 우리 죄를 인정하고 회개하며 그 모든 것을 자복하기만 하면 됩니다. 그런 다음 하나님의 아들 예수 그리스도께서 우리와 우리 죄를 위해 죽으셨다는 사실을 믿기만 하면 됩니다. 그 밖에 우리가 할 일은 하나도 없습니다. 그렇게만 하면 우리는 즉시 구원받습니다.

그러면 이렇게 반문하는 사람이 있을 것입니다. "그게 다라니 무슨 말씀입니까? 말도 안 되는 소리입니다. 저는 예배를 드리고, 좀 더 나은 사람이 되기로 결심하고, 어떻게 하면 깊은 신앙을 기를 수 있을지 배우기 위해 강의도 듣고, 책도 읽고, 선한 일을 하려고 애쓰는데, 그러면 이런 것들이 다 소용없단 말입니까?" 그렇습니다. 우리는 그저 십자가를 바라보고 죽어가는 하나님의 아들을 보며 이렇게 말씀드리기만 하면 됩니다. "제가 그 메시지를 믿습니다. 제게 믿으라고 말씀하신 그 모든 것을 믿습니다. 주님이 하나님의 아들이시며, 저를 위해, 제 죄를 위해 돌아가셨다는 것, 제가 즉시 용서받아 하나님의 아들이 된다는 것, 제가 그리스도인이 되고 성령께서 제 안에 생명을 넣어주신다는 것, 이 모든 것을 믿습니다." 이것이 전부입니다. 더 이상 아무것도 필요치 않습니다. 어떤 프로그램에 참석하거나 장기적인 치료를 받을 필요도 없습니다. 아무것도 없습니다. 이것이 전부입니다.

그러면 누군가는 또 이렇게 반문할 것입니다. "빈민가에 사는 무식한 사람이나 부녀자들에게는 그것도 괜찮겠지요. 그렇지만 목사님은 제가 평생 동안 철학책을 읽고 사회학을 연구했다는 사실을 모르고 계십니까? 제가 지금 선한 일을 하고 있고, 위대한 개념들과 씨름하면서 진리를 탐구하고 있다는 사실을 모르십니까? 목사님은 지금 저를 모욕하고 계신 것입니다. 그 말씀은 정말 유치합니다. 정말 한심스러울 정도로 단순합니다. 아니, 부도덕합니다. 저한테 누군가가 저를 위해 죽었고 그 사람이 제 죄를 담당할 수 있다고 말하라는 것조차 저를 모독하는 것입니다. 인간은 선한 삶을 통해 자기 자신을 구원해야 합니다."

우리도 복음에 대해 저렇게 말하지 않습니까? 우리는 이렇게 말합니다. "그것이 복음이라면, 제가 받은 교육이나 지식이 다 무슨 소용입니까? 저의 모든 도덕성과 제가 지금까지 쌓아온 모든 수고가 무슨 소용입니까? 목사님은 그런 것들이 다 소용없고 그냥 믿기만 하면 된다고, 어린애나 할 수 있는 그런 짓을 하라고 말씀하시는 것 같습니다." 그렇습니다. 그것은 어린아이라도 할 수 있는 일입니다. 우리에게 아무것도 요구하지 않습니다. 역사하는 것은 하나님의 능력이기 때문입니다. 다만 우리 자신의 필요, 우리 자신의 빈곤, 우리 자신의 부족함, 우리 자신의 무력함, 우리의 전적인 절망만 요구합니다. 큰 죄에 빠져 있는 그 모습 그대로 주께 나아오십시오.

큰 죄에 빠진 날 위해 주 보혈 흘려주시고
또 나를 오라 하시니 주께로 거저 갑니다.[2]

어린아이처럼 무력해지라는 것, 이 세상에서 가장 간단한 일을 하라는 것, 복음은 우리에게 그러한 메시지를 전해 줍니다. 그것이 오래전 엘리사 선지자가 나아만에게 보낸 메시지입니다. "그냥 요단강에 가서 일곱 번 씻으라. 그러면 나을 것이다. 네 나병이 없어질 것이다." 이 말을 듣고 나아만은 불같이 화를 냈습니다. 육에 속한 사람은 지금도 여전히 그 메시지에 반대합니다.

바울이 이것을 어떤 식으로 표현했는지 아십니까? "육에 속한 사람은 하나님의 성령의 일들을 받지 아니하나니"(고전 2:14)라고 했습니다. "그에게는 어리석게 보이기" 때문입니다. 그리고 바울이 고린도전서 1장에서 이미 고린도 교인에게 말한 그 이유 때문입니다.

> 우리는 십자가에 못 박힌 그리스도를 전하니 유대인에게는 거리끼는 것이요 이방인(헬라인)에게는 미련한 것이로되(고전 1:23).

헬라인들은 이렇게 말했습니다. "뭐라고? 우리의 위대한 철학자들이 십자가에서 죽은 나사렛의 한 목수가 구세주라는 것을 믿으라고 했다고? 그저 그를 믿고 그에게 순복하기만 하면 된다고? 세상에, 그런 어리석은 말이 어디 있담! 그러면 우리의 명철과 철학이 설 자리는 어디란 말인가?" 이런 이유 때문에 그들은 복음을 거절했습니다. 이 세대의 관

---

2) 샤롯 엘리어트, "큰 죄에 빠진 날 위해", 새찬송가 282장.

원은 그를 알지 못했습니다. "만일 알았더라면 영광의 주를 십자가에 못 박지 않았을 것입니다"(고전 2:8). 복음의 방법은 모욕적이고 유치해 보입니다. 그러나 인간은 나아만이 그랬듯이 뭔가 큰 것을 하고 싶어합니다.

　복음은 이 길만이 유일한 길이며, 다른 길은 없다고 주장합니다. 이 말에 여러분은 "그렇다면 불교나 이슬람교, 힌두교나 유교는 뭐란 말입니까?"라고 반문하겠지요. 그 질문에 대한 답은 오직 하나입니다. 그것들은 구원의 길이 아닙니다. 오직 한 길만 있습니다. 나아만은 그 밖에 다른 것을 모두 해보았지만 결국 아무 소용이 없었습니다. 모든 것이 허사였습니다.

　오늘날도 마찬가지입니다. 다른 모든 것은 허사입니다. 이 길만이 하나님의 길입니다. 하나님의 독생자 나사렛 예수, 바로 그분이 이 세상의 구주십니다.

> 다른 이로써는 구원을 받을 수 없나니 천하사람 중에 구원을 받을 만한 다른 이름을 우리에게 주신 일이 없음이라(행 4:12).

> 이 닦아둔 것 외에 능히 다른 터를 닦아둘 자가 없으니 이 터는 곧 예수 그리스도라(고전 3:11).

> 내가 너희 중에서 예수 그리스도와 그가 십자가에 못 박히신 것 외에는 아무것도 알지 아니하기로 작정하였음이라(고전 2:2).

　다른 길은 절대 발견하지 못할 것입니다. 여러분의 철학을 따라가 보십시오. 여러분이 믿는 다른 종교들을 따라가 보십시오. 절대로 평강과 안식을 발견하지 못할 것입니다. 오직 여기에만 치료책이 있습니다. 다른 곳에는 없습니다. 만일 나아만이 화가 나 엘리사의 집 앞에서 돌아선 채 그대로 아람으로 돌아갔다면, 그는 그냥 나병환자로 남아 있었을 것입니다. 그리고 그 나병이 온몸에 퍼져 결국 죽고 말았을 것입니다.

여러분도 이 복음을 거절할지 모릅니다. 그러나 그렇게 하면, 여러분은 도덕적인 나병환자로, 죄인인 채로 남을 것입니다. 여러분은 죽어서 하나님 앞에서 정죄받을 것입니다. 죄는 이 세상에 사망을 가져왔으며, 지금도 우리를 사망으로 인도합니다. 영원토록 아무런 소망도, 아무런 용서도, 아무런 위안도 받지 못한 채 도덕적 죄인인 나병환자로 남아 있게 될 것입니다. 하나님이 우리 인간을 위해, 우리의 구원을 위해 독생자를 이 세상에 보내셨습니다. 그 독생자 되신 그리스도께서 우리의 구원을 위해 하실 수 있었던 유일한 길은 우리를 위해 죽는 것뿐이었습니다. 그래서 우리를 위해 돌아가셨습니다. 다른 길이 없었습니다. 그것이 유일한 길이었습니다.

> 죄 값을 치르는 데 다른 길은 없네.
> 그리스도만이 천국 문을 열고
> 우리를 들어가게 하실 수 있네.

이제 엘리사의 집 앞에서 몸을 돌이켜 분노한 상태로 돌아가려던 나아만에게 종들이 뭐라고 했는지 들어봅시다. 그들은 이렇게 간청했습니다.

> 내 아버지여 선지자가 당신에게 큰 일을 행하라 말하였더면 행하지 아

니하였으리이까 하물며 당신에게 이르기를 씻어 깨끗하게 하라 함이리이까(왕하 5:13).

저도 그들과 같은 방식으로 간청해 볼까요? 복음이 단순하다는 이유로, 그것이 아프리카에 사는 문맹자나 전에 식인종이던 사람도 구원할 수 있다는 이유로, 단순히 그런 이유로 복음을 거절한다면 어리석은 짓 아닐까요? 우리뿐 아니라 그런 사람도 구원할 수 있기 때문에 복음을 거절한다면, 그게 과연 합리적인 생각일까요? 우리는 실패자이고, 자신을 치유할 수 없으며, 죄에 계속 넘어지고 있다는 사실을 이미 알고 있습니다. 그런데도 복음을 비난하며 계속 자기 생각을 주장한다면, 과연 정신이 온전한 사람의 행동일까요?

중요한 것은 복음이 정말 치료할 수 있느냐입니다. 한번 믿고 시험해 보십시오. 복음이 여러분을 치료한다는 사실을 발견할 것입니다. 나아만이 치유된 것처럼 여러분도 치유될 것입니다. 그는 종들이 하는 말을 듣고 그 말이 매우 합리적이라는 사실을 깨달았습니다. 그래서 "내려가서 하나님의 사람의 말대로 요단강에 일곱 번 몸을 잠갔습니다." 물론 그에게는 큰 희생이었습니다. 그렇게 하는 것이 결코 쉬운 일은 아니었습니다. 우리 모두 이것을 체험했습니다. 그러자 "그의 살이 어린아이의 살같이 회복되어 깨끗해졌습니다."

단순한 마음으로 주 예수 그리스도를 믿으십시오. 그러면 구원받으실 것입니다. 예배드리는 이 순간, 하나님께 죄를 고백하십시오. 여러분의 무능을 고백하고, 여러분의 오만과 어리석음을 고백하십시오. 하나님께 이렇게 말씀드리십시오. "저는 이해하지 못하겠습니다. 그렇지만 복음을 들었고 그 메시지를 믿겠습니다. 아니, 지금 이 순간 복음을 믿습니다. 제 죄를 인정하며 회개합니다. '제가 믿습니다. 저의 믿음 없음을 도와주소서.' 저는 예수님이 하나님의 아들이시며 저를 위해 돌아가셨다는 사실을 믿습니다. 오 주여, 제게 긍휼을 베푸시고 성령으로 제 마음을 밝히셔서 제게 명철을 주시옵소서."

분명히 말씀드리지만 하나님이 여러분을 용서해 주실 것입니다. 여러분의 죄를 빽빽한 구름처럼 완전히 덮어주실 것입니다. 새 생명과 새로운 본성을 주실 것입니다. 하나님의 자녀로 삼아주시고, 하나님의 영이 여러분 안에 들어가 거하실 것입니다. 고린도전서 3장에서 바울은 이렇게 말하고 있습니다.

> 너희 중에 누구든지 이 세상에서 지혜 있는 줄로 생각하거든 어리석은 자가 되라 그리하여야 지혜로운 자가 되리라(고전 3:18).

"어리석은 자가 된다"는 것은 우리의 지성이 아무 소용 없다는 것, 우리가 가진 모든 것이 아무 소용 없다는 것을 인정한다는 뜻입니다. 우리는 그것을 인정해야만 합니다. 호라티우스 보나의 말로 다시 한 번 표현해 보겠습니다.

> 값없이 주는 생수로 영생을 얻으라.
> 목마른 사람 오라고 주 말씀하셨네.[3]

그 물은 샘에 있기 때문에 몸을 굽히지 않으면 마실 수 없습니다(이 찬

---

3) 호라티우스 보나, "내게로 와서 쉬어라", 통일찬송가 467장.

송의 영어 가사 2절 둘째 연 "stoop down, and drink and live"를 직역하면 "몸을 굽혀 생수를 마시고 살라"이다_ 편집자). 우리가 서 있는 자리에서 내려가야 합니다. 우리의 지성, 우리의 도덕성, 우리의 종교, 우리가 가진 모든 것을 내려놓아야 합니다. "몸을 굽히십시오." 얼굴을 숙여 입술을 그 물에 대십시오. 그리고 마시기 시작하십시오. 그러면 여러분 안에서 생명이 샘처럼 솟아날 것입니다.

내 주가 주신 생수를 나 받아 마신 후
내 영혼 소생하였고 주 함께 살겠네.[4]

나아만의 나병이 치료되었습니다. 그의 살이 온전해졌습니다. 그가 깨끗해졌습니다. 우리도 우리의 죄책에서 깨끗해질 수 있습니다. 죄의 세력과 오염에서 깨끗해질 수 있습니다. 우리 안에서 한 과정이 시작될 것입니다. 그 과정을 따라가면 결국 영광 가운데 온전한 모습으로 하나님 앞에 서게 될 것입니다. 몸을 굽혀 우리의 길을 내어드리며 하나님께 순종하십시오! 몸을 굽혀 그 생수를 마십시오. 그래서 진짜 생명, 영생을 얻으십시오.

---

4) 호라티우스 보나, "내게로 와서 쉬어라", 통일찬송가 467장.

12장
같은 목적지, 다른 길

왕은 원로들이 가르치는 것을 버리고 그 앞에 모시고 있는 자기와 함께 자라난 젊은 신하들과 의논하여. _역대하 10장 8절

본문에 나온 역사적 사실은 유대인의 역사에서 매우 중요한 사건입니다. 이 사건은 이스라엘 민족사뿐 아니라 세계 역사에서도 아주 중요한 전환점입니다. 본문에 나온 르호보암의 행동 때문에 다윗과 솔로몬이 통치해 온 이스라엘이 북 왕조와 남 왕조, 다른 말로 열 지파와 두 지파, 또는 이스라엘과 유다, 이렇게 둘로 갈라지게 되기 때문입니다. 그렇다면 이 사건에 열왕기와 역대기뿐 아니라 선지서들까지 이해할 수 있는 열쇠가 있다고 할 수 있습니다. 우리는 이 사건에서 선지자들이 그토록 자주 언급하는 그 많은 재난과 어려움, 위기가 생겨난 이유를 알 수 있습니다. 따라서 단순히 역사적 관점에서만 보더라도 이 사건은 검토해 볼 가치가 있습니다. 물론 우리는 이 속에서 열방에게 주는 위대한 교훈과 경고를 발견할 수 있습니다. 그러나 제가 초점을 맞추고자 하는 것은 그것이 아닙니다. 신약은 사실 열방에 관심이 없기 때문입니다.

신약의 주요 관심은 항상 개인입니다. 신약은 열방 전체를 구원하겠다고 말하지 않습니다. 모든 나라와 혈족, 민족 가운데서 믿는 사람들을 구원하겠다고 말합니다. 물론 성경도 일반적으로는 열방이 권세와 위대함을 상실하고, 분쟁을 평화롭게 해결할 수 있는 길을 택하지 않아 결국 인간의 생명을 상실하게 만드는 것에 관심이 있습니다. 그러나 성경의 진짜 관심은 영혼 상실에 있습니다. 따라서 우리는 얼마든지 이 역사적인 사건을 국가적 차원이나 일반적 차원보다 개인적인 차원에서 살펴볼 수 있습니다. 그러나 이 사건을 개인적인 차원에서 살펴볼 때도 위험이 있습니다. 이 사건을 단순히 인간적인 지혜나 인생에 관한 철학적 설명 정도로 취급하는 것입니다. 어쩌면 우리가 구약을 검토할 때 항상 직면하게 되어 있는 큰 위험 중 하나가 그 부분에 도사리고 있는지도 모릅니다.

구약에는 인생에 관한 지혜가 잔뜩 들어 있습니다. 그래서 자칫하면 구약을 단순한 지혜서로 간주하기 쉽습니다. 물론 구약은 지금까지 세상에서 발견된 지혜서 가운데 가장 완벽한 작품입니다. 그러나 구약은 단순한 지혜서가 아닙니다. 구약은 무엇보다 하나님과 하나님의 길, 하나님의 목적을 계시해 주는 책입니다. 구약은 덕성을 가르칠 뿐 아니라 영적인 진리와 영원한 가치관을 계시해 줍니다. 다시 말해 단순히 우리가 어떻게 살아야 하며 어떻게 해야 가장 훌륭한 삶을 살 수 있을지를 말해 주는 책만은 아니라는 뜻입니다.

구약의 목적은 무엇보다도 우리에게 하나님을 계시하여 우리가 하나님과 올바른 관계를 맺게 하는 것입니다. 따라서 우리가 일반적인 차원이 아니라 개인적인 차원에서 이 특별한 사건을 살펴볼 때도 단순히 일반 문학 작품에서 발견할 수 있는 일반 진리들을 알아보는 것에 그쳐서는 안 됩니다. 물론 이 사건에서 우리는 좋은 친구를 선택하는 것이 얼마나 중요한지, 노인들의 말을 귀담아 듣고 그들의 판단과 지혜를 존중하는 것이 얼마나 중요한지 배울 수 있습니다. 그리고 무절제한 소욕 때문에 모든 것을 잃게 되는 어리석음이나, "교만은 패망의 선봉"이라는 격언에서 끌어낼 수 있는 분명한 교훈도 배울 수 있습니다. 이 모든 것이 가치 있고 중요합니다. 그러나 성경의 궁극적 관심은 이생을 위해 우리를 준비시키는 것이 아닙니다. 성경의 진짜 목적은 영원을 위해 우리를 준비시키는 것입니다.

여기 우리의 영혼, 그리고 하나님과 그 영혼의 관계에 관한 궁극적 진리를 가르쳐주는 하나의 비유라 할 수 있는 구약의 위대한 이야기가 있습니다. 이제부터 그 이야기를 살펴보겠습니다.

이야기는 아주 간단하고 단도직입적입니다. 아버지 솔로몬의 왕위를 이어받은 르호보암은 젊은 나이에 왕의 인생을 시작했습니다. 물론 그는 나름의 견해와 소원을 갖고 있었습니다. 그의 가장 큰 소원은 권력을 장악하여 온 이스라엘을 통치하는 것이었습니다. 그는 온 백성이 자기에게 충성하기를 바랐습니다. 그는 최고가 되고 싶어 견딜 수 없었습니다. 사실 이것은 왕이라면 누구나 가질 수 있는 정당한 소원입니다.

여기서 유념해야 할 중요하고 재미있는 사실은 처음에 그가 그 목적을 이룰 수 있는 두 가지 방법을 놓고 양자택일을 해야만 했다는 점입니다. 하나는 여로보암의 휘하에 있던 사람들이 좋아했을 뿐 아니라 노인들이 추천한 방법입니다. 다른 하나는 젊은이들이 제안한 방법입니다. 여기서 이 두 가지 방법, 두 가지 제안, 두 가지 생각은 모두 같은 목적을 이루기 위해 제안되었다는 점에 유념해 주십시오. 차이가 있다면 목적이 아니라 그 목적을 이루는 방법이었습니다. 노인들이 조언한 말을 다시 적어보면 대충 이렇습니다. "저희가 말씀드리는 대로 하십시오. 그러면 이 사람들이 왕을 섬기고 왕에게 충성하며 왕이 그들에게 원하는 것을 다 할 것입니다." 젊은 사람들도 같은 말을 했습니다. 단, 공통으로 합의된 목적을 이루는 방법이 달랐습니다.

이제 이 두 조언이 왕에게 전해진 순서를 보겠습니다. 르호보암이 젊은이들의 말을 듣기 전에 노인들의 말을 먼저 들었다는 것은 결코 우연이나 하찮게 볼 일이 아닙니다. 젊은이들의 조언을 받아들이려면 먼저 노인들의 조언을 거절해야만 합니다. 그는 그렇게 합니다. 그리고 그 결과가 어떻게 되었느지는 잘 아실 것입니다. 사흘째 되는 날, 여로보암과 그 휘하에 있던 사람들이 르호보암의 결정을 듣기 위해 찾아왔습니다. 그때 르호보암은 포악한 말로 자신은 백성을 더 힘들게 하고 자기 아버지보다 더 심한 학정으로 다스리겠노라고 말했습니다. 그 결과 나라는 둘로 갈라지고 전쟁이 일어났습니다. 그리고 궁극적으로는 이스라엘이 바벨론 포로로 끌려가고 맙니다. 여기에 바로 이 이야기의 핵심이 있습니다.

여기서 굳이 우리 각자의 인생도 놀라울 정도로 이와 똑같다는 사실을 지적해야만 할까요? 우리도 모두 르호보암처럼 인생을 시작합니다. 나름의 생각과 소원, 하고 싶은 것들을 가지고 인생을 출발합니다. 우리 모두 르호보암처럼 목적과 목표가 있습니다. 물론 목적이 다 같지는 않지만, 아무튼 모두 목적이 있으며 그 목적은 분명합니다. 어떤 의미에서 우리는 누구나 풍성한 삶을 살고 싶어합니다. 그래서 우리의 인생을 우리에게 달라고 아우성칩니다. 르호보암이 통치하기를 원했듯, 우리 모두 최고의 삶을 살며 인생에서 가장 좋은 것을 얻어내고 싶어합니다. 물론 사람들마다 이것을 표현하는 방식은 다르지만 그 밑에 깔려 있는 생각은 같습니다. 어떤 사람은 그것을 행복이나 기쁨과 관련지어 표현하고, 어떤 사람은 지식과 지혜와 명철을 얻는 문제로 봅니다. 또 어떤 사람은 그것을 삶이나 실생활과 관련지어 더 노골적으로 말합니다. 또 어떤 이는 하나님을 알려 하고 하나님을 기쁘시게 해드리려는 소원이라고 말합니다. 이처럼 우리 모두 어떤 소망을 가슴에 품은 채 자신이 품은 야망을 소중히 키워가며, 서로 다른 형태로 인생을 시작합니다.

이렇게 말하면 지금 제가 상당히 많은 것을 기대하고 있다고 생각하는 사람이 있을지도 모릅니다. 대부분은 아니더라도 오늘날 많은 사람이 아무 생각 없이 그냥 인생을 시작한다고 생각할지도 모릅니다. 지금은 그보다 더 중요한 문제를 살펴봐야 하기 때문에 그 점을 논할 생각은 전혀 없지만, 사실 모든 사람은 풍성한 삶을 살고자 하는 생각으로 인생을 시작합니다. 그러나 특정한 방법으로 풍성한 인생을 살아보겠다고 시도하는 사람도 그렇게 살지 못할 때가 있습니다. 그렇다면 그런 시도조차 하지 않는 사람들이야 오죽하겠습니까? 그 인생이 얼마나 처절하고 절망적인 실패작이 되겠습니까?

우리는 르호보암처럼 인생을 출발합니다. 그리고 우리도 처음부터 두 가지 방법, 즉 두 가지 가능성에 직면합니다. 한편에는 성경이 주장하는 길이 있고, 다른 한편에는 동시대인의 견해와 현대 사상이 선호하고 주창하는 길이 있습니다. 그 둘이 얼마나 완벽한 병행을 이루고 있는지 보십시오. 그 둘도 방법이 다릅니다. 그러나 어떤 의미에서 성경과 세상은 우리에게 매우 똑같은 것을 제공하고 있습니다.

일부러 잘못된 길로 가거나 자기 인생을 실패작으로 만들려는 사람은 한 사람도 없습니다. 세상과 세상 방식은 늘 우리가 소원과 목표를 이룰 수 있도록 도와주는 것을 최대 관심사로 삼고 있는, 우리의 가장 좋은 친구라고 속삭입니다. 성경은 우리에게 찾아와 우리에게 무엇이 최선인지, 우리가 어떻게 참된 생명을 얻을 수 있는지 말해 줍니다. 세상과 세상의 사상도 우리에게 찾아와 같은 말을 합니다. 차이가 있다면 방법뿐입니다. 둘 다 우리에게 인생과 진리, 행복과 기쁨, 우리가 바랄 수 있는 모든 것을 주겠다고 제안합니다.

먼저 찾아오는 쪽이 항상 옛 제안이라는 것 역시 사실입니다. 예외적인 극소수를 제외하고는 이곳 영국에서 자란 사람이면 누구나 성경과 기독교에 먼저 친숙해지게 되어 있습니다. 르호보암이 노인들과 먼저 상의한 것처럼 우리 모두 하나님에 대해, 그분의 아들 예수 그리스도에 대해, 구원의 길에 대해 먼저 배웁니다. 우리가 세상과 세상의 사상으로 향하게 되는 것은 오직 그것을 거절한 후에야 가능합니다. 그런데 안타깝게도 사람들은 여전히 르호보암이 한 대로 옛 것을 거절하고 세상 방식으로 향하고 있습니다! 르호보암 이야기가 지금까지 얼마나 많이 되풀이되고 있는지요! 그 이유가 무엇일까요? 사람들은 왜 성경이 제공하는 것을 보며 자기들이 원하는 것은 바로 그것이라고 말하면서 실제로는 거절하는 걸까요? 이 특별한 방법은 여전히 거절하면서 어째서 그 밖의 것은 무엇이든 선호하는 걸까요?

이제 르호보암을 함께 살펴봅시다. 그 이유가 아주 분명하게 나타날 것입니다. 이것을 두 가지 질문 형식으로 나누어 다뤄보겠습니다.

첫째, 르호보암은 왜 노인들의 조언을 버리고 젊은이들의 것을 선택했을까요? 이 질문에는 사실 한마디로 대답할 수 있습니다. 바로 편견 때문입니다. 그가 젊은이들의 조언을 따른 이유는 그것이 자신의 생각과 일치했으며 자신의 생각이 옳다는 것을 입증해 주었기 때문입니다. 얼핏 보면 그는 아주 개방적인 마음을 가진, 지혜로운 사람처럼 보입니다. 그는 마치 노인들의 공정한 판단을 들어보고 양쪽 측면에서 그 사실을 살펴 저울질해 볼 용의가 있다는 듯이, 자신은 양쪽 견해를 다 좋아한다는 듯이 그 안건을 내놓습니다. 심지어 매우 지혜로워서 노인들과 먼저 상의한 것처럼 보이기까지 합니다.

그러나 이야기의 흐름을 따라가 보십시오. 그러면 전혀 그렇게 생각할 수 없을 것입니다. "왕은 원로들이 가르치는 것을 버리고"(대하 10:8)라는 구절이 그 사실을 암시해 주고 있습니다. 그리고 르호보암이 여로보암과 그 휘하에 있던 사람들에게 보인 난폭한 태도가 그 사실을 더욱 입증해 주고 있습니다. 르호보암은 노인들의 조언을 멸시한 다음 즉시 젊은이들의 조언을 흔쾌히 받아들입니다. 왜 그랬을까요? 그들의 조언이 자신의 생각과 느낌을 정확히 표현해 주고 있었기 때문입니다.

그는 그 상황을 실제로 검토해 본 것이 아닙니다. 온 마음을 쏟아 그 문제를 생각해 본 것이 아닙니다. 자신의 느낌과 소욕, 야심, 한마디로 자신의 편견에 지배받은 것입니다. 나중에 그 반대편에 대한 증거를 제시할 때 분명히 드러나겠지만, 사실 지금도 그 점이 명확하게 나타나 있지 않습니까? 무뚝뚝한 태도, 성급함, 오만함, 이 모든 것은 이미 그가 신중하게 생각하는 사람이나 정직한 탐색가가 아니라 선입견 내지는 자기가 미리 생각하고 있던 개념과 뜻에 지배되는 사람이라는 사실을 보여주고 있습니다. 그는 노인들의 조언을 실제로 검토해 본 것이 아닙니다. 그냥 그것이 싫었습니다. 그래서 거들떠보지도 않았습니다. 그는 젊은이들의 제안이 좋았습니다. 그래서 그 제안에 따라 행동했습니다.

이제 이것에 비추어 우리 자신의 모습을 정직하게 살펴봅시다. 교회와 기독교 밖에 있는 사람들은 자신들이 양쪽 모두 정직하게 검토하고 저울질해 본 결과 기독교를 믿지 않게 되었다고 말할 것입니다. 그들은 기독교에 대해 정직하고 공평하게 생각해 보았다고 말할 것입니다. 그들이 기독교를 포기하고 다른 견해와 신념을 신봉하게 된 것은 기독교가 매우 어리석고 잘못되었다는 사실을 깨닫고 나서 내린 결정이라고 말할 것입니다. 겉보기에 그들은 아주 지혜롭고 분별력 있어 보입니다. 마치 우리가 주의 깊게 살펴보기 전에 르호보암이 그렇게 보였던 것처럼 말입니다. 그렇지만 그것이 정말 사실일까요?

그리스도인이 아닌 분들께 질문을 던져보겠습니다. "왜 그리스도인이 아니십니까?" 왜 그런 견해와 자세를 취하게 되었는지 말씀해 주실 수 있습니까? 기독교에 대해 정말 알고 계십니까? 정말 기독교를 검토하고 살펴보신 적이 있습니까? 기독교에 반대하는 진짜 이유를 갖고 계십니까? 혹시 교인들이 위선적이기 때문이라는 무책임하고 일반적인 이유 말고 다른 이유가 있습니까? 자칭 그리스도인이라고 하는 사람들에게 실망한 것 말고 그렇게 결정하게 된 다른 동기라도 있습니까? 저는 지금 단순히 다른 사람들에 대해 알고 있는 것만으로 이런 질문을 하는 것이 아닙니다. 그들이 하는 말을 듣고, 그 말에서 알게 된 지식 때문에 이런 질문을 던지고 있는 것이 아닙니다. 실은 저 자신과 인간의 마음이 얼마나 사악하고 거짓되었는지 알고 있기 때문입니다.

사람들은 "과학"이 이것도 증명하고 저것도 증명하며, 현대 지식이 이것도 증명하고 저것도 증명한다고 입심 좋게 말합니다. 그러나 아주 엄밀하고 자세하게 질문해 보십시오. 그러면 그들은 그 사실들에 대해 아무것도 모른 채 그냥 사람들이 일반적으로 하는 말만 가지고 그렇게 말한다는 사실을 발견할 것입니다.

여러분은 정말 기독교에 선입견이 없다고 정직하게 말할 수 있습니까? 그렇게 말할 수 있다면, 여러분이 기독교나 기독교를 믿는 어떤 사람에 대해서도 절대 경멸하는 말을 하지 않는다는 뜻입니다. 기독교에 대해 참을성 있게 공평한 마음으로 들을 용의가 있다는 뜻이고, 기독교의 분명한 실패들을 보고 비웃고 책망할 용의가 있지만 기독교의 승리와 성공도 얼마든지 인정할 용의가 있다는 뜻입니다. 그런데 여러분 자신이 그렇다고 말할 수 있습니까? 애석하게도 사람들은 기독교에 대해 정말 진지하게 들어보지도 않았으면서 편견에 따라 기독교를 무시하고 공격하고 저버리는 경우가 훨씬 많습니다. 그렇지 않습니까?

그러나 그것은 질문에 대한 답변이 되지 않습니다. 또 다른 질문을 낳기 때문입니다. 왜 이런 선입견이 있는 걸까요? 이런 선입견이 생겨난 이유를 어떻게 설명할 수 있을까요? 르호보암에게 다시 돌아가 봅시다. 그가 젊은이들의 조언을 받아들인 유일한 이유는 자신의 선입견과 일치해서입니다.

여기서 우리는 또다시 교만이라는 한마디로 그 대답을 대신할 수 있습니다. 제가 르호보암에 대해 지나치게 불공평한 걸까요? 그렇다면 본문에 나온 사실들을 보십시오. 그의 성품을 연구해 보십시오. 특히 "왕이 포학한 말로 대답할새"(대하 10:13)라는 구절에 비추어 연구해 보십시오. 그는 왜 그렇게 화를 내며 난폭하게 말했을까요? 왜 노인들의 조언을 그렇게 멸시하고 물리쳤을까요? 그들의 조언을 모욕이라고 생각했기 때문입니다. 왜 모욕이라고 생각했을까요? 여로보암과 그를 추종하는 자들이 내놓은 제안과 노인들의 조언은 정말 공평하고 공의로워 보입니다. 그것은 사실입니다. 그런데 르호보암은 왜 화를 냈을까요? 그 질문에는 오직 한 가지 대답밖에 없습니다. 바로 그의 교만 때문입니다. 교만한 사람은 무슨 일이든 모욕으로 간주하는 경향이 있습니다. 그래서 잘 토라집니다. 르호보암이 그 제안을 모욕으로 받아들였다는 사실을 아는 것은 어렵지 않습니다. 제 생각에는 그의 마음이 다음 두 측면에서 움직이고 있었던 것 같습니다.

우선 그는 이 제안을 받아들이는 것을 그 순간의 자기 위치, 그가 아버지한테 이어받은 그 위치가 잘못되었다는 사실을 고백하고 인정하는 것으로 여겼습니다. 그들은 "고역을 좀 가볍게" 해주고 그의 아버지가 메워준 "무거운 멍에"를 가볍게 해달라고 요구했습니다. 그런데 그렇게 해주는 것은 곧 르호보암이 백성의 말이 옳다는 사실을 인정한다는 뜻이 됩니다. 달리 말하면 아버지의 잘못을 인정하는 것이며, 만일 자신이 그렇게 하지 않으면 자기 역시 잘못하는 것이라는 뜻입니다. 그러나 그는 자신의 잘못을 인정할 준비가 되어 있지 않았습니다. 그들의 요구가 순전히 긍정적인 것이어서 뭔가 잘못되었다는 사실을 인정하게 만드는 것이 아니었다면 르호보암도 아마 수락했을 것입니다. 르호보암이 그 교만한 상상력으로 해석해 봤을 때 그들의 요구가 자신에게 잘못이 있음을 시사하고 있다는 생각만 들지 않았더라도 아마 수락했을 것입니다. 그러나 그들의 요청은 그렇지 않았습니다. 그 요청은 그들이 옳고 자신이 잘못이라는 사실을 고백하고 인정하지 않으면 도저히 수락해 줄 수 없는 것이었습니다.

그들의 제안이 르호보암의 자만심을 건드리고 상처를 입힌 또 다른 이유는 그것이 왕이라는 자리와 직책에 대해 그가 품고 있던 생각에 어긋났기 때문입니다. 그는 백성의 충성과 봉사를 원했습니다. 그러나 그들 방식이 아닌 자기 방식대로 해주기를 원했습니다. 그들 말이 다 맞다 해도 그는 그들이 주장하는 대로 허리를 굽혀 가며 그들이 제시하는 조건에 따라 충성을 얻고 싶지는 않았습니다. 자기가 누군데 그런 식으로 백성과 타협한단 말입니까! 나약하고 형편없는 약골에게는 그런 말이 통할지 모르지만, 씩씩한 기상을 지닌 사내대장부에게는 그런 말이 절대 통할 수 없습니다.

왕이 백성의 제안을 듣는다는 것, 백성이 제시하는 조건에 따라 그들의 충성을 얻는다는 것, 자신이 한 어떤 행위의 결과가 아닌 다른 누군가가 제시한 것에 순순히 따른 결과로 자기가 원하는 것을 얻는다는 것, 무엇보다도 자기 자신과 자신의 체계에 잘못이 있다는 사실을 인정하고 승인하는 대가로 자기가 원하는 것을 얻는다는 것, 그런 것은 생각조차 할 수 없는 아주 모욕적인 일입니다! 그런 것은 이미 노망이 들었거나 노망이 들려고 하는 비참하고 늙은 약골이나 할 수 있는 제안입니다. 그런 사람이 아니고는 감히 아무도 추천할 수 없는 제안입니다. 아니, 그런 조건으로 백성을 가질 바에는 차라리 백성을 갖지 않는 것이 나을 것입니다. 그렇지만 그는 반드시 백성을 가질 것입니다! 그들을 얻기 위해 싸울 것입니다. 명예나 위엄을 전혀 실추하지 않은 채 그들을 자기 백성으로 삼을 것입니다.

르호보암의 자만심은 이 두 노선을 따라 움직인 것이 분명합니다. 그래서 첫 번째 조언을 거절하고 두 번째 조언을 받아들인 것입니다. 선입견의 근원을 추적해 보면 늘 교만이 있습니다.

오늘날 종교에 대해 갖고 있는 편견 역시 같은 방식으로 설명될 수 있습니다. 사람들이 무엇 때문에 기독교에 반대합니까? 생명과 기쁨, 행복과 진리에 대한 지식을 주는 복음을 거절하는 이유가 도대체 무엇입니까? 어째서 복음을 멸시하고 조롱하며 비웃어도 좋은 것으로 여깁니까? 왜 아직도 복음과 복음이 제시하는 영생과 구원을 믿고 받아들여야 한다는 사실을 그렇게 떠들어가며 웃고 조롱하는 데나 적합한 화젯거리로 생각합니까? 우리가 지금까지 르호보암을 분석할 때 떠오르던 사실들이 그 질문들에 답해 줄 것입니다.

사람들이 복음을 모욕적이고 참을 수 없는 것으로 생각하는 것은 복음이 처음부터 회개하라고, 자신의 잘못과 죄를 인정하라고 요구하기 때문입니다. 복음은 우리에게 현재 우리 모습이 전혀 옳지 않다고 말합니다. 그것을 인정하라고 집요하게 요구하여 우리의 자만심을 건드립니다. 아마 이 세상에서 죄에 관한 성경적 견해만큼 육에 속한 사람이 증오하고 싫어하는 것도 없을 것입니다.

. 누구나 우리가 더 나아질 수 있다는 사실은 얼마든지 인정할 용의가 있습니다. 그러나 우리가 이미 나쁘다는 사실, "우리가 죄악 중에 출생하고 죄 중에 잉태되었다"(시 51:5)는 사실은 인정할 용의가 없습니다. 우리 모두 앞으로 나아갈 용의는 얼마든지 있지만, "너는 반드시 거듭나야 한다"(요 3:7)고 말하는 복음은 증오합니다. 우리 모두 절망적이고 죄 가운데 완전히 잃어버려진 사람들이기 때문입니다.

우리는 사랑과 용서를 이야기하는 복음은 싫어하지 않습니다. 그러나 은혜의 복음은 싫어합니다. 우리에게 사랑과 긍휼을 받을 자격이 전혀 없다고 말하기 때문입니다. 이미 우리에게 있는 것에 근거해서 출발하라고 제안하는 교훈은 얼마든지 들을 마음이 있지만, 복음이 하는 소리, 즉 우리가 가진 것은 모두 쓸모없으며 우리는 반드시 새로 창조되어야 한다는 소리를 들으면 발끈 화를 냅니다. 마치 바리새인들이 예수 그리스도께서 친히 가르치신 교훈을 듣고 발끈한 것처럼 말입니다.

복음을 용납하는 데 어려움이 따르는 이유는 복음이 늘 우리를 정죄받은 무력한 죄인으로 간주하기 때문입니다. 복음은 "의인은 없나니 하나도 없으며 …… 모든 사람이 죄를 범하였으매 하나님의 영광에 이르지 못하더니"(롬 3:10, 23)라고 말합니다. 바리새인들이 그리스도를 거절하고 결국 십자가에 못 박은 이유가 무엇인지 아십니까? 그리스도께서 그들에게 죄를 깨닫게 하셨기 때문입니다. 이 시대도 같은 이유로 그리스도와 그분의 복음을 거절하고, 그와 반대되는 세상의 교훈을 받아들입니다. 그것이 그들을 칭찬하고 치켜세워주기 때문입니다.

그뿐인 줄 아십니까? 복음은 우리 모습이 잘못되었다고 말해 줄 뿐 아니라 오직 복음으로만, 오직 복음만이 우리를 바르게 해줄 수 있다고 선언합니다. 그러면서 우리에게 그 사실을 받아들이라고 합니다. 그런데 그것이 왜 그렇게 기분 나쁘고 불쾌한 걸까요? 그 이유는 간단합니다. 복음이 우리 자신의 힘으로는, 우리 안에 있는 것으로는 할 수 없는 것을 말해 주기 때문입니다. 그것 때문에 갈등이 생기는 것입니다.

우리는 우리 자신과 우리의 능력을 확실하게 믿고 있습니다. 우리 힘으로 우리 자신을 구원하고 싶어하며 또 그렇게 할 수 있다고 믿습니다. 우리가 할 수 있는 것, 이 세상과 이 세상의 지식, 과학과 그 업적을 믿습니다. 우리가 하나님을 발견할 수 있으며 새 세상과 새로운 사회와 새로운 질서를 만들어낼 수 있다고 주장합니다. 우리 자신이 행복과 기쁨과 진리를 발견할 수 있다는 것입니다.

복음은 다르게 말합니다. 우리는 그렇게 할 수 없으므로 하나님 나라에 들어가고 싶으면 어린아이처럼 되어야 한다고 말합니다. 얼마나 모욕적인 말입니까? 그리스도가 하나님의 아들이라 하더라도 우리 자신을 다른 사람에게 무기력하게 맡겨야만 하나님을 뵙고 천국에 들어갈 수 있다고 믿어야 하다니, 우리 자신이 얼마나 나약하고 무가치해 보이겠습니까? 그리스도께서 실제로 우리 대신 죽어서 우리의 죄 값을 지불하고 우리가 받을 형벌을 대신 담당하셨다는 사실을 믿어야 하다니, 왜 그래야 한단 말입니까? 그런 것은 머리가 나쁜 사람이나 감상주의자에게나 통할 수 있는 생각입니다. 일자무식인 야만인에게나 통할 수 있는 생각입니다. 현대를 살아가는 사람들에게 그런 말을 하다니, 아주 모욕적이고 부도덕한 개념입니다. 생각할 수도 없는 일이며, 생각할 가치조차 없는 일입니다. 그런 생각은 그냥 무시해 버려야 합니다. 혐오하고 증오해야 합니다.

우리는 우리 자신을 구원하되 우리 힘으로 어떻게 구원할 수 있는지를 말해 주는 가르침은 얼마든지 들을 용의가 있습니다. 그러나 우리가 우리 자신을 구원할 수 없기 때문에 하나님이 그리스도 안에서 대신 구원해 주셨다고 말하는 복음을 들으면 모욕을 느낍니다. 사람이 복음을 거절하는 궁극적 원인은 자신과 자신의 능력을 믿기 때문입니다. 자신에게 가장 크고 영원무궁한 유익을 제공해 줄 수 있는 것을 그렇게 즉시 거절하게 만드는 편견은 교만에서 나오는 것입니다.

우리는 르호보암이 노인들의 가르침을 버리고 젊은이들의 조언을 따른 원인을 살펴보았습니다. 우리는 그것이 르호보암에게 사실임을 인정합니다. 그런데 우리가 그리스도인이 아니라면, 그것은 우리에게도 사실이지 않습니까? 아무 편견 없이 정직하게 자신을 바라보십시오. 자신의 교만을 보십시오! 그것을 미워하고 버리십시오!

여러분이 그렇게 할 수 있도록 격려하기 위해 그 반대쪽에 대해 질문해 보겠습니다. 즉 여러분이 교만을 버릴 수 있도록 호소하기 위해 르호보암이 왜 정반대되는 선택을 했어야 하는지 두 번째 질문을 통해 보여 드리겠습니다. 르호보암은 왜 노인들의 가르침을 들었어야 했을까요? 선입견과 열정에 사로잡혀 맹목적으로 판단하는 대신 그 상황을 침착하게 검토한다면, 그 이유들이 분명하게 드러날 것입니다.

사실 르호보암의 첫 번째 조언자들이 학문과 노련한 경험을 갖춘 노인들이었다는 점만으로도 르호보암은 그들에게서 충분한 영향을 받았어야 합니다. 그렇다고 해서 노인의 말이 항상 옳다는 뜻은 아닙니다. 역사를 보면 대부분의 개혁과 부흥은 젊은 사람들을 도구로 일어났습니다. 단순히 노인이 한 말이라는 이유로 무조건 듣는 것은 분명 정신 나간 짓입니다. 사실 전통주의의 영향처럼 사람의 영혼을 죽이고 파괴하는 것도 없습니다.

반면 과거를 완전히 무시한 채, 전통에 의해 우리에게 전수되어온 것들을 단순히 과거에서 왔다는 이유 하나로 모두 내던지는 것도 마찬가지로 어리석고 우둔한 일입니다. 물론 어떤 것이 여러 세기 동안 믿어졌다고 해서 반드시 참이라는 사실을 증명하는 것은 아닙니다. 그렇지만 적어도 가볍게 던져버리기 전에 오랫동안 진지하게 생각해 보아야 할 이유는 충분합니다. 르호보암에게는 이 사람들의 나이와 지혜, 지식과 경험, 명철이 아무것도 아니었습니다. 사실은 그 나이 때문에 그들을 좋게 볼 수 없었습니다. 그들은 과거 세대에 속했습니다. 시대에 뒤떨어졌습니다. 나이를 볼 때 그들은 틀렸을 뿐 아니라, 분명 틀렸다는 사실을 증명할 뿐이었습니다.

같은 이유로 대부분의 현대인이 기독교에 대해 지금과 같은 태도를 갖고 있다는 사실을 굳이 지적할 필요는 없을 것입니다. 그들 말에 따르면 기독교는 어두운 과거에 속했습니다. 그러나 오늘날은 그보다 훨씬 앞질러 있습니다. 그래서 기독교는 이 세상에 상당히 오랫동안 있어 왔다는 단순한 이유로 틀림없이 잘못된 것이라고 말합니다. 우리는 과거의 모든 사람과는 전적으로 다른 존재이며, 그들과는 도저히 비교할 수 없을 만큼 우월한 존재라고 생각합니다. 그래서 그들이 믿었던 것이라면 무엇이든 반드시 잘못된 것이라고 믿고 거절합니다.

이런 생각은 종교라는 문제뿐 아니라 한 원리로서도 분명히 잘못되었습니다. 단순히 오래되었다는 이유만으로 지식과 경험에 근거한 충고를 거절하는 사람은 바보입니다. 그런 사람은 사업을 하든 전문직에 종사하든 무엇을 하든 간에 반드시 실패할 것입니다. 물론 과거의 모든 지식과 체험이 그가 처한 특별한 경우나 문제에는 전혀 가당치 않다는 사실을 증명할 수 있다면(자신의 경우가 그것들과 아무 관계가 없기 때문에), 우리도 그가 옳을 수 있다는 사실을 인정할 것입니다. 옛 것이 믿을 만하지 못하다는 사실을 증명할 수만 있다면, 그가 그들의 말을 받아들이지 않고 그 조언에 따라 행동하지 않는 것도 충분히 정당화될 수 있을 것입니다. 예를 들어, 우리는 지나온 세기가 비행이나 원격 통신, 과학 지식이나 진보와 관련된 여러 주제를 두고 뭐라고 말했을지 별 관심이 없습니다. 또 유능하지 못한 사람들의 견해에도 관심이 없습니다.

그렇다면 이것이 기독교의 모든 문제에도 그대로 적용될까요? 인생과 삶의 문제, 행복과 기쁨의 문제, 도덕과 순결, 진리와 하나님에 대한 지식이 그동안 변했을까요? 아닙니다. 조금도 변하지 않았습니다. 지금까지 대대로 사람들은 우리가 관심을 보이는 것과 같은 것에 관심을 가져왔습니다. 지금 우리가 안고 있는 문제가 곧 그들의 문제였으며, 우리의 소원이 그들의 소원이었습니다. 따라서 단순히 과거에서 왔다는 이유로 이런 문제들에 대한 증거를 무조건 거부한다면, 정말 무모하고 무지하고 비과학적인 짓입니다.

그것을 증거하는 증인들은 어떻습니까? 지금의 우리에게 말해 주고 있는 과거의 인물은 어떤 사람들입니까? 저 옛날 기록된 이야기들 속에서 우리에게 속삭이는 음성의 주인공들은 대체 누구입니까? 한번 보십시오! 아벨, 아브라함, 야곱, 모세, 다윗, 선지자들, 사도들, 아우구스티

누스, 루터, 그리고 그 중앙에 하나님의 아들 나사렛 예수 그리스도께서 계시지 않습니까! 이 모든 것이 여러분에게는 아무 의미도 없다는 뜻입니까? 이런 증언을 무시할 수 있단 말입니까? 지금까지 온 세기를 거쳐 내려오며 변함없이 꾸준하게 인류를 향해 던져온 그 제안을 가볍게 거절할 수 있습니까?

이 증언은 지금까지 그것을 받아들인 영혼들을 이 세상에서 가장 고결한 영혼으로 만들어주었습니다. 게다가 이 증언은 온 인류 위에 우뚝 서 계신 분, 인류의 온 역사를 한 몸에 담고 계신 분이 명하신 것입니다. 그런데 이런 증언을 가볍게 거절할 수 있습니까? 이 모든 것이 아무것도 아니란 말입니까? 견해와 이론이 수시로 변할 뿐 아니라 삶 또한 그 견해만큼이나 수시로 변하는 현대 작가나 교사들 때문에 이 모든 것을 버려야겠습니까?

모든 과거사에서 가장 영광스럽고 고상한 것을 두고 완전한 오류와 허위에 근거한 것이라고 간주하는 사람이 있다면, 그러면서도 자신은 행복하게 살 수 있다고 생각하는 사람이 있다면, 그는 자신의 그런 태도를 아주 진지하게 완전히 다시 생각해 보아야 할 것입니다. 그런데 예수 그리스도의 복음을 거절하는 사람들이 바로 이런 태도를 취하고 있습니다. 르호보암은 물론 아직도 많은 사람이 그렇게 어리석게 행동합니다. 이 행위에서 인간을 구해 줄 수 있는 것은 오직 교회를 존속하게 하는 기독교 전통뿐입니다.

르호보암은 노인들의 가르침이 본질적으로 옳고 공의롭다는 사실 때문에라도 그 말을 경청했어야 합니다. 노인들의 조언은 정말 합리적이고 훌륭했습니다. 본질적으로 옳고 공평무사하고 진실했습니다. 노인들이 한 조언이든 젊은이가 한 조언이든, 르호보암은 그 조언 자체만 듣고도 그것이 옳다고 인정해야 했습니다. 진리는 누가 주창했느냐가 중요하지 않습니다. 진리 자체가 중요합니다. 진리의 임무는 사람들에게 진리를 지적해 주고 그들을 진리 가운데로 인도하는 것입니다.

놀라운 것은 르호보암이 그 문제를 누군가와 상의해야 한다고 전혀 생각하지 않았다는 점입니다. 그는 그 문제를 반드시 누군가와 의논해야겠다고 생각해야 했습니다. 당시 정황으로 미루어볼 때, 그때까지 이스라엘 백성이 당한 부정과 불의는 사라질 때가 되었습니다. 아니 반드시 없어져야 했습니다. 그 문제에는 어떤 변명이나 핑계도 있을 수 없었습니다. 백성의 요구는 절대로 옳고 공정했습니다. 그런데 르호보암은 그것을 보지 못하고 정반대되는 일을 하기로 결정한 것입니다. 바로 그것이 르호보암의 가장 큰 실책이었습니다.

복음과 복음이 제시하는 구원의 길도 마찬가지입니다. 복음을 보십시오. 그리고 다시 생각해 보십시오. 여러분이 좋아하는 것, 여러분이 느끼는 감정이 아니라, 진리와 역사와 공의에 따라 생각해 보십시오. 복음이 여러분의 죄를 정죄할 때 불공평하다고 생각되십니까? 악을 드러내고 가면과 속임수를 벗겨내는 게 무슨 잘못입니까? 인생에 관한 진리를 진술해 주고, 모든 인생이 걸려 있는 질병을 드러내는 것이 잘못된 일입니까? 불공평하고 부당한 짓입니까? 우리 자신에 관한 모든 진실을 말해 주고, 우리 마음과 영혼 깊은 곳에 숨겨져 있는 것을 모두 드러내는 것이 우리를 부당하게 대하는 걸까요?

여러분은 지금 아주 바람직하게 살고 있다고 주장할 수 있습니까? 자신의 삶에 완전히 만족하고 계십니까? 여러분이 생각하고, 소원하고, 걱정하고 있는 것, 이 모든 것이 한 권의 책으로 인쇄되거나 화면에 나타나도 괜찮을 만큼 자기 자신에 대해 자신 있으십니까? 솔직히 여러분도 자기 자신 안에 더럽고 추하고 역겨운 것이 있다는 사실을 알고 있지 않습니까? 겉으로 나타나는 여러분의 모습, 사람들에게 잘 보이려고 애쓰는 그 모습은 사실 참모습이 아니라고 솔직히 털어놓아야 하지 않을까요? 성경은 인간의 마음이 심히 거짓되고 악하다고 말합니다. 꼭 맞는 말 아닙니까?

찰스 웨슬리는 이런 말을 했습니다. "나는 가증스러울 뿐 아니라 죄로 가득 찬 사람이다." 그러나 이 말은 바로 우리에게도 해당되는 말 아닙니까? 우리가 아무리 훌륭하고 고상하다 하더라도 근본적으로 올바르지 못한 것이 있지 않습니까?

성경은 이런 것들에 대해 말할 때도 정말 공평하고 공정합니다. 그런데 왜 성경에 반대하고 분개하십니까? 성경은 우리 자신도 마음속으로 분명히 잘못인 줄 아는 것을 우리에게 속삭여서 비위나 맞추고 기분을 좋게 하려 하지 않습니다. 오히려 우리 자신에 대해 진실을 말해 줍니다. 그런 정직한 책을 주신 하나님께 감사드려야 마땅하지 않습니까?

절대적으로 거룩하고 영원하신 하나님 앞에 겸손히 자신을 낮추고 베옷을 입고 재 가운데 앉아 회개하라는 요구가 어째서 잘못되었다는 것입니까? 그 요구가 불의하거나 불공평합니까? 사람 앞에서 그렇게 하라고 했다면 불공평하다고 할 수 있습니다. 그러나 성경은 하나님 앞에서 그렇게 하길 요구하고 있습니다! 성경이 우리 자신의 노력만으로는 절대 영원한 빛 가운데 거하시는 하나님께 이를 수 없으며 그분을 알 수 없다고 말한다고 해서 그것이 모욕적인 언사란 말입니까? 성경은 우리의 지성으로 이해하고 파악할 수 있든 없든, 하나님이 그렇게 하라고 하시니까 그분이 제시하신 구원의 길을 받아들여야 한다고 말합니다. 그런데 이것이 여러분의 체면을 짓밟고 여러분을 창피하게 만들고 모욕하는 것이라는 말입니까? 성경은 우리가 아무리 애쓰고 노력해도 혼자 힘으로는 절대 하나님 존전에 설 만한 사람이 되지 못할 것이라고 말합니다. 그래서 우리 죄를 위해 대속 제물이 되어주신 흠 없는 어린양인 예수 그리스도의 의의 옷을 입어야 한다고 말합니다. 그런데 그 말이 그렇게 모욕적으로 들립니까? 하나님이 우리를 위해 계획해 주신 삶이 남자다운 씩씩한 기상이라고는 손톱만큼도 없는 아주 나약하고 무기력한 삶이란 말입니까? 그렇다면 산상수훈을 다시 읽어보십시오. 신약에 나오는 성도의 삶도 읽어보십시오. 그래도 복음과 복음의 도에 반대할 말이 있습니까? 복음은 바로 하나님 자신의 진리입니다. 하나님에 관한 유일한 계시입니다.

르호보암은 노인들의 말을 들었어야 했습니다. 단순히 그들이 노인이기 때문이 아닙니다. 그들의 가르침이 본질적으로 옳고 공의로웠기 때문입니다. 뿐만 아니라 그들의 가르침은 르호보암이 가장 바라던 것을 약속하고 보장해 주고 있었습니다.

> 왕이 만일 이 백성을 후대하여 기쁘게 하고 선한 말을 하시면 그들이 영원히 왕의 종이 되리이다(대하 10:7).

그것은 바로 르호보암이 소원하던 것이었습니다. 그런데 그는 이 길을 버렸습니다. 자기 자신이 더 나은 길을 알고 있다고 생각했기 때문입니다. 그 결과가 어떻게 되었는지는 여러분도 잘 아실 것입니다. 바르고 참된 길을 거절한 그는 결국 완전한 패배자가 되고 맙니다. 얼마나 비극적인 일입니까!

성경에는 이 교훈이 얼마나 자주 나오는지 모릅니다. 그 실례도 아주 많이 나와 있습니다. 아니, 바로 이것이야말로 성경 처음부터 끝까지 흐르는 전체 메시지라 할 수 있습니다. 인간이 스스로 자신을 구원할 수 있다면, 하나님의 아들이 왜 이 땅에 내려오셨겠습니까? 인간은 자신을 구원할 수 없습니다. 아무리 애쓰고 노력해도 소용없습니다. 자기 자신의 노력만으로는 하나님을 아는 지식에 이를 수 없습니다. 오늘날을 보십시오. 모든 학문과 지식, 부와 권력이 있는데도 자신을 구원하지 못하고 있지 않습니까? 그런 일은 절대 일어나지 않습니다. 지금까지 한 번도 그런 적이 없었으며 앞으로도 그런 일은 없을 것입니다.

생명의 길, 참된 생명의 길은 오직 하나뿐입니다. 행복과 기쁨에 이르는 길도 오직 하나뿐입니다. 인생에서 전진할 수 있는 길도 오직 하나뿐입니다. 하나님을 우리의 아버지로 알 수 있는 길도, 승리 가운데 죽어 천국에 갈 수 있는 길도 오직 하나뿐입니다. 바로 "내가 곧 길이요 진리요 생명이니"(요 14:6)라고 말씀하신 분, 하나님의 아들 나사렛 예수 그리스도를 통해서만 가능합니다. 우리는 그리스도 안에서만 우리가 소원하던 것뿐 아니라 그보다 훨씬 많은 것을 얻을 수 있습니다.

> 오, 그리스도시여! 주님은 제가 바라는 모든 것입니다.
> 저는 주님 안에서 모든 것 이상을 발견합니다.

다시 돌아가서 옛 성도들에게 물어보십시오. 그러면 모두 한결같이 자신도 한때 자기 자신과 그 능력을 믿었지만, 한 번도 평강이나 안식이나 기쁨을 누린 적이 없다고, 하나님에 관한 지식을 발견한 적이 없다고 말할 것입니다. 현대인은 이런 것에 대해 많은 글을 쓰며, 무한한 것들을 이해하려 애씁니다. 그래서 그들이 과연 그런 것들을 발견했습니까?

여러분은 그런 것들을 발견했습니까? 아닙니다. 지금까지 아무도 발견하지 못했습니다.

여러분, 그 길은 오직 하나뿐이라는 사실을 깨달으십시오. 여러분의 죄를 시인하고 고백하십시오. 하나님 앞에서 자신을 낮추고, 예수 그리스도 안에 제시되어 있는 하나님의 구원의 길을 받아들이십시오. 여러분 자신을 그리스도께 맡기십시오. 그러면 여러분의 삶에서 평강과 기쁨, 능력과 자유가 무엇인지 알게 될 것입니다. 여러분과 하나님이 바른 관계에 있다는 확신을 얻게 될 것입니다.

자, 지금 이 자리에서 그렇게 하십시오.

13장
가장 중요한 질문[1]

욥이 대답하여 이르되 진실로 내가 이 일이 그런 줄을 알거니와 인생이 어찌 하나님 앞에 의로우랴. _욥기 9장 1, 2절

인생에서 중요한 것 중 하나는 바로 질문을 잘하는 것입니다. 아마 대부분의 사람들이 이 점에 동의할 것입니다. 어떤 주제로 어떤 연구를 하든 가장 필수적인 것은 그 주제에서 가장 중요한 것을 파악하고 집중하는 능력입니다. 훌륭한 학생과 그렇지 못한 학생을 궁극적으로 구분 짓는 것이 무엇인지 아십니까? 정말 중요한 것과 별로 중요하지 않은 것을 구분할 줄 아는 능력입니다. 어느 영역에서든 잘 이해하고 연구하려면 나무들을 바라보다 숲을 놓치지 않는 것이 중요합니다. 결국 그것은 가장 중요하고, 가장 의미심장하며, 가장 두드러지고 필수적인 것을 분별할 줄 아는 능력입니다.

한 소송 사건을 맡아 변론하는 변호사의 역량을 한번 생각해 봅시다.

---

[1] 웨스트민스터 채플, 1947년 9월 21일.

변호사로서 그의 진정한 역량은 그 사건을 변론하기에 가장 합당한 사실과 요인에 주의를 집중시킬 수 있는 능력에 달려 있습니다. 그의 목적은 오직 배심원과 재판관이 그 특징을 주의하여 보게 만드는 것입니다. 변론을 잘하는 변호사는 자신이 맡은 사건을 읽을 때 직감적으로 어느 것이 가장 중요하고 필수적인지를 즉시 알아냅니다. 의사도 마찬가지입니다. 의사는 환자에 대해 수많은 사실을 발견합니다. 굉장히 상세한 점까지 알게 될지 모릅니다. 그러나 그가 해야 할 본질적인 임무는 그 수많은 사실을 체로 걸러내서 그중 어느 것이 가장 중요한지 알아내는 것입니다. 그런 다음 중요하지 않은 것들은 모두 부시한 채 중요한 것만 따라가는 것입니다. 사실 이것은 우리가 생각할 수 있는 어떤 주제에서든 마찬가지입니다. 훌륭한 강사란 가장 중요한 원리를 강조할 줄 아는 사람입니다. 제가 지금까지 들은 강연 중 가장 형편없는 강사는 바로 이 부분에서 실패한 사람이었습니다. 비록 그 주제에 관한 권위자이자 유명 인사였지만 그는 아주 형편없는 강사였습니다. 가장 중심이 되는 원리와 함께 별로 중요하지 않은 상세한 부분까지 강조했기 때문입니다. 강연을 살리는 비결은 크고 필수적인 중심 원리를 잘 뽑아서 청중에게 질서 정연하게 제시해 주는 것입니다.

어느 영역에서든, 첫 번째 필수 요건은 질문을 잘 던지는 기술과 관련이 있습니다. 다시 말해 법적 소송 사건이든, 진찰실에서 환자를 진찰하는 일이든, 특정 주제를 강의하여 다른 사람들에게 이해시키는 일이든, 어느 상황에 처하든 간에 가장 먼저 무엇이 중요하고 무엇이 중요하지 않은지, 무엇이 그 주제와 관련 있는지 등을 질문해 보아야 합니다. 결국 질문을 잘 던질 줄 아는 요령이 지극히 중요합니다.

인생과 관련된 문제에서도 마찬가지입니다. 세상에서 가장 어려운 일 중 하나는 질문을 잘 던지는 법을 배우는 것입니다. 물어볼 질문은 많습니다. 인간은 지적 호기심과 의구심으로 가득 찬 존재이기 때문입니다. 따라서 인생을 살아가며 진짜 중요한 것은 어떤 질문을 던지고, 어떤 것에 집중해야 하는지를 아는 것입니다. 그리고 이것은 이 시대를 사는 우리가 유난히 하기 어려운 일이기도 합니다.

지금 우리 삶은 당혹과 혼란 그 자체입니다. 이것은 구태여 증명하지 않아도 될 것입니다. 어떤 의미에서는 세상이 지금처럼 혼란스러운 적도 없던 것 같습니다. 모든 방면에서 질문이 쏟아져 나오고 있습니다. 우리 모두 신문과 책, 잡지 등을 통해 글을 읽습니다. 온 세계가 이처럼 소란스러운 상태에 있다 보니 끝도 없이 많은 질문이 제기되고 있습니다. 따라서 오늘날 가장 하기 힘든 것은 무엇이 중요하고 무엇이 중요하지 않은지를 분별하는 일입니다.

그렇다면 지금 우리 삶에서 진짜 문제가 되는 것은 무엇일까요? 정말 중요한 것이 무엇일까요? 무엇이 우리 인생에서 최우선순위일까요? 이것이 바로 우리가 던져야 할 질문입니다. 이런 문제와 어려움, 시련으로 가득한 주변 세계와 우리 삶을 바라볼 때, 우리는 어디서부터 시작해야 할까요? 가장 힘든 일은 이 커다란 질문 덩어리를 잘 둘러보고 "이것이 첫째로 중요하다. 이것이야말로 내가 반드시 집중해야 할 문제다"라고 분별하는 능력을 갖는 것입니다. 그러나 아마 지금 이 순간보다 참되고 궁극적인 질문들을 제대로 직면하지 못한 적도 없을 것입니다.

복음 전파, 다시 말해 성경 메시지가 하는 일은 결국 가장 근본적이고 첫째 되는 질문에 우리의 주의를 불러일으키는 것이라고 생각합니다. 물론 어떤 사람들은 오늘날 교회가 하는 일이란 다른 사람들이 묻는 질문에 견해를 피력하는 것이라고 주장합니다. 그것이 어떤 질문인지는 여러분도 잘 알고 계실 것입니다. 경제에 관한 질문, 사회 상황에 관한 질문, 전쟁과 평화에 관한 질문, 그 밖에 수많은 문제에 관한 질문입니다. 사람들은 우리로 하여금 교회가 하는 일이 바로 이 엄청나게 많은 질문에 교회 나름의 견해를 피력하는 것이라고 믿게 하려 합니다. 그러나 그것은 교회가 하는 일이 아닙니다. 그러한 주장은 교회가 전하는 메시지를 완전히 왜곡하는 것입니다. 제가 볼 때, 성경과 교회가 하는 가장 기본적인 일은 특별한 질문 하나를 제기하는 것, 가장 합당한 질문을 물어보는 것입니다. 인류가 죄를 지어 뒤죽박죽으로 만들어놓은 이 세상과 인생 속에서 잊혀가는 것들에 사람들의 주의를 불러일으키는 것입니다.

지금 인간은 잘못 자체보다 잘못의 증상이라고 할 수 있는 것들에 온통 주의를 집중하는 경향이 있습니다. 책과 잡지를 읽어보십시오. 방송에 나오는 토론을 들어보십시오. 위대한 과학자나 다른 사람들이 인생 문제 전반에 걸쳐 토론하고 있다는 사실을 발견할 것입니다. 그들 모두 질문을 제기하고 있습니다. 그런데 성경의 관점에서 볼 때, 그들 모두가 안고 있는 문제와 어려움은 바로 그들이 질병 자체가 아닌 질병의 증상이나 현상에만 관심이 있다는 것입니다. 다시 말해, 현재의 위험은 사실들에 지나치게 많은 관심을 기울이면서 그런 사실들이 발생하게 된 진짜 원인은 무시하고 잊어버린다는 것입니다.

그렇다면 성경과 복음이 주장하는 전체 논지는 무엇입니까? 이 세상에서 성경과 복음 메시지만이 우리에게 정말 그 질병이 무엇인지, 그 질병의 원인이 무엇인지 설명해 줄 수 있는 유일한 출처라는 것입니다. 우리로 하여금 첫 번째 원리로 돌아가서 인생의 모든 문제와 어려움의 궁극적 출처라 할 수 있는 근본 문제들에 직면하게 해주는 것이 바로 성경에 있다는 것입니다. 오직 성경 속에만 있습니다.

따라서 인간이 가장 처음 던져야 할 질문을 정확하게 아는 것보다 중요한 일은 없습니다. 그 질문은 바로 지금 살펴보고자 하는 본문, "인생이 어찌 하나님 앞에 의로우랴"라는 말씀에 잘 나타나 있습니다. 이 질문은 이미 인류 역사의 여명기에 던져졌습니다. 우리는 자신이 살고 있는 시대와 세대에만 사로잡혀 사는 노예입니다. 우리 모두 일찍이 지금과 같은 세상은 없었다고 자신만만해합니다. 사람들은 지금 같은 시절이 없었다는 말, 우리는 아주 별나고 독특한 사람들이라는 말에 매우 익숙합니다. 따라서 오늘날 우리가 던져야 할 가장 중요한 질문이 바로 오래전, 역사의 여명기에 욥이라는 사람이 던진 이 질문과 같은 것이라고 한다면, 아마 사람들은 대경실색할 것입니다.

욥이 던진 질문은 과연 무슨 뜻이었을까요? 그 질문을 약간 바꾸어보면 아마 이렇게 표현할 수 있을 것입니다. "인간이 어떻게 하나님 앞에 나아갈 수 있는가? 인간이 어떻게 하나님께 말씀드릴 수 있단 말인가? 인간이 어떻게 계속해서 하나님과 함께 살 수 있단 말인가? 인간이 어떻게 하나님을 발견할 수 있는가? 인간이 어떻게 하나님께 이를 수 있는가? 인간이 어떻게 하나님과 교제할 수 있단 말인가?" 이 질문은 한마디로 이것입니다. "인간이 하나님과의 관계에서 무엇을 할 수 있는가?"

저는 이것이야말로 현대 생활에서 야기되는 모든 질문과 문제 가운데 가장 필수적이고 중요한 질문이라고 생각합니다. 따라서 현대인에게 이렇게 말하고 싶습니다. "자신이 매우 잘 알고 있는 그 모든 것을 일축하고 우선 이 질문에 직면하여 해답을 찾을 때까지는 절대 다른 어떤 질문도 생각하지 않겠다고 스스로 다짐해야 합니다." 물론 제가 이렇게 말하면 반대할 사람이 많을 것입니다. 저도 잘 압니다. 예를 들면, 이 말을 듣고 즉시 이렇게 반문하는 사람도 있을 것입니다. "그것이 가장 중요한 질문이라고 말하기는 어렵습니다. 그 질문은 최우선순위라고 하기에는 매우 사소합니다. 당신은 지금 세상이 어떻게 돌아가고 있는지 모르십니까? 모든 나라가 전쟁을 하기 위해 서로 군비를 확장하며 협박하고 있는 것이 안 보이십니까? 이 시대가 안고 있는 모든 고통과 의구심을 모른단 말입니까? 그런 것을 잘 알면서도 우리에게 가장 중요한 문제는 하나님과 인간 개개인의 관계라고 말할 수 있습니까? 사실 가장 중요한 질문이라고 말하기에는 몹시 유치하고 하찮지 않습니까?"

그런가 하면 이 질문이 지나치게 이기적이라고 생각할 사람도 있을 것입니다. "세상에! 이토록 불행과 고난과 불투명한 것이 많아 어수선하고 거친 세상에서 그런 말을 하다니! 온 인류의 운명이 경각에 달려 있는 마당에, 개인의 구원 문제에나 주의를 기울이라니 대체 그 이유가 무엇입니까? 사망도 없고 무덤도 없이 영원히 산다는 운명에 주의를 기울이라니 왜 그래야 한단 말입니까? 당신이 말하는 그 케케묵은 복음은 굉장히 자기중심적이고, 이루 말할 수 없이 이기적입니다. 지금은 자기 자신을 생각할 때가 아닙니다. 바로 그런 이기심 때문에 세상이 이렇게 소란하고 요란한 것 아닙니까? 사실 목사들은 지금 이 순간 그보다 더 큰 문제들을 다뤄야 하지 않습니까? 정치 문제, 국제 문제, 경제 문제 등 그보다 큰 문제가 얼마나 많습니까? 이 나라 시민이라면 단순히 인간이라든가 인간의 영혼, 영혼의 구원보다는 오히려 이런 문제들에 더 많은 관심을 기울여야 마땅한 것 아닙니까? 고작 개인의 구원 문제에 관심을 갖다니, 얼마나 이기적입니까!" 이러한 반대 주장 역시 우리가 흔히 부딪히는 것입니다.

그런가 하면 이런 질문을 싫어하고 무시해 버리는 사람들도 있습니다. 오늘날 가장 시급한 문제는 인간과 하나님의 관계가 아니라 바로 인간과 인간의 관계라고 믿고 있기 때문입니다. 그들은 이렇게 말합니다. "노조나 상공업, 산업 분야를 보십시오. 국제 관계, 부부 관계, 가족 관계를 보십시오. 법적인 관계를 보십시오. 인간과 인간관계가 잘못되어서 생기는 문제가 얼마나 많습니까? 가장 시급한 문제는 신인(神人) 관계가 아니라 대인(對人) 관계입니다. 인간과 인류라는 커다란 문제 앞에서, 설마 우리 자신을 돌아보며 '어떻게 하면 내 영혼을 구원할 수 있을까?'라고 말해야 한다는 소리는 아니죠?" 이 주제에 관해서라면 이미 글로도 많이 발표되었습니다. 사람들이 좋아하는 단어 중 하나가 "공동체" 또는 "사회"입니다. 그들은 "우리는 반드시 사회 속 인간, 공동 환경 속 인간을 살펴보아야 한다"고 말합니다. 기독교가 아니라 바로 이것이 우리가 가장 주목해야 할 문제라는 것입니다.

또한 원자력처럼 엄청난 문제들에 둘러싸여 있는 세상에 살고 있으면서 어떻게 우리의 작은 영혼과, 이 영혼이 하나님과 맺은 관계를 생각해 보라고 할 수 있느냐며, 지금 제정신으로 하는 말이냐며 아주 진지하게 반문하는 사람들도 있습니다. "우리는 이 천체와 광대한 우주를 생각합니다. 공간과 무한성을 생각합니다. 그런데 당신은 고작 인간과 인간의 영혼이라는 작은 문제를 생각하고 있다니요? 그것이 가장 필수적이고 근본적이며 가장 중요한 질문이라고 말하다니, 어떻게 그럴 수 있습니까!"

이런 사람들에게 뭐라고 대답해야 좋을까요? "인생이 어찌 하나님 앞에서 의로우랴"라는, 가장 중요한 이 질문에 집중해야 한다는 사실을 반대하는 이들에게 성경이 주는 몇 가지 답변을 제시하겠습니다. 가장 먼저 줄 수 있는 훌륭하고 충분한 답변은 이 질문이야말로 언젠가는 반드시 직면해야 할 유일한 질문이라는 것입니다. 저도 지금 이 세상이 아주 많은 문제와 고통으로 가득하다는 사실을 인정합니다. 그런 것들이 중요하지 않다는 말이 절대 아닙니다. 그러나 그것은 복음을 전하는 설교자가 다룰 부분이 아닙니다. 그런 질문들도 나름대로 중요합니다. 그러나 모든 사람이 반드시 직면해야 할 질문이 하나 있습니다. 바로 욥이 던진 이 질문입니다. 우리는 어쩌면 평생 동안 원자력 문제를 실제로 직면하지 않을지도 모릅니다. 그 위험이 도사리고 있는 것은 사실이지만, 우리가 사는 동안 그것을 정말 중대한 문제로 직면하지 않을 수도 있다는 말입니다. 그 문제는 우리에게 닥칠 수도 있고 닥치지 않을 수도 있는 여러 가지 위험 중 하나일 뿐입니다. 즉 모든 개인에게 반드시 영향을 끼치는 위험은 아니라는 뜻입니다.

모든 사람이 조만간 반드시 부딪혀야 할 문제는 다른 것입니다. 인간은 자신의 뜻과 관계없이 이 땅에 살게 된 존재입니다. 스스로 이 땅에 있기로 선택한 것이 아닙니다. 누군가에 의해 존재하게 된 것입니다. 그리고 모든 인간은 지금 이 세상을 지나가고 있습니다. 우리 모두 궁극적인 의미에서 이 세상을 전혀 통제할 수 없습니다. 우리가 이 땅에서 얼마나 살게 될지 그 기한은 하나님 손에 있습니다. 우리가 좋아하든 싫어하든, 믿든 믿지 않든, 우리는 이 세상을 떠날 것입니다. 저 세상에 가면 오래전에 욥이 던진 질문, 바로 하나님과 나의 관계에 대한 질문에 직면해야 합니다.

여러분은 아마 이 주제로 아주 훌륭하고 인상적인 시를 쓴 시편 기자들을 기억하실 것입니다. 그중 어떤 이들은 하나님을 피하기 위해 하나님에게서 도망가려고 애쓰는 인간의 모습을 그려놓았습니다. 그러나 그들의 결론은 늘 같았습니다. 하나님은 절대 피할 수 없다는 것입니다.

"하늘의 사냥개"(The Hound of Heaven, "내가 주를 피하여 흑암으로 내려가고 새벽 날개를 치며 올라간다")라는 말이 있습니다. 인간은 이 문제를 회피하려고 애쓰지만, 성경은 우리가 하늘로 올라가든 음부로 내려가든, 동으로 가든 서로 가든 북으로 가든 남으로 가든, 언젠가는 결국 돌아와서 하나님 앞에 서게 될 거라고 말합니다. 그때 우리는 비로소 욥이 던진 "인생이 어찌 하나님 앞에 의로우랴"라는 질문이야말로 인생에서 가장 중요한 질문이라는 사실을 깨달을 것입니다. 그렇다면 제가 이 질문을 가장 중요한 자리에 두는 것도 무리가 아니지 않습니까?

이 질문이 그처럼 절대적으로 분명한 것이라면, 도저히 피할 수 없는 것이라면, 우리는 이 질문을 반드시 가장 먼저 직면해야 합니다. 그렇다면 이에 따르는 둘째 원리, 어쩌면 첫 번째보다 더 피할 수 없다고 볼 수 있는 원리가 있습니다. 바로 우리는 언젠가 반드시 그 문제에 직면해야 할 뿐 아니라 언제 그것에 직면하게 될지 전혀 모른다는 사실입니다. 그 질문을 속히 직면해야 한다는 것도 바로 이런 이유 때문입니다.

한 가지 예를 들어 좀 더 구체적으로 설명해 보겠습니다. 앞서 우리가 안고 있는 원자력이라는 전체 문제와 그로 인해 앞으로 일어날지 모를 세계의 돌발 사고나 분쟁 가능성, 그리고 그 위험들을 언급했습니다. 그렇습니다. 그런 일들이 일어날지도 모릅니다. 그렇지만 아마 그 문제에 직접 부딪히지 않을 분도 많을 것입니다. 어떤 사람은 앞으로 10-15년 안에 끔찍한 전쟁이 일어날지도 모른다고 말할 것입니다. 그때는 이 원자폭탄들이 사용될지도 모른다고 말할 것입니다. 그러나 우리 가운데에는 10-15년 후에 이 세상에 없는 사람도 많을 것입니다. 분명히 말씀드리지만 이 모든 질문은 불확실합니다.

반면 "인생이 어찌 하나님 앞에 의로우랴"라는 질문은 우리 모두 분명히 직면해야 할 질문이며, 또 언제 직면하게 될지 모르는 질문입니다. 따라서 지혜로운 사람이라면 누구나 이 질문에서 출발해야 할 것입니다. 제가 앞으로 20-30년을 더 살 거라는 사실을 분명히 알기만 해도, 아마 이 문제를 나중에 고려해 볼 수 있을 것입니다. 그러나 저는 그것을 전혀 장담할 수 없습니다. 다른 사람들도 마찬가지입니다. 지금은 이렇게 살아 있지만 우리 모두 언제 죽을지 모릅니다. 이렇게 멀쩡하다가 내일 사라질 수도 있습니다. 성경은 우리에게 묻습니다. "네 인생이란 것이 무엇이냐?" 본문에서 욥도 같은 말을 하고 있습니다. 정말 불확실한 인생! 인생이 그처럼 불확실하다면, 언제 이 문제에 직면할지 모른다면, 우리는 이 질문을 우리 인생에서 가장 첫째 자리, 가장 중요한 자리에 두어야 합니다. 이처럼 이 문제는 그 불확실성 때문에 가장 중요한 질문이기도 합니다.

우리가 이 질문을 검토해 봐야 할 마지막 이유가 있습니다. "인생이 어찌 하나님 앞에서 의로우랴"라는 질문은 가장 먼저 던져할 만큼 시급하고 필수적인 질문입니다. 그 질문에 따라 결정되는 것들 때문입니다. 여기 가장 크고 궁극적인 문제가 있습니다. 그 질문에 대한 바른 대답에 얼마나 많은 것이 달려 있을지 생각해 보십시오. 심지어 이 세계에서나 지금 여기서도 그 질문에 대한 바른 대답에 얼마나 많은 것이 달려 있을지 생각해 보십시오.

앞날을 점치는 것은 제가 할 일이 아니지만, 우리는 반드시 일어날 수밖에 없는 일들을 어느 정도 알고 있습니다. 질병, 노년, 낙심, 반(半)기아 상태를 일으키는 경제 공황, 전쟁, 이런 일들 가운데 어떤 것이 우리에게 일어날 수도 있습니다. 따라서 사람이 인생을 살면서 자기 자신에게 반드시 물어보아야 할 질문이 하나 있습니다. 바로 "이런 가능성과 예측

불허 사태에 대비해서 나 자신을 어떻게 준비시킬 것인가?"입니다. 그 대답은 성경에서 발견할 수 있을 뿐 아니라 어느 곳에서나 성도들의 체험에 의해 확증될 수 있습니다. 그에 대한 대답은 바로 욥의 질문에 답할 줄 아는 사람, 어떤 형편에든지 처할 줄 아는 사람이 되는 것입니다. 예를 들어, 사도 바울을 보십시오. 그는 인생의 온갖 시련과 곤경, 고난에 둘러싸여 있던 사람입니다. 그런 그가 이렇게 말했습니다.

> 우리가 잠시 받는 환난의 경한 것이 지극히 크고 영원한 영광의 중한 것을 우리에게 이루게 함이니(고후 4:17).

그는 환난 한가운데서 다음과 같은 말도 했습니다.

> 내가 확신하노니 사망이나 생명이나 천사들이나 권세자들이나 현재 일이나 장래 일이나 능력이나 높음이나 깊음이나 다른 어떤 피조물이라도 우리를 우리 주 그리스도 예수 안에 있는 하나님의 사랑에서 끊을 수 없으리라(롬 8:38, 39).

자신을 대적하는 것이 매우 많은 세상을 살아간 사람이 있습니다. 그러나 그는 자기에게 무슨 일이 일어나든 언제나 평온하고, 화평하며, 기뻐할 수 있었습니다. 그 비결이 무엇일까요? 욥이 던진 질문에 대한 답을 알았기 때문입니다. 우리가 앞으로 이 가운데 무언가에 부딪히게 된다면 어떻게 직면해야 할까요? 주변 세계를 둘러보십시오. 이 세계는, 이 질문에 답할 수 있는 유일한 길은 먼저 욥이 던진 그 질문에 답하는 것이라고 외치고 있습니다.

지금 복음을 믿지 않는 사람이 어떻게 질병과 맞설 수 있겠습니까? 그 사람이 어떻게 슬픔과 사별을 당하고도 끄떡없이 서 있을 수 있으며, 재정적인 상실이나 인생을 뒤죽박죽으로 만들어놓는 다른 일들에 과감히 맞설 수 있겠습니까? 신문이나 사람들에 대해 써놓은 글을 한번 읽어보십시오. 하나님 없이 사는 사람은 제대로 살지 못합니다. 하나님 없이 사는 사람은 심지어 지금 이 땅에서도 성공적으로 살지 못합니다.

목숨이 붙어 있는 한, 우리가 이 세상을 살아가면서도 진짜 잘 살 수 있는 길은 바로 욥이 던진 이 질문에 답하는 것입니다. 그러니 영원한 나라에서야 오죽하겠습니까? 이 질문에 얼마나 많은 것이 걸려 있습니까? 생각해 보십시오. 우리가 성경이라고 부르는 이 책의 말이 맞다면, 성경 메시지가 참된 것이라면, 인간의 영원한 운명은 "인생이 어찌 하나님 앞에 의로우랴"라고 욥이 던진 질문에 뭐라고 답하느냐에 따라 결정됩니다.

우리는 하나님을 대면해야 합니다. 하나님의 심판을 받을 것입니다. 우리 운명, 우리의 영원한 운명은, 하나님 앞에 설 때 우리 자신을 어떤 모습으로 내놓느냐에 달려 있습니다. 즉, 하나님이 저를 보시고 "잘했다. 착하고 충성된 종아, 네 주의 즐거움에 참여할지어다"라고 말씀하실 만큼 잘 살았느냐에 달려 있다는 말입니다. 그렇게 살지 못했다면 우리는 반대 심판, 즉 "나를 떠나라"는 심판을 받을 것입니다. 그런데도 이보다 시급한 질문이 있습니까? 이보다 먼저 물어보아야 할 질문이 있다고 하겠습니까? 인간의 운명은 이 질문에 달려 있습니다. 사망, 영원, 영원한 삶, 이 모든 것이 이 질문 하나에 달려 있습니다.

하나님의 이름으로, 성경 말씀과 말씀 안에 담긴 메시지의 권위로 간청합니다. 다른 질문은 모두 옆으로 제쳐놓으십시오. 다른 질문은 다 잊어버리고 이 질문, "인생이 어찌 하나님 앞에 의로우랴"라는 질문을 직시하십시오. 여러분은 하나님을 만날 준비가 되어 있습니까? 이 질문에 답을 갖고 계십니까? 한순간에, 눈 깜짝할 사이에 거룩하신 하나님 앞에 서게 될 텐데, 그때 하나님께 드릴 말씀을 갖고 계십니까? 이것이 가장 근본적이고 무엇보다 중요한 질문입니다.

이제는 지금까지 이 질문에 대한 답으로 자주 주어졌을 뿐 아니라 지금도 여전히 주어지고 있는 거짓 답변들에 대해 이야기하겠습니다. 어떤 사람들은 이렇게 말합니다. "저도 목사님 말씀에 동의합니다. 그 질문은 대단히 중요합니다. '인생이 어찌 하나님 앞에 의로울 수 있겠습니까?' 그러니 착하게 살아야지요. 최선을 다하고, 할 수 있는 한 선을 많이 행하고, 기도도 많이 하고, 자선도 많이 베풀고, 다른 사람의 은혜도 갚아야겠지요." 어떤 이들은 한술 더 떠서 이렇게 말합니다. "그것만 가지고 되나요? 더 나아가야지요. 신앙심도 좀 더 돈독해지고, 기독교 단체에 늘 붙어 있고, 교회에도 속해 있어야죠." 그들은 이런 사람이 다른 사람들보다 분명히 나을 거라고 생각합니다. 그런 사람은 하나님 앞에서 자기 입장에 대해 뭔가 하려고 애쓰며 노력하고 있기 때문입니다. 혹시 사람들이 이 질문에 그런 식으로 답하지 않던가요? 여러분이 원하는 사람 누구에게든 욥이 던진 이 질문을 한번 물어보십시오. 그러면 틀림없이 그런 대답들이 나올 것입니다.

그 질문을 이런 식으로 물어보십시오. "죽어서 영원한 나라에 가서 하나님을 대면하게 될 때, 당신은 무엇을 의지할 겁니까? 하나님이 당신을 보시면서 당신의 인생을 가지고 어떻게 살았는지, 당신의 영혼을 가지고 무엇을 했는지 물으시면 뭐라고 대답할 겁니까? 하나님 앞에서 당신 자신을 어떻게 해명할 생각입니까?" 그들이 여러분에게 어떻게 대답할지는 아주 뻔합니다. "나는 아무에게도 해를 끼치지 않았습니다. 될 수 있는 한 항상 착하게 살려고 애썼습니다. 진심으로 다른 사람들을 도와주려고 애썼습니다. 나 나름대로 기준을 세워 살려고 노력했고, 그래도 다른 사람들보다는 내가 낫다고 생각합니다." 분명, 이런 식으로 대답할 것입니다.

이 모든 것은 거짓 답변입니다. 그리고 어떤 의미에서는 욥기의 위대한 메시지이기도 합니다. 욥이 뭐라고 말했는지 아십니까? 그는 우리에게 이 모든 대답이 완전히 잘못되었고 거짓말이라고 말하고 있습니다. 욥이 20절에서 뭐라고 했는지 한번 들어보십시오.

가령 내가 의로울지라도 내 입이 나를 정죄하리니(욥 9:20).

우리 양심이 우리를 정죄하지 않습니까? 우리가 이론적으로나 지적으로 쟁론하려 할 때 우리 안에 있는 한 음성이 우리를 정죄합니다. 살아서 숨 쉬고 있는 사람은 누구나 이 내적 감시자가 있어서 자기 마음이 자신을 정죄하며 자기가 틀렸다고 말하고 있음을 압니다. 아무도 자기 자신을 만족시킬 수 없는데 어떻게 하나님을 만족시킬 수 있단 말입니까? 이 세상에 하나님을 만족시켜드릴 수 있는 사람은 단 한 명도 없습니다. 자신에게 정직한 사람은 자기 안에 선한 것이 하나도 없다는 사실을 알 것입니다. 물론 이리저리 돌려가며 아주 영리하게 자신의 주장을 관철시킬 수는 있을 것입니다. 그러나 자기 자신이 멋대로 하게 내버려두고 가만히 살펴보면, 자기가 얼마나 무가치하고 부적절한 존재인지 알게 됩니다. 제가 하나님 앞에서 저 자신이 완전하다고 주장하려 한다면, 아마 제 입이 저를 정죄할 것입니다.

그러나 이보다 훨씬 중요한 것이 있습니다. 우리가 직면한 결정적인 어려움은 바로 이것입니다.

> 하나님은 나처럼 사람이 아니신즉 내가 그에게 대답할 수 없으며 함께 들어가 재판을 할 수도 없고(욥 9:32).

이 말씀은 우리의 생각이 얼마나 잘못되었는지 계시해 줍니다. 문제는 우리가 다른 사람보다 조금 더 나은가 그렇지 않은가가 아닙니다. 하나님의 기준은 단순히 어느 정도 선을 행했는지, 신앙이 얼마나 돈독한지, 얼마나 자선을 베풀었는지가 아닙니다. 하나님의 기준은 영원합니다. 인간이 직면한 문제는 하나님과 어떻게 거하며, 그분과 어떻게 말씀을 나누느냐입니다. 바로 그것이 욥의 문제였습니다. 그때 욥은 어디에 있었습니까?

> 내가 어찌하면 하나님을 발견하고 그의 처소에 나아가랴(욥 23:3).

욥과 마찬가지로 우리도 하나님께 이를 수 없습니다. 하나님은 우리에게서 매우 멀리 떨어져 계십니다. 하나님은 위엄과 능력과 주권이 굉장히 위대하신 반면 우리는 몹시 약합니다. 게다가 하나님의 권능과 능력, 위엄 말고도 우리는 하나님의 거룩하심을 대면해야 합니다.

> 하나님은 빛이시라 그에게는 어둠이 조금도 없으시다(요일 1:5).

빛과 어둠은 조화될 수 없습니다. 참과 거짓은 서로 타협할 수 없습니다. 그와 같은 정반대 것들 사이에는 타협점이 전혀 없습니다. 성경은 하나님을 이렇게 묘사합니다.

> 살아 계신 하나님의 손에 빠져 들어가는 것이 무서울진저(히 10:31).

우리 모두 경건한 두려움과 경외심을 가지고 하나님께 나아갑시다. "우리 하나님은 소멸하는 불"(히 12:29)이시기 때문입니다.

점점 이런 생각이 듭니다. 이 세상뿐 아니라 교회의 가장 큰 문제는 바로 하나님에 대한 우리의 모든 개념이 비극적일 만큼 잘못되어 있다는 것입니다. 우리는 하나님의 성품을 망각하고 있습니다. 하나님의 거룩하심, 그분의 본질을 망각하고 있습니다. 우리가 하나님의 본질을 깨달을 수 있다면, 우리 손으로 우리 입을 막고, 말하기를 두려워할 것입니다. 하나님은 거룩하신 분이기 때문입니다! 그래서 욥은 이렇게 말합니다.

> 내가 눈 녹은 물로 몸을 씻고 잿물로 손을 깨끗하게 할지라도(욥 9:30).

그것으로도 충분하지 않다는 것입니다. 남은 생애 동안 저 자신을 깨끗하게 하기 위해 아무리 애쓰고 수고해도, 저는 제 죄를 없앨 수 없습니다. 하나님은 우리 마음속을 들여다보실 뿐 아니라 우리의 생각과 상상까지 알고 계십니다. 하나님은 겉으로 전혀 표현되지 않은 우리의 욕망까지 전부 알고 계십니다. 하나님은 여자를 쳐다보고 음욕을 품는 것만으로도 실제로 간음하는 것과 마찬가지로 나쁘다고 말씀하셨습니다. 하나님은 깊은 심연까지 보십니다. 단순히 우리의 행동만 보시는 게 아닙니다. 우리의 본성과 죄악 된 상태까지 모두 보십니다.

이처럼 사람들이 욥의 질문에 답하기 위해 이따금씩 내어놓은 모든 대답은 완전히 거짓말이고 잘못되었습니다. 이 질문에 대한 답은 오직 하나입니다. "인생이 어찌 하나님 앞에서 의로우랴?" 모든 것을 낱낱이 보시는 그 빛 앞에 어떻게 설 수 있단 말입니까? 잘 이해되지 않는다면 무한히 확대된 X선을 생각해 보십시오. 하나님의 눈은 바로 그와 같습니다. 그런데 인간이 어떻게 그 앞에 설 수 있단 말입니까? 그 앞에서 우리가 무슨 소망을 가질 수 있을까요? 이 질문에 대한 답은 오직 하나, 성경이 주고 있는 대답뿐입니다.

욥은 "우리 사이에 손을 얹을 판결자도 없구나"(욥 9:33)라고 부르짖고 있습니다. 그 문제를 떠맡아줄 사람이 있다면, 그 심연에 다리를 놓아줄 사람이 있다면 얼마나 좋겠습니까! 나를 하나님 앞에 설 수 있게 해줄 옷이 있어서 하나님이 그 옷 말고는 아무것도 보시지 않게 된다면, 내 안에 있는 더럽고 역겨운 것들을 보시지 않게 된다면 얼마나 좋겠습니까! 그런데 감사하게도 그런 옷이 있습니다. 그것이 바로 이 영광스러운 복음의 중심 메시지입니다.

하나님은 독생자 나사렛 예수 그리스도를 이 땅에 보내셨습니다. 인간이 하나님 앞에서 스스로 자신을 의롭게 할 수 없기 때문에 그리스도께서 이 땅에 오셨습니다. 오셔서 인간을 의롭게 하기 위해 무언가 행하셨습니다. 우리 죄를, 우리 잘못을 친히 담당하셨습니다. 그분은 이 문제 속으로 찾아오셨습니다. 우리와 함께 그 소용돌이 속으로 들어가 그 문제와 자신을 동일시하시며, 우리 죄를 친히 감당해 주셨습니다. 하나님이 우리 죄를 그리스도 안에서 해결해 주셨습니다.

하나님이 죄를 알지도 못하신 이를 우리를 대신하여 죄로 삼으신 것은 우리로 하여금 그 안에서 하나님의 의가 되게 하려 하심이라(고후 5:21).

하나님을 대면하려면, 먼저 하나님과 같은 본성을 가져야 합니다. 하나님 앞에 서기 전에 더럽고 불결한 죄책과 죄의 모든 것을 없애야 합니다. 그런데 그렇게 할 수 있는 유일한 길이 있습니다. 그리스도께서 자신의 의로 제게 옷 입혀주셨을 뿐 아니라, 심지어 제 손을 잡으시고 저를 말할 수 없는 즐거움으로 하나님의 영광 앞에 흠 없이 내어놓겠다고 약속해 주셨습니다. "인생이 어찌 하나님 앞에서 의로우랴."

의인은 믿음으로 말미암아 살리라(롬 1:17).

그리스도 안에 있는 하나님의 의가 모든 믿는 자에게 주어집니다(롬 5:15-17). 이것이 하나님의 방법입니다. 이것만이 유일한 길입니다.

이제 여러분에게 질문해 보겠습니다. "인생이 어찌 하나님 앞에서 의로울 수 있습니까?" 여러분은 하나님 앞에서 자신을 어떻게 의롭게 할 예정입니까? 좀 더 구체적으로 물어보겠습니다. 여러분이 지금 하나님 앞에 서게 된다면, 뭐라고 말씀드리겠습니까? 아직도 이 땅에서 산 기록을 가리키며 "그렇게 나쁘게 살지 않았는데요, 뭐. 이만하면 충분하지 않습니까?"라고 말할 수 있다고 생각하십니까? 아직도 여러분 자신의 노력과 의를 신뢰할 수 있다고 생각하십니까? 여러분이 할 수 있는 말은 오직 하나뿐입니다. 저는 여러분이 반드시 그 말을 하실 수 있길 바랍니다. 이제 하나님의 아들을 향해 돌아서서 이렇게 말씀하십시오.

큰 죄에 빠진 날 위해 주 보혈 흘려주셨네.[2]

하나님 앞에서 우리가 할 수 있는 일은 오직 하나, 바로 그분을 바라보며 "예수님은 나의 구세주, 나의 주, 나의 하나님입니다"라고 말씀드리는 것입니다. 그 길밖에 없습니다.

---

2) 샤롯 엘리어트, "큰 죄에 빠진 날 위해", 새찬송가 282장.

14장
잘못된 질문들

그러할지라도 그들은 하나님께 말하기를 우리를 떠나소서 우리가 주의 도리 알기를 바라지 아니하나이다 전능자가 누구이기에 우리가 섬기며 우리가 그에게 기도한들 무슨 소용이 있으랴 하는구나. _욥기 21장 14, 15절

이 시대는 성경에 무지하고 성경을 무시하는 특징이 있습니다. 많은 사람이 더 이상 성경이 독특한 의미에서 성령에 감동되었다는 사실을 믿지 않기 때문입니다. 이 사실은 의심할 여지가 없습니다. 성경을 "성령에 감동된" 사람들이 기록한 "하나님 말씀"으로 간주할 동안에는 사람들도 그 가르침을 인정해야 한다고 믿었습니다. 그러나 성경에 관한 그런 옛 견해는 거짓말이고, 성경은 단순히 인간이 만들어놓은 것, 즉 특별한 사람들의 종교 개념이나 순례길에 관한 이야기일 뿐이라는 개념이 유행하면서 사람들은 성경이 아주 놀라울 만큼 흥미로운 책이긴 하지만 그렇게 중요한 책은 아니라고 말하기 시작했습니다. 그러더니 급기야 성경을 읽지 않게 되었습니다. 이처럼 성경을 인류 발달사의 한 국면을 표현한 책으로 여기면서 그 안에 있는 문서들은 종교 문제나

역사, 인류학에 관심 있는 사람들에게나 흥미로울 뿐이라는 생각이 퍼지게 되었습니다. 한마디로 그동안 매우 많이 진보해서 그에 합당한 진보된 개념들이 필요한 이 시대에는 성경이 더 이상 일반적인 관심을 끌 수 없다는 것입니다. 사람들은 우리가 (자기들이 생각하고 있는 것처럼!) 성경의 완전 영감설만 믿지 않는다면 성경에 들어 있는 내용들이 오래된 것이라는 사실 하나만으로도 진정한 의미에서 성경의 가치는 없어진다고 주장합니다.

저는 이 결론에 결코 동의하지 않습니다. 성경이 하나님 말씀이라는 사실을 믿지 않는다 해도, 여전히 성경은 이 땅에서 가장 중요한 책이며, 모든 사람이 반드시 읽어야 할 책입니다. 제가 이렇게 말씀드리는 이유는 성경이 그처럼 오래된 책이기 때문입니다. 오늘날 진보와 발달 이론에 심취해 있는 사람들은 오래된 책을 무조건 쓸모없다고 생각하는 경향이 있습니다. 그러나 오래된 책들을 주의 깊게 읽는다면, 그들은 이른바 그 오래된 책이라는 성경에 나온 어느 기자가 한 말과 같은 결론에 도달할 것입니다. 그 기자는 "해 아래에는 새것이 없다"(전 1:9)고 말했습니다. 새것이라고 생각했지만 나중에 가서 아주 오래된 것이었음이 증명된 그 수많은 것 가운데는, 본문이 우리에게 상기시켜주고 있는 두 가지 중요한 사실이 들어 있습니다.

무엇보다 불신앙과 경건치 못한 것은 절대 새로운 것이 아닙니다. 일반적으로 욥기는 성경에서 가장 오래된 책으로 인정되고 있습니다. 현존하고 있는 책 가운데 성경이 가장 오래된 책인데 욥기는 그중에서도 가장 오래된 것입니다. 그런데 욥이 경건치 못한 사람이라는 주장에 반박하는 이 본문에 나타나 있듯이, 그 당시에도 경건치 못한 사람과 불신앙의 사람이 있었습니다. 이 사실 하나만으로도 오늘날 대부분의 사람들이 예수 그리스도의 복음을 거절하고 경건한 그리스도인의 삶을 살기를 거절하며 내세우는 가정(假定)이나 전제에 대한 충분한 답이 됩니다. 아니 그 전제를 무너뜨리기에 충분할 것입니다.

제가 여기서 굳이 "가정이나 전제"라고 표현한 것은 대부분의 사람들이 그 질문을 아예 생각조차 하지 않기 때문입니다. 그들은 신중히 고려해 보지도 않고 무조건 거절합니다. 단순히 오래되었으니까 분명히 틀렸을 것이라고 생각하며 거절합니다. 옛날 사람들은 무식했고, 그들이 믿던 종교도 무지의 결과라는 것입니다. 종교는 그런 원시적 단계에나 있는 것이라고 말합니다. 우리는 진보했다는 것입니다. 아마 여러분도 "지금 같은 세상에 누가 그런 걸 믿습니까?"라는 말을 자주 들었을 것입니다. 그들이 지닌 전제는 바로 이것입니다. "과거에는 모든 사람이 그것을 믿었다. 우리도 그런 시대에 살았다면 그것을 믿었을 것이다. 그렇지만 우리는 이처럼 과학과 지식이 발달된 계몽 시대에 살고 있기 때문에 그 본질을 다 간파했다. 그래서 포기한 것이다." 사람들은 그것을 순전히 시간의 문제로 생각합니다. 여러 세기가 지나고 인류가 신보하면서 시나가버린 과거의 일이라고 생각하는 것입니다. "그런 과거가 아니라 이처럼 20세기에 살고 있다니 얼마나 큰 행운인가! 우리 전에 살았던 사람들은 참 불쌍하다." 이것이 바로 그들의 전제 아닙니까?

그러나 불신앙은 거의 종교 자체만큼이나 역사가 오래되었습니다. 욥 시대에 살았던 사람들도 오늘날의 사람들과 같은 말을 했습니다. 하나님과 기독교를 믿지 않는다고 말하면서 하나님에게서 도망치는 것은 새롭고, 현대적이며, 계몽 시대를 살고 있는 사람들의 특징을 잘 나타내는 모습이 아닙니다. 오히려 그동안 인류가 항상 저질러온 행위에 절대적으로 순응하고 있음을 보여주는 것에 지나지 않습니다. 이 오래된 책은 어느 시대 사람이든 자기 시대를 가장 우월한 시대라고 생각했다는 것을 말해 줍니다. 그리고 하나님을 대적하고 돌아서는 것으로, 또 그렇게 하는 것이야말로 가장 먼저 해야 할 일로 여겨 그 우월성을 표현했다는 것입니다!

여기서 우리는 불신앙이 절대 새로운 것이 아니라는 사실뿐 아니라 그 불신앙이 늘 같은 방식으로 표현되며 늘 같은 주장을 한다는 사실도 엿볼 수 있습니다. 다시 말해, 성경이 오래된 책이라 믿을 수 없다는 전제 속에는 언제나 변치 않는 두 가지 전제가 들어 있습니다. 하나는 지성과 사상은 늘 불신앙 편에 있다는 것, 따라서 종교는 무지 속에서나 번창한다는 것입니다. 본문에서 욥은 "그러할지라도(therefore) 그들은 하나님께 말하기를"이라고 말합니다. 그들은 논리 과정을 거쳐 그러한 결론에 이르렀다고 말합니다. 지적으로 탐구하고 조사한 결과라는 뜻입니다. 자기들이 검토한 것에 비추어볼 때, 그러할지라도 그런 결론에 도달했다는 것입니다! 욥 시대에 살았던 사람들은 자기들이 생각해 본 결과 종교의 본질을 파악했다는 것입니다.

그 주장은 지금도 같은 말로 표현되고 있습니다. 사람들은 아직도 이렇게 말합니다. "그들은 종교를 믿도록 양육받았다. 그래서 무비판적으로 받아들일 때는 그것을 믿었다. 그러나 그들 스스로 사물에 대해 생각하기 시작하면서 글을 읽고 사실들을 직면하게 되자 그것이 전부 잘못되었다는 것을 알게 되었다. 그 안에는 아무것도 없다는 사실을 보게 된 것이다." 이제 살펴보겠지만, 이상하게도 그들은 본문처럼 대부분 질문 형식으로 표현된 증거들을 내놓았습니다! 오늘날 대부분의 사람들은 지성과 종교를 도저히 양립할 수 없는 것으로 간주합니다. 그런데 욥 시대에 살았던 사람들도 비슷하게 생각하고 있었습니다.

또 다른 하나는 인간이 하나님과 종교에서 돌아서는 것이 자신을 해방시키는 것이고, 처음으로 자기 자신에게 돌아가는 것이라는 전제입니다. 그들은 아직도 기독교를 믿고 있는 사람들이 참된 인간 본성의 진정한 발달과 발전을 막는 무지와 미신이라는 속박과 학정에 사로잡혀 있다고 여깁니다. 인간다운 인간이 되려면 이런 속박을 떨쳐버리고 "전능자가 누구이기에 우리가 섬겨야 한단 말인가?"라고 외쳐야 한다는 것입니다. 태초부터 인류는 하나님이 우리를 속박하고 우리에게서 권리를 빼앗아가고 싶어한다고 속삭이는 사탄의 말을 옳게 여겼습니다.

이 두 가지 이유 때문에 사람들은 모든 세대가 그랬듯이 지금도 하나님에게서 돌아서고 있습니다. 하나님에게서 돌아서되 본문에 나온 전형적인 질문들을 던지며 돌아섭니다. 우리는 이런 태도의 근거라 할 수 있는 일반적 전제가 완전한 거짓임을 이미 살펴보았습니다. 그렇다면 그 다음에 나온 두 가지 종속적 전제는 어떻게 되는 걸까요? 그 질문들은 오직 이 사람들이 한 말을 검토하고 분석해 본 후에야 답변할 수 있습니다.

그들은 자기들이 생각하고 추론해 본 결과 하나님에게서 돌아서게 되었고 그분을 거부하기로 결정했다고 말합니다. 또 그것이 바로 자기 자신을 해방시키는 일이었다고 말합니다. 그들은 하나님께 판결을 내립니다. "전능자가 누구냐? 그가 누구이기에 우리가 그를 섬겨야 하느냐? 우리가 그에게 기도한들 무슨 유익을 얻겠느냐?" 이렇게 묻습니다. 그리고 이 질문에 대한 대답을 도저히 얻을 수 없다고 생각합니다. 우리는 과연 뭐라고 말해야 할까요? 그들의 질문에 어떻게 답해야 할까요? 둘로 나누어 답변해 보겠습니다.

우선 그런 질문들이 나오게 된 배경, 그 질문들이 기초하고 있는 전제들을 살펴본 다음, 곧바로 대답해 보겠습니다. 그 배경을 살펴보는 동안, 우리는 그들이 말하는 하나님에 관한 진술들이 그분에 관한 우리 지식에는 전혀 보탬이 되지 않지만 그들에 대해서는 많은 것을 말해 준다는 결론에 이르게 됩니다. 제가 그것을 입증해 드리겠습니다.

지성과 명철에 근거한 주장이라는 것에 대해 저는 불신앙에 관한 한, 그것은 피상적인 생각이며 전적으로 분명하고 바르게 생각하지 못한 결과라는 것이 명백하다고 단호하게 주장합니다.

우리는 다른 많은 것과 함께 이 중요한 주제를 검토해 볼 것입니다. 그러나 한 번의 설교로 모두 살펴볼 수는 없습니다. 그래서 저는 욥기 21장의 특별한 문맥에 나타난 대로만 살펴보고자 합니다. 21장에는 사람들이 사용하는 논쟁 형태를 철저하게 보여주는 아주 전형적인 예가 들어 있기 때문입니다. 바로 자기 주변에서 관찰한 것만으로 하나님에 대해 논쟁하는 것입니다. 욥 시대 사람들은 그것을 다음과 같이 적용했습니다.

그들은 어떤 사람들은 경건한 반면 어떤 사람들은 경건하지 않다는 사실을 관찰했습니다. 그런데 경건한 사람들은 많은 고생을 하는 반면 경건하지 못한 사람들은 아주 흥왕하고 번영하며 인생에서 굉장히 "좋은 시간"을 보내는 것처럼 보였습니다. 이 관찰에 근거해서 그들은 이러한 결론을 내렸습니다. "하나님이 계시다면, 그분은 분명히 무력한 존재일 것이다. 또는 무력한 존재가 아니라면, 적어도 불공평한 존재다."

이 두 추론에 근거해서 그들은 최종적으로 하나님을 완전히 무시해도 된다는 결론에 이르렀습니다. 하나님을 무시하는 사람들이 오히려 잘 풀리고 "성공하는데" 하나님을 예배하고 순종해야 할 이유가 무엇이겠습니까? "우리가 그에게 기도한들 무슨 소용이 있으랴?" 이것이 욥 시대에 살았던 불신앙인들의 반박이었습니다. 꼭 현대판 반박 같지 않습니까?

오늘날 사람들이 기독교를 대적하며 하는 말이 무엇입니까? 왜 그렇게 많은 사람이 기독교에서 돌아서서 지금처럼 살아갈까요? 대체 무슨 근거로 그렇게 많은 사람이 하나님을 무시하고 부인하며 거절하는 걸까요? 그들이 하나님과 기독교에 대해 반박하는 내용은 그때나 지금이나 같습니다. 그중 몇 가지만 말씀드리겠습니다.

"만일 하나님이 계시다면, 하나님이 사랑이시라면, 어떻게 그토록 큰 전쟁이 일어나도록 내버려두실 수 있단 말인가?"

"하나님이 계시다면, 어떻게 경건하지 않은 사람들은 잘되고 번영하는데 경건한 사람들은 그토록 자주 고난당하도록 내버려두신단 말인가?"

"만일 하나님이 계시다면, 어떻게 홍수나 천재지변 같은 일들이 일어나고, 어떻게 그 많은 선량한 사람들을 어린 나이에 죽게 내버려두고 악한 사람들은 그렇게 오래 살게 내버려두실 수 있단 말인가?"

그런 다음 여전히 같은 결론을 내립니다. "인간이 하나님을 믿든 믿지 않든 아무 상관 없다. 그것은 인생에 아무 영향도 끼치지 않는 것 같다. 따라서 인생에 관한 기독교의 견해는 완전히 틀렸다. 그런데 무엇 하러 애써 신앙을 가지려 하는가? 선하게 살지도 않을 뿐더러 하나님께 순종하지도 않는 사람들이 저렇게 행복하고 흡족해하며 굉장한 성공을 거두고 있는데 구태여 착하게 살고 하나님께 순종하려 애쓸 필요가 어디 있단 말인가?"

이런 몇 가지 이유가 오늘날의 불신앙을 설명해 줍니다. 사람들은 이렇게 말하면서 하나님과 기독교를 해결했다고 생각합니다. 그들은 자신들의 견해가 정당함을 증명했다고 주장합니다. "만일 하나님이 계시다면, 왜 이런 일이 일어나고 저런 일이 일어나는가?"라고 묻는 그들의 질문은 곧 하나님이 계시지 않다는 것을 표현하는 말일 뿐입니다. 이제 그 논쟁은 다 끝난 것처럼 보입니다. 더 이상 토론할 필요가 없을 것 같습니다. 사람들은 마치 그 문제가 일단락되기라도 한 것처럼 이런 주장들을 내세웁니다.

그러나 이 모든 것과 관련하여 가장 안타까운 점이 있습니다. 그들의 주장이 단지 피상적인 생각만 보여주고 있을 뿐이라는 사실입니다. 사람들은 자신들의 논쟁 전체가 거짓 전제에 근거한다는 사실을 보지 못하고 있습니다. 즉 하나님과 그분의 길은 반드시 인간의 지성으로 이해될 수 있어야 하며 자신들의 생각과 일치해야 한다는 거짓 전제에 근거하고 있음을 보지 못하고 있습니다. 그들은 "하나님은 이렇게 하셔야 한다, 저렇게 하셔야 한다"며 논쟁을 시작합니다. 그런 다음 하나님께서 자기들이 해야 한다고 생각한 것을 하지 않았으니, 하나님은 존재하지 않거나 존재한다 해도 별 능력이 없다고 주장합니다. 그리고 어느 쪽이 되든 하나님은 우리 인생에 영향을 끼칠 수 없으므로 우리가 그분께 순종하든 순종하지 않든 아무 상관 없다는 결론을 내립니다. 지혜가 무한하신 하나님은 우리 머리로 도저히 측량할 수 없는 일들도 얼마든지 허용하실 수 있다는 사실을 그들은 전혀 이해하지 못하고 있습니다. 한 구약 선지자는 우리에게 하나님이 "자신을 숨기신다"고 했습니다! 그런데 그들은 그 선지자의 말을 무시하고 있습니다!

그들은 이렇게 묻습니다. "하나님이 왜 그렇게 하실까?" 그 질문에는 저도 대답할 수 없습니다. 게다가 지금은 그것을 밝힐 생각도 없습니다. 여기서 증명하려는 것은, 하나님의 침묵과 불간섭이라는 단순한 이유를 들어 그분이 무능하다느니 존재하지 않는다느니 하며 떠들어대는 것이 매우 잘못된 생각이라는 것이기 때문입니다. 제정신인 사람이라면 구름에 가려 보이지 않는다고 해서 태양이 없다고 말할 수 있겠습니까? 제정신인 사람이라면 어떻게 하나님이 오래 참으시는 것을 보고 그분을 무능하다고 말할 수 있겠습니까? 하나님의 지혜를 어떻게 그분의 나약함으로 간주할 수 있겠습니까?

오늘날 하나님을 아주 가볍게 떠나버리는 사람들은 모두 이런 식으로 생각합니다. 그들은 하나님이 이러저러한 것들을 하셔야 하고, 일정한 방식에 따라 행동하셔야 한다고 생각합니다. 만일 하나님이 그렇게 하시지 않으면, 단순히 그 이유만으로 성급하게 결론을 내립니다. 그러나 어느 누가 감히 하나님이 행해야 할 방식을 정할 수 있단 말입니까? 지혜가 무한하신 하나님이 우리로서는 도저히 이해할 수 없는 일들을 허락하신다고 해서 안 될 이유가 어디 있습니까?

우리가 하나님이라고 부르는 분에 대해 가질 수 있는 가장 현명한 전제는, 그분의 길은 우리 이해를 초월하기 때문에 도저히 발견할 수 없다는 것입니다. 그렇지 않습니까? 제가 하나님을 이해할 수 있다면 틀림없이 저는 하나님보다 큰 존재일 것입니다. 하나님이 제가 이해할 수 있는 것, 제 생각에 하나님이 꼭 하셔야 한다고 생각하는 것만 행하신다면, 하나님은 더 이상 하나님이 아니라 저의 종일 뿐입니다.

단지 하나님의 방식을 이해할 수 없다는 이유로 하나님에게서 돌아서고 기독교를 포기하는 사람들은 자신의 옹졸함과 우둔함을 고백하는 것입니다. 자신의 삶이나 세상에서 일어나는 사건만 보고 속단한 것입니다. 그들은 이 세상 자체와 창조, 역사 등과 같은 모든 사실을 전혀 검토해 보지 않은 것입니다. 우연이나 행운만으로 충분한 설명이 될 수 있을까요? 정말 제정신인 사람이라면 아무도 그렇게 생각하지 않을 것입니다. 인생을 좀 더 면밀히 연구하고 분석하며 곰곰이 생각할수록, 우리는 그 경이에 점점 감탄하고, 하나님께 더욱 가까이 나아가게 됩니다.

우리가 하나님의 길을 이해할 수 없다는 사실에서 끌어낼 수 있는 유일한 결론은 하나님이 계시지 않다는 것이 아니라, 오히려 우리의 총명이 그만큼 부족하고 손상되었다는 것뿐입니다. 자신의 마음과 사고력이 하나님을 조사할 만큼 크다고 생각하는 사람이 있다면, 그는 자기가 마땅히 생각해야 할 바를 모르는 위인임을 증명하는 것일 뿐입니다. 불신앙을 지적인 것으로 생각하는 주장에 대해서는 이 정도로 해둘까 합니다.

이번에는 기독교를 포기하는 것이 속박에서 해방되어 자기 자신에게 돌아갈 수 있는 길이라는 또 다른 주장을 살펴보겠습니다. 우리는 이 주장 역시 잘못되었다는 결론을 내릴 수밖에 없습니다. 본문에 적힌 대로 그 주장을 한번 들어보겠습니다. "그에게 기도한들 무슨 소용이 있으랴." 그들이 던진 질문입니다. 사실 이 질문은 이런 질문을 던진 사람들에 대해 아주 많은 것을 알려줍니다. 그들의 사고방식뿐 아니라 그들의 본성, 인간과 인간의 행복에 대한 견해까지 나타내주고 있습니다. 여기 나오는 "소용"(profit, 유익. 현대인의성경은 "유익"으로 번역하였다)이라는 단어를 보십시오. 그 자체만으로도 아주 재미있는 단어입니다. 오늘날 사람들은 이 단어를 아주 많이 사용합니다. 어떤 의미에서 그것은 상당히 합법적입니다. 문제는 우리가 그 단어에 부여하는 개념이나, 유익을 측정하고 재는 기준입니다.

욥 시대에 살았던 사람들이 사용한 "소용", "유익"이라는 말이 무슨 뜻이었는지 알아보기란 별로 어렵지 않습니다. 그들의 생각은 아주 분명했습니다. 그들에게 유익한 것은 오직 물질적인 재산이나 혜택과 관련하여 측정될 수 있는 것이었습니다. 그들은 재산, 친구, 돈, 자녀, 건강, 행복 등 모든 것이 충분했습니다. 모든 것이! 그래서 이렇게 말했습니다. "어떻게 이보다 나을 수 있단 말인가? 도저히 상상할 수 없다." "하나님이 이런 우리에게 무엇을 보태주실 수 있단 말인가?" 그것이 그들의 인생관이자 인간관이었습니다.

그들은 완전히 만족했습니다. 흡족했습니다. 더 바랄 게 없었습니다. 자기가 가진 것보다 크고 위대한 것을 생각해낼 수 없었습니다. 그들은 하나님에게서 돌아서는 것으로 자신을 해방시킬 뿐 아니라 정말 인간다운 인간이 된다고 주장했습니다. 하나님을 예배하고 섬기는 것은 자기 자신을 잃고 포기해야 하는 것과 같다고 생각했습니다. 스스로 인류의 해방자이자 인권 옹호자이며, 인간의 참된 존엄성과 위대함을 지지하는 자라고 생각했습니다! 이처럼 인간과 인간이 사는 세상에 대해 그들이 지닌 개념은 순전히 물질적인 차원에 국한된 것이었습니다.

이것이 순전히 욥 시대 사람들에게만 해당되는 이야기일까요? 주변을 둘러보며 경건하지 못한 사람들의 내막을 들어보고 그들의 삶을 들여다보십시오. 그들이 하나님과 기독교에서 돌아설 때 무엇에 몰두하던가요? 그들이 권하는 해방된 삶은 어떤 성격인가요? 그들이 탐내고 있는 것, 그들을 만족시켜주는 것이 과연 무엇인가요? 그것은 지금도 동일합니다. 무엇보다도 물질적인 부요와 안락입니다. 이것은 이미 그것을 소유하고 있는 사람들뿐 아니라 그것을 갖고 싶어하거나 소유한 자들을 부러워하는 사람들도 마찬가지입니다.

역사상 오늘날처럼 돈과 재산이 일반인들에게 그토록 많은 것을 의미한 적은 없었습니다. 오늘날 많이 사람이 생각하는 이상적인 삶이란 어떤 삶인지 아십니까? 걱정하지 않아도 될 만큼 충분한 돈을 소유한 삶, 일하지 않아도 될 만큼 많은 돈을 소유한 삶입니다. 일과 노동이 존귀하다는 개념은 이미 사라진 지 오랩니다. 지금은 일해야 하는 것을 모욕이나 불명예스러운 것으로 간주할 정도입니다. 사람들은 게으른 부자들을 보고 감탄할 뿐 아니라 부러워하기까지 합니다. 이 시대의 이상적인 삶이란 자신이 원하는 것은 뭐든지 할 수 있을 만큼 풍요롭고 한가한 삶입니다. 그렇다면 그들이 좋아하는 것은 과연 무엇일까요? 스포츠와 오락, 풋볼 게임, 영화 감상, 음주, 도박과 내기, 이런 것들입니다. 좀 더 점잖게 이야기하자면, 좋은 집, 자동차, 가족과 친구들에게 둘러싸인 삶이라고 할까요? 이런 사실들은 누구나 잘 알고 있는 것이니 더 이상 설명하지 않아도 될 것입니다.

사람들이 무엇을 좋아하는지는 그들과 그들 취향에 영합하는 신문을 보면 잘 알 수 있습니다. 사람들이 "우리가 하나님께 기도한들 무슨 소용이 있으랴?"라고 물어보는 이유는 바로 이런 것들이 그들을 만족시켜 주기 때문입니다. 그것이 바로 그들이 바라는 자유입니다. 인간 본성의 가장 저급한 부분에만 호소력이 있는 삶을 살 수 있는 자유입니다. 육신적인 평안과 안락, 쾌락과 흥분, 세상의 성공과 박수갈채, 이런 것들을 얻기 위해 하나님을 포기하고 섬기지 않는 것입니다. 술 마시고 도박하는 것이 더 좋아서, 주일에 오락하고 게임하는 것이 더 좋아서, 부도덕하고 방탕해지는 것이 더 좋아서 하나님을 믿지 않는 것입니다.

이것이 바로 그들이 말하는 해방입니다. 그들이 말하는 자유입니다. 이것은 인간이 하나님과 기독교라는 사슬과 족쇄를 끊어버리고 인간이라고 불릴 만하기만 하면 얼마든지 얻을 수 있는 체험입니다! 영혼에 관한 것은 아무것도 없습니다! 인간의 더 높은 면, 인간의 가장 고상한 기능은 하나도 없습니다! 노력이라든가 수고하고 애씀이라든가 자기 부인에 관한 것도 전혀 없습니다! 인간 안에 그를 다른 동물과 구별시켜주는 것으로 일깨워주는 것이라고는 하나도 없습니다! 이것이 바로 사람들이 영혼과 영혼의 영원한 필요를 최우선으로 삼고 있는 기독교의 견해보다 진보되었다고 여기는 견해입니다. 이 사실들을 정직하게 직시해 보십시오. 피상적인 선입견만 자꾸 되뇌지 말고 솔직하게 대답해 보십시오.

여러분의 인생관은 어떻습니까? 인생에 대해 어떤 야망을 갖고 계십니까? 여러분의 가장 높은 목표는 무엇입니까? 여러분의 이상은 무엇입니까? 단순히 돈과 쾌락, 안락으로 측정될 수 있는 것입니까? 동물적이고 물질적인 것과만 관련되어 있는 것입니까? 아니면 그 안에 영혼도 포함되어 있습니까? 여러분이 생각하는 이상적인 삶에는 노력을 일깨워주는 것, 지성과 가슴과 영혼의 능력을 모두 발휘할 수 있는 것이 포함되어 있습니까? 그리고 그런 것들이 필연적으로 따르게 되어 있습니까?

이 시대의 인생관에서 인간의 참된 본성과 그 존재와 가장 모순되는 점이 바로 이것입니다. 이 시대의 인생관은 늘 편안과 안락을 권할 뿐 아니라 그런 것들을 손쉽게 얻을 수 있다고 표현합니다. 그러나 이러한 현대식 인생관은 절대 우리에게 도전을 줄 수 없습니다. 그것은 우리의 약점과 우리 안에 있는 가장 악한 부분을 간과하고 변명해 주는 것에 지나지 않습니다. 그것은 죄를 자기 경험이나 천성과 관련지어 이야기합니다. 오직 물질적인 것에만 영합하고, 우리의 자만심을 키워주며, 육체적 쾌락만 채워줍니다. 우리 자신이야말로 "자기 운명의 주인이자 자기 영혼의 대장"인 아주 멋진 사람이라고 말할 뿐, 우리의 명예나 자제, 절제는 전혀 요구하지 않습니다. 그것은 우리의 지성과 영혼을 홀로 남겨 놓습니다! 더 이상 우리 자신을 부인하거나 훈련시키고 제어할 필요가 없습니다. 더 이상 씨름하고 싸우며 기도하지 않아도 됩니다. 우리가 소유한 모든 능력과 기능을 동원해서 선한 싸움을 싸우고, 정상에 오르려고 애쓰며, 더 낫고 고상한 삶을 살려고 애쓸 필요도 없습니다. 게으르고 안락하게 살면서 편히 쉬기만 하면 됩니다!

이런 것들이 바로 오늘날 지성과 해방이라는 이름으로 우리에게 제공되고 있는 것들입니다. 이 세상에 이보다 거짓되고 어리석은 것이 또 있을까요? 이보다 우둔하고 품위 없는 것이 또 있을까요? 바로 이것들이 "전능자가 누구이기에 우리가 섬기며 우리가 그에게 기도한들 무슨 소용이 있으랴"라는 질문이 기초하고 있는 전제입니다. 누군가 아직도 하나님께 "우리를 떠나소서. 우리가 주의 도리 알기를 즐겨하지 아니하나이다"라고 부르짖는다면, 그들이 이처럼 천박한 삶을 즐기고 있기 때문입니다.

지금까지 이런 질문들이 근거하고 있는 전제가 얼마나 공허한지 살펴보았습니다. 이제는 그 질문들에 답해 보겠습니다. 여러분도 혹시 그런 질문을 해본 적이 있습니까? 아직도 그런 질문을 하고 계십니까? 하나님을 믿어야 할지 말아야 할지 확신이 서지 않습니까? 하나님을 섬기며 하나님께 기도하고 계십니까? 혹시 어떤 것도 원하는 대로 되지 않는다는 이유로 하나님에게서 돌아서고 싶은 마음은 없으십니까? 하나님이 불공평하다는 생각이 듭니까? 악하고 경건치 못한 사람들이 번영하며 항상 즐겁게 사는 것처럼 보이는 것이 부러우십니까? 만일 그렇다면, 그들이 던진 질문에 대한 이 대답들을 들어보십시오. 부분적으로는 욥 자신이 준 대답이면서 동시에 구약 어디서든 찾아볼 수 있는 대답입니다. 또한 특히 신약, 무엇보다도 하나님의 아들 나사렛 예수 그리스도께서 주신 대답입니다.

"전능자가 누구이기에 우리가 섬기며." 이 질문 자체에 이미 일부 대답이 들어 있습니다. 하나님은 전능하신 분입니다. 다른 것은 다 차치하더라도 하나님은 단지 하나님이라는 이유 하나만으로도 우리의 섬김과 순종, 사랑과 예배를 받으시기에 마땅한 분입니다. 그분은 전능하신 분, 위대하신 분, 영원하고 절대적인 분입니다. 만유를 지으시고 창조하신 분이며, 현존하는 모든 것의 주님입니다. 아무것도 없는 것에서 이 세상을 창조하신 분이 바로 하나님입니다. 만유를 이렇게 설계하신 분도, 우리를 이 세상에 나게 하시고 이곳에 두신 분도 하나님입니다. 그분은 처음부터 계셨으며 영원토록 계십니다. 이처럼 위대하시다는 이유 하나만으로도 우리는 마땅히 그분을 예배하고 섬겨야 합니다. 그분의 능력과 위엄도 생각해 봅시다. 그분은 만유를 붙들고 계시며 만유가 그분 손안에 있습니다. 그분은 세상 밖에 계시며 세상보다 크십니다. 이 세상 없이도 사셨으며 지금도 여전히 그렇게 하고 계십니다. 그분은 시간을 창조하신 분이며 시간보다 크신 분입니다.

"전능자가 누구이기에 내가 섬겨야 한단 말입니까?" 그분은 나를 만드셨을 뿐 아니라 내 심판주이십니다. 하나님이 그들 앞에 나타나셔서 그들을 심문하실 바로 그 자리에서 사람들은 마치 자기들이 재판관이라도 되는 양 오만하게 이런 질문들을 합니다. 얼마나 어리석은 짓입니까! 그런 질문을 던지고 있을 때, 사실 우리는 그 질문에 끔찍한 방식으로 답변할 마지막 심판으로 점점 가까이 가고 있는 것입니다. "전능자가 누구이기에 우리가 섬기랴?" 곧 알게 될 것입니다. 그분 앞에 서게 될 것입니다. 그러나 우리는 그곳에 서 있지 못할 것입니다. 서 있을 힘이 없을 것입니다. 고작해야 힐끗 뵙는 정도일 것입니다! 영원한 빛, 소멸하는 불이 섬광처럼 비칠 것이기 때문입니다!

하나님이 지금 경건하지 않은 모든 사람을 단번에 치시지 않는 것은 그분의 무한하신 사랑과 오래 참으심, 자비와 인자하심 때문입니다. 그런데 그들은 하나님이 능력이 없어서 치시지 않는다고 생각합니다. 하나님이 인자하셔서 그러는 줄도 모르고 그분을 조롱합니다. 하나님이 오래 참으시기 때문에 그렇게 하는 줄도 모르고 오히려 신성 모독적이고 오만 방자한 질문들을 합니다. 우리는 이렇게 말합니다. "나는 이것도 이해하지 못하겠고 저것도 이해하지 못하겠다." "나는 하나님이 왜 이런 것을 허용하시고 저런 것을 허용하시는지 알고 싶다." 또 말합니다. "그것을 다 이해하기 전에는 하나님을 섬기거나 예배할 수 없고, 그렇게 하지도 않겠다." 그러나 언젠가는 하나님이 단지 하나님이라는 이유 하나만으로 우리의 예배를 받기에 마땅하신 분이라는 사실을 똑똑히 보고 이해하게 될 것입니다.

욥은 "비록 하나님이 나를 죽이실지라도 나는 그를 신뢰할 것이다"(욥 13:15, 현대인의성경)라고 말했습니다. 욥은 하나님은 물론 그분의 방식도 이해하지 못했습니다. 그러나 그분이 하나님이라는 사실, 자신은 비록 그 하나님을 뵐 수 없지만 그분이 하나님이라는 사실만으로도 충분한 이유가 된다는 것을 알았기 때문에 계속 하나님을 섬겼습니다. 그리고 욥보다 크신 분, 바로 하나님의 아들 자신도 이렇게 말씀하셨습니다.

> 만일 아버지의 뜻이거든 이 잔을 내게서 옮기시옵소서 그러나 내 원대로 마시옵고 아버지의 원대로 되기를 원하나이다(눅 22:42).

"전능자가 누구이기에 섬겨야 하느냐"고 물으십니까? 그분은 하나님입니다. 우리를 만드신 분입니다. 우리의 심판주가 되실 분입니다. 그분은 영원하신 분입니다. 왕은 백성에게 무언가를 요구할 때, 그에 대한 이유를 해명하지 않습니다. 단지 자신의 뜻을 알릴 뿐입니다. 순종하는 자녀는 부모의 요구가 옳고 유익하다는 사실을 확실하게 알아야만 순종하는 것이 아닙니다. 그것이 부모의 요구이기 때문에 순종합니다. 어떤 상황이나 여건에도 상관없이 하나님은 하나님이라는 이유만으로도 우리의 순종을 받아 마땅하십니다.

"우리가 그에게 기도한들 무슨 소용이 있으랴?" 지금까지 살펴본 세속인의 이익 개념에서 보면, 그 대답은 "아무 소용이 없다"입니다. 세상의 가치관에서 보면, 우리는 하나님과의 교제에서 아무것도 얻지 못합니다. 오히려 지장만 초래하고 시간만 낭비할 뿐입니다. 그러나 나사렛 예수 그리스도는 많은 시간을 기도로 보내셨으며, 심지어 하나님과 교제하기 위해 잠과 휴식도 마다하셨습니다. 왜 그러셨을까요? 그렇게 해서 얻은 유익이 무엇일까요? 무슨 가치가 있어서 그러셨을까요?

이 질문에 답하자면 끝이 없습니다. 그중 몇 가지만 살펴보겠습니다. 인간에게 하나님과 이야기하는 것보다 더 큰 존귀를 부여하는 것이 무엇입니까? 이 세상에서는 많은 사람이 이른바 위대하다는 인물을 보기 위해 많은 돈과 시간, 그 밖에 다른 것들을 지불합니다. 그 위대한 인물과 이야기할 수만 있다면 그들은 그보다 더 많은 시간과 돈도 마다하지 않고 지불할 것입니다. 사람들은 왕을 찾아뵙거나 궁정에 들어가는 것을 돈이나 재산보다 훨씬 가치 있는 일로 여깁니다. 그렇지만 왕 중 왕이요 만유의 주 되신 하나님을 만나 이야기하는 것에 비하면 이 모든 것이 뭐 그리 대단한 일입니까? 비록 물질적인 혜택은 하나도 받지 못했지만, 증거로 보여줄 만한 유형적인 것도 전혀 없지만, 저는 하나님과 이야기를 나누었습니다! 하나님이 제가 알현하는 것을 허락하셨습니다! 이것과 비교해 볼 때 이 세상과 이 세상의 모든 부요가 뭐 그리 대단하단 말입니까?

욥은 자녀들과 재산을 포함한 모든 것을 잃었습니다. 그러나 그의 가장 큰 소원은 이런 것들을 되돌려 받는 것이 아니었습니다. 그는 이렇게 부르짖었습니다.

내가 어찌하면 하나님을 발견하고 그의 처소에 나아가랴(욥 23:3).

우리가 얻는 유익은 단순히 하나님을 알현하는 것으로 끝나지 않습니다. 하나님은 자기를 섬기고 자기를 찾는 자를 축복하십니다. 이 세상이 생각하는 축복이 아니라 그보다 훨씬 영광스러운 방식으로 축복하십니다. 하나님은 그런 사람의 영혼을 축복하십니다. 그분은 불안하고 어수선한 마음에 평강과 안식을 주십니다.

주의 미소가 내게 풍성한 위로를 준다오.
주의 은혜가 이슬방울처럼 내려오네.
주께서 기뻐하시는 영혼을
그 구원의 벽으로 둘러싸 보호하시네.

"소용", "유익"이란 무엇일까요? 그 유익을 측량하고 평가하려면 시련과 환난을 당해 보아야 합니다. 일이 잘되어갈 때는, 경건하지 못한 사람들이 모든 유익을 다 갖고 있는 것처럼 보일지 모릅니다. 그러나 시련이 닥치면, 병이 들면, 어느새 노년이 되면, 사망이 우리 앞에서 입을 크게 벌리고 있을 때면, 그 처지가 어떻게 바뀔까요? 그때는 경건하지 못한 사람이 던진 질문과 정반대되는 질문을 우리 주님이 그 사람에게 던지실 겁니다. "사람이 만일 온 천하를 얻고도 자기 목숨을 잃으면 무엇이 유익하겠느냐?"(막 8:36) 그때가 되면 하나님을 아는 것과 그분에게 정기적으로 기도하며 그분을 섬긴 유익이 무엇인지 알게 될 것입니다. 그러나 자신의 옛 본성에서 건져진 사람들은 그전부터 이미 그 유익이 무엇인지 분명하게 압니다. 하나님께 순종하며 그분과 함께 사는 사람은 자신의 모든 본성이 영향을 받고 혜택을 받았다는 사실을 알게 됩니다. 죄가 정죄되고 정복됩니다. 새로운 인생관을 갖게 되어 우리 자신보다 큰 것을 얻으려고 애쓰고 수고하게 됩니다. 우리 안에 있는 가장 고상한 능력들이 모두 힘을 다하여 믿음의 경주를 싸우게 됩니다.

> 이전 것은 지나갔으니 보라 새것이 되었도다(고후 5:17).

이것이 하나님과 함께하는 인생이 얻는 유익입니다. 이것이 바로 성도를 만들어낸 길이며, 인류의 가장 큰 은인들을 만들어낸 길입니다. 이것이 모든 분야에서 인생을 풍요롭게 해주었습니다. 환난과 사망 가운데서도 무덤에 대한 두려움이 없어지고, 사망의 쏘는 것이 없어집니다. 우리는 두려움에 떨며 공포와 고민에 싸여 심판으로 나아가는 대신, 하나님과 복된 모든 천사와 함께 영원히 살기 위해 천국으로 가고 있다는 사실을 압니다. "무슨 소용이 있으랴?" 그 대답은 우리가 이 땅에서의 짧은 몇 년만 생각하느냐, 영원을 생각하느냐에 따라 달라집니다! 우리가 육체와 육체의 소욕만 생각하느냐, 육체의 종말과 그 불가피성을 생각하느냐에 따라 달라집니다. 그 모든 것은 우리가 오직 인간만 생각하느냐, 하나님도 생각하느냐에 따라 달라집니다.

욥 시대에 살았던 경건하지 않은 사람들과 마찬가지로 오늘날도 많은 사람이 이렇게 말합니다. "우리를 떠나소서. 우리가 주의 도리 알기를 바라지 아니하나이다." 그들은 어리석게도 하나님에게서 떠나면 상황이 달라질 것이라고 생각합니다. 그러나 실은 그렇지 않습니다. 하나님은 여전히 살아 계십니다! 사망도 여전히 있습니다! 심판 또한 여전히 있습니다! 이들은 틀림없이 잘못된 질문을 던지고 있습니다. 인간이 반드시 물어보아야 할 가장 중요한 질문은 "우리가 그에게 기도한들 무슨 소용이 있으랴?"가 아닙니다. 바로 욥이 던진 질문입니다. "내가 어찌하면 하나님을 발견하고 그의 처소에 나아가랴"(욥 23:3).

여러분은 하나님을 알고 계십니까? 하나님 만날 준비가 되어 있습니까? 그동안 하나님을 섬기고 그분께 순종하셨습니까? 심판받을 준비가 되어 있습니까? 그 상황이 아주 절망적이라는 사실이 보이지 않습니까? 우리는 하나님 손안에 있습니다. 하나님께 죄를 범했으며, 하나님을 잊어버리고, 무시하고, 비난했습니다. 그리고 하나님에 대해 불경스러운 질문들을 던졌습니다. 우리는 지금 그것이 얼마나 어리석은 짓이었는지 보고 있습니다. 그러나 죽은 후에는 그것을 더 분명히 보게 될 것입니다.

이제 어떻게 하시겠습니까? 어떻게 해야 할까요? 하나님의 이름을 송축하십시오. 욥이 깨달은 것보다 더 중요한 대답이 있습니다. 하나님은 전능하신 심판주이십니다. 그러나 그분은 또한 사랑이십니다. 독생자 나사렛 예수 그리스도를 이 땅에 보내셔서 우리 죄를 담당하고 우리 대신 죽게 하셨습니다. 그래서 하나님 자신과 우리를 화목하게 만드셨습니다. 그렇게 놀라운 사랑입니다. 비록 인류는 하나님에게서 돌아섰지만, 사랑이 무궁하신 하나님은 우리에게서 돌아서지 않으셨습니다. 오히려 우리를 구원하기 위해 아들을 보내주셨습니다.

우리가 하나님께 굴복하여 얻는 유익은 죄 사함입니다. 하나님과 화평을 누리는 것입니다. 사람답게 살 수 있는 능력입니다. 사망의 두려움이 제거되는 것입니다. 하나님의 자녀가 되고 영원한 지복을 누릴 수 있는 상속자가 되는 것입니다.

복음은 우리에게 이 모든 것을 제안하고 있습니다. 이것은 유일한 제안이자 마지막 제안입니다. 우리는 우리가 한 선택의 결과들을 영원히 체험하게 될 것입니다. 이렇게 큰 유익이 있는데 아직도 망설이시겠습니까?

15장
인생의 네 가지 모습

> 여호와의 인자하심과 인생에게 행하신 기적으로 말미암아 그를 찬송할지로다……
> _시편 107편

가끔 시편을 설교할 때면 늘 지적하는 것이 있습니다. 시편은 노래이기 때문에 언제나 전체를 보아야 한다는 것입니다. 물론 한 편이 상당히 길어서 몇 부분으로 나누어 보아야 하는 것들이 있지만, 시편 한 편 한 편은 보통 한 가지 커다란 공통 사상이나 심정을 표현하고 있습니다.

모든 시편이 대체로 이런 목적으로 지어졌지만, 특히 107편은 더욱 그렇습니다. 마흔세 절로 이루어진 시편 107편은 전체적으로 한 가지 커다란 메시지를 전해 주고 있습니다. 네 가지 인생 모습으로 각각 다르게 표현되어 있긴 하지만, 이 시편에는 오직 한 가지 주제가 담겨 있습니다. 시편 기자 역시 서로 다른 네 가지 모습이 결국 한 가지 주제를 나타내기 위한 변형에 지나지 않는다는 사실을 보여주기 위해 각별한 관심을 쏟고 있습니다. 어떤 의미에서는 바로 그것이 이 시편 기자의 목표라고 할 수 있습니다. 즉 이 시에는 한 가지 주제만 있다는 것, 그리고 모든 사람이 그 주제를 저마다 다르게 개별적인 방식으로 표현하고 있다는 것입니다.

> 여호와의 인자하심과 인생에게 행하신 기적으로 말미암아 그를 찬송할지로다(8, 15, 21, 31절).

시편 기자는 (마치 오늘날 많이 하는 말을 예상하고 있다는 듯이) 이 구절을 반복하여 교회에 관한 가장 놀라운 사실을 상기시켜주고 있습니다. 동시에 교회가 받고 있는 공통적인 비난도 논파하고 있습니다.

그 비난 때문에 사람들은 기독교와 영적 체험을 온 인류에게 필요한 크나큰 공통분모로 보기는커녕 오히려 별난 민족적 특성이나 기질상의 특성을 나타내 보이는 것으로 믿게 되었습니다. 특히 가장 원시적이고 비지성적인 본능을 드러내는 것에 지나지 않는 것으로 믿게 되었습니다. 기독교와 영적 체험을 이런 식으로 보는 사람들은 그저 다른 이들보다 유난히 종교적 성향을 띠는 사람들이 있다고 생각하는 경향이 있습니다. 아니 그런 사람들은 정말 종교적 성향이 강할 것이라고 생각합니다.

이렇게 생각하는 사람들이 그토록 발끈하며 못마땅한 마음으로 부인하는 것이 무엇인지 아십니까? 바로 교회가 하나님과 영적인 삶은 누구에게나 필요한 것으로 하나님 없이 사는 자는 죽은 자라고 주장하는 것입니다. 그들은 다른 사람들이 예배하고 싶어하거나, 자신에게 도움이 된다고 생각해서 예배드리는 것은 괜찮다고 생각합니다. 그러나 그리스도인들이 자기들한테도 기독교를 믿으라고 권하는 것, 아니 믿으라고 강청할 뿐 아니라 믿지 않겠다고 버티면 무시무시한 이야기까지 해가며 협박하는 것만은 도저히 묵인하지 못합니다!

그들은 기독교란 나약한 사람들이 아무 해를 입지 않기 위해 삼는 안전장치라고 생각하기 때문에, 자신들에게도 같은 취향을 가지라고 하면 그토록 화를 내는 것입니다. 이런 부류에 속한 사람이 한번은 이런 말을 했습니다. "당신네 그리스도인들은 어쩌면 그렇게 경솔하고 남의 일에 참견하기를 좋아하는지 모르겠습니다. 저는 당신한테 술을 마시라거나 담배를 피우라고 강요하지 않으며, 골프를 치라거나 특정 정당의 당론을 받아들이라고 강요하지도 않습니다. 또 제가 특별히 즐기는 지적 취미나 오락을 해보라고 강요하지도 않습니다. 그런데 당신네는 왜 그리 남의 일에 참견하려 드십니까? 당신네가 믿는다는 그 특별한 견해만이 유일한 보편 진리라고 주장할 수 있는 근거가 대체 어디 있습니까? 우리 모두 서로 다르지 않습니까? 그렇다면 왜 우리 각자의 취향과 생각도 다를 수밖에 없다는 사실을 인정하고 각자 자기 방식대로 살게 내버려두지 않습니까?"

그들은 기독교와 기독교 인생관을 주로 특정한 견해나 개인의 선호 문제로 봅니다. 그래서 일반적으로 유형이 같거나 기질이 비슷한 사람들이 이런 신념과 견해를 고수하는 것이라고 생각합니다. 마치 사람마다 예술가 기질, 음악가 기질, 과학자 기질, 정치가 기질, 시인 기질을 갖고 있듯 종교적 기질을 가진 사람도 따로 있다고 생각합니다. 얼마든지 기질이 다양할 수 있으므로 모든 사람이 기독교를 믿어야 한다고 말하는 것은 마치 모든 사람이 예술가가 되어야 한다거나 음악가가 되어야 한다고 말하는 것만큼이나 어리석은 짓이라는 것입니다. 그래서 그들은 누구나 자신의 특정한 필요에 따라 구원의 길을 발견해야 한다고 주장합니다. 이처럼 기질과 천성이 다른데도 공통적인 구원이 있다고 말하는 것은 궤변이라는 것입니다.

이것이 그들의 지론으로, 그들이 흔히 내세우는 주장을 하나도 꾸밈없이 그대로 설명해 드렸습니다. 물론 이것을 훨씬 미묘하게 표현하는 말이 많은데, 오늘날 많은 교인의 입을 통해서도 얼마든지 그러한 말들을 들을 수 있습니다. 아마 그중에서 가장 흔히 들을 수 있는 말은, 믿음이 뭔지 몰라도 인간은 그리스도인이 될 수 있으며 우리 주 예수 그리스도를 실제로 믿지 않아도 그리스도인이 될 수 있다는 말일 것입니다.

"그 사람은 교회에 다니지도 않고, 교회에서 예수 그리스도에 대해 가르치는 여러 사실을 믿지도 않아. 그는 그런 사람이 아니야. 그런 부류의 사람이 아니라고. 그렇지만 꽤 괜찮은 사람이지. 그의 선한 삶과 선행이 그것을 증명해 주잖아." 이 말에서도 앞서 설명한 것과 같은 개념을 볼 수 있습니다. 적극적으로 신앙을 공개하여 고백하지 않는 사람이 있습니다. 다른 그리스도인들과 함께 모여 하나님 찬양하기를 즐기지 않는 사람이 있습니다. 그러나 그는 "꽤 괜찮은 사람입니다." 어쩌면 하나님을 믿는다고 고백하면서 교회에 출석하는 사람들보다 훨씬 나을지도 모릅니다! 오늘날은 심지어 교인이라는 사람들 입에서도 이런 말을 자주 들을 수 있습니다. 얼마나 안타까운 일인지 모릅니다. 그들은 지금 자신이 무엇을 하고 있는지도 모르면서, 기독교 신앙을 공격하는 사람들이 제시하는 모든 주장을 인정하고 있습니다.

그런데 지금 이 시편 기자가 이 모든 것을 반박하고 있습니다. 그는 우리에게 교회와 기독교 신앙에 대해 가장 놀랍고 주목할 만한 사실, 즉 교회와 기독교 신앙의 보편성과 포괄성을 상기시켜서 이 모든 것을 논파하고 있습니다. 그는 우리에게 이론이 아니라 실제 사실을 일깨워주고 있습니다.

이 시대 교회를 보십시오. 아니, 교회 역사에서 여러분이 원하는 어느 시대든 상관없습니다. 그러면 교회에 대해 가장 놀라운 사실 하나에 유의하게 될 것입니다. 바로 교회를 세우신 우리 주님이 하신 것처럼 이 교회가 온갖 심리적, 기질적 요소가 결합되고 뒤섞인 모든 유형의 사람들을 전부 끌어들일 수 있다는 사실입니다. 교회가 지닌 이 능력은 말 그대로 무제한입니다. 지금까지 교회에서 찾아볼 수 없는 유형의 사람은 없었습니다. 다혈질인 사람, 점액질인 사람, 감정적인 사람, 논리적인 사람, 감상적인 사람, 지적인 사람, 감각적인 사람, 아주 평범한 사람, 비현실적인 사람, 현실적인 사람, 예술적인 사람, 과학적인 사람, 지나치게 잘 믿는 사람, 의심이 아주 많은 사람, 재치 있는 사람, 둔한 사람 등 모든 유형의 사람이 교회라는 울타리 안에서 발견되었습니다. 아니 지금도 계속 발견되고 있습니다. 그런데 특별히 종교적 기질이나 개성을 지닌 사람이 있다는 입심 좋은 말로 거의 2,000년 동안이나 지속되어온 이 증거를 무시하다니, 얼마나 철저하게 부정직한 행위입니까!

이 시편 기자는 우리에게 바로 이 사실을 일깨우고 있습니다. 그렇다면 이 사실을 어떻게 일깨우고 있는지 살펴보겠습니다.

시편 기자는 온 교회를 향해 함께 모이라고 부르고 있습니다. 집회로 모이라고 부르고 있습니다. 말하자면 모든 세대를 통틀어 모든 곳에 있는 그리스도인에게 한 무리의 성가대로 모이라고 부르는 것입니다. 시편 기자는 우리가 지금까지 말한 인위적인 구분을 전혀 모릅니다. 종교는 인종이나 민족적 특성과 관련 있다는 따위의 주장을 그는 무시하고 있습니다.

여호와의 속량을 받은 자들은 이같이 말할지어다 여호와께서 대적의 손에서 그들을 속량하사 동서남북 각 지방에서부터 모으셨도다(107:2, 3).

이것이 바로 그가 부르짖는 내용입니다. 이것이 바로 그의 초대입니다. 동! 서! 남! 북! 사람들이 사방팔방 모든 곳에서 옵니다. 나침반 위에서 그들이 발견되지 않는 곳은 한 군데도 없습니다. 그들은 이렇게 온 세계 사방팔방에서 왔을 뿐 아니라 서로 체험도 다릅니다. 기질이나 인생에 접근하는 방식도 다릅니다. 그런데도 시편 기자는 그들 모두에게 한 노래를 부르라고 요청합니다.

여호와께 감사하라 그는 선하시며 그 인자하심이 영원함이로다(107:1).

여호와의 인자하심과 인생에게 행하신 기적으로 말미암아 그를 찬송할지로다(107:8).

이 합창을 반복해서 부르라고 말합니다. 그들은 모두 다른 곳에서 왔습니다. 서로 다른 언어를 사용합니다. 어떤 의미에서는 서로 하려는 이야기도 다릅니다. 그런데도 모두 같은 노래, 여호와께 감사하고 여호와를 찬양하는 노래를 부르라고 초대하고 있습니다. 그는 여기서 그치지 않습니다. 우리에게 그 이유도 보여주고 있습니다. 서로 체험이 다른 사람들을 불러 같은 찬양을 하라고 하는 이유를 보여주고 있습니다. 그는 이 놀라운 연합의 뿌리가 되는 이유들을 분석하고 있습니다. 그 이유들은 과연 무엇일까요?

우선 그는 모든 사람이 겉으로는 저마다 달라 보일지라도 모두 같은 체험을 하고 있다는 사실을 분명하게 밝히고 있습니다. 늘 그렇듯이 모든 사람이 같은 병으로 고생해 오고 있다는 것입니다. 이런 식으로 그는 자신이 진정한 심리학자이자 아주 명민하고 철저한 영혼의 의사임을 과시하고 있습니다. 그 사실을 알아낸 그는 각 증상을 봅니다. 그리고 단순히 증상을 주의 깊게 관찰하는 것에 만족하지 않고, 그것을 철저히 조사해서 기원과 근본 원인까지 추적하고 있습니다. 그는 특정한 증상 자체는 별로 중요하지 않다고 말합니다. 증상이란 특정한 병이 있다는 표시입니다. 이 지혜로운 시편 기자는 증상을 가볍게 다루거나 일시적으로 고통만 경감시키는 것이 아니라 오히려 그 증상을 이용해 질병이나 고통의 근본 원인이 무엇인지 밝혀내고 있습니다.

이미 말씀드렸듯이, 우리는 이 시편에서 사람들이 하나님을 찬양해야 할 이유를 적어도 네 가지 볼 수 있습니다. 이 시편에는 네 가지 체험이 묘사되어 있습니다. 그러나 시편 기자의 말에 따르면, 이 체험들은 우리에게 네 가지 다른 질병을 보여주는 것이 아닙니다. 죄라고 하는 한 가지 큰 병에 따른 네 가지 증상이나 징후일 뿐입니다. 성급하게 겉으로만 보면 이들의 체험이 서로 아주 달라 보이지만, 근본은 모두 하나입니다. 바로 이것이 기독교의 주장입니다.

기독교는 인생을 깊이 관찰합니다. 인생을 상세하게 조사하고 분석하여 인류에게 커다란 공통 요인, 즉 죄가 있다고 가르칩니다. 따라서 기독교는 몇몇 특별한 사람이 취미로 믿는 종교가 아닙니다. 모든 사람에게 할 말이 있는 종교입니다. 그것은 모든 사람에게 지극히 중요한 것입니다. 인류를 다양한 그룹이나 유형으로 나누어 분리하는 것은 피상적인 인생관입니다. 기독교뿐 아니라 이교의 심오한 인생관도 모든 인류가 본질적으로 연합되거나 결속되어 있다고 인식하고 있습니다. "옷깃만 스쳐도 인연"이라는 말처럼 말입니다. 사실 우리가 근본적으로 서로 다르다고 믿게 만드는 것은 바로 마귀입니다. 하나님 앞에서 우리는 모두 하나이며, 같은 존재입니다. 바로 이것이 기독교의 진수입니다. 이제 시편 기자가 설명하는 네 가지 모습에서 이 진리를 살펴보겠습니다.

4-9절에 나와 있는 첫 번째 장면에서는 절망에 빠져 광야 사막 길에서 헤매고 있는 나그네를 발견할 수 있습니다. 그들은 길을 잃고 헤매며 이곳저곳에서 거할 "성읍"을 찾고 있습니다. 그러나 그 성읍을 발견하지 못해 "주리고 목이 마르게" 되었으며 "그들의 영혼이 그들 안에서 피곤해졌습니다." 시편 기자는 이때 마음속으로 40년간 광야에서 헤맨 이스라엘 백성을 생각하고 있었을 가능성이 높습니다. 특별히 그 사건을 언급하는 것일 수도 있고, 바벨론 포로 생활에서 돌아온 이스라엘 백성을 언급하는 것일 수도 있습니다. 그가 구체적으로 어떤 사건을 언급하고 있든 간에 이 장면은 인간의 영적 순례 모습을 완전하게 묘사하고 있습니다.

이것은 특정한 유형의 사람이 결국 그리스도께 이르게 되는 길을 완벽하게 묘사해 주고 있습니다. 그들은 일반적으로 지적 유형의 사람들입니다. 그들은 인생에 관심이 많습니다. 인생에 대해 많이 생각하고 궁구합니다. 그러다가 곧 자신들은 인생에 대해, 인생의 궁극적 의미나 목적, 목적지에 대해 거의 아는 바가 없다는 사실을 깨닫습니다. 자신이 광야에 있다는 사실을 알게 됩니다. 그래서 되도록 광야에서 빨리 벗어나는 것이 해야 할 일이라고 생각하게 된 그들은 거의 예외 없이 자신감과 희망에 부풀어 여행길을 떠납니다. 그들은 깊이 있는 글들을 읽습니다. 철학이나 심리학, 인생의 문제를 다룬 강의도 듣기 시작합니다. 그들은 아주 진지하게 연구합니다. 지적인 열의와 열심으로 합니다. 그러나 얼마 가지 못해 시편 기자의 말처럼 인생은 광야 사막 길에서 "외롭고 쓸쓸하게" 방황하는 존재라는 사실을 깨닫기 시작합니다.

그들은 묘한 고독과 소외를 느낍니다. 그런데 같은 세상에 살면서 같은 문제를 지녔는데도 다른 사람들은 그런 것을 거의 생각하지 않는다는 사실(그들 대부분은 이런 것을 연구하거나 추구할 만한 능력이 없고, 또 그렇게 할 시간이나 적성, 취향도 없습니다)을 목격합니다. 그렇다면 유독 그들은 왜 이러는 걸까요?

그들은 광야에서 자기들과 비슷한 사람들을 만나지만, 그들 역시 예외적인 사람들로 아주 극소수입니다. 그렇습니다. 그 길은 정말 "외롭고 쓸쓸한 길"입니다. 그러나 그들은 선구자라는 자부심으로 자신을 타이르며 여전히 그 길을 갑니다. 새로운 나라, 약속의 땅을 발견하면 본국으로 돌아가 그들보다 좀 덜 지적이고 우둔한 인간들을 데려올 수 있으리라는 소망을 품고 있기 때문입니다. 사실 지금까지 모든 탐구자와 선구자는 그 길을 걸어갔습니다. 비록 외롭고 고독하지만 그들은 계속 걸어갑니다. 자신들의 커다란 지적, 영적 탐색에 몰두합니다. 읽고, 생각하고, 연구하고, 강의를 듣는 등 인생과 죽음, 과거와 미래와 같은 인생의 모든 목적과 목표를 발견하기 위해 열심을 냅니다. 자신의 영혼과 마음이 안식할 뿐 아니라 계속 강건해질 수 있는 "거할 성읍"을 찾습니다.

또한 그들은 광야에서 헤매는 동안 종종 그 성읍으로 인도해 주겠다고 장담하는 사람들을 만납니다. 그래서 그들을 따라가 봅니다. 그러나 애써서 따라가 보면 아무 성읍도 보이지 않습니다. 그러다가 또 다른 사람을 만나 그 사람을 따라갑니다. 또는 발자취가 나 있는 것을 보고 성읍으로 가는 길인 줄 알고 따라가 봅니다. 그러나 결과는 늘 마찬가지입니다. 그들이 거할 성읍은 전혀 보이지 않습니다. 강을 여러 번 건너고 신기루에 여러 차례 속으며 찾아보지만, 안식할 성읍은 여전히 보이지 않습니다.

이제 그들 영혼이 그들 안에서 피곤해지기 시작합니다. 영혼이 피곤하고 주리고 목말라 합니다. 이때쯤 되면 이 모든 짓이 소용없으며 한도 끝도 없다는 생각이 들기 시작합니다. 이런 식으로 성읍을 영원히 찾아 다닐 수도 있겠지만 그들보다 지혜로운 사람을 한 명도 만나지 못하게 될 것이라는 생각이 들기 시작합니다. 그래서 속으로 이렇게 말합니다. '처음부터 출발하지 않았다면 좋았을 것을……. 이런 것을 아예 생각조차 하지 않았다면……. 그저 그날그날 먹고 살면서 인생의 수수께끼 따위는 풀어보려고 시도조차 하지 않는 사람이 차라리 가장 행복할 거야.'

그들은 피곤에 지쳐 기진맥진해집니다. 그렇게 오랫동안 방황했지만 아직도 처음에 시작할 때와 마찬가지로 도피성, 즉 거할 성읍은 아득하기만 한 것 같습니다. 그러나 오직 거기서만 찾을 수 있는 안식과 평강을 여전히 갈망합니다. 방황하는 사람들에 대해서는 이 정도에서 마칠까 합니다.

그리스도를 향해 이런 식으로 접근해 가는 것은 그 방법만큼이나 주제도 흥미진진합니다. 요점은 바로 이것입니다. 지금까지 이 세상의 모든 현자와 철학자의 지혜를 합쳐보았지만 궁극적인 질문들에는 전혀 답변할 수 없었다는 것, 인간 마음속 깊은 곳에 있는 가장 큰 갈망은 만족시켜줄 수 없었다는 것입니다. 그들은 항상 우리를 전도유망한 위대한 것들로 인도해 줍니다. 그러나 우리는 결국 아무 성읍도 발견하지 못한 채 막연한 학설이나 관념, 전제에 만족해야 합니다. 지금까지 이런 식으로 광야를 헤맨 사람들은 모두 결국 둘 중 하나를 선택했습니다. 절망과 냉소주의에 빠져 포기하든지, 시편에 묘사된 대로 "근심 중에 여호와께 부르짖었습니다." 다시 말해 절망 가운데 그 길을 포기하거나 그리스도인이 된 것입니다. 분명한 것은 그들이 절대 아무런 도움 없이 혼자 힘으로 그 광야에서 나올 수 있는 길을 발견하지는 못했다는 점입니다.

이제 10-16절에 묘사된 인생의 두 번째 유형을 살펴보겠습니다. 여기서는 "흑암과 사망의 그늘에 앉으며 곤고와 쇠사슬에 매인" 죄수들의 모습이 나옵니다. 그 모습을 좀 더 자세히 살펴보면서 그들이 얼마나 철두철미하게 감옥에 갇혀 있는지 보겠습니다.

그들은 쇠사슬에 매여 있을 뿐 아니라, 창문에 "쇠 빗장"이 단단히 걸려 있고, 밖은 모두 "놋문"으로 된 감옥에 꼼짝없이 갇혀 있습니다. 어쩌면 이렇게 생생하게 그려놓았을까요! 이것은 특정한 유형의 죄인을 사실 그대로 잘 보여주고 있습니다.

사실 인간은 방식만 다를 뿐 모두 이런 감옥에 갇혀 있습니다! 몸은 쇠사슬에 묶여 있고, 창문에는 쇠빗장이 걸려 있으며, 밖은 온통 놋문으로 막힌 모습……. 우리의 악한 생각과 타락한 습관, 나쁜 친구들, 즉 우리를 잔인하게 지배하며 노예로 만드는 것들을 이보다 분명하게 보여주는 그림이 어디 있습니까? 이것이 바로 우리의 실상입니다. 이 사실을 부인할 만큼 어리석은 사람이 있습니까? 자, 대답해 보십시오. 나쁜 친구들과 교제를 끊는 것이 쉬운 일입니까? 오랫동안 계속 습관이 되다시피 한 악행을 힘들이지 않고 끊어버릴 수 있습니까? 무엇보다 자신의 마음을 다스리며, 그 안에 있는 모든 불순한 생각, 모든 악한 상상, 혹독하고 반감에 가득 찬 모든 판단과 시기심을 없애버리는 일이 어디 쉽습니까? 여러분은 지금 자유롭습니까? 친구나 동료에게 지배당하지 않는 자유인입니까? 분명히 잘못되었다고 생각하는 다른 사람들의 영향을 전혀 받지 않습니까? 어떤 악한 습관이나 악행에도 빠지지 않을 자신이 있습니까? 여러분 마음속에는 자신을 수치와 절망에 빠뜨리는 죄가 전혀 없습니까? 이 모든 것에서 자유로우십니까? 이런 것들에서 자유로워지려고 애써 보신 적이 있습니까? 도덕적으로나 영적으로 자유를 누리실 수 있습니까? 그 모든 쇠빗장과 쇠사슬과 놋문을 끊어버릴 수 있습니까? 지금까지 아무 도움 없이 그 일을 해낸 사람이 있었습니까? 우리 주 예수 그리스도 안에서, 그리스도만이 주실 수 있는 새 생명과 새 능력이 아닌 다른 것으로 그 일을 해낸 적이 있습니까?

언뜻 보면 두 번째 모습은 첫 번째 모습과 전혀 달라 보입니다. 광야에서 헤매는 나그네를 보고 어느 누가 이처럼 불쌍한 사람의 처지와 같다고 생각하겠습니까? 전자는 자기 마음대로 걷고 움직일 수 있습니다. 그들의 특징은 이동할 수 있고 분명한 자유가 있다는 것입니다. 그러나 후자는 쇠사슬에 묶여 있습니다. 감시가 철저한 감옥에 갇혀 꼼짝 못하고 무기력합니다. 그러나 엄밀히 따지고 보면 둘의 처지는 같습니다. 둘 다 실패자이며, 둘 다 절망적인 상태입니다. 물론 전자는 주로 지적인 면에서, 후자는 주로 도덕적인 면에서지만, 둘 다 실패자이며 무기력합니다.

이제 세 번째 유형을 보겠습니다. 17-22절에 나와 있는 세 번째 인생은 침상에 누워 있는 병든 자의 모습입니다. 앞의 둘과 또 다른 모습입니다. 그는 "모든 음식물을 싫어할" 뿐 아니라 실제로 "사망의 문에 이를" 만큼 심각하게 아파 병상에 누워 있습니다. 이 사람은 위대한 탐색에 몰두하는 지성인도 아니고, 도덕적인 노예나 특정한 죄에 예속된 사람도 아닙니다. 여기서는 외로운 광야에 대한 암시도, 완전히 밀폐된 채 감시를 받고 있는 감옥에 대한 암시도 전혀 없습니다. 이 사람의 모습은 그런 것보다 훨씬 조용하고 정적입니다.

우리는 완전히 비참한 가운데 초췌하게 죽어가는 사람을 봅니다. 그들은 이 세상에서 행복해질 수 있는 소망을 특정인이나 특정한 사물에 두었던 사람입니다. 그런데 자신이 그처럼 소중하게 여긴 사람이 죽거나 자신이 이루려던 큰 야망을 이루지 못해 그 소망이 없어져버렸습니다. 서글픈 환멸을 느꼈거나, 철석같이 믿은 친구에게 배신당했거나, 인생에 건 가장 큰 희망의 근거가 박살났을지도 모릅니다. 아무튼 끔찍하게 실망스러운 일이 발생했습니다. 모든 희망을 걸었던 것이, 인생에서 그토록 중요하게 생각한 것이 그들을 실망시킨 것입니다. 그래서 아무 소망도 없고 영원히 비참한 상태에 빠졌습니다. 스스로 달래보지만 소용이 없습니다. 다른 사람들도 그들을 돕기 위해 최선을 다하지만 아무 소용이 없습니다. 그들은 어떤 위로도 받으려 들지 않습니다. 그저 인생과 모든 것에 흥미를 잃고 수척해져갈 뿐입니다. 그 모든 것에서 오는 철저한 고통에 압도되어 수척하고 쇠약해져갈 뿐입니다.

우리는 이런 사람을 나무랄 수 없습니다. 그들도 어쩔 도리가 없기 때문입니다. 그들에게 다 잊고 다시 힘을 내서 용감하게 살아가라고 말하는 것만큼 어리석고 잔인한 짓도 없을 것입니다. 그들은 그렇게 할 수 없기 때문입니다. 그들에게는 그렇게 할 기력이 없습니다. 사실은 그런 것을 생각할 힘조차 없습니다. 그들은 혼자 힘으로 일어날 수가 없습니다. 매우 무력합니다. 인생의 원동력이던 것이 사라졌기 때문입니다. 앞서 나온 두 유형의 사람들만큼이나 슬픔과 비참의 희생물이 되었습니다.

이런 사람을 누가 감히 상습적인 술주정뱅이에 비교하겠습니까마는 사실은 둘 다 근본적으로 같습니다. 이 사람은 슬픔과 비참의 노예이고 술주정뱅이는 술의 노예라는 사실만 다를 뿐, 전자 역시 후자만큼 무력합니다. 전자는 존경받는 교인이고 후자는 방종하고 부도덕한 사람일지 모르지만, 둘 모두 고통의 본질이 치명적인 무력감이라는 점에서는 같습니다. 그 무력감은 오직 그리스도께서만 해결해 주실 수 있습니다.

23-31절에 나와 있는 마지막 인생의 모습 또한 지금까지 살펴본 세 경우와 아주 다릅니다. 우리는 여기서 바다에 이는 풍랑을 봅니다. 그 바다 위에는 이리저리 흔들리며 떠다니는 무력한 배 한 척이 있고, 그 배 안에는 절망에 빠진 딱한 사람들이 있습니다. 광풍이 불어 바다 물결은 "하늘로 솟구쳤다가 깊은 곳으로 내려가고" 배 안에 있는 사람들은 "그 위험 때문에 영혼이 녹아 이리저리 구르며 취한 자같이 비틀거리며 지각이 혼돈 속에 빠집니다." 이 모습은 더 설명하지 않아도 될 것입니다. 우리 모두 이런 모습을 매우 자주 보아왔기 때문입니다.

우리는 사람들이 죄악 된 정욕과 열정에 사로잡혀 여기 나온 배처럼 이리저리 구르는 모습을 보아왔습니다. 참으로 딱한 일입니다! 그들에게는 인생을 지배할 능력이 전혀 없습니다. 그들은 무력합니다. 배를 조종할 모든 장비가 배 밖으로 떠내려갔기 때문입니다. 그러나 주요 결과는 앞의 세 경우와 같습니다.

처음에 언뜻 볼 때는 이들이 서로 현저히 달라 보이지만, 근본은 모두 같습니다. 그들은 모두 무력하고 실패했습니다. 인생을 직면하고, 사망과 영원한 세계를 직면하며, 하나님과 하나님이 인간에게 기대할 수 있는 모든 것을 직면해 볼 때, 거기에는 어떤 차이도 있을 수 없습니다.

네 유형이 모두 그렇듯이, 우리가 생각해내거나 언급할 수 있는 다른 유형도 모두 마찬가지입니다. 시편 기자는 사실상 이렇게 말하고 있습니다. "여러분은 내가 함께 모여 이 찬양의 노래를 부르도록 부른 이 사람들, 서로 다른 이들을 보고 매우 이상하게 생각할 것입니다. 어떻게 이렇게 서로 다른 사람들이 함께 모여 찬양할 수 있느냐고 물을 것입니다. 제 말을 들어보십시오! 그들은 공통으로 필요한 것이 무엇인지 깨달았습니다. 인생과 사망에 직면하자 자신들이 근본적으로 똑같이 무력하다는 사실을 의식하였습니다. 겉으로는 서로 달라 보이지만, 그들 각자 '그 근심 중에 여호와께 부르짖었습니다'(6, 13, 19, 28절)."

자기 자신을 한번 생각해 보십시오. 아무 생각 없이 이런 피상적인 세상의 상투어만 되풀이하지 말고, 좀 더 지혜로워질 뿐 아니라 배우려고 하십시오. 인생을 생각해 보십시오. 사망에 대해 생각해 보십시오. 하나님과 영원한 세계를 생각해 보십시오. 자신이 전적으로 무력하다는 사실을 깨달을 때까지 계속 생각하십시오. 여러분은 인생을 어떻게 살아야 하는지 아십니까? 자기 인생을 지배하는 주인입니까? 어떻게 죽어야 할지 아십니까? 자신이 지금 어떤 처지와 곤경에 빠져 있는지 깨닫고 "그 근심 중에 여호와께 부르짖으십시오."

여러분이 어떤 기질을 지녔든, 여러분에게 나타나는 현상과 증상이 얼마나 특이하고 별나든, 자신이 다른 사람과 얼마나 다르다고 생각하든, 아무 상관 없습니다. 여러분은 흙으로 만들어진 존재일 뿐이라는 사실을 기억하십시오. 죄라고 불리는 끔찍한 질병, 온 인류가 동일하게 걸려 있는 그 병에 걸려 고생하고 있는 존재일 뿐이라는 사실을 기억하십시오.

혹시 지금까지 죄라는 질병에 지나치게 많은 부분을 할애하지 않았는지 걱정됩니다. 그렇지만 자신이 병들었다는 사실을 깨달은 사람만이 의사에게 찾아가 상의하는 법입니다. 물론 자신의 필요를 깨달았다고 해서 반드시 노래하게 되는 것은 아닙니다. "근심 중에 여호와께 부르짖는 것"은 정확히 말해서 찬양의 노래나 찬양의 송가라고 할 수는 없습니다. 어떤 의미에서 성가대를 함께 모이게 하는 것이긴 하지만, 그 자체가 사람들로 하여금 노래하게 만드는 것은 아닙니다. 그렇다면 무엇 때문에 그렇게 감사하며 행복에 겨워 노래하고 찬양하게 되는 걸까요? 두 가지 이유 때문입니다.

우선, 여호와의 자비하심 때문입니다. 우리는 이 딱한 사람들이 모두 절망적인 곤란 가운데 여호와께 부르짖었다는 부분에서 이야기를 마쳤습니다. 그들은 하나님을 제외한 모든 사람과 모든 수단을 동원했습니다. 사람들이 가능하다고 말하는 치유책은 전부 써보았습니다. 물론 기독교와 우리 주 예수 그리스도에 대해서도 종종 들었으며, 하나님의 사랑과 긍휼에 대해서도 들었습니다. 그러나 그것들은 완전히 무시하고 잊은 채 계속 자신과 다른 사람들의 묘책만 믿었습니다. 그러다가 그 모든 것이 실패하자 여호와께 돌아선 것입니다. 철저히 절망하고 당황하게 된 그들은 그토록 완강하게 무시한 분, 실은 가장 처음에 의논드려야 했던 분에게 그제야 돌아선 것입니다.

마침내 그들은 자신의 어리석음을 깨달았습니다. 자신이 하나님을 얼마나 모욕했는지 깨달았습니다. 자신이 완전히 하나님 손안에 있다는 사실을 의식하고, 오직 하나님 처분에 달려 있다는 사실을 깨달았습니다. 하나님이 자기들을 거부하고 내던지신다 해도 전혀 하나님을 탓할 수 없다는 사실을 깨달았습니다. 자신들의 오만한 독립심과 어리석은 교만과 죄악성은 그런 대접을 받아 마땅하다는 사실을 보게 된 것입니다. 그보다 나은 대접을 받을 자격이 전혀 없다는 사실을 깨닫게 된 것입니다!

유한한 시간의 피조물이며 하잘것없는 자기들이 영원하고 전능하신 하나님을 무시하고 거부하다니, 한 방울의 수증기나 하늘에 떠가는 구름 한 조각에 지나지 않는 인생들이 만물의 창조주이자 조물주이신 하나님께 등을 돌리다니, 하나님의 손에 의해 먼지와 흙으로 빚어진 그들이 감히 자기들을 만들어주신 분을 무시하다니……. 진흙 한 덩이가 토기장이에게 반항을 시도한 것입니다! 그러니 박살나는 것 말고 무엇을 기대할 수 있겠습니까? 형벌을 받아 지옥에 떨어지는 것 말고 무엇을 더 받을 수 있겠습니까?

영원부터 영원까지 존재하시는 영원한 하나님, 만물의 첫 번째 원인(原因)이시며, 아무 원인 없이 스스로 계신 원인이신 하나님께 돌아설 때 그들은 이러한 생각을 갖게 됩니다. 그들은 그들이 할 수 있는 모든 것을 다해 본 후 최후 수단으로 하나님께 돌아섰습니다! 하나님이 그들 없이도 얼마든지 존재하실 수 있으며, 하나님은 그들 말을 들으실 필요도 없고 그들에게 주의를 기울이실 필요도 없다고 생각하고 두려워합니다. 또한 자기들이 아무리 생각해도 하나님은 그렇게 해주실 것 같지 않다고 생각합니다. 그래서 두려워합니다. 그러나 그들은 자포자기 속에서 그런 두려움을 무릅쓰고 모험을 감행합니다. 하나님께 부르짖습니다. 자신을 전적으로 하나님 손에 맡깁니다. 하나님의 자비 아래 자신을 내어던집니다. 죄 사함과 용서를 간청하며 힘을 달라고 간구합니다.

그런데 정말 신기하게도 하나님이 그들의 소리를 들으십니다. 그들이 부르짖는 소리를 경청하시되, 몸을 굽혀 귀 기울여 들으십니다! 그들을 지옥으로 내던지는 대신, 영원토록 정죄하고 비웃고 경멸하는 대신, 그들이 결국 자신의 능력 안으로 들어온 것을 보고 그것 보란 듯이 기뻐하며 만족스러워하시는 대신, 하나님은 그들을 절망에서 구원해 주십니다! 얼마나 놀랍고 신기한 일입니까! 세상에 이런 은혜가 또 어디 있습니까! 이토록 영원한 사랑이 또 어디 있습니까!

그 모든 것에도 불구하고 우리를 구원해 주십니다. 우리 죄와 반항에도, 우리의 오만과 교만에도, 우리가 하나님께 퍼부은 그 모든 모욕과 폭언에도, 자포자기에 빠진 죄인이 하나님을 최후 수단으로 대접했는데도, 이 모든 사실에도 죄인을 구원해 주십니다! 그것은 "우리가 아직 죄인 되었을 때에 그리스도께서 우리를 위하여 죽으심으로"(롬 5:8) 우리에게 확증하신 놀라운 은혜와 사랑입니다. 아니 그 이상입니다. 바울은 또 이렇게 말합니다.

> 우리가 원수 되었을 때에 그의 아들의 죽으심으로 말미암아 하나님과 화목하게 되었은즉(롬 5:10).

여러분 눈에도 보입니까? 시편 기자는 7절에서 "(그가) 바른 길로 인도하사 거주할 성읍에 이르게 하셨도다"라고 말하고 있습니다. 하나님이 그들을 인도하셨습니다. 가장 놀랍고 신기한 것은, 그리고 우리로 하여금 영원토록 노래하게 만드는 것은, 하나님이 우리에게 묻지 않으시고 값없이 주시는 그분의 사랑으로 나아갈 수 있는 "바른 길"을 예비해 주셨다는 것입니다. 우리의 반항과 방황에도 그 길을 만들어주셨다는 것입니다. 우리가 아직 죄인이고 그분의 원수 되었을 때에 그 길을 예비해 주셨습니다. 하나님은 이 모든 것에도 불구하고, 우리 자신과 우리가 범한 그 모든 죄에도 불구하고 우리를 구원해 주셨습니다.

이 사실을 깨닫고 노래하지 않을 사람이 어디 있습니까? 이보다 우리 영혼을 깊이 흔들어놓을 주제가 또 있습니까? 이보다 더 마땅히 드려야 할 노래가 어디 있습니까? 우리는 영원토록 "죽임을 당하고 보좌에 앉으신 어린양"을 찬양하는 노래, 천국의 노래를 부를 것입니다.

> 죽임을 당하신 어린양은 능력과 부와 지혜와 힘과 존귀와 영광과 찬송을 받으시기에 합당하도다 …… 보좌에 앉으신 이와 어린양에게 찬송과 존귀와 영광과 권능을 세세토록 돌릴지어다(계 5:12, 13).

그들이 모두 노래할 뿐 아니라 같은 노래를 하고 있다는 사실이 아직도 놀랍습니까? 그것은 오직 한 노래밖에 없기 때문입니다. 그들은 모두 우리 주 예수 그리스도 안에서 값없이 주시는 하나님의 은혜를 체험한 사람들입니다. 모두 하나님께 빚을 지고 있습니다! 전에는 그들 모두 무력한 실패자였는데, 하나님이 그 모든 것을 없애주셨습니다!

이제 그들이 찬양하게 된 두 번째 이유를 살펴보겠습니다. 그것은 하나님이 그들의 형편 가운데 만들어주신 놀랍고 신기한 변화 때문입니다. 전에 어떤 형편이었든, 이제 그들은 모두 구원받아 행복해졌습니다. 서로 다른 환경이나 상황에 처해 있던 그들은 필요가 서로 달랐지만, 이제 그 필요가 모두 충족되었습니다. 길을 잃고 헤매던 사람들, 감옥에 갇혀 있던 사람들, 적막하고 쓸쓸하며 자기 자신을 통제할 수 없던 사람들……. 이런 사람들에게 갑자기 전혀 뜻하지 않게, 그것도 아주 완전하게 일어난 변화를 생각해 보십시오. 하나님이 그들을 모두 곤경과 절망에서 구출해 주셨습니다.

> 바른 길로 인도하사 거주할 성읍에 이르게 하셨도다(7절).

> 그가 사모하는 영혼에게 만족을 주시며 주린 영혼에게 좋은 것으로 채워주심이로다(9절).

흑암과 사망의 그늘에서 인도하여 내시고 그들의 얽어맨 줄을 끊으셨도다"(14절).

그가 놋문을 깨뜨리시며 쇠빗장을 꺾으셨음이로다(16절).

얼마나 놀랍고 신기한 구세주이자 해방자십니까!

그가 그의 말씀을 보내어 그들을 고치시고 위험한 지경에서 건지시는도다(20절).

광풍을 고요하게 하사 물결도 잔잔하게 하시는도다 그들이 평온함으로 말미암아 기뻐하는 중에 여호와께서 그들이 바라는 항구로 인도하시는도다(29, 30절).

소프라노, 알토, 테너, 베이스 할 것 없이 모두 소리를 합하여 이렇게 찬양합니다!
"여호와의 인자하심과 인생에게 행하신 기적으로 말미암아 그를 찬송할지로다."

지적인 안식과 평강을 얻었습니다. 거할 성읍도 발견했습니다. 묵은 습관들을 끊어버리고 오래된 죄를 정복했습니다. 마음에는 행복과 기쁨과 새 노래가 넘치고, 심지어 시련 속에서도 "하나님을 사랑하는 자 곧 그의 뜻대로 부르심을 입은 자들에게는 모든 것이 합력하여 선을 이루다"(롬 8:28)는 사실을 확신하며 즐거워할 수 있게 되었습니다. 사망과 무덤을 뛰어넘어 우리가 바라던 하나님의 영원한 항구로 안전히 인도될 것이라는 사실을 확신하며, 확고한 인생 목적을 가지고 안정감 있게 살 수 있게 되었습니다. 이것은 "지혜 있는 자들, 이러한 일들을 지켜보는" (43절) 모든 자들, 여호와께 부르짖으며 자기 자신을 우리의 복된 구세주이자 구속자 되신 주 예수 그리스도께 맡겨버린 모든 자에게 주어지는 영광스러운 구원입니다.

상황이나 처지가 어떻든 즉시 여호와께 돌아오십시오. "그분은 바로 지금 여러분을 구원하실 능력이 있을 뿐 아니라, 바로 지금 여러분을 기꺼이 구원하고 싶어하십니다." 그 길은 이미 마련되어 있습니다. "더 이상 의심하지 마십시오." 그런 다음 즉시 그 성가대로 들어가 모세와 어린양의 노래를 부르는 자들과 함께 소리를 합하여 여호와를 찬양하십시오.

16장
하나님의 구원으로 돌아서라

이 백성이 천천히 흐르는 실로아 물을 버리고 르신과 르말리야의 아들을 기뻐하느니라 그러므로 주 내가 흉용하고 창일한 큰 하수 곧 앗수르 왕과 그의 모든 위력으로 그들을 뒤덮을 것이라 그 모든 골짜기에 차고 모든 언덕에 넘쳐. _이사야 8장 6, 7절

구약에서 선지서가 마지막에 있는 것은 결코 우연이 아닙니다. 선지서는 그 앞에 있는 모든 것의 절정이며, 구약 시대에 하나님이 자신을 계시한 것 중 가장 차원 높은 계시를 보여주기 때문입니다. 선지서가 대단히 중요한 위치에 있다는 사실은 여러 면에서 알 수 있습니다. 예를 들어, 선지서는 단순히 역사적 관점에서만 보더라도 아주 중요합니다. 우리는 그 안에서 구약 시대 당시 한 민족으로서 유대인 역사, 그리고 그들을 다루시는 하나님의 영의 역사에서 마지막 단계에 속하는 이야기를 발견할 수 있기 때문입니다. 즉, 선지서는 그 안에 아주 중요한 것을 담고 있지만 그 자체만으로도 매우 중요합니다.

우리는 구약에 나오는 여러 책을 통해 아브라함을 향한 하나님의 부르심, 특별한 민족이 새로 탄생하는 것, 이 초기 시대에 일어난 그들의

역사를 읽을 수 있습니다. 그들 앞에 놓인 가능성들이 얼마나 신기하고 영광스러웠으며, 전망 또한 얼마나 밝았습니까? 그들 편에서 일하시는 하나님의 권능의 역사와, 그들을 위대한 백성으로 만들기 위해 하나님이 행하신 특별한 이적과 기사도 볼 수 있습니다. 지금까지 인간에게 이처럼 놀라운 기회가 주어진 적은 한 번도 없었습니다. 한 발짝 한 발짝, 한 계단 한 계단 따라가 보십시오.

유대인 초기 역사만큼 낭만적이고 스릴 있는 역사도 없습니다. 가나안 정복, 다윗과 그 왕국의 위대함, 솔로몬 왕국의 위대함과 웅장함. 그러나 시간이 흐를수록 그들은 점차 쇠퇴하고 실패합니다. 그 기준이 계속 낮아지고, 왕국은 마침내 둘로 갈라지며, 문제와 어려움과 곤란한 일이 자꾸 생겨나는 것을 보게 됩니다. 그런 다음 우리는 열왕기와 역대기에 나오는 역사처럼 선지서에서도 이스라엘의 마지막 때를 보게 됩니다. 역경에 처한 이스라엘과 유다, 국가적으로 가장 비참한 재난과 수치를 당하는 이스라엘과 유다를 보게 됩니다. 이스라엘 역사상 한 기간의 종말이자 특정한 원리와 과정의 완성으로, 여기서 우리는 그것이 아주 추한 모습으로 적나라하게 묘사되어 있는 것을 봅니다. 이처럼 선지서 속에서 우리는 이스라엘의 비극적인 이야기를 읽을 수 있습니다.

그러나 선지서에는 비극적인 이야기와 함께 미래에 대한 일, 장차 이스라엘에 일어날 일들에 관한 예견과 예언, 충고도 들어 있습니다. 선지자들은 단순히 충고나 설교만 한 것이 아닙니다. 위협도 하고 예언도 했습니다. 그들은 이스라엘 백성에게 두 가지 대안을 제시했습니다. 그리고 어느 쪽을 받아들이느냐에 따라 어떤 결과가 따라올지도 말해 주었습니다. 물론 그 안에는 신앙의 지지자, 하나님의 계시와 영감을 보증하는 자라는 그들의 위대한 가치가 있습니다.

선지자는 하나님의 대변자로서 이스라엘 백성이 순복하지 않을 경우, 그들에게 일어날 일을 경고했습니다. 그러나 당시에는 이런 경고들이 전혀 불가능하거나 상상조차 할 수 없는 일처럼 보였습니다. 그래서 경고를 들은 이스라엘 왕이나 백성은 선지자 말에 콧방귀를 뀌며 그들을 조롱하고 책망했습니다. 이스라엘은 자신만만하고 오만하고 아무 부끄러움 없이 악행을 계속했습니다. 이사야와 다른 선지자들이 우리에게 말하고 있는 것처럼 그들은 선지자의 경고를 뜻도 모르면서 괜히 지껄여대는 말이라고 생각했습니다. 그러나 예언들은 그대로 성취되었습니다. 그들의 예언은 문자 그대로 사실로 증명되었습니다. 그것도 아주 특이한 방식으로 말입니다.

이것을 통해 우리는 선지서에 관한 모든 것 가운데 가장 중요한 사실을 유념하게 됩니다. 선지서는 이스라엘 역사가 왜 그렇게 전개되었는지를 설명해 준다는 것입니다. 선지서를 보면 이스라엘이 점점 쇠퇴하다가 결국 망하게 된 이유를 분명히 알 수 있습니다. 선지자들이 왜 그런 무시무시한 결과를 예언하면서 이스라엘을 위협했는지, 어떻게 해서 그런 일들이 실제로 일어나게 되었는지 그 이유를 알 수 있습니다.

단순히 한 민족, 한 국가의 과거 역사를 살펴보는 것도 가치 있는 일입니다. 볼 줄 아는 눈을 가진 사람들은 그것에서 소중한 교훈을 배울 뿐 아니라 대단한 유익을 얻습니다. 그러나 그렇게 한 나라의 역사를 연구한다고 해서 그 나라가 왜 그런 곤란을 겪어야 했는지를 늘 정확하게 알게 되는 것은 아닙니다. 그런데 선지서에는 그 원인까지 나와 있습니다. 뿐만 아니라 미래에 대한 예언들이 문자 그대로 완벽하게 사실로 증명되어 바로 그 원인이 진짜였다는 사실을 더욱 확실하고 구체적으로 확증시켜주고 있습니다.

당시 이스라엘 백성의 죄와 병폐를 폭로하며 하나님 말씀을 전할 때, 그 말을 선포하는 선지자는 이스라엘 백성에게 자기를 존경해 달라고 요구하지 않았습니다. 그들은 우리의 존경도 바라지 않습니다. 물론 우리는 그 선지자의 견해와 진단에 동의하지 않을 수 있습니다. 그러나 그가 앞으로 일어날 무서운 일들을 말하며 경고할 때면, 아마 우리의 그런 태도가 바뀌고 그가 더 높은 권위를 지녔다고 느끼기 시작할 것입니다. 그렇게 생각하면서도 그를 단순한 몽상가나 환상가로 간주하며 그의 말을 무시하려고 애쓸지도 모릅니다. 그렇지만 그가 예언한 사건들이 전부 그대로 일어나면, 그때는 할 말이 없을 것입니다. 그 선지자가 정말 알고 있었다는 사실을 인정할 수밖에 없을 것입니다.

선지자들은 우리에게 역사란 그저 우연히 일어나는 것이 아니라는 사실을 가르쳐줍니다. 즉 어떤 일이 아무렇게나 되는 대로 발생하는 것이 아니라는 것입니다. 그들은 우리에게 겉으로 나타난 이 모든 사건 뒤에 일정한 원리가 있다는 것을 보여줍니다. 우리 눈에 보이는 사건, 기록된 사건들은 단지 일정하고 영원한 법의 완성일 뿐이라는 사실을 계시해 주고 있습니다.

이스라엘 백성의 멸망과 실패는 세속사의 관점이나 인간적 개념으로 설명할 수 없습니다. 이스라엘이 궁극적으로 약해져서 탁월함과 능력을 잃어버리게 된 것은 세속사의 관점에서 바라본 다른 많은 국가의 쇠퇴와 같은 이유 때문이 아닙니다. 그것은 단순히 사건의 성격상 그렇게 된 것도, 인생이나 역사의 어떤 규칙에 따라 일어난 것도 아닙니다. 우리는 이스라엘이 쇠퇴하는 전 과정을 아주 쉽고 명확하게 추적해 볼 수 있습니다.

어느 순간이든 이스라엘 백성이 선지자들을 통해 말씀하시는 하나님의 음성을 경청했다면, 쇠퇴를 멈출 수 있었습니다. 실제로 그들이 재난을 당하기 직전, 거의 삼켜져 멸망하기 직전에도 선지자는 아직 늦지 않았으니 회개하라고 말했습니다. 그러면서 그 말을 거절할 경우 당할 결과를 경고했습니다. 선지자들은 하나님이 역사를 주관하시므로 가장 중요한 것은 이스라엘이 하나님과 바른 관계를 갖는 것이라고 가르쳤습니다. 모든 것을 그 중심 견해와 연관 지어 설명했습니다. 선지자는 어디서나 이렇게 말했습니다. 이스라엘이 당하는 모든 환난과 고통은 바로 그 사실을 파악하지 못했기 때문이며, 선지자가 제시하는 것을 받아들이지 않고 거부하는 것은 궁극적으로 모든 죄 중 가장 큰 죄이고, 이런 행동에 대한 결과는 오직 하나, 멸망과 황폐함뿐이라고 말입니다. 이것이 선지자가 전해 주는 메시지의 핵심입니다.

초대 교회는 이 사실을 이해하고 있었습니다. 초대 교회는 성경에 대해 우리 주님과 모든 사도가 취한 견해, 그리고 참된 그리스도인이라면 누구나 반드시 취했을 견해를 따랐습니다. 즉 이 모든 일은 단순한 역사가 아니라, 사도 바울이 말한 대로 "우리를 깨우치기 위하여 기록되었다"(고전 10:11)는 견해를 따른 것입니다. 그것은 하나의 일반 원리를 상징합니다. 지금도 여전히 효력을 발할 뿐 아니라 우리가 회피하거나 무시하려면 반드시 위험을 각오해야 하는 원리입니다. 하나님은 구약 시대에 이스라엘 백성에게 행하라고 말씀하신 것을 지금도 우리 주 예수 그리스도 안에 있는 모든 사람에게 말씀하고 계십니다. 그리고 그 조건은 여전히 동일합니다.

이제 함께 본문을 살펴봅시다. 본문에서 우리는 지금까지 말씀드린 것의 전형적이고 완벽한 실례를 볼 수 있습니다. 이스라엘 역사를 살펴보면 당시 이스라엘 백성은 통탄할 만큼 위태로운 처지에 있었습니다. 본문에서 이사야 선지자는 그들이 위태로워진 이유를 말하면서 그 처지에서 벗어날 수 있는 길도 지적하고 있습니다. 물론 하나님의 이름으로 말합니다. 그런데 그들은 그들 자신이 짜낸 생각과 계략에 매달리거나 동맹국에 인간적인 도움을 요청하는 것을 선호하며 그 제안을 거절합니다. 그래서 이사야 선지자는 경고 또는 협박을 하며 그들에게 아주 무시무시하고 엄청난 재난이 닥칠 것이라고 분명히 말합니다. 그리고 실제로 그가 한 말들은 이스라엘 역사에서 그대로 일어났습니다.

그렇다면 이 이야기에서 하나님은 우리에게 어떤 교훈을 가르치기 원하시는 걸까요? 그것을 살펴보기 전에 다시 한 번 말씀드리자면, 우리가 읽는 본문은 옛날이야기나 로맨틱한 소설이 아닙니다. 그것은 실제 역사라는 사실을 명심해야 합니다.

하나님은 말씀하신 것을 행하시고, 경고하거나 위협하신 일을 이행하십니다. 오늘날 사람들은 하나님 말씀을 조롱하고 경멸하며, 이른바 현대 지식이나 현대적 생활과 비교해 볼 때 유치하고 어리석은 것이라도 되는 양 취급합니다. 그러나 그렇다고 해서 그들이 정말 지적인 사람이라고는 절대 생각하지 마십시오. 이사야 시대 당시 이스라엘 백성도 그들과 같았습니다. 그러나 그들이 그렇게 행동했다고 해서 달라진 결과는 하나도 없었습니다. 그것은 오늘날도 마찬가지며 앞으로 올 세대에도 마찬가지입니다. 그 말씀은 살아 계신 하나님, 영원하신 하나님, 처음부터 마지막을 보시는 하나님의 말씀입니다. 그러니 말씀을 경청하십시오! 말씀의 원리는 아주 분명합니다. 그 원리들을 분별해서 뽑아내는 데는 우리의 어떤 창의력도 필요하지 않습니다.

이 이야기에서 배울 수 있는 첫 번째 교훈은 환난이나 어려움처럼 인생을 비참하고 불행하게 만드는 모든 것은 전적으로 죄의 결과라는 것입니다. 이 원리는 성경의 가르침이 아닌 논리적, 철학적 근거로도 분명히 지지될 수 있습니다. 자신이나 다른 누군가가 어려움과 곤경에 빠져 있을 때, 우리가 할 수 있는 가장 지혜로운 처사는 우선 원인을 알아내서 그 상황을 설명하는 일일 것입니다. 원인을 규명하지도 않은 채 그 상황을 다루고 해결하는 데 전념하는 사람은 분명 생각이 모자란 사람입니다. 생각할 줄 아는 사람이라면 누구나 어떤 문제에 봉착했을 때 원인부터 알아내려고 합니다. 그리고 바로 이 점에서 성경은 인간의 모든 생각이나 개념과 다르게 출발합니다.

사람들은 자신이 당한 불행의 원인을 늘 상황이나 주변 환경, 자신도 어떻게 할 수 없는 외적 요인이나 세력에서 발견하려고 애씁니다. 그러다가 결정적인 원인을 발견하지 못하면 이른바 운명이라든가 우연으로 돌리려 합니다. 그런 반응은 조금도 놀랄 일이 아닙니다. 그것은 자신의 책임을 회피하고 불행의 원인을 자신이 아닌 다른 무언가로 돌리려는 시도이기 때문입니다. 우리는 우리가 이 모양이 된 것, 이처럼 비참하고 불행해진 것을 두고 환경을 탓하고, 물질이나 교육이 부족한 것을 탓합니다. 또는 타고난 기질이라든가, 어떤 사람과 인연을 맺은 것이라든가, 경제 불황이나 호황, 그 밖에 다른 요인들을 탓합니다.

다시 말씀드리지만 사람들이 이렇게 하는 것은 조금도 놀랄 일이 아닙니다. 지극히 당연한 일입니다. 그렇지만 그것이 원인을 해명하기에 얼마나 부적당하며 불충분한지를 진지하게 생각하는 경우는 거의 없습니다. 사실 단순히 그것만 진지하게 생각해 보더라도 그런 생각은 단번에 반박해 버릴 수 있습니다. 게다가 우리가 살펴볼 만한 사실은 아주 다양하고 풍부합니다. 이 말이 무슨 뜻인지 예를 들어보겠습니다.

언젠가 이른바 사회 복음을 믿는다는 남자와 토론한 적이 있습니다. 제 말이 끝나기 무섭게 그는 마치 준비하고 있었다는 듯이 그리스도인이 많지 않은 이유가 바로 오늘날 주변 환경이나 상황 때문이라고 말했습니다. 그의 견해에 따르면 빈민가에 사는 사람은 그리스도인이 될 수 없습니다. 따라서 대중을 복음화하기 위해서는 주변 환경을 완전히 변화시키는 것이 가장 시급한 문제라고 했습니다. 그때 저는 이렇게 반문했습니다. "그렇다면 죄와 비참과 고난은 런던 빈민가인 이스트엔드에만 국한되어 있고 웨스트엔드에는 전혀 없다고 생각하십니까?" 좀 더 노골적으로 말씀드리자면, 집을 몇 채씩이나 소유한 지주들을 구원하는 것보다 이런 지역에서 남의 집에 세 들어 사는 사람들을 구원하는 것이 더 어렵다고 생각하느냐고 물어보았습니다. 그러자 그는 지주들을 규탄하며 그런 사람들의 경우는 이런 지역에 사는 사람들보다 훨씬 나쁘다고 말했습니다. 그러나 보십시오. 지주들의 주변 환경은 완벽하지 않습니까! 그렇다면 주변 환경이나 상황이 나빠서 구원받지 못한다고 한 그의 주장은 어떻게 된 것입니까?

교육이나 문화에서도 마찬가지입니다. 죄와 비참과 불행이 오직 문맹자나 무학자에게만 해당되는 일이라면, 우리로서도 할 말이 없습니다. 그러나 사실은 정반대입니다. 우리는 이런 식으로 다른 원인과 변명, 설명도 다 훑어볼 수 있습니다. 그러나 우리의 쟁론은 거기서 그치는 게 아니라, 더 긍정적인 방향으로 나아가 다음과 같은 사실을 증명합니다. 즉 인류 역사상 가장 위대하고 고결한 영혼들 가운데 어떤 이들은 최악의 여건과 환경에서 나왔다는 사실을 셀 수 없이 많은 영광스러운 예들이 증명합니다. 그것을 통해 우리는 인생의 진정한 성공과 행복은 단순히 "박식하고 총명한 사람들"만의 독점물이 아니었다는 사실을 보여줄 수 있습니다. 인류 역사상 가장 영웅적이고 장엄한 이야기들은 "잔인한 운명"에도, 핍박과 투옥과 죽음이라는 형벌에도 마음의 평정과 평온을 한순간도 잃지 않은 고결한 사람들의 이야기였다는 사실을 보여줄 수 있습니다.

우리가 당하는 재난이나 불행을 모두 외적 여건 탓으로 돌리려는 시도는, 긍정적이든 부정적이든 사실과 직면하는 순간 맥없이 무너지고 말 것입니다. 물론 그렇다고 해서 외부 여건이 전혀 중요하지 않다는 뜻은 아닙니다. 우리는 그렇게 말할 만큼 어리석지 않습니다. 다만 그것들이 우리 운명을 지배하는 요인이고, 따라서 가장 중요한 요인이라는 사실을 부인할 따름입니다. 게다가 인간이 어떤 상태에서나 전적으로 외부 여건에 종속된다는 말은 인간의 참된 본성을 모독하는 것입니다. 그것은 인간을 생명 없는 기계적인 존재로 만들어버리고, 인간의 영혼이나 정신을 믿는 신념을 파괴하는 짓입니다.

이것과 관련하여 한 가지 놀라운 사실이 있습니다. 자유의지와 자신의 독립을 그토록 자랑스러워하는 현대인들, 기독교는 그런 것들을 얽매거나 제한한다고 생각해서 그토록 기독교를 거부하는 현대인들이 자신의 삶과 자신이 처한 곤경이나 비참을 설명할 때만은 유독 자기 힘으로는 어떻게 할 수 없는 외적 요인이나 세력에 완전히 지배당하는 단순한 기계에 지나지 않는 것처럼 말한다는 사실입니다! 이 모든 것은 분명하고 확실한 성경의 진술과 가르침으로 가기 위한 사전 준비에 지나지 않습니다. 성경이 말하는 인간은 에덴동산이라는 가장 완벽하고 이상적인 낙원에서도 타락하여 잘못된 길로 갔습니다. 성경 역사를 죽 따라가 보면 언제나 그랬습니다.

이제 이스라엘 역사 가운데 이사야가 본문을 기록한 시점에서 이 주제를 한번 살펴보겠습니다. 이스라엘 백성은 왜 이런 무시무시하고 절망적인 곤경에 빠지게 되었습니까? 왜 다윗과 솔로몬 시대와 전혀 다른 무서운 변화가 일어났습니까?

이스라엘 백성의 환경과 국가는 완벽했습니다. 그들의 지식과 문화는 다른 어느 나라보다 월등했습니다. 그런데 왜 이런 어려움이 닥쳤을까요? 대답은 아주 분명합니다. 이스라엘 백성의 이야기는 불리한 환경에 대항해서 싸우며 난관을 딛고 일어서기 위해 애쓰는 이야기가 아닙니다. 주변 환경이나 세력과 대항해서 싸우며 마침내 위대한 백성으로 변해 가는 이야기가 아닙니다. 반대로 하나님이 위대한 백성으로 만들어 완벽한 환경에 두셨지만 쇠퇴해가는 이야기입니다.

그렇다면 그들이 쇠퇴하게 된 원인은 무엇일까요? 그 질문에는 한 마디로 답할 수 있습니다. 죄 때문입니다. 그들은 하나님을 무시했습니다. 하나님의 율법을 지키지 않겠다며 거부했습니다. 하나님이 지시하신 대로 살지 않겠다고 거절했습니다. 그것은 반항이었습니다. 이스라엘 백성은 하나님을 섬기고 하나님께 순종하는 동안 행복하고 번영했습니다. 심지어는 그 앞을 가로막고 있는 난관들조차 아주 수월하고 영광스럽게 극복해냈습니다. 그들이 겪는 모든 불행과 재난의 원인은 오직 하나, 하나님 방식대로 살지 않겠다고 거부해서입니다. 그 하나님의 방식은 법입니다. 절대적인 법입니다.

내 하나님의 말씀에 악인에게는 평강이 없다 하셨느니라(사 57:21).

지금 평강이 있고 물질이 풍부하며 행복하다고 해서 속지 마십시오. 이스라엘 백성도 하나님께 등을 돌린 후 한동안은 모든 것이 잘되어나가는 것 같았습니다. 그러나 이런 사람들이 항상 그렇듯이 그들에게도 결국 고통이 찾아왔습니다. 그 고통은 이생에서 찾아오지 않으면, 이 세상에서 죽을 때 찾아올 것입니다. 그것도 아니면 죽어서 저 세상에서 찾아올 것입니다.

혹시 지금 그 고통이 이미 와 있지 않습니까? 여러분은 지금 모든 것이 잘되어나가고 있습니까? 마음속 깊은 곳에서 정말 행복을 느끼고 있습니까? 혹시 어떤 문제와 싸우고 있지는 않습니까? 그 고통의 원인이 무엇입니까? 진짜 이유는 무엇일까요? 주변 환경이나 상황 탓으로 돌리려 하지 마십시오. 같은 여건에서도 얼마든지 행복한 사람이 있습니다. 지식이나 지식의 결핍 탓으로도 돌리지 마십시오. 지금까지 살펴본 대로 그것은 논쟁할 가치조차 없습니다.

이제 이 질문에 한번 대답해 보십시오. 여러분과 하나님의 관계는 어떻습니까? 여러분은 하나님을 인정하십니까? 여러분의 삶은 하나님의 법과 그분의 방식대로 계획되어 있습니까? 그리고 그에 따라 살아가고 있습니까? 이 세상과 인생에서 정말 중요한 것은 오직 하나님을 기쁘시게 해드리는 것이라는 사실을 깨달았습니까? 여러분이 잘되는 것은 전적으로 하나님께 달려 있다는 사실을 깨달았습니까? 이스라엘은 죄 때문에 곤경에 빠져 있습니다. 죄가 우리의 모든 재난과 불행의 원인입니다.

우리는 이 말에 만족하거나 이쯤에서 멈출 수 없습니다. 그렇게 한다면 죄의 극악무도함을 보지 못할 것입니다. 바로 이것이 우리가 지금부터 살펴보려는 것입니다. 우리는 다음과 같은 사실을 관찰할 때 비로소 죄의 진정한 본질을 깨닫게 됩니다. 죄는 우리가 하나님의 법과 하나님이 정하신 삶의 길을 거절할 때 우리를 곤경에 빠뜨릴 뿐 아니라, 그 곤경에서 건져주겠다는 하나님의 자비로운 손길마저 거절한다는 것입니다.

본문에서 이사야가 이스라엘 왕 아하스와 그의 백성을 비난하는 것도 바로 이것 때문입니다. 비록 그들이 일부러 하나님께 불순종하고 그분의 법을 우롱하여 곤경에 빠지긴 했지만, 하나님은 그들에게 등을 돌리시지 않았습니다. 오히려 선지자를 통해 곤경에 처한 그들에게 찾아오셔서 말씀해 주십니다. 아직 늦지 않았으니 선지자를 통해 하시는 하나님 말씀에 귀 기울이고 하나님께 돌아서서 그분을 의지하기만 하면, 모든 것이 괜찮아질 것이라는 확신을 심어주십니다.

하나님은 이스라엘 백성의 과거를 용서하시고, 그들이 범한 모든 죄책과 반목을 없애주실 준비가 되어 있었습니다. 그들이 비록 하나님을 불쾌하게 해드리고 불명예스럽게 했지만, 하나님은 무한하신 사랑과 자비로 그들을 다시 만나고 축복하실 용의가 있었습니다. 하나님은 그들을 측은한 눈길로 바라보시기로, 긍휼한 마음으로 보시기로, 그런 불행을 일으킨 죄를 보지 않고 그것 때문에 그들이 처하게 된 그 불쌍한 상태를 보시기로 했습니다. 그래서 그들을 곤경에서 건져주겠다고 말씀하신 것입니다. 하나님은 계속 선지자를 일으키셔서 온유한 말로 호소하게 하시며 하나님께 돌아오도록 촉구하셨습니다.

게다가 하나님은 그분이 보여주시는 길만이 곤경에서 빠져나올 수 있는 유일한 길이라는 사실을 보여주셨습니다. 다른 방책이나 충고를 의지하는 것은 전혀 소용없다고 경고하셨습니다. 그리고 과거에 그들을 구원해 주신 하나님의 능력 있는 방법, 이스라엘 모든 역사에서 하나님이 차지하신 자리를 그들에게 상기시켜주셨습니다. 즉 하나님 방식대로 살기를 거절하여 야기된 극한 상황 속에 하나님이 찾아오시어 그들을 용서해 주겠다고, 심지어는 곤경에서 구출하여 다시 회복시켜주겠다고 약속하신 것입니다. 세상에 이처럼 놀라운 일이 또 어디 있습니까? 이보다 큰 사랑이 어디 있습니까? 그러나 이스라엘 백성은 이 모든 제안을 거부했습니다. 그것도 아주 오만하고 냉소적인 태도로 거부했습니다. 그것은 이스라엘 역사상 가장 끔찍하고 무서운 일이었습니다. 이스라엘 백성은 하나님이 제시하신 삶의 도를 거절했듯이, 그분이 제시하신 구원 또한 거절하고 경멸했습니다. 그러고는 자신이 직면한 어려움과 문제를 피하고 벗어나기 위해 사람들에게로, 또는 자신들의 생각이나 계략으로 돌아섰습니다.

> 이 백성이 천천히 흐르는 실로아 물을 버리고 르신과 르말리야의 아들을 기뻐하느니라(사 8:6).

이 말씀은 하나님과 그분의 능력을 그림처럼 묘사하고 있습니다. 하나님의 사랑을 잊어버리고 그분께 반역하여 죄를 범한다는 것만으로도 우리는 이미 충분히 악합니다. 우리는 그것만으로도 죄 되고 패역한 것이 어떤 것인지 그 성격을 알 수 있습니다. 그러나 이스라엘 백성이 하나님이 베푸신 생명과 자유, 용서를 거부하고 하나님 앞에 행한 행위에서 우리는 죄의 참된 본질을 볼 수 있습니다.

하나님의 공의와 사랑을 거절하는 것만으로도 이미 악합니다. 하나님의 사랑과 은혜를 경멸하는 것만도 이루 말할 수 없이 큰 죄입니다. 그런데 지금 이스라엘은 하나님이 제시하신 구원을 거절하고 자기 자신과 다른 사람들을 믿고 있습니다. 오늘날도 마찬가지입니다. 하나님이 우리 주 예수 그리스도의 복음 안에서 베풀어주신 구원, 인생의 불행과 재난에서 건져질 수 있는 그 구원을 거절합니다. 그러고는 그 밖에 다른 모든 것을 믿으려 합니다.

이런 어리석음과 극악무도한 행위를 어떻게 설명해야 좋을까요? 옛날 이스라엘 백성의 경우에는 그 원인이 무엇이었으며, 오늘날의 경우에는 원인이 무엇일까요? 사람들이 그렇게 끝까지 구원의 길을 거부하는 이유는 대체 무엇일까요? 왜 인류는 이런 식으로 자신들을 계속 망치고 전능하신 하나님을 거절하고 있는 걸까요? 그 이유는 매우 자명하고 분명합니다. 그 이유들을 보면 죄의 교묘함과 죄가 인간 본성에 심어 놓은 무서운 타락상을 알 수 있습니다. 몇 가지 이유를 들어보겠습니다.

첫째, 이스라엘 백성은 하나님이 베푸시는 구원을 받아들이는 것은 결국 그들이 겪고 있는 곤경과 문제의 진짜 원인이 자신들에게 있음을 인정하고 고백하는 것을 뜻한다는 사실을 분명히 알았기 때문입니다. 이스라엘 역사 초기 시대로 돌아가 봅시다. 그때 하나님은 그들이 불순종할 경우 어떤 결과가 따를지 분명히 말씀하셨습니다. 그러나 곤경 속에서라도 하나님께 돌아와 부르짖으면, 그들을 다시 구원해 주시겠다는 말씀도 하셨습니다. 따라서 하나님이 제시하시는 구원을 받아들인다는 것은 결국 이 모든 것을 인정하는 셈이 됩니다. 그런데 그들은 인정할 준비가 전혀 되어 있지 않았습니다. 그동안 그들은 하나님과 그분의 진리에서 돌아서서 다른 종교와 신들을 받아들이고 그 신들이 하나님보다 훨씬 낫고 우월하다고 믿었습니다. 그런데 이제 와서 자기들이 한 모든 행위가 잘못되었다고 고백해야 했던 것입니다. 그들은 분명히 끔찍하고 무서운 곤경에 빠져 있었습니다. 거기서 벗어날 수만 있다면 무엇이든 환영할 것입니다. 그러나 아직 자존심을 버릴 만큼 낮아지지는 않았습니다!

하나님이 말씀하신 구원은, 이스라엘 백성의 모든 불행과 재난의 원인이 하나님을 떠났기 때문이며 그런 곤경에 빠지게 된 것도 전적으로 자초한 짓이라는 사실을 인정하지 않고는 받아들일 수 없는 것이었습니다. 그런데 그들은 그것을 인정할 준비가 되어 있지 않았습니다. 우리가 지금까지 본 대로 그들은 자기들이 빠져 있는 곤경이 다르게 설명될 수 있다고 생각했습니다. "다른 민족들은 하나님을 예배하지 않는데도, 어떻게 저렇게 잘 살까? 맞아! 이건 하나님과 전혀 상관없는 일이야. 순전히 우연히 일어난 일이야. 그러니까 이 곤경에서 벗어나려면 좀 더 능란한 외교술과 전략이 필요해."

그들은 자신들이 잘못했다는 사실을 보지 못했습니다. 스스로 낮추고 회개해야 할 필요가 전혀 없다고 생각했습니다. 다른 나라에서 볼 수 있는 것과 비교해 볼 때 이런 가르침은 몹시 유치하고 원시적으로 보였습니다. 그래서 그들은 하나님께 자기 죄를 고백하려고 하지 않았습니다. 그 모든 곤경이 자기들 때문에, 자기들이 범한 잘못 때문에 생긴 것이라고 말하고 싶지 않았습니다. 물론 그들은 곤경에서 벗어나고 싶었습니다. 그러나 하나님 앞에서 죄를 인정하고 불법을 고백하는 대가로 그 곤경에서 벗어날 생각은 없었습니다.

인류는 지금도 여전합니다. 현재 나타나고 있는 많은 이단 종파와 운동, 평화와 구원의 길을 모색하려는 사람들의 모든 시도를 보면 인류에게 도움이 매우 절실하다는 사실을 잘 알 수 있습니다. 그런데 왜 복음을 받아들이지 않는 걸까요? 이미 셀 수 없이 많은 영혼에게 그 모든 것을 가져다주었을 뿐 아니라 그 이상을 가져다준 복음을 왜 영접하지 않을까요? 아직도 교만하기 때문입니다.

우리는 위로받길 원하고 구원받고 싶어합니다. 그러나 우리 자신이 문제라는 사실을 인정하느니 차라리 계속 고생하는 편이 낫다고 생각합니다. 우리는 지은 죄 이상으로 벌을 받고 있다고 말하는 구원의 길을 좋아합니다. 우리를 불쌍히 여겨주고, 우리가 그동안 전혀 받을 이유가 없는 어려움을 당해 왔으며 지금도 당하고 있다고 말해 주는 그런 구원의 길, 우리를 위해 모든 것을 변화시켜줄 일종의 주술 같은 것을 제공하는 구원을 좋아합니다.

우리는 죄를 범했을 뿐 아니라 마땅히 있어야 할 상황에 처해 있다고 말하는 구원의 길, 따라서 구원받기 위해 가장 먼저 해야 할 일은 주변의 모든 것이 변화되는 것이 아니라 바로 우리 자신이 변화되는 것이라고 말하는 구원의 길은 몹시 싫어하며 거부합니다. 바로 이런 이유 때문에 사람들은 항상 하나님이 주시는 복음을 가장 마지막 도피처로 생각하는 것입니다.

하나님의 복음은 우리의 죄악성을 고백하라고, 우리가 처한 모든 곤경의 원인인 우리 자신의 죄를 인정하라고 강요합니다. 우리가 더 나은 사람이 될 수 있다는 사실은 얼마든지 인정할 용의가 있습니다. 심지어 더 나아질 것을 소원할 용의마저 있습니다. 그렇지만 우리가 그처럼 악하고 나쁘다는 사실만은 인정하려 들지 않습니다. 아니, 그런 사실을 인정해야 한다는 것 자체를 증오합니다! 문제는 바로 그것입니다. 그 사실을 인식하고 인정하는 것이 구원으로 갈 수 있는 첫걸음입니다.

첫 번째 이유와 연결되어 있을 뿐 아니라 아주 밀접한 관계가 있는 것으로 우리가 살펴보아야 할 또 다른 이유가 있습니다. 이스라엘 백성이 하나님의 도우심 없이 자신들의 힘과 방식으로 곤경에서 벗어날 수 있다고 생각했다는 것입니다. 이것은 이스라엘 백성이 자신들의 방법을 굉장히 우월하게 여긴 반면, 하나님의 길을 주장하며 권면하는 선지자의 말은 잡담 정도로 간주한 사실에서 분명히 알 수 있습니다. 이것은 앞서 살펴본 첫 번째 중요한 이유에 뒤따라오게 되어 있습니다. 이스라엘 백성은 그들이 곤경에 처하게 된 것이 하나님께 죄를 범했기 때문이라는 사실을 깨닫지 못했습니다. 따라서 하나님의 제안을 받아들이는 것 말고는 본래 상태로 회복될 수 있는 길이 전혀 없다는 사실도 당연히 볼 수 없었습니다. 그들은 "르신과 르말리야의 아들을 기뻐했습니다." 자기들이 한 행동과 생각을 자랑스러워했습니다. 자기들이 굉장한 성공을 거둘 것이라는 사실도 전혀 의심치 않았습니다. 과거에 그렇게 무수히 실패했으면서도 여전히 자기들의 방법과 생각을 믿었습니다. 그리고 모든 것이 괜찮을 거라고 자신과 서로를 안심시켰습니다.

지금도 인류는 자기들이 직면한 재난과 불행을 개인적으로나 국가적으로나 국제적인 차원에서 해결할 수 있다고 자신만만해합니다. 죄에 있어서 이처럼 스스로 속아 넘어가는 지경까지 발전하는 자신만만한 낙천주의만큼 놀라운 것도 없을 것입니다. 사람들은 늘 인생의 행복과 평화, 성공을 거의 손에 넣었다는 자신감에 넘쳐 그것들을 계속 좇아다닙니다. 그들은 하나님의 법을 하나하나 어길 뿐 아니라 심지어 지조 없이 자기들이 좋아하는 이론이나 엄숙한 서약들로 돌아갑니다. 구원의 소망처럼 보이기만 하면, 화평과 행복의 소망처럼 보이기만 하면, 무엇이든 상관없이 전부 받아들입니다. 그들은 자신이 이전에 살았던 모든 인간보다 우월하다고 생각합니다. 인생의 문제를 해결할 수 있는 길을 발견했다고 생각하며, 현대의 모든 도덕적 혼란과 기꺼이 타협합니다. 수세기 동안 실패를 거듭하고 소망마저 사라졌는데도 인류는 아직도 이스라엘 시대 사람들이 그랬던 것처럼 자신만만하며 오만합니다.

이스라엘 백성은 하나님이 베푸시는 구원을 받아들이는 것은 곧 하나님의 조건을 받아들여야 한다는 뜻이라는 것, 그리고 하나님의 뜻에 따라 그분의 방식대로 살아야 한다는 뜻이라는 사실을 분명히 알았습니다. 그런데 그들은 그것을 매우 싫어하고 강력히 반대했습니다. 하나님의 구원 방법은 당연히 그들에게 아무것도 하지 말라고 했을 것입니다. 과거에도 자주 그랬듯이 다만 가만히 서서 하나님의 구원을 바라보라고 했을 것입니다! 그러나 그들에게는 소용없었습니다. 그들 자신이 놀라운 존재가 되고 놀라운 일을 행하고 싶었기 때문입니다.

하나님의 구원을 받아들일 경우, 그들은 불순종의 결과도 받아들여야만 합니다. 또 자기들이 믿던 그 모든 거짓 신도 포기해야만 합니다. 그토록 오랫동안 애지중지하던 모든 죄를 버리고 작별을 고해야 합니다. 그것은 곧 그들의 삶이 완전히 변화되고 새로워져야 한다는 것을 의미했습니다. 그런 삶은 지루하고, 답답하고, 재미없어 보였습니다. 결코 그렇게 살 수는 없었습니다! 곤경에서 구출되는 대가로는 매우 비싼 대가였습니다. 그들은 정말 곤경에서 구출되기를 원했습니다. 지독하게 불행했으며 자기들의 상황을 바라볼 때 정말 마음이 불안했습니다. 그러나 그렇다 할지라도 "경건한 삶"을 사는 것보다는, 하나님의 인도하시는 손길에 그들 자신을 맡기는 것보다는 다른 것이 더 나아 보였습니다.

오늘날의 많은 사람과 달리 그들은 하나님의 구원 조건을 분명히 알았습니다. 지금 이 세상에서는 많은 사람이 하나님의 사랑을 이야기하고 이른바 하나님의 구원 방식에 의존합니다. 그러나 그들은 그것을 단지 하나님과 그 아들 예수 그리스도를 믿는 한 그들 방식대로 계속 살아도 된다는 뜻으로 생각하는 것 같습니다. 그런데 유대인들은 매우 논리적이어서 적어도 그보다는 잘 알고 있었습니다. 하나님이 그리스도 안에서 우리를 구원해 주시겠다고 한 것은 우리로 하여금 죄 가운데서 계속 살게 하기 위해서가 아닙니다. 오히려 우리를 죄에서 구원해 주시기 위해서입니다. 사도 바울은 고린도 교회를 향해 이렇게 말하고 있습니다.

> 미혹을 받지 말라 음행하는 자나 우상 숭배하는 자나 간음하는 자나 탐색하는 자나 남색하는 자나 …… 하나님의 나라를 유업으로 받지 못하리라(고전 6:9, 10).

그리스도인은 단순히 그리스도께서 자기를 위해 돌아가셨다는 사실을 믿는 사람이 아닙니다. 자신이 믿는 바를 실제로 보여주되, 자기 죄를 대속하기 위해 구세주를 십자가의 잔인한 죽음으로 몰아간 그 죄를 증오한다는 사실을 삶으로 입증하는 사람입니다. 하나님이 베푸시는 구원을 받아들인다는 것은 곧 그 결과 살게 되어 있는 삶과 관련하여 하나님의 조건을 받아들인다는 것을 의미합니다.

이스라엘 백성이 하나님의 구원의 길을 끝까지 받아들이지 않고 거절한 궁극적인 이유는 자기들이 직면하게 될 위험이 어떤 것인지 제대로 이해하거나 깨닫지 못했기 때문입니다. 이것은 의심할 여지가 없습니다. 이스라엘 백성은 늘 그것이 문제였습니다. 그들은 그 경고를 믿은 적이 한 번도 없습니다.

이스라엘 역사를 보십시오. 그들은 노아를 믿지 않았습니다. 노아가 완전히 미쳤다고 생각했습니다. 롯도 믿지 않았습니다. 그들의 불신 때문에 롯은 재앙이 내리기 직전까지 소돔에 남아 있어야만 했습니다. 또한 그들은 모세의 권위를 얼마나 자주 경멸하고, 그가 전해 주는 계명과 경고를 얼마나 철저히 무시했는지 모릅니다. 그들에게는 항상 이것이 문제였습니다. 그렇게 지혜롭다는 솔로몬의 생애에도 이것이 나타나 있습니다. 이 사실은 이스라엘 역사가 진행되는 동안 더욱 분명해집니다.

그들은 이사야를 조롱했으며, 예레미야를 죽이려 들었습니다. 하나님의 종들이 선포한 말이 그들에게는 완전히 어리석은 조롱거리로 들렸습니다. 그들은 선지자들을 침묵시켜야 한다고 생각했습니다. 그렇지 않으면 그들이 이스라엘 백성의 상상력을 자극해서 더 많은 문맹자를 놀라게 할 것이라고 생각했습니다. 그들은 멸망이 임박했다는 경고를 비웃었습니다. 그런 경고쯤은 얼마든지 다른 말로 덮어버릴 수 있다고 생각했습니다. 절대 멸망하지 않을 것이라고 생각했습니다. 실제 역사는 그런 망상과 정반대인데도 그들은 줄곧 그렇게 믿었습니다.

그 상황은 오늘날도 여전합니다. 지지해 줄 증거가 전혀 없는데도, 사람들은 여전히 심판이나 지옥 같은 것은 절대 없다고 자신합니다. 이 땅에서의 상황이 어떻든 마지막에 가서는 모든 것이 괜찮아질 거라고 확신합니다. 역사의 교훈은 옆으로 제쳐놓습니다. 하나님의 아들 예수 그리스도께서 친히 하신 말씀도 저만치 밀어놓습니다. 그러고는 신구약성경에 나와 있는 위협들이 정말 그대로 일어날 거라는 사실을 믿을 수 없다고 말합니다. 그들은 계속 자기 방식대로 살며 하나님이 예수 그리스도 안에서 베푸시는 구원을 거절합니다.

역사로서 선지서가 중요한 이유는 바로 이 부분입니다. 이사야는 이스라엘에 멸망이 임해 그들을 가차 없이 휩쓸어버리고, 무시무시한 일이 일어나 그들을 압도해 버릴 거라고 예언하고 있습니다. 이스라엘 백성이 하나님의 구원을 거절하고 르신과 르말리야의 아들을 믿었기 때문입니다. 그런데 어떻게 되었습니까? 선지자들이 말한 모든 예언이 성취된 것처럼, 예루살렘의 멸망을 예고하신 우리 주님의 예언이 그대로 성취된 것처럼 정확히 그대로 이루어졌습니다.

우리는 형벌과 천벌을 믿지 않는다고 말합니다. 하나님 말씀보다 우리의 말을 앞세웁니다! 우리는 자신감과 확신에 넘쳐 있습니다. 성경은 유치하다고 생각합니다. 성경이 과거의 사람들은 놀라게 했지만 오늘날 계몽된 시민인 우리는 놀라게 하지 못할 것이라고 추측합니다! 그에 대해 성경은 이렇게 말합니다.

> 그러므로 모든 육체는 풀과 같고 그 모든 영광은 풀의 꽃과 같으니 풀은 마르고 꽃은 떨어지되 오직 주의 말씀은 세세토록 있도다 하였으니 너희에게 전한 복음이 곧 이 말씀이니라(벧전 1:24, 25).

저는 여러분에게 이렇게 통고만 하고 넘어갈 수는 없습니다. 저는 여러분의 불멸하는 영혼을 소중히 여기며, 최후의 심판과 재앙에서 그 영혼을 구원하고 싶기 때문입니다. 그래서 이 설교를 끝맺으며 하나님의 놀랍고 영광스러운 구원의 길을 여러분에게 보여드리고자 합니다.

죄인이 구원의 길을 볼 수 없는 것은 눈이 멀었기 때문입니다. 그 길이 그처럼 귀찮고 혐오스러워 보이는 것은 죄인인 그가 몹시 타락했기 때문입니다. 그처럼 영광스럽고 놀라운 구원을 거절하다니 이런 비극이 어디 있단 말입니까!

여러분, 지금 곤경에 처해 있습니까? 자신에게 무엇이 필요한지 희미하게나마 깨닫고 계십니까? 혹시 지금 불행하고 가슴 아픈 절망 가운데 빠져 있지는 않습니까? 인생살이가 몹시 어려워 견디기 힘들다고 생각하십니까? 혹시 개인적인 문제나 죄, 다른 일반적인 것과 관련하여 어떻게 해야 좋을지 몰라 해답을 찾고 계신 것은 아닙니까? 죽음과 앞으로의 삶이 두려우십니까? 여러분의 처지가 어떻든 복음을 잘 들으십시오.

복음은 다음과 같은 특성을 지녔습니다.

우선 복음은 우리가 손만 뻗으면 닿을 수 있는 곳에 있습니다. 이스라엘 백성은 동맹국을 만들기 위해, 도움을 청하기 위해 굳이 예루살렘 밖으로, 국경선 밖으로(르신과 르말리야의 아들에게) 나가지 않아도 되었습니다. 그들을 예루살렘으로 데려오신 하나님, 그들을 계속 그곳에 있게 하신 하나님, 그리고 그곳에서 늘 그들과 함께 계시는 하나님이 여전히 도와주고 계셨습니다. 바로 이것이 복음에 관한 가장 영광스러운 사실입니다. 복음은 우리가 있는 바로 그곳으로 찾아옵니다. 이스라엘 백성의 문제는 예루살렘에 있었습니다. 따라서 구원 역시 예루살렘에서 베풀어졌습니다. 본문에 나온 실로아 물이 그것을 상징합니다.

우리는 구원을 찾아 여기저기 탐색하거나 멀리까지 나갈 필요가 없습니다. 예수 그리스도의 복음은 우리가 있는 바로 그곳으로 찾아옵니다. 혹시 죄의 시궁창 속에 빠져 계십니까? 그리스도의 복음이 그곳으로 찾아옵니다. 혹시 마음이 상했거나 두려워하고 있습니까? 그리스도의 복음이 그곳으로도 찾아올 것입니다. 우리는 전혀 움직일 필요가 없습니다. 우리가 어디 있든 바로 옆에 하나님의 아들 예수 그리스도께서 서 계십니다. 그분이 우리에게 요청하는 것은 오직 하나, 그분을 바라보는 것입니다. 시간과 장소는 아무 상관 없습니다. 우리가 어디서 그분을 찾든 언제 필요로 하든 그분은 항상 그곳에 계십니다. 그러니 그리스도께 돌아오십시오!

또한 복음은 단순하고 겸손한 구원의 길입니다. 이스라엘 백성은 "천천히 흐르는 실로아 물"을 거절했습니다. 사람의 방법과 비교해 볼 때 하나님의 방법은 굉장히 겸손하고 조용합니다. 사람들은 군대와 대군을 믿고, 조직이나 단체를 믿으며, 분주히 돌아다니는 것과 활동을 믿습니다. 생활방식도 마찬가지입니다. 그러나 그것과 비교해 볼 때 하나님의 구원은 단순합니다. 구약 역사 곳곳에 나타나 있는 것처럼, 특히 예수 그리스도의 십자가에서 보인 것처럼 늘 단순합니다. 하나님은 소리 내거나 고함치지 않으십니다. 그분은 "상한 갈대를 꺾지 아니하며 꺼져가는 등불을 끄지 아니하고"(사 42:3), 십자가에서 돌아가셔서 우리 인생을 구원하셨습니다. 그러니 이 세상이 그 지혜로 그 길을 어리석게 생각하는 것도 무리가 아닙니다. 하나님의 길은 항상 그러했으며 지금도 여전히 그러합니다. 이것이 바로 진리입니다.

감사하게도 구원의 길은 단순합니다. 누구에게나 열려 있을 만큼 단순합니다. 그 길은 배운 사람만 이해하고 이용할 수 있는 높고 어려운 길이 아닙니다. 그 길은 우리에게 불가능한 일을 요구하지 않습니다. 다만 그리스도께서 우리를 위해 행하신 모든 것을 말해 준 다음, 그저 그리스도께서 행하신 것을 받아들이고 그분에게 우리 자신을 굴복시키기만 하면 된다고 말합니다. 그리고 그분을 기쁘시게 해드리는 삶으로 우리의 감사를 표현하기만 하면 된다고 말합니다. 그 구원의 복음이 바로 우리 곁에 있습니다! 그렇습니다. 그것은 어린아이라도 받아들일 수 있을 만큼 단순합니다. 그리고 구원받은 이후에도 어린아이 같은 사람이면 누구나 천천히 흐르는 이 실로아 물가를 따라 살 수 있을 정도로 그 가르침은 단순하고 직선적입니다. 예수 그리스도께서 말씀하셨습니다.

> 나는 마음이 온유하고 겸손하니 나의 멍에를 메고 내게 배우라 그리하면 너희 마음이 쉼을 얻으리니 이는 내 멍에는 쉽고 내 짐은 가벼움이라 하시니라(마 11:29, 30).

마지막으로 하나님이 베푸시는 구원은 마치 그 물처럼 끊임없이 흐릅니다. 절대 마르는 법이 없습니다. 이스라엘 백성이 그토록 의지하기 좋아한 제국들은 모두 일시적이고 끊임없이 변했습니다. 그러나 하나님은 언제나 동일하십니다. 상황이나 변화는 하나님에게 어떤 영향도 주지 못합니다. 하나님께는 그런 것이 아무 상관 없습니다. 우리에게 무엇이 필요하든 하나님의 능력은 항상 그 필요를 충분히 채워주실 수 있습니다.

기근이 내려 모든 것이 바싹 말랐을지도 모릅니다. 그러나 실로아의 물은 계속 천천히 흘렀습니다. 절대 마르지 않았습니다. 인간의 일시적인 기분이나 생각을 믿고, 절대 진정한 만족을 주지 못할 변화무쌍한 책략들을 믿다니 얼마나 어리석은 짓입니까? 지금 실로아의 물로 돌아서십시오. 그 물이 당장 여러분을 만족시켜줄 것입니다. 그 물이 여러분의 죄책을 다 씻어줄 것입니다. 그 물이 여러분을 소생시켜주고 여러분을 새 생명과 새로운 능력으로 채워줄 것입니다. 그 물은 절대 여러분을 실망시키지 않을 것입니다.

바로 이것이 우리 죄를 위해 죽었다가 우리의 칭의를 위해 다시 일어나신, 그래서 지금 우리를 축복해 주려고 기다리고 계신 하나님의 아들 예수 그리스도 안에서 하나님이 베푸시는 구원입니다. 그것만이 천국으로 갈 수 있는 유일한 길입니다. 그 밖의 다른 길은 모두 지옥으로 가는 길입니다. 그러니 실로아의 물로 돌아서서 구원을 받으십시오.

17장
유일한 해결책[1]

그가 유다에게 덮였던 것을 벗기매 그날에야 네가 수풀 곳간의 병기를 바라보았고 너희가 다윗 성의 무너진 곳이 많은 것도 보며 너희가 아랫못의 물도 모으며 또 예루살렘의 가옥을 계수하며 그 가옥을 헐어 성벽을 견고하게도 하며 너희가 또 옛 못의 물을 위하여 두 성벽 사이에 저수지를 만들었느니라 그러나 너희가 이를 행하신 이를 앙망하지 아니하였고 이 일을 옛적부터 경영하신 이를 공경하지 아니하였느니라 그 날에 주 만군의 여호와께서 명령하사 통곡하며 애곡하며 머리털을 뜯으며 굵은 베를 띠라 하셨거늘 너희가 기뻐하며 즐거워하여 소를 죽이고 양을 잡아 고기를 먹고 포도주를 마시면서 내일 죽으리니 먹고 마시자 하는도다 만군의 여호와께서 친히 내 귀에 들려 이르시되 진실로 이 죄악은 너희가 죽기까지 용서하지 못하리라 하셨느니라 주 만군의 여호와의 말씀이니라._이사야 22장 8-14절

성경을 읽다 보면 마치 이 시대를 묘사한 것처럼 들리는 구절들과 자주 맞닥뜨리게 됩니다. 사실 이처럼 놀라운 일도 없는데, 아마 여러분도 동의하실 것입니다. 우리는 성경에서 현재 우리가 처한 상황을 거의 그대로 묘사하고 있는 글들을 발견할 수 있습니다. 단지 일반적인 면뿐 아니라 상세한 내용에서도 거의 똑같이 묘사된 글을 읽을 때가 있습니다.

---
1) 카디프, 1957년 1월 1일.

이것은 단순한 우연의 일치가 아닙니다. 어쩌다 그렇게 된 것이 아닙니다. 사실 이것은 성경 자체가 성경에 대해 주장하는 점을 보여주는 한 실례에 지나지 않습니다. 아니 그것은 성경의 위대한 메시지를 보여주는 실례라고 할 수 있습니다.

성경은 스스로 하나님 말씀이라고 주장합니다. 즉 하나님 자신에 관한 하나님 말씀, 인생들에 관한 하나님 말씀, 세상에 관한 하나님 말씀, 세상이 왜 지금과 같은 모습이 되었는지를 말해 주는 하나님 말씀, 이 세상이 바르게 될 수 있는 방법에 관한 하나님 말씀이라고 주장합니다. 그것이 성경의 전부입니다.

성경은 자신이 인간의 문제에 관해 아주 독특한 가르침을 갖고 있다고 주장합니다. 처음부터 성경은 (인간을 한 개인으로 생각하든 집단으로 생각하든) 이 세상과 이생에서 일어나는 인간의 모든 문제는 인류 역사가 맨 처음 시작되던 바로 그 순간에 일어난 일로 인해 생겨났다고 말합니다. 성경은 인간이 타락했다고 말합니다. 인간이 하나님께 범죄했으며, 그 결과 죄악 된 상태에 있게 되었습니다. 아담과 하와의 타락 이후 지금까지 인간과 온 세상은 계속 그 상태였습니다. 그리고 그것이 우리가 인간에 관해 배우고 이해할 수 있는 가장 중요하고 의미심장한 사실이라고 말해 줍니다.

이런 견해를 가진 성경은 태초부터 지금까지 인간의 모든 이야기가 늘 같다고 말합니다. 어떤 변화가 발생하든 별로 중요하지 않습니다. 진리는 인간이 죄에 빠져 있으며 하나님과 격리된 상태라는 것, 그리고 그것이 인간이 안고 있는 모든 문제와 곤경의 원인이라는 것입니다. 따라서 우리는 성경을 읽을 때마다 그 이야기가, 그 메시지가 원칙적으로 늘 같다는 사실을 발견하게 됩니다. 구약을 읽든, 신약을 읽든, 역사서 어느 부분을 읽든, 선지서 어느 부분을 읽든, 시편을 읽든 마찬가지입니다. 또한 한 개인에 대해 읽든, 한 국가로서 이스라엘 백성에 대해 읽든 마찬가지입니다. 성경은 죄인이기 때문에 곤경에 빠져 있는 인간의 이야기입니다. 성경이 어느 시대에나 적용될 수 있고, 늘 최신판일 수 있는 것도 모두 이런 이유 때문입니다. 성경은 인간이 아직도 원죄 이후, 에덴동산의 타락 이후 지금까지 항상 그 모습 그대로라고 말합니다.

그렇기 때문에 성경을 읽다가 어떤 구절을 보고 갑자기 "이건 꼭 최근에 쓴 글 같잖아. 어쩌면 이렇게 지금 일어나고 있는 일을 그대로 묘사하고 있을까!"라며 탄성을 발하게 되는 것입니다. 그렇습니다. 인류 역사에 일어난 변화는 모두 표면적인 것일 뿐입니다. 단순히 외형상의 변화, 겉치레의 변화, 외적인 변화에 지나지 않습니다. 인간 그 자체는 이전 모습 그대로 남아 있습니다. 따라서 이스라엘 역사에서 어느 늙은 왕의 기사를 읽을 때 우리는 사실 현대인을 보고 있는 셈입니다. 이스라엘 백성에 대해 읽지만 사실은 지금 이 세계를 보고 있는 것입니다.

우리가 살펴볼 구절도 지금까지 말씀드린 것을 완벽하게 보여주는 실례라고 할 수 있습니다. 오늘날 이 세상의 인간 상태를 지금 이 구절보다 더 정확하고 상세하게 묘사해 보라고 한다면, 여러분은 틀림없이 이보다 완벽한 예는 없다고 대답할 것입니다. 성경은 "해 아래에는 새 것이 없다"(전 1:9)고 말합니다. 정말 맞는 말입니다. 우리는 지금 이스라엘 백성의 상태, 특히 이스라엘 역사상 이 특정한 시점에서 예루살렘성이 처한 상태를 보고 있습니다. 그런데 바로 이 상태는 이 순간의 세상을 그대로 묘사해 주고 있습니다. 그렇다면 본문이 우리에게 무엇을 가르치는지 살펴보겠습니다.

여기 곤경이나 절망에 빠진 분에게 적실한 하나님의 말씀이 있습니다. 지금처럼 온갖 소요와 시련과 환난에 잠겨 있는 세상, 실제로 전쟁이 있을 뿐 아니라 전쟁의 소문이 끊이지 않는 세상, 아니 그보다 더 나쁜 일이 닥칠지도 모를 이 세상에 대한 하나님의 말씀입니다. 그렇다면 그 말씀을 들읍시다. 그리고 은혜를 달라고, 그분의 성령을 보내주셔서 개인으로서의 우리에게, 우리가 살고 있는 이 세상 시민으로서의 우리에게 그 메시지를 전해 달라고 간구합시다.

이제 그 모습이 어떻게 그려져 있는지 한번 보겠습니다. 본문은 8절 앞부분에 나와 있는 놀라운 구절로 시작되고 있습니다.

> 그가 유다에게 덮였던 것을 벗기매 그날에야 네가 수풀 곳간의 병기를 바라보았고(사 22:8).

"유다에게 덮였던 것을 벗겼다"는 말은 무슨 뜻일까요? 그것은 이렇게 번역될 수도 있을 것입니다. "그가 유다를 덮고 있던 덮개를 치웠다." 다시 말해 하나님이 유다 백성의 눈을 가리고 있던 덮개를 치웠다는 뜻입니다. 전에는 유다 백성의 눈에 베일 같은 것이 덮여 있었습니다. 그래서 보지 못하는 것이 많았는데, 이제 그 덮개가 제거되면서 갑자기 그것들을 볼 수 있게 되었다고 이사야 선지자는 말하고 있습니다. 그렇다면 그 덮개를 어떻게 치웠을까요? 그 질문에 대한 답은 22장 앞부분 문맥 전체와 당시 이스라엘 역사 속에 나와 있습니다.

당시 이스라엘은 이미 그 땅에 들어온 앗수르 군대에게 일부를 점령당한 상태였습니다. 그 앗수르 군대가 이제 예루살렘성 쪽으로 진군해 들어오고 있었습니다. 이스라엘 백성은 정신이 번쩍 들었습니다. 이로 인해 그들 눈에 덮여 있던 덮개가 벗겨졌습니다. 이제 그들은 상황을 있는 그대로 볼 수 있게 되었고, 전에는 깨닫지 못하던 일들을 깨달을 수 있게 되었습니다.

전에는 그런 것들을 생각하지도, 주의를 기울이지도 않았습니다. 그들 가운데 있던 어떤 사람들, 가령 이사야 선지자나 다른 선지자들이 그들을 정신 차리게 하려고 무던히 애썼지만, 이스라엘 백성은 그 말을 전혀 들으려 하지 않았습니다. 듣기는커녕 오히려 이렇게 말했습니다. "모든 것이 괜찮습니다. 우리를 귀찮게 하지 마세요. 성가시게 굴지 말라고요. 모든 게 잘되어가고 있단 말입니다." 이처럼 그들 눈에는 덮개가 덮여 있었습니다. 그러나 이제 앗수르 군대가 진군해 들어온다니까 갑자기 덮개가 벗겨지며 뭔가 잘못되어가고 있다는 사실을 깨달은 것입니다. 그래서 실상을 생각하고 검토하고 직면하기 시작한 것입니다.

얼마나 전형적인 모습입니까! 이 시대를 이처럼 완벽하게 묘사한 구절도 아마 없을 것입니다! 이것은 빅토리아 여왕 시대와 특히 에드워드 7세 시대를 정확히 묘사하고 있기도 합니다. 이 구절은 두 세계대전 사이인 1930년대에 일어난 일을 아주 완벽하게 묘사하고 있습니다. 당시 사람들은 이렇게 말했습니다. "모든 것이 다 좋아. 뭐가 어떻다고 그래? 만사가 지금처럼 좋은 적이 한 번도 없었는데." 어떤 의미에서 오늘날 복음 메시지의 진수는 바로 이 치명적 낙관주의에서 사람들의 주의를 환기시키는 것입니다. 정말 이 사실을 거듭 강조하고 싶습니다!

빅토리아 여왕 시대에 살았던 사람들은 대체로 그들 삶에 흡족했던 것 같습니다. 세상 모든 것이 정말 멋지다고 생각한 것 같습니다. 그들은 모든 것이 이보다 더 좋을 수는 없다고 말했습니다. 그러면서 20세기가 되면 더 좋을 거라고 말했습니다. 과학이 발달하며 지식이 증가하고 있었습니다. 거의 코앞에 다가와 있는 황금시대를 즐기는 것밖에는 더

할 일이 없을 것 같았습니다. 그래서 "모든 것이 다 괜찮다"고 말했습니다. 감히 그렇지 않다고 말하는 사람은 즉시 비관주의자라는 소리와 함께 면박을 당했습니다. 인간이 완전을 향해 가고 있다는 것이 거의 정해진 사실처럼 보였습니다.

사람들은 1차 세계대전이 일어난 후에도 계속 모든 것이 괜찮다고 말했습니다. 당시 20년대와 30년대에 사람들의 사고방식이 어떠했는지 한번 떠올려보십시오. 심지어 히틀러가 등장한 후에도 사람들은 이렇게 말하지 않았습니까? "아니야, 그럴 리가 없어. 어떻게 사반세기 만에 세계대전이 두 번이나 일어날 수 있단 말인가? 그럴 수는 없어. 그런 일은 일어날 수 없단 말이야." 그 베일, 그 덮개가 그들 눈을 가리고 있었습니다. 그래서 볼 수 없었습니다. 이런 현상은 2차 세계대전이 끝난 후로도 계속되었습니다. 치명적인 자기만족, 세상에서 실제로 무슨 일이 일어나고 있는지를 인정하려 들지 않는 만족감이 완강하게 지속되었습니다.

그러나 마침내 눈에서 덮개가 벗겨진 사람들이 있었습니다. 그들은 이제 사실을 있는 그대로 직면하게 되었습니다. 마치 우리 자신에게 일어나고 있는 일 같지 않습니까? 사실 우리는 지금 아주 중요한 궁극적 질문들을 물어보아야 하는 상황이지 않습니까? 무엇이 문제입니까?

덮개가 벗겨졌습니다. 덮개가 벗겨진 후 그들은 무엇을 발견했을까요? 그 답이 9절에 나와 있습니다.

> 너희가 다윗성의 무너진 곳이 많은 것도 보며(사 22:9).

앗수르 군대가 진군해 들어오면서 눈에서 덮개가 벗겨진 그들은 다윗성을 둘러싸고 있던 수비벽을 볼 수밖에 없었습니다. 그 벽을 조사해 볼 수밖에 없었습니다. 그런데 그 벽은 갈라져 틈이 생긴 곳도 많고, 구멍도 많았습니다. 처음으로 그런 것들을 발견한 것입니다. 전에는 전혀 보지 못했는데, 이제 그런 것이 많다는 사실을 발견했습니다.

분명히 말씀드리지만 성벽에 나 있는 갈라진 틈들은 앗수르 군대가 낸 것이 아닙니다. 앗수르 군대는 아직 예루살렘성에 도착하지도 않았습니다. 그렇다면 어째서 성벽에 갈라진 틈이 그렇게 많이 생겼을까요? 이스라엘 백성이, 예루살렘성에 사는 사람들이 자기만족에 빠져 나태하고 게으르게 살았기 때문입니다. 그들은 인생을 향락하며 좋은 시간을 보내고 있었습니다. 성벽 따위는 거들떠보지도 않았습니다. 성벽을 조사해서 모든 것이 안전하도록 수리해 놓지 않았습니다. 물론 벽돌공이나 현장 감독이 가끔 찾아와서 이렇게 말했을 것입니다. "여기 좀 보십시오. 제가 보기에는 성벽 몇 군데를 다시 발라주어야 할 것 같습니다." 그러면 그들은 이렇게 대꾸했습니다. "괜히 겁주지 마세요. 자, 우리 가서 계속 좋은 시간을 가집시다. 이 벽을 다시 발라야 한다는 둥 그런 말은 다시 하지 맙시다."

이처럼 성벽을 보살피지 않은 것은 물론, 수리해야 한다는 경고마저 무시해 버렸습니다. 그냥 그대로 방치해 둔 것입니다. 그 결과 성벽에 바른 모르타르가 부서지면서 마침내 벽돌과 돌들이 주저앉아 성벽에 실제로 구멍이 생기기 시작했습니다. 갈라진 틈들이 생긴 것입니다.

이 모든 것이 순전히 태만과 부주의 때문입니다! 다른 이유는 전혀 없습니다! 모든 것이 다 괜찮다고 말하는 치명적 자기만족, 전혀 걱정하지 않아도 될 뿐 아니라 쓸데없는 기우에 빠져 위험을 경고하는 사람이 될 필요도 없다고 말하는 이 치명적 자기만족, 그것이 문제였습니다!

이 이야기가 사실 우리가 살고 있는 현대 상황을 그대로 묘사하고 있다는 생각이 들지 않습니까? 금세기에도 이 치명적 자기만족이 역력히 나타나고 있지 않습니까? 한때 기독교국이라고 자처하던 이 나라가 이처럼 불신앙국이 된 것도, 바로 우리가 이런 식으로 살았기 때문 아닙니까? 거의 알아챌 수 없을 만큼 천천히 진행되는 이 묘한 과정 때문에 이렇게 된 것 아닙니까? 우리는 들으려 하지 않습니다. 그리고 사람들이 우리의 주의를 환기시키려 하면 그들 말을 무시해 버립니다. 이런 과정으로 틈과 구멍이 생겨납니다.

예루살렘 성벽에 난 금들은 갑자기 생긴 것이 아닙니다. 아주 서서히, 아무도 모르는 사이에 천천히 진행된 것입니다. 날마다 거의 알아볼 수 없게 진행되었습니다. 그러다가 마침내 구멍이 나고 붕괴되는 것입니다. 붕괴는 늘 그런 식으로 일어납니다. 한 나라의 역사도 마찬가지입니다. 대로마 제국도 갑자기 무너져 내린 것이 아닙니다. 로마의 강건함과 힘, 활력과 생명을 서서히 허물어뜨리면서 아주 천천히 진행되었습니다. 지금까지 나타난 모든 위대한 제국이나 나라도 마찬가지입니다. 그것이 항상 이스라엘 백성의 골칫거리였습니다.

이것은 국가에만 국한되는 것이 아닙니다. 모든 개인의 삶에도 그대로 적용됩니다. 어느 누구도 일이 갑자기 잘못되어서 산산조각 나는 법은 없습니다. 그런 일은 아주 교묘하게, 서서히 진행됩니다. 그 사람은 태만하고 부주의하게 살아갑니다. 그것이 시작입니다. 그는 이렇게 말합니다. "모든 게 다 괜찮아. 아무 일도 일어나지 않을 거야." 그래서 부모들이 하라고 가르쳐준 기도를 하지 않습니다. 그래도 별 이상이 없습니다! 당연히 그럴 것입니다! 슬슬 술도 마시기 시작합니다. 한 잔, 한 잔, 또 한 잔. 물론 술주정꾼은 되지 않습니다. 그저 도덕적으로 조금 느슨하고 나태해질 뿐입니다. 틈과 구멍은 이런 식으로 찾아오기 때문에 금세 알아챌 수 없습니다. 자기 자신도 모릅니다.

그때 누군가 이렇게 말합니다. "지금 당신이 어디로 가고 있는지 알고 있는 겁니까? 무슨 일이 있었던 거죠? 전에는 기도도 열심히 하고, 교회에도 충실히 나가고, 성경도 열심히 읽더니, 이제는 전혀 그러지 않으시네요. 지금 불장난하고 있다는 생각 안 드세요?" 그러면 이렇게 대꾸합니다. "괜한 염려하지 마세요. 어리석은 소리 하지 마시라고요. 저도 지금 제가 무엇을 하는지 다 알고 있습니다. 제가 어디 있는지도요. 저는 저 자신을 완전히 통제하고 있다고요." 이렇게 말하지 않습니까? 그러면서 성벽에 갈라진 틈이 실제로 생길 때까지 전혀 모르고 지냅니다.

그러던 어느 날 보니, 정절과 순결을 잃어버렸습니다. 자신의 인품을 잃었습니다. 아주 소중하고 귀한 것이 갑자기 없어졌습니다. 바로 이런 식으로 일어납니다. 원수가 들어와 때려 부수는 것이 아닙니다. 절대 그렇지 않습니다. 순전히 우리 잘못입니다. 우리가 욕망에 탐닉하고 자기만족에 빠져 태만하게 지내기 때문에 그런 일들이 일어나는 것입니다. 그러다가 이렇게 갑작스런 상황에 직면하는 것입니다. 뭔가 좋지 않은 일이 생기면 그제야 비로소 정신을 차립니다. 우리는 잠에서 깨어 눈을 비비고 골칫덩어리(진군해 들어오는 앗수르 군대)를 발견해야 합니다.

오늘날 일어나고 있는 일이 바로 이것입니다. 우리 모두 마침내 인간이 무언가 잘못되었다는 것, 이 세상이 무언가 잘못되었다는 것을 깨닫기 시작하고 있지 않습니까? 아주 좋은 현상입니다. 그러나 바로 이 시점에서 매우 중요한 질문이 던져집니다. 이스라엘 백성은 그 문제에 어떻게 대처할 것 같습니까? 그들은 그 문제를 어떻게 했습니까? 그 질문에 대한 답이 바로 여기 나와 있습니다.

이스라엘 백성은 비극적일 만큼 일을 잘 처리하지 못했습니다. 이사야 선지자가 메시지를 전했을 때 그 말을 듣지 않았기 때문입니다. 이스라엘은 비극적인 실수를 저지르는 바람에 결국 앗수르에 정복되었습니다. 예루살렘성은 완전히 파괴되고, 남은 백성은 포로로 잡혀 바벨론 땅으로 끌려갑니다. 보십시오. 그들에게 닥칠 이 재앙을 막기 위해 하나님이 마련해 주신 메시지가 있습니다. 그리고 그것은 그와 같은 재앙을 겪지 않도록 하나님이 오늘날 우리에게 주시는 메시지이기도 합니다.

우선 그 메시지를 개인 차원에서 적용해 보겠습니다. 우리는 이 예루살렘성과 같습니다. 모두 하나님 앞에 있습니다. 이 세상에 살고 있는 우리는 각자 자신의 영원한 운명을 결정하고 있습니다. 따라서 이 문제는 우리에게 매우 중요합니다. 뭔가 잘못되어가고 있다는 사실을 발견했다면, 우리 인생에 뭔가 걱정되는 일이 있다면, 우리 자신이 잘못되었다거나 어떤 점에서 무너진 것 같아서 그것을 바로잡기 원한다면, 그때 가장 중요한 것은 우리가 무엇을 해야 할지를 발견하는 것입니다. 이 나라도 마찬가지입니다. 다른 나라들도, 전 세계도 마찬가지입니다.

본문에서 볼 수 있는 것은 무엇입니까? 예루살렘성에 살던 사람들은 그 문제에 어떻게 대처했습니까? 본문에서 가장 먼저 듣는 소리는 이스라엘 백성이 그 문제를 해결하기 위해 이것저것 쓸데없는 시도들을 했다는 것입니다. 여러분도 그 점을 알아채셨습니까? "너희가 다윗성의 무너진 곳이 많은 것도 보며……." 그래서 그들은 어떻게 했습니까?

너희가 아랫못의 물도 모으며 또 예루살렘의 가옥을 계수하며 그 가옥을 헐어 성벽을 견고하게도 하며 너희가 또 옛 못의 물을 위하여 두 성벽 사이에 저수지를 만들었느니라(사 22:9-11).

앗수르 군대가 진군해 들어오자 마침내 이스라엘 백성 눈에 덮여 있던 베일이 벗겨졌습니다. 정신이 번쩍 난 그들은 이렇게 말합니다. "우리는 지금 굉장히 절망적인 상태다. 저 성벽에 나 있는 갈라진 틈들 좀 봐. 저걸 어떻게 하지?" 그리고 문제를 해결하기 위해 분주하게 돌아다니며 아주 활발하게 일하기 시작합니다.

그들은 가장 먼저 "수풀 곳간"으로 갔습니다. 수풀 곳간은 병거와 말, 전쟁에서 사용하던 여러 병기가 쌓여 있는 곳입니다. 그곳에서 자기들이 갖고 있는 것을 찾아냈습니다. 그리고 그것을 보강해서 아주 대단한 군비를 비축해 놓았습니다.

그들은 거기서 멈추지 않았습니다. 저수지에서도 무언가 했습니다. "너희가 아랫못의 물도 모으며." 심지어 아랫못의 물마저 수비 수단으로 사용할 예정이었던 것 같습니다. 그런 다음에 아주 영웅적인 일을 했습니다. 예루살렘성에 있는 가옥 수를 모두 세기 시작하고, 그 방면의 전문가들을 소집했습니다. 그들은 이렇게 말했습니다. "우리에게는 성벽을 보수할 돌이 충분하지 않다." 아시겠습니까? 그들은 비축해 놓은 것이 전혀 없었던 것입니다!

예루살렘 성벽이 그렇게 훼파되고 있다는 사실을 전혀 알지 못한 그들은 그곳을 보수할 벽돌이나 돌, 그 밖에 필요한 것을 전혀 마련해 놓지 않았습니다. 그러다가 이제야 절망에 빠져 "어떻게 하면 좋지?"라며 당황해하는 것입니다. 그들은 궁여지책으로 예루살렘에 있는 가옥 수를 모두 세고 조사했습니다. 그런 다음 성벽의 무너진 곳을 보수할 만한 벽돌이나 돌을 확보할 수 있는 유일한 길은 가옥 가운데 얼마를 허는 것이라고 결정했습니다. 즉 예루살렘성 전체를 수호하기 위해 상당한 사람들이 자기 집과 가정을 희생해야 했던 것입니다. 그래서 상당한 가옥을 허물고 성벽의 무너진 곳을 수축했습니다. 두 성벽 사이에 저수지도 만들었습니다. 그들은 적군이 들어오지 못하도록, 그 상황을 바로잡기 위해 무척 바쁘게 돌아다니며 일했습니다.

그들이 얼마나 많은 일을 했는지 보십시오. 얼마나 여러 가지 일들을 해놓았는지 눈여겨보십시오. 그들이 사용한 훌륭한 방법들을 유심히 관찰해 보십시오. 이 모든 것은 우리가 살고 있는 이 시대를 완벽하게 묘사하고 있습니다!

인간이 자기 인생의 갈라진 틈을 메우고 수리하기 위해 오늘날처럼 부산하게 돌아다니며 애쓴 적도 아마 없을 것입니다. 이 시대만큼 바쁘고 분주하게 계획을 세우고 기관이나 단체를 만든 적도 아마 없을 것입니다! 이스라엘 백성처럼 이 시대 사람들도 부패를 막고 무너진 곳을 수축하기 위해, 점점 가까이 다가오고 있는 위협에 저항하여 문명을 구원하기 위해 모든 것을 설계했습니다. 그것이 바로 본문에 묘사되어 있습니다.

옛날 이스라엘 백성이 한 것과 같이 우리가 사용하고 있는 훌륭한 방법 몇 가지를 상기시켜드리겠습니다. 우선 정치적인 방법들을 생각해 보십시오. 국내 정책을 살펴보십시오. 구멍 난 상황을 모면하기 위해 우리가 그동안 통과시킨 국회법들을 생각해 보십시오. 국제 연맹, UN 기구, 국제회의, 컨퍼런스 등 국제 정책은 어떻습니까? 사람들을 불러 모아 문제를 해결하기 위해 인간이 생각해낼 수 있는 모든 일을 했습니다. 세상이 지금처럼 바쁜 적이 또 있었습니까? 온 세상이 내내 얼마나 바빴습니까? 이보다 바쁜 적이 있었습니까? 제 말이 믿어지지 않으면, 100년 전이나 그보다 더 오래전에 살았던 정치인들의 전기를 한번 읽어 보십시오. 그들의 삶은 얼마나 한가롭고 유유자적해 보이는

지 모릅니다! 국회는 휴회 기간이 길었고, 장관들은 몇 달씩 먼 곳에 가 있기도 했습니다. 얼마나 한가하고 여유롭게 살았는지 모릅니다! 자, 이제 아랫못의 물을 모으기 위해 부산히 움직이며, 가옥들을 허물고, 저수지를 만들며, 병기창으로 달려가고 있는 이 시대 사람들의 바쁜 모습을 보십시오! 아마 정치적인 의미에서 인간이 세상을 구원하기 위해 오늘날처럼 바쁜 적도 없을 것입니다.

이제 교육과 연관 지어 생각해 보십시오. 정치적인 수고와 노력뿐 아니라 사회적인 수고와 노력도 생각해 보십시오. 지금까지 모든 세기에 걸쳐 얼마나 많은 돈이 교육에 투자되었는지 보십시오. 제가 살아 있는 동안 늘어난 액수만도 놀라울 정도입니다. 우리는 자치구마다 처음 교육국장이 생긴 때를 기억하고 있습니다. 지금 그 사람들 밑에는 부국장과 평생 교육 담당자가 있습니다. 그뿐인 줄 아십니까? 그 산하에 음악을 제외한 거의 모든 부서가 갖추어져 있습니다. 모든 것이 거대한 조직으로 변했습니다. 우리는 거기에 수백만 파운드씩 쓰고 있습니다.

이 모든 것이 성벽에 나 있는 갈라진 틈을 메워보기 위한 것입니다. 어떤 점에서 우리의 문명을 구해 보자는 의도로 이루어지고 있는 것입니다. 갖가지 협의회와 대회가 있고, 심지어 결혼 자문 협회라는 것도 있습니다. 전에는 이런 것들이 없었습니다. 그러나 이제는 이 모든 것이 조직화되었습니다.

우리는 사회 문제를 의식하고 있습니다. 그 문제를 반드시 처리해야 한다고 말합니다. 사태를 수습하기 위해 다방면에서 밤낮으로 애쓰며 일하고 있습니다. 사실 그것은 옛날 이스라엘 백성이 보여준 분주함 외에 아무것도 아닙니다. 그런 다음에는 그 상황에 기독교 윤리가 적용된 말과 글이 발표되고, 그것이야말로 전쟁을 종식시키는 데 필요한 것이며 모든 것을 완전하게 만든다고 주장합니다. 그 위에 또다시 경제 자구책들이 제시됩니다. 일부에서는 이렇게 말합니다. "결국 경제 문제다. 이 경제 문제들을 바로잡고 조정만 잘한다면, 모든 것이 제자리에 놓일 것이다." 그래서 우리는 대대적으로 경제 대책을 실시했습니다. 그러나 문제는 여전히 남아 있습니다. 그런 다음에는 군사적 해결책이 거론됩니다. 우리가 지금 군사력에 얼마나 많은 돈을 투자하고 있는지 한번 보십시오. 그런 다음 다른 대책, 또 다른 대책, 이런 식으로 한이 없습니다.

이 상세한 내용들을 전부 다루자는 것은 아닙니다. 제가 말씀드리려는 것은 하나님의 백성이 예루살렘성을 구하기 위해 그 모든 일을 행했으며, 그 훌륭한 방법들에 빠져 있었다는 것입니다. 그러나 모든 시도는 완전히 실패했습니다. 미친 듯이 시도해 보았지만 아무 소용 없었습니다. 하나님의 이름으로 말씀드리지만 우리가 이 시대에 인간적으로 시도한 모든 일 역시 미친 듯이 행해졌습니다. 그러나 진짜 문제에 관한 한 모든 수고가 아무 소용 없었습니다. 우리가 살고 있는 이 세상이 그 사실을 입증하고 있습니다. 지금까지 각 나라가 오늘날처럼 고도로 조직화된 적은 없습니다. 그러나 문제는 여전히 그대로이지 않습니까? 갈라진 틈들을 보십시오. 진군해 들어오고 있는 적을 보십시오. 이 모든 수고와 노력이 실패하는 원인은 무엇일까요?

첫째, 눈에서 덮개가 벗겨졌을 때도 그들은 자신이 안고 있는 문제의 근본 성격을 여전히 보지 못했기 때문입니다. 그들은 그 문제가 도덕적 문제라는 사실을 깨닫지 못했습니다. 순전히 군사 문제로 보았습니다. 그것이 도덕적 문제를 안고 있다는 사실은 전혀 알지 못했습니다. 그들은 단순히 성벽에 틈들이 생긴 것으로만 알았기 때문에 병기창을 활용하고 보강해서 적군이 쳐들어왔을 때 막아낼 수 있는 만반의 준비만 갖추면 된다고 생각했습니다. 본질적으로 도덕적인 문제라는 점을 전혀 깨닫지 못한 것입니다. 그것이 바로 본문 13절에 나와 있는 메시지입니다. 하나님이 그들에게 회개를 촉구하며 부르셨지만 그들은 어떻게 했습니까?

> 너희가 기뻐하며 즐거워하여 소를 죽이고 양을 잡아 고기를 먹고 포도주를 마시면서 내일 죽으리니 먹고 마시자 하는도다(사 22:13).

이 말씀이 무슨 뜻입니까? 이렇게 나누어 생각해 보겠습니다. 당시 이스라엘 백성이 비극적일 만큼 잘못하고 있던 첫 번째는 그나마 깨달은 상황을 전혀 진지하게 고려하지 않았다는 점입니다. 그들이 빠져 있는 곤경은 아주 절망적인데도 여전히 가볍고 경박한 마음으로 자신감과 확신에 넘쳐 있었습니다. "기뻐하며 즐거워하여 …… 먹고 마시자!"

성경은 정말 놀라운 책입니다. 그렇지 않습니까? 이런 것들을 듣고도 성경이 하나님 말씀임을 믿지 않을 사람이 있을까요? 이것은 바로 오늘날 일어나고 있는 일들도 그대로 묘사하고 있습니다.

우리도 뭔가 잘못되었음을 깨닫고 심란해합니다. 이집트에서 일어난 일들, 헝가리에서 일어난 일들, 그 밖에 또 다른 일들이 터질 가능성이 많습니다. 무언가 잘못되어가고 있다는 사실을 깨닫고 있습니다. 그러한 일들이 신문 1면에 나옵니다. 그러나 신문 1면에는 이런저런 여자들 사진, 간통한 여자들 사진, 그들의 결혼 관계 기사 등도 줄줄이 나와 있습니다! 마치 그것이 누구에게나, 아니 어느 때나 모든 사람에게 대단한 문제라도 된다는 듯이 말입니다! 바야흐로 3차 세계대전이 일어날지도 모르는 판국에, 신문 1면에는 부도덕한 사람들이 저지르는 추한 내막이 상세히 실리고 있는 것입니다! 두 번의 세계대전을 치렀는데도 우리는 이처럼 아직도 정신을 차리지 못합니다. 진지하지 못합니다. 신문을 보십시오. 아직도 이런 쓸데없는 사소한 사건들을 다룬 기사가 잔뜩 나와 있습니다! 진지한 기사들 옆에 경박하고 경솔한 기사들도 나란히 실려 있습니다. 이것은 이 나라 언론들이 아직도 근본적으로 진지하지 못하다는 사실을 보여주는 한 예입니다.

그러나 그것이 도덕적 실패에 대한 전부는 아닙니다. 그처럼 경박하고 경솔한 태도를 취하게 된 이유는 다른 데 있습니다. 그들이 안락과 쾌락을 사랑했기 때문입니다. 비록 적군이 진군해 오고 있지만, 성벽에는 틈이 있지만, 비축물이 없어 그 상황을 모면하기 위해 가옥들을 허물어야 했지만, 그들은 여전히 이렇게 지냈습니다. "기뻐하며 즐거워하여 소를 죽이고 양을 잡아 고기를 먹고 포도주를 마시면서 내일 죽으리니 먹고 마시자."

어떤 것도 우리의 쾌락을 방해할 수 없습니다. 전쟁도 안 됩니다! 지난 전쟁 때문에 우리의 즐거움이 방해받아서도 안 됩니다. 그렇습니다. 우리는 여전히 마셔야 합니다. 없어도 그냥 지낼 수 있는 것이 많고, 실제로 그런 것들 없이도 지내왔습니다. 그러나 술은 꼭 있어야 합니다. 쾌락 없이는, 섹스 없이는, 미디어를 통한 오락 없이는 지낼 수 없습니다. 우리가 좋아하고 즐기는 것들은 늘 그대로 있어야 합니다.

바로 이것 때문에 우리는 진지해지지 못하는 것입니다. 여러분은 오늘날 이 나라가 직면하고 있는 산업 문제가 궁극적으로는 도덕적 문제라는 사실을 깨닫지 못하십니까? 그것들은 본질적으로 경제 문제가 아닙니다. 도덕적 문제입니다. 수에즈 운하 사업의 최종 결과가 어떻게 되든 최고 경제학자들의 견해에 따르면 이 나라의 장래는 경제적으로나 산업적으로 극심한 위기에 처해 있습니다. 왜 우리의 미래가 위기에 처해 있을까요? 바로 도덕적인 이유 때문입니다. 우리가 안일과 쾌락을 사랑하기 때문입니다. 일에 임하는 거짓되고 잘못된 자세 때문입니다. 그것은 이 사회 전반에서 일어나고 있습니다.

소유주나 경영자, 고용주나 노동자 모두 잘못이 있습니다. 분명히 기억하십시오. 죄는 사람을 가리지 않습니다. 사회 전체가 도덕적으로 부패했습니다. 산업 분야를 보십시오. 성실하게 일하기보다는 이른바 "상류층"이 되어 고위층과 접촉하는 것을 주된 목표로 삼고 있는 소유주가 얼마나 많습니까? 상류층이 되기 위해 사업을 이용하자는 게 그들의 꿍꿍이셈입니다! 그래서 여우 사냥이라든가 경마, 또는 그와 비슷한 것에 관심을 갖습니다. 이처럼 자신의 일 따위에는 관심이 없습니다. 주말을 길게 보내고 일주일에 닷새만 일하는 습관은 바로 이 사람들에게서 시작된 것입니다. 그들은 이런 습관을 가지고 있습니다.

노동자 계층도 마찬가지입니다. 그들은 다른 사람들이 하는 것을 보고 그대로 따라합니다. 그러면서 이렇게 말합니다. "사장이 일주일에 닷새만 일하겠다는데 내가 뭐 하러 일주일에 닷새 이상 일해야 한담? 그 사람은 꼭 궐련을 피우는데, 내가 담배를 피우지 말아야 할 이유가 있나? 그 사람은 포도주와 비싼 술들을 마시는데 내가 맥주를 마시지 말아야 할 이유가 없지 않겠어?" 완벽할 정도로 논리적인 주장입니다.

맨 꼭대기부터 가장 말단까지 모두 이런 식입니다. 일은 성가신 것으로 간주합니다. 사업의 유일한 가치는 음식과 술을 사고 좋은 시간을 보내며 향락을 즐길 수 있게 해주는 돈을 우리에게 제공해 준다는 점입니다. 따라서 나라 형편이야 어떻든 "나는 반드시 경마를 가야 한다"는 것입니다. 어떤 사람은 "나는 주중에 풋볼 경기를 관람해야 한다"고 말합니다. 그들은 모두 자기 일을 태만히 합니다. 이렇게 해서 온 나라가 위기에 빠집니다.

이처럼 우리 문제는 도덕적인 문제입니다. 이 나라가 오늘날 안고 있는 산업 문제는 근본적으로 경제 문제도, 사회 문제도 아닌 도덕적인 문제입니다. 일에 대한 태도가 완전히 잘못되어 있습니다. 사람들이 이제는 일을 성가신 것으로 간주합니다. 일은 단지 돈을 제공해 주는 수단으로 전락하고 말았습니다. 안일과 쾌락을 이처럼 사랑하니 나라꼴이 어떻게 되겠습니까!

이런 태도에는 항상 운명론이 뒤따르게 되어 있습니다. 그들은 이렇게 말합니다. "내일 죽으리니 먹고 마시자." 모든 것이 무슨 소용이 있느냐는 말입니다. 그것이 현대인입니다. 그렇지 않습니까? 현대인은 완전히 냉소적입니다. 완전히 절망에 빠져 있습니다. "이 모든 게 무슨 소용이란 말인가? 우리 모두 언제 죽을지 모르는 판에……. 원자폭탄이라도 터지는 날이면 우리 모두 끝장이다. 그러니 즐기기나 하자. 먹고 마시자." 절대적 운명론과 절망입니다.

둘째, 이스라엘 백성이 실패한 더 중요하고 심각한 원인은 자신들이 안고 있는 문제가 궁극적으로는 종교적 성격을 지니고 있다는 사실을 깨닫지 못했다는 것입니다. 본문을 읽어보십시오. 그들은 자기들이 고안해낸 훌륭한 방법에 탐닉해 있었습니다.

> 그러나 너희가 이를 행하신 이를 앙망하지 아니하였고 이 일을 옛적부터 경영하신 이를 공경하지 아니하였느니라(사 22:11).

그들은 병기창으로 달려가고, 못으로 뛰어가고, 성벽으로 달려가고, 가옥들을 헐었습니다. 이곳저곳 가릴 것 없이 뛰어 다녔습니다. 그러나 오직 하나 그들이 절대 하지 않은 일이 있습니다. 바로 위를 바라보는 것입니다. 그들은 하나님을 전혀 바라보지 않았습니다. 그것이 궁극적으로 종교적인 문제라는 사실을 깨닫지 못했습니다.

다시 말해, 이스라엘 백성이 당한 비극의 핵심은 바로 그들이 하나님을 망각했다는 것입니다. 자신들이 하나님의 백성이라는 사실을 잊어버렸다는 것입니다. 그들에게 땅을 주시고 한 나라를 이루게 하신 분이 하나님이라는 사실을 잊어버렸습니다. 그들에게 성을 주시고 그들이 지금까지 누린 모든 축복과 승리를 주신 분이 바로 하나님이라는 사실을 잊어버렸습니다. 그 사실을 까맣게 잊고 있었습니다. 하나님과 자신들에 대해 잘못된 개념을 갖고 있었기 때문입니다.

지금도 마찬가지입니다. 현재 일어나고 있는 재난을 보면서 사람들이 하나님께 돌아서고 하나님에 대해 생각하고 있습니까? 그것까지는 아니더라도 인간으로서 자신에 대해 바르고 참된 견해를 갖게 되었습니까? 이것이 모든 문제에 대한 궁극적이고 유일한 해결책입니다.

인간은 자주적이고 독립적인 피조물이 아닙니다. 자기 일을 알아서 처리할 수 있는 자치적 피조물이 아닙니다. 인간은 하나님에 의해 만들어진 존재입니다. 예루살렘성이 하나님에 의해 지어진 것처럼 오래전에 하나님의 형상을 따라 지어진 존재입니다. 인간은 하나님에 의해 그리고 하나님을 위해 만들어진 존재입니다. 따라서 이와 같은 본성의 법에 순종할 때, 존재의 법에 순종할 때, 제 기능을 발휘할 수 있습니다.

세상이 이처럼 곤경에 빠진 이유는 인간이 자신에 대해 모르기 때문입니다. 하나님께 축복받지 않는 한, 결코 성공할 수도, 행복할 수도, 진정으로 번영할 수도 없다는 사실을 모르기 때문입니다. 물론 그것을 몰라도 자신이 안고 있는 문제들을 경제적으로, 정치적으로, 사회적으로,

교육적으로, 그 밖에 다른 방법들로 해결해 보려고 애쓸 수는 있을 것입니다. 그러나 궁극적으로 자신이 하나님을 위해 만들어진 존재이며, 하나님께 의존하고 있는 존재라는 사실을 깨닫기 전까지는 그 모든 것이 허사일 것입니다. 인간은 하나님이 지으신 피조물이기 때문에, 하나님의 축복 없이는 절대 성공할 수 없습니다. 사실 우리의 모든 수고가 허사로 돌아가는 이유는 그 문제가 도덕적 문제이고 종교적 문제라는 사실을 깨닫지 못하는 치명적 실수 때문입니다.

그들이 실패한 세 번째 원인은 그 문제의 심각하고 근본적인 성격을 깨닫지 못해서입니다. 이스라엘 백성은 문제가 있다고 생각했어도 언제나 대수롭지 않게 여겼습니다. 그들은 실제로 평화가 없는데도 항상 "평화, 평화"라고 외치는 선지자들의 말을 곧이들었습니다. 뭔가 잘못이 있다고 말하면서도 쓸데없이 걱정하는 사람이 될 필요는 없다든가, 괜히 놀랄 필요는 없다고 말했습니다. 그냥 약간 잘못된 것뿐이니 곧 모든 것이 괜찮아질 거라고 생각했습니다. 이처럼 자신들이 안고 있는 곤경의 근본 성격과 심각성을 깨닫지 못했습니다.

이사야가 한 말을 들어보십시오. 그는 그 사실을 이렇게 놀라운 말로 표현하고 있습니다. "너희가 이 모든 일을 다 했다. 그러나 너희가 이 일을 하신 자를 앙망하지 않았고 이 일을 옛적부터 경영하신 자를 공경하지도 않았다." 그는 무슨 뜻으로 이렇게 말했을까요?

간단한 예를 들어 설명해 보겠습니다. 오늘날 이 세상에서 인간이 안고 있는 문제는 아주 심각하고, 근본적이고, 파악하기 힘든 중대한 것입니다. 그것을 이렇게 생각해 보십시오.

자동차를 운전하는 사람이 있습니다. 뭔가 이상한 것을 느낀 그는 이전 경험을 떠올리며 차에서 내려 보닛을 들어 올립니다. 안을 살펴보니 연결 부위가 느슨해져 있습니다. 그것을 단단히 조인 다음 자동차에 올라 다시 시동을 걸어봅니다. 그런데 자동차가 또다시 섭니다. 그러자 이렇게 말합니다. "아하, 플러그만 좀 깨끗하게 하면 되겠구나." 플러그를 손본 다음 다시 시동을 겁니다. 그런데 자동차가 또 멈춥니다. 이번에는 도저히 어떻게 할 도리가 없어 가까운 정비소로 갑니다. 정비공이 몇 초 만에 잘못된 것을 고쳐놓습니다. 그러나 자동차가 또 움직이지 않습니다. 그는 "좋아, 어디 내가 손을 볼 수 있는지 한번 볼까" 하고 자기가 고치려고 해봅니다. 그러나 결국 고치지 못하고 가까운 정비소로 다시 갑니다. 정비공은 최선을 다했지만 고치지 못합니다. 그 정비공의 능력으로는 역부족이었습니다. "뭔가 좀 더 손을 보셔야 할 것 같은데요." 그래서 이번에는 더 큰 정비소로 갑니다. 그런데 그곳에서 전문가가 나오더니 이렇게 말합니다. "이런 말씀을 드려서 유감이지만 이 자동차는 도저히 손을 쓸 수 없을 만큼 망가졌습니다. 이 차를 고칠 수 있는 길이 하나 있는데, 그건 이 차를 만든 사람한테 보내는 겁니다. 엔진을 새로 갈아 끼워야 하거든요."

바로 이것이 인간에게 주는 성경 메시지입니다. "너희는 너희를 만드신 분에게 돌아가야 한다. 너 자신이나 가까운 곳에 있는 정비공이나 더 큰 정비소에 있는 전문가도 너를 고칠 수 없다. 너희를 만드신 분에게 돌아가라! 공장으로 돌아가라! 무언가 근본적으로 잘못되어 있다. 잘못되어도 아주 심각하게 잘못되어 있다. 본질적으로 새것이 필요하다." 이것이 결국은 이사야가 본문에서 하고 있는 말입니다. "너희가 훌륭한 방법들을 동원하고, 성벽을 보수하고, 가옥들을 허무는 등 아무리 많은 희생을 치른다 해도 이 상황은 고칠 수 없다. 너희는 너희를 지으신 분에게 돌아가야만 한다."

이것을 현대식으로 해석해서 진술하면 아마 이렇게 표현할 수 있을 것입니다. 죄 가운데 빠진 인간의 진짜 문제는 국회 법안으로도, 교육이나 문화로도 해결할 수 없습니다. 경제학이나 사회적 방법, 우리가 아는 어떤 단체로도 해결할 수 없습니다. 비록 이런 것들이 소극적으로 또 그 자체로 아주 좋고 본질적이긴 하지만 말입니다.

인간의 문제는 본성 안에 있습니다. 그의 마음속에 있습니다. 인간은 이곳저곳을 조금씩 수정한다고 해서 개선되거나 바로잡을 수 있는 존재가 아닙니다. 그만큼 나쁘고 악하며 절망적입니다. 인간은 반드시 그를 지으신 분에게 돌아가야 합니다. 하나님께 돌아가야 합니다. 새롭게 만들어져야 합니다. 새로운 엔진이 필요합니다. 새로운 본성, 새로운 마음이 필요합니다. 즉 "새사람"으로 만들어져야 합니다. 그러지 않고서는 절대 그 상황을 해결할 수 없습니다.

이스라엘 백성은 이 사실을 전혀 깨닫지 못하고 있었습니다. 그래서 포로로 잡혀 간 것입니다. 그런데 현대인도 그것을 깨닫지 못하고 있습니다. 깨달았다면 여전히 자신의 응급조치나 계략을 믿고 있지는 않을 것입니다. 현대인은 자신의 문제가 안고 있는 심각한 성격을 전혀 깨닫지 못하고 있습니다.

마지막으로 가장 최악의 원인은 그대로 계속 살아가는 인간을 기다리고 있는 비참한 최후의 운명을 보지 못하고 있었다는 것입니다. 그것이 바로 14절에 나와 있는 메시지입니다.

> 만군의 여호와께서 친히 내 귀에 들려 이르시되 진실로 이 죄악은 너희가 죽기까지 용서하지 못하리라 하셨느니라 주 만군의 여호와의 말씀이니라 (사 22:14).

하나님은 이스라엘 백성에게 회개를 촉구하셨습니다. "그날에 주 만군의 여호와께서 명령하사 통곡하며 애곡하며 머리털을 뜯으며 굵은 베를 띠라 하셨거늘"(사 22:12). 그런데 그들은 어떻게 했습니까? "기뻐하며 즐거워했습니다." "우리는 걱정하지 않는다"는 것입니다.

현대인은 말합니다. "하나님이 누군데? 현대인에게 하나님이 뭐 그렇게 대단한 존재겠어? 지금 인간은 원자도 분열시킬 만큼 똑똑해! 그렇게 많은 교육을 받은 현대인에게 하나님이 무슨 소용이 있어? 눈물이나 질질 짜는 시시한 이야기지! 그리스도라고? 그리스도와 그의 피라고? 나는 이제 어른이라 그런 시시한 이야기 따위는 안 들어!" "기뻐하며 즐거워하여 소를 죽이고 양을 잡아 고기를 먹고 포도주를 마시면서 내일 죽으리니 먹고 마시자." 이것이 그들의 반응입니다. 이런 반응은 모두 이 세상은 하나님의 세상이며, 하나님이 이 세상을 만드셨다는 것을 깨닫지 못하는 데서 나옵니다. 하나님은 "만군의 여호와 하나님"이고, 무(無)에서 온 우주를 창조하신 분이며, 대군을 단번에 격파시킬 수 있고, 열왕을 일으키기도 하고 끌어내리기도 하시는 분이라는 사실을 깨닫지 못한 것입니다. 만군의 여호와 하나님이라니! 현대인은 종교에서 더 이상 나올 게 없으며, 기독교는 매우 구식이라고 말합니다. 그래서 기독교를 신경 쓰지 않습니다. 흥미도 갖지 않습니다. 다만 하나님을 두고 논하기만 할 뿐입니다. 그의 호흡을 주장하시고 그의 모든 길을 작정하시는 하나님을 말입니다(단 5:23).

우리 모두 이 하나님을 만나야 합니다. 우리는 하나님을 피할 수 없습니다. 하나님에게서 벗어날 수 없습니다. 하나님이 우리를 만드셨습니다. 우리는 지금 하나님의 세상에 있습니다. 하나님은 원하시면 언제든지 우리의 숨도 거두어 가실 수 있습니다. 우리는 반드시 하나님의 심판대 앞에 설 것입니다. 이스라엘 백성은 하나님과 그분의 말씀을 조롱했습니다. 그러나 하나님 말씀은 그대로 이루어졌습니다. 그 말씀이 사실임이 입증되었습니다. 그래서 그들은 멸망했고 남의 나라 포로로 끌려갔습니다. 인간은 아직도 하나님을 마주하고 있습니다. 앞으로 심판이 있을 것입니다.

그렇다면 어떻게 해야 할까요? 해답이 여기 있습니다. 그 해답은 아주 간단합니다. 하나님의 말씀을 듣기만 하면 됩니다. 하나님은 이렇게 말씀하십니다.

> 그날에 주 만군의 여호와께서 명령하사 통곡하며 애곡하며 머리털을 뜯으며 굵은 베를 띠라 하셨거늘(사 22:12).

이게 무슨 뜻일까요? 회개하라는 뜻입니다. 진정으로 회개하라는 것입니다. 단순히 사태가 절망적일 때 "국가적 기도의 날"을 정해 기도하라는 뜻이 아닙니다! 사태가 아주 안 좋을 때면 이 땅의 위대한 사람들, 전에는 예배드리는 곳에 얼굴도 내밀지 않던 사람들이 웨스트민스터 사원이나 어디 다른 곳에서 거행되는 예배에 참석하러 가야 한다는 뜻이 아닙니다! 해마다 열리는 공중 예배나 다른 공식적인 예배에 참석하라는 뜻도 아닙니다.

이것은 우리가 다음과 같은 사실들을 깨달아야 한다는 뜻입니다. 우리가 이 모양이 된 것은, 오늘날 세상이 이 지경이 된 것은, 우리가 하나님을 잊어버리고, 그분의 거룩하신 법을 모독하고 어기며, 교만하고 오만하여 정신이 나가고, 자만심에 잔뜩 취해 있었기 때문이라는 사실을 깨달아야 한다는 뜻입니다. 우리가 죽어서 하나님 앞에 서게 되리라는 사실을 깨달아야 한다는 뜻입니다. 하나님의 거룩하심과 그분의 율법을 보고 우리 자신에 관한 실상을 보았으면, 정신을 바짝 차리고 무서워 떨며 슬피 통곡하고 머리털을 뜯으며 우리의 근심과 슬픔과 공포와 놀라움을 나타내야 한다는 뜻입니다(옛날 이스라엘 백성은 슬픔을 표현하기 위해 문자 그대로 이렇게 했습니다). 전능하신 하나님 앞에서 자신을 낮추고 그분께 죄 사함과 용서를 간청해야 한다는 뜻입니다. 우리 삶을 전적으로 하나님께 드려야 한다는 뜻입니다. 하나님께 가서 그 모든 것을 인정하고, 우리 자신을 그분의 자비하심에 맡기며 이렇게 말씀드려야 한다는 뜻입니다. "이제 저를 어떻게 하시렵니까?"

하나님은 우리에게 이렇게 말씀하실 것입니다. "내 독생자의 이름을 믿어라. 세상이 이 지경이기 때문에 내가 내 아들을 너희 세상에 보냈다. 내 아들만이 이 세상을 구원할 수 있다. 내가 그를 보냈다. 그리고 그는 구원 사역을 완성했다. 너와 네 죄를 위해 죽었다. 나는 너를 내 아들 안에서 용서한다. 너를 위해 흘린 그의 피를 보고 내가 너를 용서한다. 그러니 너 자신을 내 아들에게 바쳐라. 그의 구원을 받아들이고 너 자신을 그에게 순복시켜라. 그러면 그가 너를 새롭게 해줄 것이다." 바로 이것이 오늘의 인생을 향한 하나님의 말씀입니다.

이제 하나님께 돌아오십시오. 하나님께 용서받아야 한다는 사실을 깨달으십시오. 새 생명, 새 출발, 새 본성, 새 마음, 새로운 시작이 필요하다는 사실을 인식하십시오. 그분에게 성령의 은혜를 구하십시오. 여러분 자신을 전적으로 그분에게 순복시키고, 인생을 그분에게 맡기십시오. 그런 다음 일어나서 그분의 율법에 순종하며 사십시오. 이 세상이 여러분을 비웃으면, 비웃게 내버려두십시오! 그리고 그들에게 이렇게 말해 주십시오. "이것이 하나님의 길이다. 이것이 유일한 소망이다. 이것이 최종적인 재앙에서 구원받을 수 있는 유일한 길이다."

회개하고 잘못을 인정하며 하나님께 죄를 자백하십시오. 하나님이 우리와 우리 죄를 위해 죽은 그 아들을 믿으라고 말씀하실 때 순종하십시오. 그 대가가 무엇이든 그분을 따르십시오. 그러면 구원받을 것입니다. 하나님과 화목한 관계에 있는 우리 자신을, 새 생명과 새로운 본성과 모든 것에 새로운 견해를 갖게 된 자신을 발견할 것입니다. 자신을 만드시고, 조성하시고, 설계하신 분에게로 돌아가 새사람이 되어 있는 자신을 발견하게 될 것입니다.

이것은 본질적으로 개인에게 주는 메시지입니다. 열방이 모두 모여 함께 그리스도께로 돌아서는 것이 아닙니다. 각자가 그렇게 하는 것입니다. 개인이 그렇게 할 때 나라도 영향을 받습니다. 여러분 자신부터 하십시오. 그런 다음 다른 사람들에게 말하십시오. 인생의 벽에 갈라진 틈들이 있습니까? 이 세상에서 아주 소중한 것을 잃어버리지 않았습니까? 온전해지고 싶지 않으십니까? 거룩해지고, 깨끗해지고, 진실해지고 싶지 않으십니까? 인생과 사망을 꿰뚫어볼 수 있는 사람이 되고 싶지 않으십니까? 하나님을 알고 하나님을 즐거워하고 싶지 않으십니까?

오직 한 길이 있을 뿐입니다. 하나님께 곧장 돌아가십시오. 그렇게 할 때, 이 사회의 도덕, 경제, 사회, 산업, 그 밖에 다른 모든 문제가 해결되기 시작할 것입니다. 우리를 지으신 하나님을 바라보십시오!

18장
신기루에서 그리스도께로[1]

뜨거운 사막이 변하여 못이 될 것이며. _이사야 35장 7절

우리가 살펴보고자 하는 본문은 흠정역 성경(Authorized Version)에 나와 있는 번역입니다. 그러나 더 좋은 번역은 개역 성경(Revised Version, 흠정역 성경 수정판) 난하주에 나와 있는 "신기루가 변하여 못이 되고"(And the mirage shall become a pool, 개역한글 성경 난하주에도 "신기루"라고 나와 있다._편집자)라는 번역이라고 생각합니다. 우리는 새해 첫 주일 저녁 예배로 모였습니다. 새해가 되면 우리 모두 본능적으로 그리고 불가피하게 인생을 생각하며 미래를 맞이하게 됩니다. 그리고 우리가 할 수 있는 가장 좋은 방법은 이 구절에 나온 놀라운 말씀을 고려해 보는 것입니다.

이사야 선지자는 이 장 전체에서 그리스도의 강림에 따른 놀랍고 영광스러운 결과와, 그리스도께서 가져오실 위대한 구원을 예고하고 있습

[1) 웨스트민스터 채플, 1947년 1월 5일. 이 설교 역시 웨일스 복음주의 운동에서 『Water in the Desert』라는 제목의 책으로 출판하였다.

니다. 그는 그 모든 것을 그림처럼 생생하게 묘사해 주고 있습니다. 이사야는 "너희 하나님이 오사 보복하시며 갚아주실 것이라 하나님이 오사 너희를 구하시리라"(사 35:4)고 말하고 있습니다. 그리고 그가 오신 결과 "그때에 맹인의 눈이 밝을 것이며 못 듣는 사람의 귀가 열릴 것이며 그때에 저는 자는 사슴같이 뛸 것이며 말 못하는 자의 혀는 노래하리니 이는 광야에서 물이 솟겠고 사막에서 시내가 흐를 것임이라 뜨거운 사막이(신기루가) 변하여 못이 될 것이며"(사 35:5-7)라고 했습니다.

이것은 인생을 바라보는 구약의 전형적이고 특징적인 방법입니다. 또한 인생을 바라보는 동양의 전형적인 방법이기도 합니다. 성경뿐 아니라 다른 문학 작품에서도 발견할 수 있듯이, 동양인은 본능적으로 아주 자연스럽게 인생을 긴 여행에 비유했습니다. 물론 그중 많은 사람이 여행에 익숙한 유목민이었습니다. 그들에게는 발자국 하나 없는 사막이나 광야를 가로질러 건너가야만 하는 경우가 다반사였습니다. 심할 때는 물 한 방울 없이 사막이나 광야를 건너야 할 때도 있었습니다. 전형적인 동양인에게 이런 사막을 여행하는 것보다 익숙한 체험도 없을 것입니다. 쨍쨍 내리쬐는 땡볕을 받으며 생전 도착하지 못할 것 같은 목적지를 향해 가다가 지치고 피곤해지기 시작할 때면, 타는 갈증을 달래주고 축 늘어진 마음을 회복시켜줄 뿐 아니라 새로운 힘과 에너지를 공급해 줄 수 있는 물을 간절히 사모하며 사막을 여행하는 것, 아마 이보다 익숙한 체험도 없을 것입니다.

쨍쨍 내리쬐는 태양빛을 받으며 황량한 사막 벌판을 가로질러 갈 때면 이따금씩 물이 고여 있는 신기한 못이 보입니다. 그러면 여행자는 설레는 마음으로 이렇게 생각합니다. '저기까지만 가면 물을 마실 수 있을 거야. 저 오아시스에만 가면 좀 쉴 수 있을 거야. 그러면 내가 원하는 것을 모두 만족시킨 다음 다시 여행을 계속해야지.' 그러나 막상 그곳에 도착해 보면 아무것도 없습니다. 뜨거운 모래뿐입니다. 그것은 물이 아니었습니다. 바로 본문에 나오는 "신기루"입니다. 신기루는 사막이 있는 곳에서만 볼 수 있는 아주 특이한 자연 현상으로, 태양빛이 사막 모래 위에 내리쬐이면 물이 하나도 없는데도 마치 물이 있는 것처럼 보이는 것입니다. 단지 그렇게 보일 뿐입니다. 즉 신기루는 환상입니다. 여행자는 다시 여행을 계속합니다. 그러다가 또다시 놀라운 물웅덩이를 발견합니다. 그러면 흥분하여 감사하는 마음으로 달려갑니다. 그러나 막상 가보면 또 실망하고 맙니다. 그것은 신기루에 불과했습니다. 물이 아니었습니다. 이런 식으로 계속 신기루를 물로 착각하고 속아 넘어갑니다.

이것이 본문에 묘사된 모습입니다. 성경은 우리 인생이 바로 이와 같다고 가르칩니다. 동양에서는 아주 자연스러운 이 인생관만큼 전형적인 성경적 가르침도 없습니다. 성경에 따르면 모든 인간은 여행자와 같습니다. 이 세상에 들어와 목적지를 향해 갑니다. 그는 순례자이자 체류자입니다. 이러한 것들이 인생을 묘사할 때 사용되는 용어입니다. 인간은 여행자입니다. 우리는 찬송가에서도 같은 개념을 발견할 수 있습니다. 찬송가에 이보다 공통적으로 나타나는 개념도 아마 없을 것입니다.

그러나 성경은 거기서 멈추지 않습니다. 성경은 동양인이 실제로 광야나 사막을 여행하면서 그토록 끊임없이 체험한 것을 우리도 인생이라는 여행을 하면서 끊임없이 직면한다고 말해 줍니다. 성경에 따르면 우리는 인생길을 시작한 지 얼마 되지 않아, 이 세상을 여행한 지 얼마 되지 않아 조금씩 피곤해지기 시작합니다. 우리는 어쩌면 장밋빛 색안경을 끼고 인생을 시작할지 모릅니다. 그리고 정말 모든 것이 완전히 아름답고 멋있게 진행되어갑니다. 인생에서 문제가 전혀 없을 거라고 생각할 수도 있습니다. 그러나 얼마 지나지 않아 문제도 있고 어려움도 있다는 사실을 발견합니다. 피곤해지는 것이 어떤지, 지친다는 것이 어떤지도 깨닫습니다. 누구나 만족을 사모하는 것이 어떤 것인지 알고 있습니다. 우리 모두 무언가를 찾고 있습니다. 성경에 따르면, 우리는 이렇게 가는 동안 계속 물과 양식처럼 보이는 것을 발견합니다. 그러나 성경의 궁극적 메시지는 우리 주 예수 그리스도의 복음을 떠나서는 그 모든 것이 신기루에 지나지 않는다는 사실이 증명되리라는 것입니다.

모든 사람이 찾고 있는 것들이 있습니다. 누구나 평강을 구하고, 기쁨을 구합니다. 누구나 행복을 원합니다. 우리 모두 진정한 의미의 삶(정말 인생다운 인생, 만족이 있고 안전이 보장된 인생)을 찾고 있습니다. 우리는 지금 광야에 있습니다. 사막에 있습니다. 그리고 우리의 경험 때문에, 우리의 필요 때문에, 우리의 피곤 때문에, 우리에게 안식과 안도감을 주고 힘과 활기를 줄 수 있는 무언가를 찾고 있습니다. 그 상황에서 지금 우리는 두 가지 가능성에 직면해 있습니다. 하나는 이 세상, 하나님 밖의 삶, 그리스도 밖의 인생이 제공하는 것이고, 다른 하나는 예수 그리스도의 복음이 제시하는 위대한 것입니다. 이제 이 두 가지 가능성을 살펴봅시다.

세상은 우리가 찾는 만족들을 끊임없이 제공해 주고 있습니다. 세상은 우리 인간의 비위를 맞춰줍니다. 우리가 세상의 메시지만 받아들이면, 원하는 것들을 얻게 될 것이라고 온갖 감언이설로 우리를 유혹합니다. 세상이 어떻게 그렇게 할 수 있을까요? 지금 그 방법을 모두 말씀드릴 수는 없지만, 사람들이 이런 만족을 발견하기 위해 애쓰고 있는 방법, 세상이 그들에게 제공하고 있는 방법 가운데 몇 가지만 말씀드리겠습니다.

우선 쾌락, 다시 말해 오락이라는 개념을 생각해 봅시다. 세상에는 인생에 필요한 모든 것을 이런 식으로 얻을 수 있다고 진지하게 믿고 있는 사람이 많은 것 같습니다. 그들은 그저 쾌락을 즐기기 위해 삽니다. 소설을 읽고, 술을 마시고, 춤추고, 도박하고, 영화를 감상하고, 풋볼 게임을 관람합니다. 세상은 이런 것들이 우리의 골칫거리와 문제, 어려움을 제거해 줄 수 있다고 말합니다. 쾌락과 오락을 즐기는 삶은 오늘날 아주 잘 발달되어 있는, 바로 이 전제에 근거하고 있습니다. 조간신문을 보십시오. 이 사실을 항상 확인할 수 있을 것입니다. 사람들은 만족을 구하고 있습니다. 그리고 세상이 이런 식으로 정말 자기들을 만족시켜줄 것이라고 믿습니다.

재산 소유를 통해 만족을 얻는 사람들도 있습니다. 그들은 돈만 가지면 행복과 즐거움을 얼마든지 살 수 있다고 믿습니다. 경제적인 것이 모든 골칫거리를 확실하게 방어할 수 있는 수단이라고 생각하는 것입니다. 저는 지금 통상적인 의미의 부유한 사람들만 말하는 것이 아닙니다. 오직 경제적 해결책만 믿는 사람들도 포함되어 있습니다. 그들은 돈 문제만 해결되면, 자기들이 찾는 모든 것, 자기들이 바라는 모든 것을 갖게 될 것이라고 믿습니다. 돈이 그들 인생의 주요 목적이자 목표입니다.

또 어떤 사람들은 돈이 만족을 주지는 못한다고 말합니다. 만족과 행복을 얻을 수 있는 길은 배움뿐이라고, 예술, 음악, 철학, 문제 연구, 쟁론과 토론 등과 같은 지적인 관심과 지적인 생활뿐이라고 믿습니다. "바로 그거야. 네가 그것만 받아들이고 몰두한다면, 궁극적으로 네가 찾는 모든 만족을 발견할 거야."

그런가 하면 인생의 만족을 결혼생활이나 가정생활에서 구하는 사람도 많습니다. 오늘날 이 나라에 사는 많은 사람을 보십시오. 그들의 모든 생활은 가정이라는 울타리에 제한되어 있습니다. 그들에게는 가정이 전부입니다. 가정에서 일시적인 만족을 발견합니다. 그들에게는 가정이 인생의 전부입니다. 자기 가정에 전념하며, 이것이야말로 인생을 살아내고 즐기는 길이며 궁극적인 만족을 얻는 길이라고 자신합니다.

이 모든 것을 시도해 보고 그래도 뭔가 부족하다는 사실을 발견한 후, 자신들이 찾는 것은 바로 변화라고 굳게 확신하는 사람들도 있습니다. 그들은 환경과 상황에 변화만 주면, 새로운 출발이나 새로운 시작만 할 수 있다면, 모든 것이 다 잘될 거라고 생각합니다. 사실 현대 세계에서 일어나고 있는 그 많은 일은 바로 이 개념으로 설명될 수 있습니다.

여기 이 세상에서 비참하고 불행하다는 생각을 하며 지친 몸을 이끌고 인생을 걸어가고 있는 사람이 있습니다. 그는 행복해지고 싶습니다. 어떻게 하면 행복해질 수 있을까요? 그때 갑자기 한 소망이 보입니다. 사막에 오아시스가 나타난 것입니다. 그것은 그 사람에게 이렇게 말합니다. "새로 출발해라. 네가 지금 이 순간 갖고 있는 그 특별한 관계를 끊어라. 그 결혼 관계에서 벗어나 새로운 관계를 만들어라. 그러면 행복을 발견하게 될 것이다." 그래서 그는 첫 번째 결혼 관계를 끝내고 새사람과 결혼하기만 하면 모든 것이 잘 풀릴 것이라고 생각합니다. 이 나라를 떠나 다른 나라로 가면 원하는 것을 발견하게 될 거라고 생각하는 사람들도 있습니다.

지금 말씀드리고 있는 이 모든 것이 우리 인생에 대한 사실 아닙니까? "내게 필요한 건 새 출발이다. 새로운 직업이다. 이 모든 골칫거리는 내가 지금 처한 환경 때문이다. 새롭게 시작할 수만 있다면, 다시 결혼할 수만 있다면, 다른 나라로 갈 수만 있다면, 다른 직업을 얻을 수만 있다면, 무언가 새로운 것(그런데 이것은 저 멀리에 있습니다)이 있다면, 거기에만 갈 수 있다면, 완전한 만족을 얻을 수 있을 텐데……." 이것이 그들의 사고방식입니다.

더 큰 규모로 생각해 봅시다. 새로운 개념에 대한 인간의 믿음과 관련지어 생각해 봅시다. 어떤 의미에서 이 세상의 역사는 새로운 희망과 새로운 개념에 필사적으로 매달리는 인간의 역사라고 할 수 있습니다. 새로운 것만 실시된다면 자신의 모든 문제가 해결될 것이라고 믿으며 그런 것에 필사적으로 매달리는 인간 역사입니다. 그것은 개인 차원, 국가 차원, 크게는 전 세계 차원에서 일어나고 있습니다. 몇 십 년 전만 해도 우리는 진짜 마지막 전쟁, "전쟁을 끝내기 위한 전쟁"을 싸우고 있다고 말했습니다. 국제 연맹이라든가 그 밖에 다른 많은 것(새로운 사상들에서 생겨난 새로운 개념과 새로운 희망들)을 철석같이 믿었습니다.

이제 인류가 그토록 믿고 있는 방법을 생각해 봅시다. 사람들은 사회 여건 개선이나 정치 활동이 정말 모든 것을 변화시킬 거라고 믿고 있습니다. 빅토리아 여왕 시대의 시들을 읽고 있으면 왠지 서글픈 생각이 들지 않습니까? 지난 60년간 정치인들이 한 진술들을 한번 읽어보십시오. 아마 그보다 더 서글프다는 생각이 들 것입니다! 그들은 웨스트민스터에서 어떤 일만 행해지면 낙원이 성취될 수 있을 거라고 확신하고 있었습니다. "만일 이렇게만 할 수 있다면, 저렇게만 할 수 있다면 모든 것이 다 잘될 것이다." 늘 이런 식이었습니다.

지금까지 이 세상이 개인적으로나 인류 전체적으로나 그들의 필요는 모두 충족되고 만족될 수 있다고 믿게 만든 몇 가지 방법을 간략하게 말씀드렸습니다. 다시 말씀드리지만 우리 모두 인생이라는 힘든 길을 걸어가고 있습니다. 우리 모두 피곤함과 싫증, 불만족에 대해 알고 있습니다. 그리고 앞으로 우리에게 제공될 것들이 무엇인지도 모두 보았습니다. 그러나 성경은 그 약속된 만족이 신기루에 지나지 않을 거라고 말합니다. 사실 성경은 아주 단순한 진리를 있는 그대로 진술하고 있지 않습니까? 개인의 삶이나 세상 전체를 볼 때, 실제로 맞는 말 아닙니까? 역사책을 한번 보십시오. 전기를 읽어보고 인류 역사를 연구해 보십시오. 그 모든 것이 신기루였음을 증명해 주고 있지 않습니까? 사람들은 못(pool)이 되는 것을 못 보지 않았습니까?

우리가 보고 있는 것은 실재가 될 것입니다. 단순히 그렇게 보이는 것이 아니라, 실제로 일어날 것입니다. 복음의 첫 번째 주장은 우리에게 우리가 찾는 것들을 행할 뿐 아니라 제공해 준다는 것입니다. "신기루가 변하여 못이 될 것입니다." 어떻게 그렇게 될 수 있을까요?

복음은 우선 우리에게 인생의 참된 본질이 무엇인지 이해시키는 것으로 시작합니다. 다시 말해 복음은 제가 지금까지 말씀드린 것과 정반대입니다. 성경은 가장 먼저 진지한 인생관을 갖게 합니다. 인간이 자기 자신을 보게 하는 것입니다. 우리가 끊임없이 잊어버리고 있는 사실, 즉 우리 모두 인생을 출발했으며 언젠가 이 인생을 끝내야 한다는 사실을 상기시켜줍니다. 복음은 거기서부터 시작합니다. 우리로 하여금 인생의 참된 본질을 하나의 여행으로, 순례로 보게 만듭니다. 그것은 모든 피상적인 것(번쩍거리며 광채를 내는 모든 것)을 제거해 버립니다. 복음은 말합니다. "인생아, 네가 오늘 밤은 여기 있지만 내일이면 없을지도 모른다." 복음은 우리 안에 사망과 무덤을 뛰어넘어 영원히 살게 될 불멸의 영혼이 있다고 말해 줍니다.

그런 다음 이 메시지는 우리를 곧바로 그리스도께 데려갑니다. 그것이 바로 복음의 진수입니다. 이것에 대해 먼저 소극적인 면에서 말씀드리겠습니다. 우선 복음은 우리에게 새로운 결단을 요구하지 않습니다. 그렇게 요구하는 것은 세상입니다. 예수 그리스도의 복음은, 오늘은 새해 첫 주일이니까 더 나은 삶을 살기 시작하라고 호소하지 않습니다. 예수 그리스도의 복음은 오직 한 가지만 요구합니다. 바로 그리스도께 와서 순복하는 것입니다.

복음이 왜 우리에게 새해가 되었으니 새로운 결심을 하라고 요구하지 않는지 아십니까? 위대한 새뮤얼 존슨 박사의 글을 인용해서 답해 보겠습니다.

> 지금까지 나는 내가 기억할 수 있는 가장 어린 때부터 시작해서 55년 동안 더 나은 삶을 위해 많은 결심을 하고 많은 계획도 짜보았다. 그러나 아무것도 하지 못했다. 이제 그렇게 할 시간도 얼마 안 남았으니 실은 무언가 해야겠다는 필요성도 없어지고 있는 셈이다.

얼마나 솔직한 고백입니까! 이것은 존슨 박사뿐 아니라 우리 모두에게도 꼭 들어맞는 말입니다. 우리 모두 새해가 되면 새로운 결심을 합니다. 우리 모두 얼마나 자주 더 나은 사람이 되겠다고 결심합니까? 그러나 조금도 나아지지 않습니다! 복음은 더 나은 삶, 더 나은 사람은 그런 식으로 이루어질 수 없다고 말합니다.

예수 그리스도의 복음은 전혀 다릅니다. 복음은 작열하는 태양빛을 받으며 사막을 걸어가고 있는 우리 모습을 그려주고 있습니다. 우리 모두 지쳐서 기진맥진해 있습니다. 우리는 신기루를 보고 허겁지겁 달려왔습니다. 그동안 쾌락도 마음껏 누려보았습니다. 그러나 그것들은 우리에게서 무언가 앗아가기만 한 채 우리를 허탈하게 남겨두었습니다. 우리는 이리저리 기웃거리면서 인생이라는 사막을 비틀대며 걸어왔습니다. 이런 사람에게 새해 결심을 요구해 봤자 무슨 소용입니까? 이런 사람에게 갑자기 산으로 올라가라고 하는 것이 소용 있겠습니까? 이런 사람에게 완전한 사람이 되라는 요구가 소용 있겠습니까? 우리는 그런 것을 할 수 없습니다. 우리는 지금 피곤에 지쳐 있습니다.

우리에게 필요한 것은 휴식입니다. 평강과 새 생명입니다. 제가 다른 어떤 것에 대해 말하지 않는다 해도, 이것만은 아주 분명합니다. 복음은 처음에 무언가를 요구하지 않습니다. 다만 그리스도께 오라고 요구할 뿐입니다. 우리는 지금 광야에 있습니다. 사막에 있습니다. 그리고 바로 그곳에 우리에게 필요한 것이 있습니다. 그것은 그리스도라는 분 안에 있습니다.

누군가는 이렇게 반문할 것입니다. "그러나 저는 지금까지 매우 자주 신기루에 속아 넘어갔습니다. 이것 또한 신기루에 지나지 않는 것 아닐까요?" 그리스도께 와 보십시오. "신기루가 변하여 못이 될 것입니다." 이것은 다릅니다. 이 메시지는 우리에게 불가능한 일을 요구하지 않습니다. 오히려 그리스도께서 우리에게 필요한 모든 것을 주실 뿐 아니라 그보다 훨씬 많은 것을 주실 수 있다고 확신시켜줍니다. 그리스도께 오기만 하면, 우리는 그것이 보이던 그대로 오아시스라는 사실, 다시 말해 뜨거운 사막의 환각이 변하여 진정한 못이 되었다는 사실을 발견할 것이라고 확신시켜줍니다.

그리스도는 과연 어떻게 이 일을 하실 수 있을까요? 무엇보다 먼저 저 자신을 하나님과 바른 관계에 놓으셔서 그 일을 행하십니다. 앞서 말했다시피 다른 방법들이 지닌 곤란한 점은 그것들이 모두 하나님을 망각하고 있다는 것입니다. 그런데 복음은 바로 하나님에서 시작합니다. 복음은 우리가 이생과 이 세상에 있을 뿐 아니라 하나님도 대면하고 있다는 사실을 일깨워줍니다. 따라서 첫 번째 문제는 우리가 어떻게 하나님과 바른 관계에 있을 수 있느냐입니다. 우리의 어려움은 우리가 하나님께 죄를 범했다는 사실에 있습니다. 우리가 일부러 하나님을 잊어버렸으며, 분명히 잘못이라고 생각되는 일들을 행했다는 것입니다. 우리는 하나님을 저주하되 온갖 방법으로 저주했습니다. 게다가 고의적으로 하나님에게서 등을 돌렸습니다. 이런 우리가 어떻게 하나님과 바른 관계를 맺을 수 있을까요?

우리는 우리의 모든 과거를 없었던 것으로 할 수 없습니다. 우리가 한 짓은 달라지지 않습니다. 과거를 없었던 것으로 할 수도, 그동안 우리가 쓴 것을 지울 수도 없습니다. 우리는 생명책을 더럽혔습니다. 이런 우리가 어떻게 하나님과 바른 관계를 맺을 수 있을까요? 그에 대한 답은 오직 한 가지뿐입니다. 바로 하나님의 아들 나사렛 예수 그리스도를 통해서만 가능합니다. 그리스도께서 십자가에 달리셨을 때, 그분은 우리 죄를 위해 달리신 것입니다. 저와 여러분이 하나님과 바른 관계를 맺게 하시려고 그런 죽음을 당하신 것입니다. 가장 중요한 것은 그리스도께서 행하신 일입니다. 사실 이것이 없으면 아무것도 바로잡을 수 없습니다. 그리스도께서 우리 죄를 위해 죽으셨습니다. 그분이 하나님과 우리 관계를 바로잡으셨습니다.

그리스도는 하나님과 우리 관계를 바로잡아주실 뿐 아니라, 우리 자신도 바로잡아주십니다. 주님은 우리에게 새로운 본성을 주십니다. 새 생명을 주십니다. 예수 그리스도의 복음은 우리에게 새로운 도덕이나 윤리 법전을 택하라고 호소하지 않습니다. 감사하게도 복음은 새 생명을 제공합니다.

우리는 새로 태어날 수 있고, 새로운 본성을 받을 수 있습니다. 이것이 우리에게 새로운 사고방식을 갖게 하며, 새로운 소원들로 채워줍니다. 더 이상 이전에 바라던 것들이 아닌, 더 좋은 것들을 소원하게 됩니다. 그뿐이 아닙니다. 복음은 우리에게 이길 수 있는 힘과 능력도 줍니다. 그래서 과거에 오랫동안 패하기만 해온 오래된 적들을 이길 수 있게 해줍니다. 또 우리로 하여금 원수들을 보고 웃을 수 있게 해줍니다. 원수들이 있는데도 정복자 이상이 될 수 있게 해줍니다.

복음은 하나님과 우리 관계를 바르게 해줍니다. 우리를 바로잡아놓습니다. 그리고 무엇보다 그분, 그리스도께서 모든 필요를 충족시켜주십니다. 주님은 절대 실망시키지 않으십니다. 절대 변하지 않으십니다. 우리가 이생에서 필요로 하는 모든 것을 그리스도께서 주실 수 있습니다. 주님은 우리가 죽을 때도 우리를 떠나지 않으실 것입니다.

다른 것들을 보십시오. 사망은 우리에게서 그 모든 것을 앗아갑니다. 죽을 때는 쾌락도 우리를 돕지 못합니다. 철학도 돕지 못합니다. 사망이 우리에게서 사랑하는 사람을 갑자기 앗아갑니다. 그런데 돈이나 예술, 음악, 다른 모든 고상하고 훌륭한 것이 다 무슨 소용이란 말입니까? 그런 것들은 우리 마음에 피가 흐를 때, 인생과 이 세상에서 모든 것을 잃어버린 것 같을 때, 우리를 전혀 도울 수 없습니다. 그런 것들은 아무것도 줄 수 없습니다.

그러나 그리스도는 이생뿐 아니라 사망의 때에도 우리와 함께 계실 것입니다. 아니 영원토록 함께 계실 것입니다. 그곳 사막에 그리스도가 계십니다. 그리스도께서 우리를 맞이하러 오십니다. 주께서 세상에 들어오셨습니다. 지금 이 순간 우리가 찾는 모든 것(안식, 평강, 만족, 행복, 기쁨, 능력, 결코 사라지지 않을 소망)을 주겠다고 말씀하십니다. 그리스도를 만난 사람들은 모두 이렇게 말할 수 있습니다.

오 그리스도시여, 제 영혼은 주님 안에서
오직 주님 안에서만
그토록 오랫동안 구하던 평강과 기쁨을 발견했습니다.
지금까지 몰랐던 그 지복을 발견했습니다.

저는 그동안 안식과 행복을 얻지 못해 한숨지었습니다.
주님이 아니라 그것들을 갈망하며 사모했습니다.
그러나 제가 구세주를 지나쳐 갈 때
주의 사랑이 저를 붙잡았습니다.

주여, 저는 깨진 물통에서 물을 마시려 했습니다.
그러나 물을 마실 수 없었습니다!
몸을 굽혀 마시려 하면 그 물이 저 멀리 도망쳤습니다.
그리고 제가 슬피 울면 저를 조롱했습니다.

저는 잃어버린 쾌락들 때문에 슬피 울며 통곡했습니다.
그러나 주님을 위해서는 한 번도 운 적이 없습니다.
은혜를 받아 제 눈이 뜨였을 때에야 비로소
주님의 그 크신 사랑을 깨닫고 울었습니다.

이제 그리스도 말고는 아무것도 저를 만족시킬 수 없습니다.
저를 위해서는 오직 그리스도뿐, 다른 이름은 없습니다!
주 예수님, 저는 주님 안에서
사랑과 생명과 영속적인 기쁨을 발견했습니다.

그러면 누군가 이렇게 반문할 것입니다. "정말입니까? 괜히 그럴듯하게 보이는 멋진 말을 하고 계신 것 아닙니까? 그냥 또 다른 신기루 아닐까요? 제가 목사님의 메시지만 믿고 그리스도께 가서 그분에게 제 인생을 맡긴다면, 정말 그리스도께서 제게 필요한 분이라는 사실을 증명해 주실까요? 확신해도 좋을까요? 그 신기루가 변하여 못이 될까요?" 이 질문에는 찬송가 가사로 대답해 드리겠습니다.

찾고, 따르고, 계속 따르면서, 여전히 묻는 말,
"그리스도께서 정말 축복하실까?"
성도와 사도, 선지자와 순교자들이 대답하는 말,
"그렇다!"

일찍이 그리스도께 와서 그분을 시험해 본 모든 사람은 그분 안에서 완전하고 충분하고 궁극적인 만족을 발견했습니다.

사랑하는 여러분, 신기루가 변하여 마침내 못이 될 것입니다. 그것을 그리스도 안에서 구하십시오. 그러면 정말 그렇게 될 것입니다.

19장
자신의 현실을 직시하라

만물보다 거짓되고 심히 부패한 것은 마음이라 누가 능히 이를 알리요마는 나 여호와는 심장을 살피며 폐부를 시험하고 각각 그의 행위와 그의 행실대로 보응하나니 …… 여호와여 주는 나의 찬송이시오니 나를 고치소서 그리하시면 내가 낫겠나이다 나를 구원하소서 그리하시면 내가 구원을 얻으리이다. _예레미야 17장 9, 10, 14절

기독교에 대해 때때로 터져 나오는 비난들 가운데 기독교가 우리 삶과 분리되었다는 비난만큼 설명하기 곤란한 것도 없습니다. 즉 종교와 기독교는 그것들이 조성하는 비현실적인 거짓 분위기로 사람들을 현혹시켜 완전히 빠져들게 하는 한 계속 유지되고 흥왕할 수 있다는 것입니다. 사실 매우 이해하기 어렵지만, 아마 이것이 이 시대에 우리가 가장 많이 듣는 비난일 것입니다.

신화와 역사의 혼합체로 간주하되, 후자보다는 전자가 좀 더 많이 섞인 것으로 성경을 보는 사람들은 오늘날 성경이 말하고 있는 것을 검토한다는 건 시간 낭비일 뿐이라고 생각합니다. 그들은 발생과 존재 자체가 의심스러운 사람과 사건에는 관심을 기울이거나 연구할 시간이 없

다고 말합니다. 인생에 반드시 따르는 여러 상황이나 문제를 그 즉시 처리하기에도 바쁘기 때문입니다. 그들은 이렇게 말합니다. "구약 시대의 생활 여건은 현대인과 매우 다르다. 그들의 생활 범주는 현대인인 우리 귀에 상당히 낯설게 들린다. 마찬가지로 신약의 상황이나 배경도 오늘날 우리가 알고 있는 것과 매우 동떨어져 있다. 그렇기 때문에 현대인이 성경에서 말하고 있는 것을 즉시 검토하고 그것과 관련하여 인생을 바라보는 것은 사실 불가능한 일이다. 오늘날의 인생관에서 볼 때 좀 인위적이고 비현실적인 분위기 속으로 즉시 들어간다는 것은 불가능하다."

다시 말해 오늘날에는 종교와 기독교를 미신이나 마취제(어떤 상상의 세계, 즉 모든 것이 다 괜찮고 모든 슬픔이 다 끝나는 천국 분위기로 사람들을 데려가서 그들의 시련과 고통을 잠시 잊을 수 있도록 도와주는 것)로 생각하는 사람이 아주 많습니다. 이런 사람들이 보기에는 인위적인 자극제, 다시 말해 당분간이나마 안도감을 가져다줄 수 있는 무언가가 없다면, 교회에 출석하는 사람들은 움츠러들지 않고 당당하게 인생을 직면할 수 있는 진정한 도덕적 힘이나 배짱, 용기가 부족해 보입니다. 그들 눈에 이들은 안도감을 주는 것이면 무엇이든 좋아하는 것처럼 보입니다. 그것이 정말 바르고 정직한 것인지는 전혀 따져보지 않고 신경도 쓰지 않는 사람으로 보입니다. 이것이 바로 지금 이 도시에 살고 있는 많은 사람이 우리가 매주 드리는 예배에 대해 지닌 견해입니다.

그들 눈에는 우리가 단지 인생에서 도망치기 위해, 인생의 문제들을 회피하기 위해 교회에 가는 것으로 보입니다. 기독교는 소설을 읽을 때 얻는 정도의 일을 우리에게 해줄 뿐이며, 오락과 스포츠가 사람들에게 해주는 정도의 일을 해줄 뿐이라고 생각합니다. 즉 기독교를 우리의 안전장치 정도로 생각합니다. 누구나 한 번씩은 어떤 종류든 소설을 읽어보았을 것입니다. 그렇기 때문에 소설이 우리를 자극하고 북돋워주는 효과를 알고 있습니다. 예를 들어, 로맨스 소설을 읽으면 우리는 잠시나마 모든 어려움을 잊고 인생에 대해 좀 더 큰 희망을 갖게 됩니다! 그래서 사람들은 말합니다. "당신들이 믿는 기독교도 같은 효과를 주고, 같은 방식으로 작용하지 않습니까? 기독교는 당신들을 비현실적인 거짓 분위기로 데려간 다음, 로맨틱한 사랑과 기쁨을 맛보게 해서 한동안 당신들을 슬프게 하는 모든 것을 잊어버리게 합니다. 그러나 그건 '잠시 잠깐'에 지나지 않습니다. 당신들은 조만간 인생을 있는 그대로 직면해야 하며 그 모든 것이 얼마나 인위적이었는지 깨달을 것입니다."

그들은 이처럼 자신들이 더 현실적이라고 주장합니다. 자신들은 인생을 있는 그대로, 최악의 경우일지라도 있는 그대로 직시한다고 말합니다. 자기기만에 빠져 거짓된 안전이나 행복에 취하지 않는다고 말합니다. 그래서 경멸과 측은함이 뒤섞인 마음으로 우리를 바라보지만, 또 그만큼 증오심도 갖고 있습니다. 어떤 때는 한술 더 떠서 다른 방식보다 이런 식으로 안도감을 발견하는 것이 덜 위험하고 해롭지도 않으니 어쩌면 더 나은지도 모르겠다며 우리를 인정해 주기까지 합니다. 그러나 우리가 오직 이것만이 진짜이고, 그 밖에 다른 것들은 무지에서 오는 가짜라고 주장하면 몹시 화를 냅니다.

우리는 그들이 하는 말 속에 이른바 기독교인이라고 자칭하는 많은 사람의 말도 포함되어 있다는 사실을 솔직하고 공평하게 인정해야 합니다. 그들이 범한 실수가 있다면, 참된 종교와 종교 남용을 혼동한 것뿐입니다. 그들이 종교 남용에 대해 한 말은 전적으로 옳지만 참된 종교에 대해 한 말은 완전히 틀렸습니다!

많은 사람이 실제로 기독교를 마약처럼 사용하고 있다고 해서 기독교 자체에 그런 성격이 들어 있다는 뜻은 아닙니다. 기독교가 하는 일은 사람들에게 아주 좋은 기분이 들게 한다든가 일주일에 한두 시간씩 행복에 젖게 해주는 것이 아닙니다. 이것은 아무리 강조해도 지나치지 않습니다.

오늘날은 어디서나 종교의 이런 면을 강조하는 경향이 있습니다. 자신이나 친척이 죽게 되었을 때, 사람들이 본능적으로 교회로 돌아선다는 사실을 우리는 잘 알고 있습니다. 그렇기 때문에 사람들을 달래고 위로해 주는 형식으로 예배를 인도하는 경향이 있습니다. 저는 지금 저나 다른 누구를 위해 이런 문제들을 거론하고 있는 것이 아닙니다. 그러나 이것만은 분명합니다. 일이 잘못되어나갈 때만 하나님께 돌아서는 사람들은 평생 하나님을 알지 못할 것입니다. 그들이 변화될 때까지는 하나님을 절대 알지 못할 것입니다.

기독교가 하는 일, 복음 설교의 목적은 우리가 처한 곤경들을 잠시나마 잊게 해주는 것이 아닙니다. 오히려 그 곤경들을 단번에 영원히 제거해 버리고 극복할 수 있도록 도와주는 것입니다. 예배시간에 찬송을 부르고 설교를 듣는 동안에만 자신의 문제를 잊어버린다면, 여러분은 진정한 기독교를 아직 모르고 있는 것입니다. 참된 기독교의 기능은 문제를 해결해 주는 것이기 때문입니다. 지금까지 매주 교회에 와서 이제부터는 좀 더 나은 사람이 되어야겠다고 다짐해 왔다면, 그런데도 여전히 이전과 같은 방식으로 살고 있다면, 그 사람은 아직 복음의 능력을 맛보지 못한 것입니다. 그런 결심을 하게 만들 뿐 아니라 실제로 변화를 일으키는 것이 복음의 목적이자 기능이기 때문입니다.

오늘날 기독교의 진짜 비극은 많은 대중이 기독교를 믿지 않는다는 것이 아닙니다. 기독교를 믿는다고 고백하는 사람들이 기독교에 의해 변화되지 않고 오히려 자기에게 편리하도록 기독교를 이용한다는 것입니다. 오늘날의 기독교는 양심을 일깨우는 대신 양심을 무마시키는 경우가 매우 많습니다. 그리고 우리의 무가치함과 죄악성, 우리가 영원한 형벌을 받을지도 모른다는 사실을 깨닫게 하기보다 오히려 자기만족과 영원한 안도감에 빠지게 합니다. 주정주의(emotionalism)는 실재합니다. 그것은 복음주의의 가장 미묘한 원수입니다. 이러한 종교 남용, 순전한 복음의 왜곡이 기독교에 대한 통속적 비난을 거들고 있습니다. 즉 기독교가 현실을 회피하기 때문에 인생을 돕는다느니, 우리가 구원이라고 부르는 것은 자화자찬이나 망상에 근거한 만족에 지나지 않는다느니 하는 식의 통속적 비난에 많은 힘을 실어주고 있습니다.

그러나 편견과 선입견 없이 성경을 읽은 사람이라면 누구나 기독교 자체에 대한 비난이 얼마나 거짓된 것인지 금세 발견할 것입니다. 저는 종종 사람이 어떻게 몸서리치거나 기절초풍하지 않은 채 성경을 읽을 수 있을까 하는 사실에 놀랍니다. 성경은 하나님을 완전하신 모습 그대로 보여주는 한편, 인간의 악하고 추한 모습 역시 있는 그대로 보여주기 때문입니다. 사람이 성경에 대해 안전하게 할 수 있는 주장이 뭔지 아십니까? 성경이 인생을 직면할 뿐 아니라, 인생을 있는 모습 그대로, 아니 최악의 모습까지도 기꺼이 폭로하고 있다는 사실입니다. 성경은 결국 인간 본성의 죄악성, 비열함, 위선, 어리석음, 광기, 절망을 기록하고 있기 때문입니다. 이런 것을 읽고 기분이 좋아질 수 있을까요?

우리는 성경에서 인간 본성에 관한 모든 죄를 발견할 수 있습니다. 성경을 읽어보십시오. 성경 인물들이 조신함과 자제력을 다 팽개쳐버린 것처럼 보일 것입니다. 성경은 인생의 모습을 충분하고 완벽하게 그려주고 있습니다. 단순히 영웅들의 미덕을 기록하고 공로를 찬양하는 데 만족하지 않고, 그들의 결점과 악덕도 말해 주고 있습니다. 성경에 보면 화려한 옥좌에 으스대며 앉아 있는 왕과 왕자들이 나옵니다. 그러나 곧이어 바로 그 사람이 죄와 범죄에 열중하는 모습이 나옵니다. 성경은 인간 본성이 지닌 무한한 가능성과 영광을 보여줍니다. 그러나 동시에 그것이 안고 있는 수치와 무서운 잠재력도 보여줍니다. 그리고 거기서 한 걸음 더 나아가 전자를 하나님의 값없이 주시는 선물로 받아들이지 않을 경우, 우리도 어쩔 수 없이 후자의 운명에 빠지게 될 것이라는 사실을 분명하게 지적해 주고 있습니다.

세상에 이런 마약이 있을까요! 우리는 성경에서 우리 자신에 대해 적나라하게 말해 주는 진리를 들으며, 우리의 실수와 결점을 직시해야 합니다. 그 속에서 우리 자신의 본성을 봅니다. 또한 예수 그리스도 안에 나타난 하나님의 은혜를 떠나서는 불가피하게 떨어질 수밖에 없는 무서운 지옥의 심연도 이따금씩 공포에 떨며 힐끗힐끗 들여다보게 됩니다. 세상에 이만큼 괴상망측한 로맨스 소설이 또 있습니까? 현존하는 문학작품 중 이처럼 무시무시한 작품이 또 있습니까? 여러분이 세상에서 발견할 수 있는 가장 끔찍하고 지저분하고 현실적인 책을 제게 보여주십시오. 아무리 끔찍한 이야기도 성경에 나온 그 많은 이야기에는 비길 수 없을 것입니다.

기억해야 할 사실이 하나 더 있습니다. 스스로 인생을 있는 그대로 보고 있는 그대로 직면한다고 주장하는 사람들, 그래서 이야기할 때나 책을 집필할 때 인생에 대해 최악의 것을 말하는 사람들은 일반적으로 죽음을 인생의 종말로 간주합니다. 그들에게는 이 사실이 큰 위로가 됩니다. 죽음과 함께 비극이 끝나기 때문입니다.

그러나 성경은 다릅니다. 어떤 의미에서 성경은 죽음과 함께 비극이 시작된다고 말합니다. 현대인들은 말합니다. "늘 비극과 실망, 악에 대해서만 생각하는 사람들에게 인생은 무서운 것이다. 그러나 용기를 갖자. 인생에서 최선을 만들어내자. 우리는 곧 죽어서 이 불행에서 벗어날 수 있기 때문이다." 그런데 성경은 이렇게 말하는 것 같습니다. "그래, 인생은 무섭다. 그러나 진짜 비극은 사망이 끝이 아니라 단지 영원한 운명으로 옮겨가는 과정이라는 사실이다."

이 세상에서 인생과 우리 자신에 대한 진실을 그대로 말해 주는 문서가 있다면, 바로 성경입니다. 성경은 우리에게 가장 악한 것을 말해 준 다음 가장 좋은 것을 보여줍니다. 설교가 하는 일은 죄를 감추는 것이 아니라 폭로하는 것입니다. 사람들에게 모든 것이 괜찮다고, "하나님은 사랑이시니" 아무것도 염려할 필요 없다고 말해 주는 것이 아닙니다. 오히려 사실 그대로 우리는 모두 잘못되었다는 것, 하나님이 우리의 심판자시라는 것, 우리가 이 사실에 깜짝 놀라고 오싹해하며 근심하지 않는 한 우리에게는 아무 소망이 없다고 말해 주는 것입니다. 바로 이것이 성경 어디서나 볼 수 있는 메시지입니다. 본문에서도 이 메시지를 볼 수 있습니다. 하나님의 은혜로 우리 모두 이 메시지를 볼 수 있게 되기를 간구합니다.

기독교는 단순히 인생을 분해하고 분석하는 것으로 만족하지 않습니다. 물론 그 일도 하지만 거기서 멈추지 않습니다. 인생을 폭로하고 무서운 심연을 계시하며 궁극적인 구성 요소들을 분석한 뒤, 그대로 조각조각 내버려두지 않습니다. 오히려 예수 그리스도 안에 나타난 하나님의 계시에 따라 새로운 통합, 새로운 시작, 새로운 탄생, 새로운 방법, 새로운 생명이라는 영광스러운 가능성을 보여줍니다. 그 통합의 필요성은 본문에서도 아주 분명하게 밝혀져 있습니다.

우리는 자신의 본성과 그 본성의 심연, 우리 마음의 거짓됨을 제대로 의식할 때가 극히 드뭅니다! 우리는 정말 "기묘하게 지어졌습니다"(시 139:14). 예레미야 선지자는 "만물보다 거짓되고 심히 부패한 것은 마음이라"(렘 17:9)고 말한 다음 한걸음 더 나아가 "누가 능히 이를 알리요"라고 반문했는데, 그렇게 반문한 것도 무리가 아닙니다. 우리 안에는 얼마나 깊은 심연이 있는지 모릅니다! 우리 자신 말고는 아무도 우리를 모릅니다. 선천적으로 굉장히 사교적이고 사교 본능이 매우 발달했다고 하더라도 우리 각자는 궁극적으로 외롭고 고독합니다.

우리와 가장 가까운 사람이나 우리가 가장 사랑하는 사람도 우리를 다 알지 못합니다. 자신이 정말 많은 이야기를 한다고 생각할지 모르지만, 우리는 사실 그들에게 모든 것을 말하지는 않습니다. 이 점을 잠시 생각해 보십시오. 그러면 우리 모두 그렇다는 사실을 발견할 것입니다. 우리는 가장 친한 친구나 가장 사랑하는 사람들에게 모든 것을 다 이야기한다고 생각합니다. 마음속 깊은 곳에 있는 비밀까지 전부 말한다고 생각합니다. 모두 그렇게 생각하는데, 실제로 그렇게 하십니까? 여러분에 관한 모든 것을 여러분 자신이 알고 있는 그대로 다른 누군가가 다 알고 있습니까? 우리는 그렇지 않다는 것을 잘 알고 있습니다. 누구나 혼자서만 알고 있는 일들이 있습니다. 우리에 관한 어떤 것 또는 우리가 행한 어떤 것을 원수뿐 아니라 친구에게도 숨깁니다. 친구에게는 그가 그것을 알면 슬퍼하거나 괴로워할까 봐 숨기고, 원수에게는 그가 그것을 알고 우리를 파멸시키거나 우리의 품성을 영원히 파괴시키는 지렛대로 사용할까 봐 숨깁니다.

우리는 얼마나 신기한 존재인지 모릅니다! 우리에게는 우리 자신 외에 아무에게도 말하지 않는 것들이 있습니다. 여러분의 본성과 개성이 궁극적으로는 이렇게 외롭다는 사실에 큰 충격을 받으신 적이 있습니까? 우리는 가정과 공동체 안에 태어납니다. 그러나 우리는 또 놀라울 정도로 독자적인 존재입니다. 우리에게는 부모나 형제자매, 남편이나 아내, 자녀들도 절대 모르는, 절대 발견하지 못할 비밀들이 있습니다. 누군가가 여러분에게 자기 비밀을 다 말했다고 해도, 그것은 거짓말입니다. 언제나 그렇게 생각하셔도 됩니다. 아무리 솔직하고 개방적인 사람도 늘 자기만 아는 비밀이 있습니다. 누군가에게 솔직하게 다 털어놓은 뒤에 속으로 혼잣말을 하고 있는 자신을 발견하게 되는 것도 모두 이 때문입니다!

여러분은 이런 경험을 하신 적이 없습니까? 지극히 솔직하고 개방적이 되려고 애쓸 때조차 사실은 자신에 대해 아주 거짓된 인상을 주고 있다고 느껴본 적이 없습니까? 그것이 우리의 본성입니다. 우리는 정말 불가사의한 존재입니다! 우리를 진정으로 이해할 수 있는 사람은 아무도 없습니다. 우리가 생각한 것이나 계획한 것은 차치하고 우리가 행한 것조차 다 알 수 없습니다. 물론 우리에 대해 많은 것을 알고 있는 사람이 있지만, 우리에 관한 진실을 모두 다 알고 있는 사람은 하나도 없습니다.

> 만물보다 거짓되고 심히 부패한 것은 마음이라 누가 능히 이를 알리요마는(렘 17:9).

대부분의 사람들이 이런 식으로 살며 이런 식으로 교제합니다. 그들의 관심사는 어떤 것이 얼마나 옳고 그르냐가 아닙니다. 자기들이 발각되느냐 발각되지 않느냐입니다. 이런 임시변통과 가장(假裝)에 근거해서, 이른바 "상상 못할 행운"을 믿고 인생을 살아갑니다. 이런 것들이 알려지고 발각되기라도 한다면 어떻게 될까요? 그러나 그런 일은 일어나지 않습니다. 우리는 그런 것들을 잘 위장합니다. 그런 것들을 아무에게도 말하지 않고 우리 자신만의 비밀로 간직합니다.

이 사회가 이렇게 계속 돌아갈 수 있는 것도 바로 이 때문입니다. 우리가 서로의 마음과 생각 속에 있는 것들을 꿰뚫어볼 수 있다면, 모든 것이 순식간에 무너지고 말 것입니다. 이 사회가 계속 돌아갈 수 있는 것은 우리가 다른 사람들 마음속에 있는 것을 알지 못하기 때문입니다. 추측할 수는 있지만 절대로 확실한 것은 모르기 때문입니다. 여러분을 보고 미소 지으며 칭찬하는 사람이 있다고 합시다. 겉으로는 정말 투명하고 정직해 보입니다! 그러나 그 사람 마음속 깊은 곳에서 무슨 생각이 오가는지 알게 뭡니까! 그 사람이 여러분을 얼마나 생각하고 있다고 말하든, 여러분보다는 자기 자신에 대해 더 많이 생각하고 있다는 점만은 분명합니다!

우리가 하는 일에는 공평무사한 것이 하나도 없습니다. 우리 자신이 그 모든 것을 착색합니다. 우리는 이 세상이 알지 못하는 동기와 관심사를 갖고 있습니다. 우리 안에는 자신만이 아는 심원한 것들이 있습니다. 우리 자신과의 싸움, 우리 열정과의 싸움, 우리 영혼 속에 숨겨진 저 어두운 구석에서 생겨나는 생각과 제안이 있습니다! 이것만으로도 충분하지 않습니까! 바로 이것들이 우리가 언급하지 않는 것들입니다. 우리는 인생을 살아가는 동안 인생의 향락을 추구하려 할 때, 이런 것들을 혼자서만 조용히 은밀하게 간직하려 듭니다. 그것이 우리의 참된 모습입니다. 그렇지 않습니까? 우리가 이처럼 행복한 것도 실은 우리 자신에 관한 모든 사실이 다 알려지지 않았기 때문 아닙니까? "만물보다 거짓되고 심히 부패한 것은 마음이라 누가 능히 이를 알리요."

우리 모두 아주 영리하고 심오한 존재라는 것은 의심할 여지가 없습니다. 그러나 예레미야 선지자가 전하려는 메시지의 요점은 하나님이 우리보다 더 심오하시다는 것입니다. 이 비밀스러운 생각과 행동이 우리 자신 말고는 아무에게도 알려지지 않았다는 사실을 생각하며 계속 만족에 빠져 있는 동안, 우리는 사실 하나님의 임재와 존재를 잊어버립니다. "심장을 살피며 폐부를 시험하고" 우리를 관찰하고 지켜보시는, 그래서 우리에 관한 모든 것을 면밀히 기록하시는 하나님에 대해 거의 깨닫지 못한 채, 자신이 꽤 영리하다고 생각하며 계속 그렇게 살아갑니다.

그러나 하나님은 우리의 움직임을 하나하나 다 알고 계십니다. 우리의 행동 하나하나 다 지켜보고 계십니다. 우리 마음속에 있는 생각 중 하나님이 모르시는 것은 하나도 없습니다. 하나님은 우리를 보실 뿐 아니라 우리 전체를, 우리 존재의 아주 깊은 곳까지 다 보십니다. 하나님 앞에서 우리는 마치 펼쳐져 있는 한 권의 책과 같습니다. 눈 가리고 아웅하는 식으로 세상을 속일 수도 있고 세상 앞에서는 실제와 전혀 다른 사람처럼 될 수도 있지만, 사실 그렇게 하는 것이 얼마나 어리석고 소용없는 짓입니까? 그러는 동안에도 하나님은 우리에 관한 사실들을 완전하게 다 알고 계신데 무엇 하러 그렇게 합니까? 우리는 곤란에 빠지면 재빨리 그럴듯한 핑계를 대거나 해명하여 빠져나오려 듭니다. 그리고 그렇게 발휘한 자신의 영리함과 빈틈없음을 자축합니다. 우리 모두는 이런 비상사태를 처리할 수 있는 능력이 상당합니다. 그러나 이 모든 것은 정말 어리석은 짓입니다.

우리는 결국 모든 것을 알고 계신 하나님, 모든 사람에게 "각각 그의 행위와 그의 행실대로 보응하시는" 하나님과 대면해야 합니다. 우리 모두 이 세상에서 살던 바로 그 방식대로 영원한 세계를 살게 될 것입니다. 우리가 이 땅에서 임기응변적이고 가장된 삶을 살았다면, 영원한 나라에서도 그런 식으로 살 것입니다. 여기서 허울만 근사할 뿐 사기꾼에 지나지 않았다면, 거기서도 계속 그렇게 살 것입니다. 즉 우리가 받아 마땅한 것을 정확히 받게 될 것이며, 우리 자신을 위해 준비한 것을 받게 될 것입니다. 예레미야 선지자가 "여호와여 주는 나의 찬송이시오니 나를 고치소서 그리하시면 내가 낫겠나이다 나를 구원하소서 그리하시면 내가 구원을 얻으리이다"(렘 17:14)라고 말해야만 했다는 것이 놀랍지 않습니까?

어느 순간 자기가 얼마나 사기꾼 같은 인생을 살았는지, 얼마나 만족스럽지 못한 인생을 살았는지 깨달은 사람이 있습니다. 그래서 그것에서 단번에 해방되기 위해 기도했습니다. 그는 더 이상 다른 사람들을 속이며 그들 눈에만 괜찮은 사람으로 보이는 것에 만족하지 않고 자기 자신과 하나님을 대면했습니다.

그는 거울 속에 비친 자기 모습을 보고 무서워 벌벌 떨었습니다. 자기 삶 속에 신실한 것이라고는 하나도 없었습니다. 영속적인 것, 자기가 의지할 수 있는 것이 하나도 없었습니다. 자기 본성을 보니 그 속에는 자신이 미워하는 것들, 자신이 이해할 수 없는 것들이 들어 있었습니다. 그는 자신의 이런 모습을 보고 놀랐습니다. 자신의 비열함에 놀라 불안해졌습니다. 여러 해 전에 이미 다 끝냈다고 생각한 묵은 죄들에 아직도 연연해하고 있는 이유를 알 수 없었습니다. 세상은 그를 매우 높게 평가했습니다. 그는 일반적으로 존경받는 사람이었습니다. 그러나 그에게는 그런 것도 아무 도움이 되지 못했습니다. 자신 안에 무엇이 들어 있는지 알고 있었기 때문입니다. 세상이 알았다면, 그를 존경하고 감탄해하던 태도를 즉시 중단할 만한 것들이 들어 있었기 때문입니다. 그보다 더한 것은 하나님이 그것들을 알고 계시다는 사실이었습니다.

그는 이 사실을 깨달았습니다. 그래서 이런 것을 깨끗이 하기 위해 최선을 다했습니다. 양서를 많이 읽고, 도덕성에 관한 강의를 듣고, 그것을 실제로 보여주는 시간에 참석하고, 훌륭한 사람들과 이야기를 나누고, 경건한 사람들을 친구로 삼는 등 자신이 알고 있는 모든 좋은 사람과 좋은 것들로 주변을 둘러쌌습니다. 그런데도 여전히 나아지지 않았습니다. 아마 죄를 좀 덜 지었을지는 모릅니다. 그러나 마음은 여전히 같았습니다. 물론 의지적으로 굉장히 노력해서 전보다 좀 덜 실수하게 되었습니다. 혹시 좋은 친구들을 불쾌하게 만들지 않을까 하는 두려움도 많은 도움이 되었습니다.

그러나 그는 여전히 불안했습니다. "이건 임시방편일 뿐이야. 나는 치료되지 않았어. 온전한 사람이 아니야. 나는 안전하지 않아. 나 자신을 믿을 수 없어. 이렇게 '척' 하며 꾸미는 것도 이젠 싫증이 나. 이렇게 불안정한 도덕적 존재인 나 자신에게 정말 싫증이 난다고. 죄를 짓고 잘못했다고 부르짖은 다음 또다시 같은 죄를 짓는 것도 이제는 역겨워. 내가 나 자신을 치료하고 또 다른 사람들에게 치료받는 것도 지긋지긋해. 하나님, 이 모든 것이 아무 소용 없다는 사실을 압니다. 게다가 하나님은 그 모든 것을 빤히 보고 계신데, 이렇게 하나님과 '숨바꼭질'하려고 애쓰는 것도 이젠 귀찮습니다."

> 여호와여 …… 나를 고치소서 그리하시면 내가 낫겠나이다 나를 구원하소서 그리하시면 내가 **구원**을 얻으리이다(렘 17:14).

이 사람이 자신을 보았듯이 우리도 우리 자신을 볼 수 있다면 좋겠습니다. 우리도 이 사람처럼 우리의 진상이 발각되지 않았을 때, 자신을 영리하고 똑똑하다고 생각하는 것이 얼마나 정신 나간 짓인지 깨달을 수 있기를 바랍니다. 우리 영혼 속에 있는 속임수와 책략을 볼 수 있기를 바랍니다. 그리고 무엇보다 우리는 매우 절망적이라는 것, 어떤 인간적인 수단으로도 우리를 구원할 수 없고 우리의 비열한 본성을 제거해 줄 수 없을 만큼 우리가 처한 곤경은 끔찍하다는 사실을 볼 수 있기를 바랍니다.

이 모든 사실을 깨달은 사람만이 입술로 예레미야가 드린 기도를 하며, 그 기도로 우리 주 예수 그리스도 안에 있는 하나님의 은혜를 통해 영원히 치료받고 구원받을 수 있기 때문입니다. 우리도 그중 한 사람으로 발견될 수 있기 바랍니다.

우리 주 예수 그리스도의 이름을 위하여.

20장
신기하고 놀라운 복음

여호와께서 말씀하시니라 보라 내가 야곱 장막의 포로들을 돌아오게 할 것이고 그 거처들에 사랑을 베풀 것이라 성읍은 그 폐허가 된 언덕 위에 건축될 것이요 그 보루는 규정에 따라 사람이 살게 되리라 그들에게서 감사하는 소리가 나오고 즐거워하는 자들의 소리가 나오리라 내가 그들을 번성하게 하리니 그들의 수가 줄어들지 아니하겠고 내가 그들을 존귀하게 하리니 그들은 비천하여지지 아니하리라. _예레미야 30장 18, 19절

이 두 구절을 본문으로 택한 이유는 우리 주 예수 그리스도의 복음에 담긴 필수 사항들을 주의 깊게 살펴보기 위해서입니다. 구약 본문으로 복음의 본질을 밝히려는 것에 대해 변명하려는 것이 아닙니다. 영적인 눈으로 볼 때, 구약에는 어떤 의미에서 신약만큼이나 영광스러운 복음주의적 본문이 많이 담겨 있습니다. 일부 사람들이 구약에서 복음을 보지 못하고 단순히 유대인의 역사로만 간주하는 것은 신약의 참된 복음 역시 보지 못하기 때문입니다. 물론 구약 세대와 신약 세대는 서로 다릅니다. 그러나 신구약에서 행동하시는 하나님은 같은 하나님입니다. 다만 구약에서는 그분의 자비하심이 씨눈처럼 초기 단계에 있었다면, 신약에서는 완전히 만발한 완숙 단계에 있다고 볼 수 있습니다.

비록 무지하고 생각 없는 사람들에게는 예레미야라는 이름이 비관주의 또는 우수에 찬 모습과 동의어가 되어버렸지만, 예레미야서에 나오는 본문에서 우리는 복음에 관한 좋은 예와 설명을 발견할 수 있습니다. 이 말씀은 깊이 살펴보지 않더라도 보는 즉시 복음에 관한 극히 중요한 기본 진리가 무엇인지 주목하게 만듭니다. 그것들에 주의하면서 지적하고 싶은 사실이 있습니다. 오늘날에는 복음을 현대 용어로 다시 진술해야 한다고 거침없이 말하는 사람들이 애석하게도 복음의 기본 진리를 무시하고 망각할 뿐 아니라 심지어 부인하고 있다는 것입니다. 그 원리들은 이 본문에 분명히 진술되어 있습니다. 뿐만 아니라 그것이 바로 신약 메시지의 핵심입니다. 그리고 교회의 모든 부분에서, 즉 그리스도인이라는 이름을 사용하기에 합당한 모든 곳에서 지금까지 여러 세기를 통해 한결같이 인식되고 격찬받던 것들입니다. 그 첫 번째 원리는 복음이 하나님에게서 왔다는 것입니다.

여호와께서 말씀하시니라(렘 30:18).

이 원리는 나중에 좀 더 상세히 다루도록 하고, 먼저 한 가지를 지적하고 싶습니다. 복음과 복음이 제시하는 모든 것이 인간이 아닌 하나님이 행하시는 일이라는 사실을 깨닫지 못한다면, 우리는 복음을 전혀 이해할 수 없다는 것입니다. 물론 인간이 하는 부분도 있습니다. 구원 계획에서 인간이 해야 할 부분도 많습니다. 그러나 그 모든 것은 부차적인 것일 뿐입니다. 인간은 오직 하나님이 먼저 행동하시고 인간에게 행할 수 있는 능력을 주실 때에야 비로소 행동하기 시작하는 것입니다.

성경은 인간을 구원하기 위한 하나님의 일하심을 기록한 이야기 외에 아무것도 아닙니다. 성경은 우리 자신을 구원할 수 있는 법을 말해 주기 위한 교과서가 아닙니다. 인간을 구원하기 위해 하나님이 행하신 것을 계시하고 선포하는 것입니다. 그렇다면 구원은 이미 전적으로 하나님 손에서 완성된 것입니다. 구원은 하나님이 주셔야 하고 또한 기꺼이 주실 용의가 있는 것입니다. 하나님이 그 일을 이루셨고, 그에 대한 행동을 취하셨습니다. 따라서 우리가 그리스도인이라면, 우리는 현재 우리가 이렇게 된 것, 그리고 현재 우리가 소유하고 있는 것은 오로지 "하나님의 은혜"로만 가능했다는 사실을 기쁘게 인정하고 감사해야 합니다.

이것이 가장 먼저 해야 할 일입니다. 선한 일을 시작하기 전에, 어떤 프로그램과 계획을 준비하기 전에, 고상한 이상들을 추구하기 전에, 잠깐 멈추십시오! 하나님이 뭐라고 말씀하시는지 들었습니까? "여호와께서 말씀하시니라"는 말씀을 이해하고 있습니까? 하나님이 선포하신 것에 따라 계획하고 있습니까? 아니면 단순히 자신의 생각과 상상력에 근거해서 계획을 세우고 있습니까? 인간을 발견해서 구원하시는 하나님의 방법에서 시작하지 않고, 인간과 함께 시작해서 하나님을 발견하려는 것은 복음이 아닙니다. 여러분, 이 사실을 깨달으셨습니까? 복음은 하나님과 함께 시작하는 것입니다. 하나님에게서 오는 것입니다.

그런 이유에서 우리는 복음의 두 번째 중요한 원리를 선포할 수 있습니다. 성격이나 작용 양식에서 복음이 본질적으로 초자연적이라는 것입니다. 복음은 하나의 기적입니다.

> 성읍은 그 폐허가 된 언덕 위에 건축될 것이요(렘 30:18).

성경에 따르면 구원은 크고 광대한 것입니다. 그리고 스스로 복음이라고 말하고 나타내는 것을 확인하는 데는 위대함과 범위만큼 좋은 것이 없습니다. 신약 기자들에 따르면, 복음은 거듭남이나 중생과 같은 용어가 아닌 다른 어느 용어로도 묘사할 수 없을 만큼 크고 위대합니다. 복음은 모든 것을 새롭게 합니다. 복음은 단순히 우리를 좀 더 나은 사람으로 만들고 우리를 위해 이상을 제시하는 것이 아닙니다. 우리 삶을 겉으로만 그럴듯하게 만들어놓는 것이 아닙니다. 복음은 우리를 철저히 완전하게 변화시킵니다. 오늘날 복음 행세를 하고 있는, 생기 없는 모든 이상주의와 도덕적인 교화들이 절망적일 만큼 부적절하게 보이는 것도 바로 이 진리 때문입니다.

복음은 본질적으로 기적적이고 초자연적인 것이기 때문에 그 계획과 활동이 크고 광대할 뿐 아니라, 인간에게 반드시 하나의 경이로 찾아옵니다. 인간은 복음의 본질을 제대로 이해할 수 없습니다. 복음은 불가사의하고 놀라운 것입니다. 그렇기 때문에 복음을 진정으로 볼 줄 아는 사람은 항상 감동되어 경이와 놀라움에 부르짖습니다. 여기서 우리는 또다시 바울과 같은 사람이 복음을 생각하며 부르짖던 위대한 외침을 기억하지 않을 수 없습니다. 그는 "크도다 경건의 비밀이여"(딤전 3:16)라고 부르짖었습니다. 그런 다음 다시 "깊도다 하나님의 지혜와 지식의 풍성함이여"(롬 11:33)라고 부르짖었습니다. 어느 시대 어느 곳의 성도든 바울과 함께 복음을 묵상할 때면, 자신이 "경이와 사랑과 찬양에 열중하고" 있다고 인정했습니다.

복음이 단순히 더 나은 삶을 살고 선하고 친절한 사람이 되라고 권면하는 것이라면, 복음이 사회적, 윤리적 계획에 지나지 않는 것이라면, 즉 하나님이 행하신 것을 공표하기보다 주로 우리에게 무엇을 하라고 요구하는 것이라면, 도저히 이런 반응을 불러일으킬 수 없을 것입니다. 우리가 긍정할 수 있는 여러 인생철학과 인생 계획 중 하나는 될지 몰라도 위엄과 자비로움으로 우리를 찾아와 압도할 만한 것은 절대 될 수 없을 것입니다. 그러나 하나님의 행동임을 선포하는 복음은 늘 이러한 효과를 낳습니다. 이미 살펴본 대로 하나님은 아브라함과 야곱과 다윗과 선지자들과 신약의 모든 성도를 놀라게 하셨습니다. 여러분이 항상 복음으로 간주해 온 것이 여러분을 놀라게 하고 있습니까? 하나님 말씀이 여러분을 찾아와 "경이와 사랑과 찬양"으로 가득 채웠습니까? 하나님이 하신 일을 깨닫고 나면 항상 이렇게 됩니다.

"찬양"이라는 단어는 우리에게 복음의 세 번째 원리를 상기시켜줍니다. 그 이름이 암시하고 있듯이 복음은 항상 "좋은 소식"으로 찾아온다는 것입니다. 하나님이 하시는 일이 모두 좋은 소식인 것은 아닙니다. 하나님은 율법과 저주를 선포하시며, 진노와 형벌도 선포하시기 때문입니다. 그러나 복음에서는 사람들을 놀라게 할 뿐 아니라 그들로 하여금 말할 수 없는 기쁨에 가득 차서 감사하는 마음으로 노래하게 만드는 것을 진술하고 계십니다.

여기 아주 중요한 기준이 또 있습니다. 단순히 윤리 법전을 규정해서 사회 상황과 관련하여 어떤 지침을 주는 것은 결코 좋은 소식이 아닙니다. 그 자체나 그 안에는 절대 좋은 소식이 없습니다. 그 안에 있는 의무들을 행하라고 한다면 사람들은 많은 반성과 함께 두려움에 떨 것입니다. 그 과업이 지나치게 커서 수행하지 못할까 봐 두렵기 때문입니다.

사실 그리스도인들은 세상이 일찍이 알았던 인생법 가운데 가장 고상한 법전의 요구에 직면했습니다. 그런데도 그들은 밝고 행복했습니다. 명랑하고 쾌활했습니다. 가장 용감하고 대담한 사람도 충분히 무너뜨릴 만한 상황 앞에서도 그들은 여전합니다. 어떻게 그럴 수 있을까요? 그 질문에는 오직 한 가지 답밖에 없습니다. 그들이 하나님에게 받은 소식은 사람들에게서 오는 소식이 아무리 나쁘다고 해도 그것을 충분히 상쇄하고도 남을 만큼 기쁜 소식이기 때문입니다.

우리는 복음의 본질적인 특성 세 가지를 살펴보았습니다. 우선 복음은 인간을 위해 하나님이 행하신 것을 선포합니다. 그리고 불가사의하고 경이로우며 장엄한 하나님의 행동을 선포합니다. 마지막으로 복음은 인간이 일찍이 들었던 소식 가운데 가장 놀랍고 좋은 소식으로 찾아옵니다. 여러분도 이 사실을 깨달으셨습니까? 여러분에게도 복음이 이렇게 찾아왔습니까? 복음은 하나님의 축복 아래 있는 모든 사람에게 그런 식으로 찾아올 수 있습니다. 이제 그것을 예레미야 선지자가 선포한 위대한 복음에서 살펴봅시다.

당시 이스라엘 백성은 아주 사납고 무자비한 적에게 공격당하는 처지였습니다. 이스라엘 백성은 나날이 약해져가고 있었습니다. 예레미야는 하나님이 계시해 주신 사건의 후속 결과, 실제로 문자 그대로 일어나게 될 후속 과정을 알고 있었습니다. 예루살렘성은 원수에게 함락되어 파괴되고, 이스라엘 백성은 바벨론에 포로로 끌려갈 것입니다. 그런데 놀랍게도 70년 후에 포로 생활이 끝날 것입니다. 포로로 잡혀간 이스라엘 백성이 다시 돌아오고 예루살렘성은 "그 폐허가 된 언덕 위에 건축될" 것입니다. 그것이 좋은 소식입니다. 하나님이 행하실 놀라운 소식입니다. 이제 본문을 살펴보고 다음 사항들에 적용해 봅시다.

우선 복음이 직면하고 있는 과업을 자세히 살펴보십시오. 예루살렘성이 망하여 황폐해졌습니다. 돌무더기로 변했습니다. 예루살렘은 하나님의 성이자 이스라엘 백성의 자랑이었습니다. 시편 기자는 그 성을 자주 노래했으며, 그 성의 탁월함과 장점을 큰 소리로 외쳤습니다. 그곳은 정말 놀라운 성이었습니다. 모든 면에서 이 땅에서 하나님이 거하실 만한 곳으로 간주되기에 합당했습니다.

일단 예루살렘에는 이스라엘 백성이 모두 모여 하나님께 예배드리는 성전이 있었습니다. 그들은 그곳으로 예물과 희생 제물을 가져왔으며 큰 절기들을 경축했습니다. 그곳은 이스라엘 백성이 가장 좋은 때를 체험한 곳이기도 합니다. 살아 계신 하나님의 임재를 느낀 곳도, 하나님과 교제하고 그분이 축복해 주신 것을 감사한 곳도 바로 그곳입니다. 게다가 예루살렘성은 매우 견고하고 튼튼한 곳이었습니다. 반석들 위에 있어서 전망이 좋고 지휘하기 좋은 요지인 데다, 훌륭한 망루와 공격용 사다리, 성벽과 건물들이 있었습니다. 게다가 한 번도 함락된 적이 없는 성이었습니다.

그런데 애석하게도 그런 예루살렘성을 방어하는 시설들이 이스라엘 백성이 범한 죄 때문에, 그들이 하나님께 불순종하고 그분에게서 떠나 있었기 때문에, 그들 개인의 삶이나 예루살렘성 전체의 삶에서 하나님의 계명이 등한시되었기 때문에 약해졌습니다. 게다가 이스라엘 백성은 게을렀습니다. 결국 외부에서 온 적이 이 모든 것을 틈타 이스라엘을 공격했고, 예루살렘성을 포위해서 멸망시켰습니다. 성전이 파괴되고 은과 금으로 만든 귀한 보물들이 모두 바벨론으로 운반되었습니다. 성전 제단이 무너졌습니다. 모든 것이 파괴되었습니다. 성벽도 완전히 파괴되고, 망대도 모두 무너져 내렸습니다. 하나님의 성이 돌무더기로 변했습니다. 수세기에 걸쳐 유대인의 큰 자랑거리였던 그 모든 것이 잿더미가 되어버린 것입니다. 영광이 떠나고, 위대함이 사라졌습니다. 이 땅에서 가장 놀랍던 성읍이 형체도 없는 쓰레기더미로 변했습니다.

이렇게 말하면 누군가 "이 모든 것이 복음의 과업과 무슨 상관이 있습니까?"라고 반문할지 모릅니다. 그에 대한 대답은 이렇습니다. 우리가 방금 묘사한 것은 바로 죄의 결과로 인한 인간 영혼을 완벽하게 보여주는 그림이라는 것입니다. 성경의 예표론에서 볼 때, 예루살렘은 종종 인간의 영혼을 대표합니다. 특히 존 번연이 그렇게 보았습니다. 하나님은 인간을 완전하게 만드셨습니다. 그 밖의 다른 견해들은 모두 필연적으로 하나님을 불명예스럽게 만들 것입니다. 또한 인간의 타락, 벌을 받아 마땅한 인간, 피할 길을 제공해 주시는 하나님을 묘사하는 복음의 중심 주제를 완전히 파괴할 것입니다.

인간은 만물의 영장으로 만들어졌습니다. 인간은 본래 이 세상을 다스리고 지배하게 되어 있었습니다. 예루살렘이 반석 위에 높이 세워진 것처럼 인간도 위엄이나 위대함에 있어서 이 세상 다른 모든 것 위에 우뚝 서 있었습니다. 게다가 하나님은 인간에게 독특하고 놀라운 존재가 될 수 있는 능력과 기능을 부여해 주셨습니다. 인간은 동물과 같은 본능과 능력을 소유했습니다. 그러나 동물과 달리 이성이라는 고도의 능력이 있어서 자신을 훈련하고 통제할 수 있었습니다. 생각할 줄 아는 능력은 인간에게만 주어졌습니다. 심지어 자신을 객관적으로 볼 줄 알고, 인생과 인간 존재의 의미를 곰곰이 생각하면서 어느 정도 이해할 수 있는 능력까지 주어졌습니다. 무엇보다도 인간에게는 영혼 또는 정신이라는 독특한 자질이 주어졌습니다. 인간은 이것으로 생각하고 추론하며 다른 사람들과 대화할 수 있을 뿐 아니라, 하나님과 교제하고 동행할 수 있는 존재였습니다. 이것이 성경적 인간관, 성경적 영혼관입니다.

인간은 한낱 피조물이 아닙니다. 점진적으로 뻗어나가 더 높고 더 나은 것을 향해가는, 그래서 세월이 흐를수록 서서히 낮고 동물적인 단계를 벗어나 점점 고상해져 마침내 하나님처럼 되어가는 동물이 아닙니다. 오히려 그 반대입니다. 인간은 처음부터 이 모든 독특하고 뚜렷한 능력과 가능성을 가지도록 창조되었습니다. 여기서 반드시 깨달아야 할 중요한 사실은 인간이 이 기준에 따라 심판 받을 것이라는 점입니다. 하나님은 이스라엘 백성에게 예루살렘성을 주셨듯이 인간에게 영혼을 주셨습니다. 이스라엘 백성이 예루살렘성을 가지고 행한 일에 책임을 물으신 것처럼, 하나님은 우리에게도 우리에게 주신 가장 큰 선물, 즉 영혼으로 무엇을 했는지 책임을 물으십니다. 여러분은 그동안 여러분의 영혼으로 무엇을 했습니까? 여러분의 실상은 어떻습니까? 영혼 상태는 어떻습니까?

이와 관련해서 몇 가지 간단한 질문을 해보겠습니다. 첫 번째는 일반적인 질문입니다. 여러분은 자신이 그 고상한 기준에 일치한다는 사실을 깨달으셨습니까? 그것이 인간의 참된 본성이요, 바로 우리에게 본래 의도된 본성이라는 사실을 깨달았습니까? 여러분 자신과 자신의 삶을 생각해 보셨습니까? 여러분과 여러분의 삶은 하나님께 기초를 두고 있습니까? 여러분 영혼 앞에 펼쳐져 있는 그 무한한 가능성에 근거하고 있습니까? 아니면 단순히 세상과 육신과 감각적인 것들에 기초를 두고 있습니까? 여러분은 자신의 생명이 고상하고 숭고하며 이 세상 어느 것보다 고귀하다는 사실을 깨달았습니까? 살아 있는 영혼이 된다는 것, 하나님의 독특하고 특별한 피조물이 된다는 것이 얼마나 큰 특권인지 알고 계십니까?

이제 좀 더 상세하고 중요한 것을 다뤄보겠습니다. 우리의 영혼이라는 성 주변을 둘러싸고 있는 성벽은 어떻습니까? 망대와 사다리와 흉벽과 수비벽은 어떻습니까? 모두 손상되지 않은 채 건재하고 있습니까?

우리는 원수를 알고 있습니다. 그렇지 않습니까? 우리는 자신을 생각하기 시작하자마자, 우리를 끊임없이 공격하는 원수들에게 둘러싸여 있다는 사실을 의식하게 됩니다. 유혹과 죄, 악에 대한 이런저런 제안들이 우리의 수비물을 습격해서 포격하기 시작합니다. 우리는 그것을 알고 있었습니다. 그런데 무슨 일이 일어났습니까? 그 수비물들이 손상되지 않은 채 건재할 수 있도록 계속 지켰습니까? 적을 막다른 곳으로 몰아넣었습니까? 혹시 성벽에 갈라진 틈들이 생기지는 않았습니까? 여러분의 순결과 정절을 지켰습니까? 인품을 잘 지켰습니까? 지금까지 살아온 인생을 돌아보십시오. 무엇을 발견하십니까? 원수가 이미 들어와 있지 않습니까? 성벽과 망대가 모두 무너져 박살나지 않았습니까?

좀 더 면밀히 살펴보겠습니다. 한때 예루살렘의 자랑이던 화려한 궁전과 건물들은 어떻게 되었습니까? 아직도 건재합니까? 하나님이 인간 안에 심어주신, 따라서 여러분 안에도 있는 능력들에 무슨 일이 일어났습니까? 그 능력들로 무엇을 했습니까? 그것들은 어떻게 되었습니까? 여러분은 마음을 어디에 사용했습니까? 그 마음을 어떤 일과 과업에 쏟았습니까? 그것은 원래 인생의 위대한 일들을 묵상하라고, 여러분을 고상하게 만들어주고 고양시켜주는 사상이나 개념을 위해 사용하라고 주신 것입니다. 그런데 정말 그런 일에 사용했습니까? 또 다른 기능들은 어떻게 사용했습니까? 그동안 여러분의 정서와 감정, 감수성은 어느 방향을 향해 있었습니까? 하나님이 우리에게 주신 모든 강한 능력은 어느 방향으로 사용했습니까? 이 궁전, 이 큰 건물들이 어떻게 되었습니까? 그것들은 모두 누구의 소유물입니까? 정말 아직도 건재합니까?

왜 이런 질문들을 하는지 궁금하십니까? 이것이 현재 우리 주변에서 일어나고 있는 일들이기 때문입니다. 사람들은 하나님이 주신 모든 위대한 능력과 기능을 오직 육적인 만족과 기쁨을 위해 사용하고 있습니다. 지력과 창의력, 빈틈없는 영리함, 느낌과 감정 등 하나님이 인간에게 주신 모든 선물을 자기 자신과 몸을 섬기는 데 잘못 사용해 왔습니다. 본래는 인간의 영광을 위해 주어진 이 능력들이 이제는 인간의 수치가 되어버렸습니다.

이것을 개인에게 적용해 봅시다. 여러분은 자신의 시간과 정력과 돈을 어디에 쓰십니까? 여러분의 흥미를 끄는 것은 무엇입니까? 여러분을 정말 기쁘게 하는 것은 무엇입니까? 자신의 마음과 지성, 그 밖에 다른 능력들을 어떤 용도에 쏟고 계십니까? 그것들은 정말 건재합니까? 이제 중심부로 와 보십시오! 성전은 어떻습니까? 예루살렘에 있는 성전은 예루살렘의 영광이었습니다. 여러분의 영혼이라는 성전은 어떻습니까? 하나님이 거하시는 곳입니까? 영원한 분과 교제하는 곳입니까? 그분의 음성을 경청하는 곳입니까? 여러분의 영혼은 어떻습니까? 여러분은 어쩌면 성벽 중 아직도 건재한 부분이 있으며, 큰 건물 중 몇 채는 아직 손상되지 않았다고 주장하고 싶을지도 모릅니다. 그러나 그 모든 건물 중 가장 위대한 건물, 성전은 어떻게 되었습니까? 여러분은 하나님을 아십니까? 여러분에게는 하나님이 참으로 살아 계신 분입니까? 여러분 안에 그분이 살고 거하시는 "지성소"가 있습니까? 여러분 삶 속에 제단이 있습니까? 괜히 심심해서 묻는 질문들이 아닙니다. 또는 특정한 사람들에게만 묻는 질문들도 아닙니다. 이것은 우리 모두에게 해당되는 질문입니다.

하나님은 인간이 하나님과 함께 거하며 교제하길 원하셨습니다. 그런 가능성을 가지고 인간을 만들고 창조하셨습니다. 따라서 그 점에 대해 인간에게 책임을 물으실 것입니다. 여러분의 영혼은 어떻습니까? 여러분의 성읍은 어떻습니까? 아직 멸망하지 않았습니까? 하나님이 본래 의도하신 모습과 현재 여러분 모습을 비교해 볼 때, 혹시 그 성읍이 멸망했다는 사실을 인정해야만 하는 것 아닙니까?

원수는 방어벽을 무너뜨리고 성 안으로 들어와 성을 함락시킨 것은 물론, 그 안에 있는 건물들도 다 파괴했습니다. 성전도 파괴하고 그 안에 있는 것들을 약탈해 갔습니다. 논쟁할 여지가 전혀 없습니다. 그 사실들에 직면하는 수밖에 없습니다. 죄가 영혼을 파멸시켰습니다. 성이 돌무더기로 변했습니다. 원수가 우리를 포로로 끌고 갔습니다. 이것이 바로 복음이 기다리고 있는, 복음이 직면하고 있는 과업입니다. 인간의 영혼은 그런 상태에 빠져 있습니다. 그런 상황 속에 있습니다. 인간의 영혼은 타락했으며, 파괴되고 멸망하여, 돌무더기로 변했습니다.

우리는 여기서 그것이 복음의 과업이며, 오직 복음만이 할 수 있는 과업이라는 두 번째 원리를 보게 됩니다. 예루살렘성을 예로 든 유추를 보면 이 점이 매우 분명해집니다. 이스라엘 백성은 예루살렘성이 멸망한 후 바벨론에 포로로 끌려갔습니다. 그들의 처지는 정말 철저하게 절망적이었습니다. 예루살렘성은 멸망한 데다 이스라엘 백성은 그 성에서 멀리 떨어져 아주 막강한 원수의 손에 잡혀 있었습니다. 무능한 그들은 아무것도 할 수 없었습니다.

이것이 바로 우리 영혼의 상태라는 사실이 보이십니까? 물론 이스라엘 백성 가운데는 예루살렘으로 돌아가고 싶지 않은 사람들도 있었습니다. 노예로 지내는 것에 만족하는 사람들도 있었습니다. 우리는 지금 그 사람들을 논하는 것이 아닙니다. 우리의 관심사는 예루살렘으로 돌아가고 싶은 사람, 예루살렘으로 돌아가기를 간절히 사모하고 그리워하지만 전적으로 무력하고 무능해서 갈 수 없는 사람들입니다. 그런데 애석한 일은 오늘날 자기 영혼의 상태를 전혀 의식하지 못하는 사람, 그 상태에 대한 말을 들어도 전혀 신경 쓰지 않는 사람이 매우 많다는 것입니다. 그들을 기다리고 있는 것은 오직 파멸뿐입니다.

그렇지만 저는 지금 여러분이 영적으로 살아 있어서 자기 영혼의 상태를 깨닫고 있다는 전제 아래 이 말씀을 드리는 것입니다. 자신의 영혼이 절망적인 곤경에 빠져 있다는 사실을 알고, 자신이 알고 있는 본래 모습대로 돌아가기를 간절히 소원하고 있다는 전제 아래 이 말씀을 드리는 것입니다.

여러분은 자신의 무력함을 깨달았습니까? 오직 복음만이 그 일을 해낼 수 있다는 사실을 깨달았습니까? 그것을 깨닫지 못했다면, 그 사실을 다시 직면해서 옛날 이스라엘 백성의 상황에 나타난 그 모습이 여러분의 영혼 상태와 얼마나 같은지 한번 보십시오! 여러분 자신은 그 과업을 시작조차 할 수 없습니다. 그 사실을 알고 계십니까? 여러분은 새로 출발해서 좀 더 나은 삶을 살겠다고 결심할지도 모릅니다. 그러나 그런 결심만으로는 그 상황을 해결할 수 없습니다. 그것은 바벨론에 포로로 잡혀간 이스라엘 백성 사이에서 일어난 윤리적 개혁안이 할 수 있던 정도의 일만 할 수 있을 뿐, 상황을 근본적으로 해결하지는 못합니다. 과거라는 문제가 아직 남아 있기 때문입니다.

여러분은 현재 자신이 있는 곳에서 출발할 수 없습니다. 그것은 오래된 유산을 건드리지 않은 채 그대로 남겨 두기 때문입니다. 이미 일어난 일은 바꿀 수 없습니다. 폐허가 그곳에 있습니다. 따라서 다른 곳에서 새 기초 위에 건물을 짓는다는 것은 아무 가치가 없습니다. 여러분은 과거를 어떻게 할 수 없습니다. 여러분이 할 수 있는 그 어떤 것도 그 점에는 영향을 끼칠 수 없습니다. 그것은 그곳에 그대로 남아 있는데 여러분은 무력합니다. 여러분, 죄의 세력과 싸움을 시작하기 전에, 여러분이 과거에 범한 죄에 대한 죄책과 오염 문제부터 직면하십시오.

이것을 좀 더 입증하기 위해 상세한 내막으로 다시 돌아갑시다. 여러분은 이 오래된 성벽과 방어물들을 재건할 수 있습니까? 원수의 세력을 떨쳐버릴 수 있습니까? 그렇게 오랫동안 등한시하고 오용해 온 이 모든 능력과 성향을 여러분 자신의 노력만으로 바로잡을 수 있습니까? 지성과 영혼의 더 고상하고 높은 추구를 위해 여러분 자신 안에 관심과 열심을 다시 만들어낼 수 있습니까?

30-40년 전에는 이상주의자들이 인류를 고양시키는 문제에 대해 굉장히 쉽게 말했습니다. 그들은 교육과 훈련만 있으면 가능하다고 말했습니다. 좋은 문학작품들을 인쇄하고 출판해서 문화 수단과 인간 개선의 수단만 제공해 주면 사람들이 즉시 반응을 보일 것이라고 말했습니다. 그러나 그들이 그렇게 주창한 이래 지금까지 많은 세월이 흘렀지만, 그 경솔한 전제는 완전히 어리석은 것이었다는 사실만 완벽하게 보여주었을 뿐입니다. 사람들은 편안하고 피상적이고 향락적인 것을 더 좋아하기 때문에, 참된 전진과 진보를 위해 반드시 필요한 지속적인 노력에는 힘쓰지 않습니다.

이렇게 말하면, 그래도 의지적으로 많은 노력을 기울여 어느 정도 성공할 수 있는 사람이 몇몇은 있다고 말할 사람이 있을 것입니다. 그러나 그들이 과연 가장 위대한 그 일에 성공할 수 있을까요? 그들이 과연 하나님을 발견할 수 있을까요? 여러분은 하나님을 발견할 수 있습니까? 무너져버린 자기 영혼의 제단을 다시 쌓을 수 있습니까? 다시 지성소를 가져다 아주 거룩하고 영적인 것으로 재창조할 수 있습니까? 바로 이 지점에서 모든 인간적인 시스템과 의식(儀式)이 완전히 좌절하고 맙니다.

인간은 하나님을 위한 존재입니다. 아우구스티누스가 오래전에 말했듯이 "우리는 주님 안에서 쉼을 얻을 때까지는 그 어느 곳에서도 안식을 발견할 수 없습니다." 우리는 과거를 해결할 수 없을 뿐 아니라, 현재는 패배하고 있으며, 알 수 없는 미래를 두려워하고 있습니다. 우리 내면 깊숙한 곳에는 실패 의식과 죄의식이 도사리고 있습니다. 쟁론을 멈추고 좀 더 똑똑해져서 더 나은 자아의 소리를 듣게 될 때, 우리는 자신이 비참하고 불쌍한 실패자라는 사실을 알게 될 것입니다. 그런데 우리는 양심의 경고에도 불구하고, 가장 숭고한 내적 인도에 불순종하고 자신의 가장 낮은 소욕에 굴복했습니다. 우리는 이처럼 중요한 정보를 적에게 넘기고 정복당했습니다. 우리는 실패자입니다.

무엇보다 우리 안에는 하나님의 음성이 있습니다. 그분이 계시다는 느낌, 그분께 책임이 있다는 느낌, 장차 그분을 대면해야 할 것이라는 느낌이 있습니다. 그러나 어떻게 그분을 발견할 수 있을까요? 우리가 무슨 권리로 감히 그분을 바라볼 수 있단 말입니까? 그런데도 우리는 그분을 간절히 알고 싶어합니다!

우리 죄 때문에 원수가 우리의 영혼이라는 성을 돌무더기로 만들어 버렸습니다. 그뿐 아니라 우리 자신은 비참하고, 한심하고, 불행한 존재가 되었습니다. 우리는 이따금씩 성도를 보며, 성도에 대한 이야기를 듣거나 읽습니다. 오, 우리가 생각하는 것처럼만 될 수 있다면 얼마나 멋지겠습니까! 우리가 그렇게 될 수만 있다면 얼마나 좋겠습니까! 하나님을 알고 그분의 임재를 가까이 느낄 수 있다면 얼마나 좋겠습니까! 하나님의 힘과 능력을 체험하며 우리 영혼이 그분에 의해 깨끗해지고 새로워지는 것을 느낄 수 있다면 얼마나 좋겠습니까! 무엇보다도 사망을 두려워하기는커녕 그 너머에 하나님 아버지의 얼굴이 있고 영원한 지복이 있음을 알기 때문에 오히려 차분하고 평온한 마음으로 즐겁게 사망을 기다릴 수 있는 성도처럼 될 수만 있다면 얼마나 좋겠습니까! 여러분은 이렇게 느낀 적이 없습니까? 아니 지금도 그렇게 느끼지 못합니까? 혹시 지금 바벨론에 있는 이스라엘 백성 같지는 않습니까?

이제 너무 늦었습니다. 여러분은 자신이 범한 실수들과 어리석음을 봅니다. 그런데 여러분은 아무것도 할 수 없습니다. 여러분은 지금 바벨론에 포로로 잡혀 와 있으며 예루살렘은 매우 멀리 떨어져 있습니다. 여러분은 예루살렘을 생각하고, 예루살렘을 사모하며, 예루살렘을 그리워합니다. 그러나 모든 것이 황폐해진 것 같습니다. 그 성은 돌무더기로 변했습니다. 여러분은 무력합니다. 그 성을 재건한다는 것, 그것은 여러분이 감당하기에 지나치게 버거운 과업입니다.

인간의 모든 노력과 이 세상의 모든 노력을 다 합쳐도, 그가 정말 찾는 것, 마음속 깊이 사모하고 그리워하는 것을 얻을 수 없습니다. 이 세상은 그 영리함으로 많은 것을 할 수 있지만 새 예루살렘을 짓는 일, 우리 영혼을 새롭게 하는 일은 감히 시작도 할 수 없습니다.

그것은 오직 복음만이 감당할 수 있는 과업입니다. 그렇다면 복음이 그 일을 어떻게 해내는지 한번 살펴봅시다. 본문에 나와 있는 모습으로 다시 돌아갑시다. 바벨론에는 완전한 무력감에 빠져 있는 이스라엘 백성이 있습니다. 상황은 몹시 절망적으로 보입니다. 그런데 바로 그 상황에 있는 이스라엘 백성에게 이 메시지가 찾아옵니다.

> 여호와께서 말씀하시니라 보라 내가 야곱 장막의 포로들을 돌아오게 할 것이고 그 거처들에 사랑을 베풀 것이라 성읍은 그 폐허가 된 언덕 위에 건축될 것이요 그 보루는 규정에 따라 사람이 살게 되리라 (렘 30:18).

이 일은 실제로 일어났습니다. 이 말씀은 이대로 성취되었습니다. 이스라엘 백성이 완전히 실패했을 때, 하나님은 그들을 찾아가셔서 마음의 소원을 주셨습니다. 그리고 그들을 예루살렘으로 데려가셨습니다. 실제로 옛날 그곳, 이전 소재지에 새로운 성이, 성벽과 흉벽과 궁궐과 건물, 심지어 성전까지 갖춘 새로운 성이 건축되었습니다. 옛날 예루살렘성이 파괴된 바로 그 무더기 위에 새로운 성이 건축된 것입니다. 장소는 옛날 그곳이지만 새로운 성이 세워졌습니다.

이 모든 것은 지금까지 죽 지적해 온 대로 하나님이 인간의 영혼을 위해 행하시는 일을 보여주는 하나의 그림 또는 비유에 지나지 않습니다. 하나님이 지금 그 불가능한 일을 행하겠다고 제안하십니다. 그리고 그 불가능한 일을 실제로 행하십니다. 하나님은 오늘 깊은 환난과 재앙 가운데 빠져 있는 우리에게 찾아오셔서 말씀하십니다. 우리가 그동안 무슨 짓을 했는지, 현재 얼마나 절망적인 궁지에 빠져 있는지 깨닫고 좌절과 무력과 비참함을 느끼고 있을 때, 우리에게 찾아오십니다. 그리고 앞으로 무엇을 하실 예정인지 선포해 주십니다. 하나님이 주도권을 쥐고 그분의 때에 친히 행동하십니다. 우리에게 이적을 행하겠다고 선포하십니다. "성읍은 그 폐허가 된 언덕 위에 건축될 것이요." 그분은 우리에게 생명과 기쁨을 약속하십니다. 우리가 불행하여 절망에 빠져 있는 바로 그때, 이 놀랍고 신기한 말씀이 우리를 찾아옵니다.

그렇다면 그 말씀이 어떻게 찾아올까요? 하나님의 아들 예수 그리스도 안에서, 예수 그리스도를 통해 찾아오십니다. 그분은 어떻게 하실까요? 본문에 나온 그림이 완벽하게 보여주고 있습니다. 우리는 무엇을 해야 할까요? 가장 먼저 예루살렘으로 돌아가서 과거의 쓰레기와 폐허를 말끔히 치워야 합니다. 그것이 우리의 첫 번째 문제입니다. 그러면 과거의 죄책과 인생의 파편들을 어떻게 해결할 수 있을까요? 어떻게 제거할 수 있을까요? 우리가 그것을 깊이 후회하고 슬퍼한다고 해서 제거되는 것은 아닙니다. 현재와 미래의 어떤 노력으로도 속죄할 수 없습니다. 그것은 여전히 남아 있습니다. 그렇다면 어떻게 그 모든 것을 말끔히 치울 수 있을까요? 해답은 오직 하나뿐입니다.

> 샘물과 같은 보혈은 주님의 피로다.
> 보혈에 죄를 씻으면 정하게 되겠네.[1]

하나님의 아들, 예수 그리스도께서 갈보리 언덕에서 돌아가심으로 그 모든 폐허와 파편을 말끔히 치우셨습니다. 그리스도께서 우리의 죄책을 담당하고 그것을 없애주셨습니다. 그리스도께서 우리의 죄 값을 치르고 대신 죽으셨습니다.

> 그는 우리 죄를 위한 화목 제물이니 우리만 위할 뿐 아니요 온 세상의 죄를 위하심이라(요일 2:2).

우리는 우리의 과거를 해결할 수 없습니다. 오직 주님만이 해결하실 수 있고, 해결하셨습니다. 그 옛터가 과거의 모든 폐허와 파편들에서 깨끗해졌습니다. 옛 기초가 다시 드러났습니다. 주께서 그 쓰레기들을 말끔히 치워버리셨습니다.

그러나 주님은 거기서 멈추지 않으십니다. 그것은 시작일 뿐입니다.

---

1) 윌리엄 쿠퍼, "샘물과 같은 보혈은", 새찬송가 258장.

사전 준비 작업에 지나지 않습니다. 애석한 일은 그것이 복음의 전부인 줄 알고 있는 사람이 매우 많다는 것입니다. 복음을 단지 하나님이 우리를 용서해 주시겠다고 말해 주는 것으로만 생각하는 사람이 많습니다. 마치 하나님이 원수의 활동으로 생긴 폐허와 파편들을 말끔히 치우시지 않은 채, 옛터를 그냥 공터로 내버려두시기라도 할 것처럼 생각하는 사람이 많습니다. 아무리 깨끗해도 공터는 성읍이 아닙니다. 그리고 하나님이 거기서 끝낸다는 것은 곧 그분이 원수에게 패했다는 의미가 될 것입니다. 그러나 하나님은 거기서 멈추지 않으십니다. 거기서부터 시작하십니다!

> 성읍은 그 폐허가 된 언덕 위에 건축될 것이요 (렘 30:18).

하나님의 아들 예수 그리스도는 우리 죄를 위해 단순히 돌아가시기만 한 것이 아닙니다. 다시 살아나서 천국에 올라가셨습니다. 천국에서 성령을 보내주셔서 우리를 거듭나게 하시고 새 생명을 주시며 새롭게 창조해서 예수 그리스도 안에서 새사람으로 만들어주셨습니다. 하나님은 단순히 우리 죄를 사하시고 용서하시는 것만이 아닙니다. 새 출발과 새 생활을 하게 해주십니다. 새 예루살렘이 폐허가 된 옛 땅에 다시 건축됩니다. 따라서 우리는 새로워질 수 있습니다.

여기서 "우리"라는 단어를 강조하고 싶습니다. 아주 중요한 단어이자, 복음의 모든 경이와 놀라움을 표현하는 단어이기 때문입니다. 예루살렘이라는 이름을 가진 성은 다른 곳에 세워지지 않습니다. 옛 땅에, 같은 장소에, 성이 무너져 돌무더기를 이룬 "자기 산"에 세워집니다. 새로운 성이 그 옛 땅에 있습니다. 여전히 예루살렘이지만 새 예루살렘입니다. 마찬가지로 바로 우리에게, 본질적으로 동일한 개성과 인격을 지닌 동일한 사람인 우리에게 새로운 소원과 관심사, 새로운 소망, 새로운 가능성, 그리고 무엇보다 새로운 성전과 새로운 제단이 있는 새 본성과 새 생명이 제공되고 있습니다. 우리 같은 피조물, 죄로 얼룩지고 하나님에게서 소외된 우리 같은 피조물이 하나님과 다시 교제하고 그렇게 해서 기쁨을 발견할 수 있기를 소망하다니, 이보다 더 불가능해 보이는 일이 또 어디 있습니까! 그것이 바로 은혜의 기적입니다.

우리를 용서하신 하나님은 우리가 그분의 자녀임을 확신시켜주십니다. 그분은 우리를 보고 미소 지으시며 우리를 축복하시고 심지어 우리 안에 거하시기까지 합니다. 우리는 아직도 같은 이름을 지니고 있습니다. 천성도 본질적으로 같습니다. 그러나 우리는 완전히 새사람입니다. 터는 같습니다. 그러나 성읍은 새것입니다. 우리는 바울과 함께 이렇게 말할 수 있습니다.

> 이제는 내가 사는 것이 아니요 오직 내 안에 그리스도께서 사시는 것이라(갈 2:20).

그러나 복음은 거기서도 멈추지 않습니다. 우리는 묻습니다. "나의 옛 원수는 어떻게 되는 겁니까? 그는 아직 거기 있으며 나를 다시 패배시키려고 애쓸 것입니다. 나는 그 원수가 무섭습니다." 맞습니다. 원수는 지금도 남아 있으며 앞으로도 남아 있을 것입니다. 그러나 하나님이 그리스도 안에서 우리를 정복자 이상으로 만들어주겠다고 하십니다. 전에는 우리 혼자 원수와 싸웠습니다. 우리는 매우 약했기 때문에 원수에게 정복당했습니다. 그러나 이제는 그 원수를 정복한 주님이 우리 안에 거하시며 우리를 강건하게 해주겠다고 하십니다. 그분이 우리의 힘이자 의지할 분입니다. 그분은 두려워 떨지 않으시며 우리의 약한 팔을 강하게 해주실 것입니다. 우리의 힘을 날마다 새롭게 해주실 것입니다. 절대 우리를 혼자 내버려두거나 버리지 않으실 것입니다. "성읍은 그 폐허가 된 언덕 위에 건축될 것입니다." 그렇습니다. 바로 그 자리에서, 우리가 전에 패배한 바로 그 장소에서 이제는 승리하고 이길 것입니다.

이것이 바로 복음이 주는 축복들입니다. 우리가 어떤 여건에 있든 "하나님에게는 모든 것이 가능합니다." 그리고 그것이 하나님께서 하겠다고 베푸시는 것입니다. 자신의 처지를 깨달은 사람이라면 누구나 이 제안을 기쁘게 받아들일 것입니다.

21장
금식이 변하여 기쁨으로

> 만군의 여호와가 이같이 말하노라 넷째 달의 금식과 다섯째 달의 금식과 일곱째 달의 금식과 열째 달의 금식이 변하여 유다 족속에게 기쁨과 즐거움과 희락의 절기들이 되리니 오직 너희는 진리와 화평을 사랑할지니라. _스가랴 8장 19절

이 본문에 담겨 있는 메시지의 진정한 중요성을 파악하고 이해하려면, 먼저 이 말씀이 나오게 된 정확한 경위와 맥락을 살펴보아야 합니다. 이 시대 사람들은 역사적 사건과 같은 실제 사실에 대해 정확한 역사적 진실성과 역사적 배경은 의심하더라도 그 메시지의 정신과 가르침을 받아들인다면, 그것이 역사적 사실인지 아닌지는 별로 중요하지 않다고 말합니다. 이러한 경향은 우리에게서 성경의 위대한 구절들이 줄 수 있는 충분한 유익을 앗아갑니다. 과거 100년 동안 많은 사람이 그러한 견해를 취했습니다. 이 견해를 지지하는 비평가들은 "구약 역사는 잘못된 것일 수도 있을 뿐 아니라 실제로 아주 빈번히 잘못되었다. 그러나 우리가 그 메시지와 가르침을 파악할 수 있는 한 그것은 전혀 문제가 되지 않는다"고 말합니다.

이런 태도를 취할 때 우리는 구약 메시지에 담긴 참된 위대성을 놓칠 수 있습니다. 구약은 특정한 상황과 어려움을 단순히 상상해서 묘사한 다음 격려하는 말로 해결해 주는 소설이나 로맨스 책이 아니기 때문입니다. 구약이 지닌 의미는 그보다 훨씬 큽니다. 구약은 실제 일어난 사건과 사실들을 기록한 책입니다. 우리에게 지극히 중요한 책입니다.

우리는 소설이나 어떤 이야기를 읽을 때, "와, 정말 멋있는 이야기야. 그런데 인생은 이렇지 않아. 인생에서는 이런 일이 일어나지 않거든. 아주 좋은 착상이긴 하지만 그건 상상일 뿐, 사실이 아니야"라고 말합니다. 소설과 영화에 관해서라면 완벽하게 들어맞는 비판입니다. 그러나 성경에 관해서라면 전적으로 틀린 말입니다.

성경에는 역사적 사건, 역사상 실제로 일어난 이야기들이 들어 있습니다. 그 사실들을 믿는 제 믿음을 흔들어보십시오. 그러면 그 가르침을 믿는 제 믿음도 흔드는 것입니다. 그 사건들이 단순한 상상에 지나지 않는다면, 하나님이 이스라엘 백성을 애굽에서 구원하신 것과 관련해서 우리를 구원하시려고 예비한 구원 계획을 제시해 봤자 아무 소용없을 것입니다.

하나님이 이스라엘 백성을 구원하신 것이 사실입니까? 모세를 통해 이적들을 행하신 것이 사실입니까? 정말 홍해를 가르고 시내산에서 말씀하셨습니까? 요단강을 가르고 여리고성을 기적적으로 무너지게 하셨습니까? 이 질문들은 매우 중요합니다. 그 기록들을 사실로 받아들이는 정도만큼, 오직 그만큼만 그것들은 가치를 갖게 됩니다. 즉 하나님이 우리를 위해 기꺼이 해주시려고 하는 것과 행하실 수 있는 것을 나타내줄 뿐 아니라 실례로 보여주는 가치를 지니게 됩니다. 그 역사는 아주 중요합니다. 특히 이 본문보다 더 중요한 곳도 없을 것입니다.

본문을 보십시오. 하나님이 이스라엘 백성에게 금식의 날을 기쁨과 즐거움과 희락의 절기로 바꾸라고 명하십니다. 그 명령은 언제 주어졌습니까? 이제부터 보여드리겠지만, 그 정확한 시기와 맥락은 매우 중요합니다.

이 메시지는 이른바 바벨론 유수 이후 선지자 중 한 명인 스가랴를 통해 주어진 것입니다. 그는 바벨론 포로 생활에서 예루살렘으로 살아 돌아온 유대인들에게 이 말을 전했습니다. 유대인들은 죄를 범하고 하나님께 불순종했기 때문에 여러 차례 경고를 받은 후, 결국 바벨론에 공격을 받아 정복되고 맙니다. 성읍이 파멸되고 약탈당했으며, 그들은 노예와 포로가 되어 바벨론으로 끌려갔습니다. 성전이 파괴되고, 이전에 누리던 모든 영광과 세력도 사라졌습니다.

바벨론에서 이 사실을 깨달은 유대인들은 본문에 나와 있는 금식들을 새로 도입했습니다. 첫 번째 금식은 예루살렘 함락을 기억하기 위해, 두 번째 금식은 성전이 파괴되던 날을 기억하기 위해, 세 번째 금식은 가장 위대한 동족 중 한 사람에게 저지른 비열한 배신을 부끄러워하며 추도하기 위해, 마지막 금식은 예루살렘이 봉쇄당하기 시작한 날을 기념하기 위해 도입한 것이었습니다.

이스라엘 백성은 바벨론에서 70년 동안 비참하게 살면서 깊이 뉘우치고 회개했습니다. 그러다가 하나님은 약속하신 대로, 하나님의 때에 그분의 기적적인 방법으로 개입하셔서 그들을 구출해 주셨습니다. 하나님은 예루살렘으로 돌아가고 싶은 사람은 누구나 돌아갈 수 있도록 길을 열어놓으셨습니다. 그래서 이스라엘 백성 가운데 남아 있던 자들은 예루살렘으로 돌아갔습니다. 우리는 어떤 의미에서 아직도 폐허와 난관에 둘러싸여 있는 예루살렘에 돌아온 그들을 발견하게 됩니다.

바벨론 포로로 지낼 동안 죽 지켜온 이 금식들을 이제 어떻게 하면 좋을까요? 그 대답이 본문에 나와 있습니다. 이 말씀은 하나님이 그들에게 주신 말씀입니다. 이것이 얼마나 중요한지 아시겠습니까? 그 진정한 의미를 이해하시겠습니까? 이미 말씀드린 대로 이 금식들은 바울의 말처럼 우리의 유익을 위해(딤후 3:16) 모든 성경과 함께 기록되었다는 사실을 기억하면서 함께 살펴봅시다.

하나님은 스가랴 선지자를 통해 이스라엘 백성에게 하신 이 말씀을, 그의 아들 나사렛 예수 그리스도 안에서 이보다 영광스러운 방식으로 우리에게도 말씀하셨으며 지금도 여전히 말씀하고 계십니다. 하나님이 주시는 복음의 위대한 메시지는 구약에서나 신약에서나 본질적으로 같습니다. 신구약 사이에 다른 것이 있다면, 표현 양식일 뿐입니다. 즉 구약에서는 조금 희미하고 불분명한 반면, 신약에서는 아주 분명하고 큰 소리로 전하고 있습니다. 우리는 이렇게 복음 시대에 살고 있으니 하나님께 얼마나 깊이 감사드려야 할지 모릅니다. 그러나 우리는 어떻습니까? 그것은 우리가 복음이 말하는 것을 깨닫고 믿느냐 믿지 않느냐에 달려 있습니다. 복음은 무엇을 말하고 있을까요? 다음과 같은 관찰들을 통해 그 질문에 답해 보겠습니다.

첫째, 복음이 인간을 대할 때 궁극적으로 만들어내는 결과는 기뻐하고 즐거워하는 영입니다. "궁극적인 결과"라고 말씀드린 것은 그 결과가 복음이 만들어내는 유일한 결과도 아니고, 복음의 즉각적인 관심이나 효과도 아니라는 사실을 아는 것이 중요하기 때문입니다. 복음으로 인한 기쁨과 행복, 즐거워하는 영은 부산물에 지나지 않습니다. 그것들은 무언가 다른 것의 직접적인 결과로 따라오는 것입니다. 바로 그것이 사람들을 행복하게 해주겠다고 약속하는 많은 이단 종파, 아니 모든 이단 종파와 복음이 처음부터 다른 부분입니다.

　이단 종파들은 행복에만 관심이 있습니다. 행복은 그들이 생각할 수 있는 유일한 목표이자 목적입니다. 그래서 곧바로 그 요점으로 갑니다. 그러나 복음은 주로 다른 것에 관심이 있습니다. 복음의 주요 관심사는 의와 진리, 그리고 하나님과 우리의 관계를 바르게 하는 것입니다. 이 주요 조건들이 성취될 때 비로소 기쁨과 행복이 따라옵니다. 우리가 이 조건들을 충족시키고 그 법과 길에 순응하기만 하면, 복음은 우리를 행복하고 기쁘고 즐겁게 해줍니다. 이 제안이 지닌 정확한 성격을 깨닫는 것이 매우 중요합니다. 그리고 그것은 본질적으로 긍정적이고 적극적인 것이라는 사실을 아는 것도 중요합니다.

　본문에서 이스라엘 백성에게 제시된 것은 단순히 금식의 날 수를 줄이겠다는 것이 아닙니다. 금식의 날을 모두 끝내겠다는 것도 아닙니다. 그보다 훨씬 영광스러운 것입니다. 그들은 단순히 금식하는 것을 끝내게 될 뿐 아니라, 기쁨과 희락의 절기를 시작하게 될 것입니다. 본문에서 제안하는 것은 단순히 그들이 조금 덜 비참하고 덜 불행하게 되리라는 것이 아닙니다. 오히려 그들이 적극적으로 기뻐하며 행복해지리라는 것입니다. 복음은 어느 곳에서나 오직 복음만이 우리를 진정으로 행복하게 해줄 수 있다고 주장합니다.

오직 시온 백성만이 순전한 기쁨과 영속적인 즐거움을 안다.

　오늘날 많은 사람에게 이 말이 이상하고 놀랍게 들릴 것입니다. 복음과 기독교에 대한 그들의 개념은 이상할 만큼 이것과 다르기 때문입니다. 오늘날 기독교에 대해 사람들이 공통으로 갖고 있는 개념은 그것이 사람들을 단연코 비참하고 불행하게 만든다는 것입니다. 즉 기독교란 인생을 즐겁고 행복하게 만드는 것에서 우리를 가로막는 것이라고 간주합니다.

대부분의 사람들이 기독교를 경멸하며 퇴짜 놓는 이유는 기독교가 인생을 왜소하고 지루하며 재미없는 것으로 만들어버린다고 생각하기 때문입니다. 인생을 구속하고 만끽하지 못하도록 방해하는 것, 진정한 의미에서 생기를 불어넣어주는 모든 것을 방해하는 것이라고 생각하기 때문입니다. 기독교는 우리로 하여금 끊임없이 죽음과 무덤, 미래의 삶과 체험을 직면하게 할 뿐, 현재의 우리에게는 어떤 것도 제공할 것이 없는 종교라고 이해합니다. 그래서 기독교는 이미 살 만큼 살았고 건강과 활력을 잃어서 죽음을 기다리는 것 말고는 더 할 일이 없는 노인들에게나 어울린다는 말이 나오는 것입니다. 젊을 때 기독교를 믿는다는 것은 곧 자신을 애늙은이로 만드는 것이자 인생의 단맛을 전부 빼앗기는 것이라고 생각합니다. 그들이 기독교에 관한 이야기를 거부할 뿐 아니라, 농담 삼아 경멸적으로 이야기할 때나 어울리는 주제로 기독교를 다루는 것은 바로 이런 이유 때문입니다. 즉 기독교는 인생을 따분하고 비참하고 지루하게 만든다고 생각하는 것입니다.

사람들이 그리스도인들에게 퍼붓는 비방 가운데 "비참하다"는 단어만큼 자주 사용하는 단어도 없을 것입니다. 대부분의 사람들은 일정한 연령에 달할 때까지는 기독교를 믿지 않는 것을 당연하게 생각합니다. 이런 사람들에게 복음이 우리의 금식을 희락과 기쁨의 절기로 바꾸어 준다고 말하는 것은, 그들에게 전혀 믿을 수 없는 것을 들이대는 것과도 같습니다.

그들처럼 이것을 믿지 못하는 부류가 또 있습니다. 이유만 다를 뿐입니다. 복음의 참된 제안과 궁극적인 목적은 신앙 없는 사람들에게만 놀라운 것이 아니라, 기독교를 믿는다는 신앙 있는 많은 사람에게도 역시 놀라운 것입니다. 이때 "많은 사람"이란 자기들이 필요할 때나 곤란에 빠졌을 때 기독교로 돌아서는 사람들을 가리킵니다. 그들이 기독교로 돌아서는 이유는 다양합니다.

예를 들어 우리가 방금 살펴본 이전 견해가 전적으로 공허하다는 것을 깨닫고 깊이 생각한 결과 기독교로 돌아설 수도 있습니다. 자기들의 지성으로는, 역사와 이생에 대한 자신들의 지식으로는 인생에 비극적인 요소가 있다는 것, 인생 자체는 가볍게 걸어갈 수 있을 만큼 사소하지 않다는 것, 오히려 우리의 능력과 자원을 모두 동원해야 하는 가혹한 싸움이자 투쟁이라는 것을 이해한 것입니다. 아니면 실제로 인생을 살아본 결과 그런 결론에 도달했는지도 모릅니다. 질병과 고통, 시련과 슬픔, 사별과 사망을 겪으면서 자신의 무력함과 연약함을 느껴 기독교로 돌아선 것입니다. 그 방법 말고는 그들을 도와줄 수 있는 것이 아무것도 없는 것입니다. 그렇다면 기독교로 돌아선 이유는 무엇일까요? 물론 마음을 진정하고, 위로받고, 도움을 얻기 위해서입니다.

그러나 안타깝게도 그들은 거기서 더 나아가지 않습니다. 아니, 그 이상을 보지 못한다는 말이 더 맞을 것입니다. 그들은 우리의 슬픔을 덜어주고, 우리가 슬플 때 위로해 주며, 우리가 완전히 절망하지 않도록 붙잡아주고, 자살하지 않도록 지켜주며, 삶이라는 피곤한 일에 직면할 수 있도록 매주 새로운 용기와 불굴의 정신을 심어주는 것이 기독교의 역할이자 기능이라고 생각합니다. 한마디로 우리가 모든 것을 단념한 채 자신의 운명을 감내하는 평온한 상태를 갖게 해주는 것이 곧 기독교의 기능이라고 생각합니다. 그러나 이런 식으로 변조된 기독교는 앞서 다론 첫 번째 부류의 사람들, 즉 신앙 없는 이들이 지닌 생각만큼이나 잘 못되고 거짓된 것입니다. 두 번째 부류에게 기독교는 여전히 매우 소극적인 것입니다. 물론 그들은 어리석고 무지한 첫 번째 부류와 달리 기독교가 사람들을 실제로 비참하게 만든다고는 생각하지 않습니다. 그렇습니다. 기독교가 아니라 인생이 그들을 비참하게 만들었습니다! 그래서 그들은 기독교가 자신들의 비참함을 잊게 해주고 슬픔을 조금만 달래주어도 아주 감사하게 생각합니다.

그러나 그런 개념은 여전히 매우 소극적입니다. 그들의 기독교는 단지 슬픔을 완화시키고 고통을 경감시켜줄 뿐입니다. 인생을 변화시켜주는 것이 아니고 다만 인생을 견딜 만하게, 그저 그런 대로 살아갈 만하게 만들어줄 뿐입니다. 우리가 다루는 주제와 관련시키자면, 금식을 줄이거나 폐지시켜줄 뿐 그 이상은 할 수 없습니다. 거기서 더 나아가 기쁨과 희락의 절기로 바꾸어주지는 못합니다. 그러나 사실 복음은 바로 이것을 제안합니다. 복음은 인생을 개선할 수 있다고 주장하는 것이 아닙니다. 오히려 인생을 변화시키고 대변혁을 일으켜 전적으로 바꾸어놓을 수 있다고 주장합니다. 금식이 기쁨의 절기로, 비참함이 희락으로 변하게 될 것이라고 주장합니다.

그러면 왜 기독교에 대한 거짓 견해가 그처럼 널리 수용되고 있을까요? 사람들이 왜 기독교의 영광을 완전히 생략하고 있는 걸까요? 그 질문에 대해서는 두 가지로 대답할 수 있습니다. 하나는 사람들이 기독교를 판단할 때, 기독교를 대표하는 인물 가운데 가장 무지하고 나쁜 사람들을 보고 판단하기 때문입니다. 명목상의 기독교, 또는 단순히 존경받을 만한 사람에 지나지 않는 사람을 참된 기독교와 혼동하는 치명적인 경향이 있기 때문입니다.

그러나 아마 진짜 원인은 성경이 진정으로 말하고 있는 것에 전적으로 무지하기 때문일 것입니다. 오늘날 사람들은 성경을 한 번도 읽지 않고 성경에 대해 이야기합니다. 그들은 성경이 아닌 다른 데서 읽은 것, 아니 성경을 제외한 다른 모든 곳에서 읽은 것들에 근거해서 성경을 반박하고 거절합니다.

성경을 펴서 뭐라고 말하는지 들어보십시오. 성경을 처음부터 끝까지 읽어보십시오. 그러면 성경 모든 곳에서 기독교의 궁극적인 결과가 행복과 기쁨과 평강이라는 사실을 발견할 것입니다. 하나님은 우리가 비참해지기를 원하시며 하나님께 순종하고 그분이 살라는 방식대로 살았다가는 곧바로 불행해질 것이라고 말하는 것은 하나님의 거룩하신 이름을 가장 모욕하는 행위입니다. 결코 그렇지 않습니다.

하나님은 우리 아버지십니다. 하나님은 자신의 자녀들을 사랑하십니다. 하나님께는 자녀들이 기뻐하고 행복해하는 모습을 보는 것보다 더 기쁘고 만족스러운 일이 없습니다. 그리고 하나님은 이미 그런 일이 일어날 수 있는 길을 만들어놓으셨습니다. 하나님의 길을 받아들인 사람은 누구나 그 길이 행복과 기쁨으로 이어진다는 사실을 알고 있습니다. 그것을 체험하고 그 체험을 말하는 시편 기자의 말을 들어보십시오. 사도행전과 사도들의 서신에 나오는 모든 신약 성도의 말을 들어보십시오. 성도의 삶과 이야기에 들어 있는 기쁨과 행복을 보십시오. 그러면 우리는 거기서 한걸음 더 나아가 하나님은 우리의 행복을 바라실 뿐 아니라 실제로 우리에게 행복해지라고 명하신다고 말하게 될 것입니다.

바울이 빌립보 교인들에게 항상 기뻐하되 어떤 처지에서든 기뻐하고 심지어 시련과 환난 가운데서도 기뻐하라고 명한 것처럼, 본문도 당시의 유대인들에게 명하고 있습니다. 다시 말해 이것은 성경 전체가 가르치고 있는 아주 핵심적인 교훈입니다. 이 말씀은 우리의 신앙 고백이 사실인지 여부를 확인할 수 있는 시금석으로 간주해야 할 만큼 핵심적인 교훈입니다.

그리스도인은 단순히 이전보다 약간 덜 비참한 사람이 아닙니다. 그는 기뻐하는 사람입니다. 우리 주님은 제자들에게 하신 마지막 설교에서, 제자들과 제자들을 통해 또다시 주님을 따르게 될 모든 사람에게 그들의 슬픔이 기쁨으로 변하게 될 것이라고 말씀하셨습니다. 그리고 죽었다가 다시 살아나신 후에는 "너희 마음이 기쁠 것이요 너희 기쁨을 빼앗을 자가 없도록"(요 16:22) 해주겠다고 말씀하셨습니다. 또 이런 말씀도 하셨습니다.

구하라 그리하면 받으리니 너희 기쁨이 충만하리라(요 16:24).

세상에서는 너희가 환난을 당하나 담대하라 내가 세상을 이기었노라(요 16:33).

어떤 일에도 적극적으로 기뻐하게 되리라는 것, 이것이 우리 주님이 우리에게 주시는 것입니다. 슬픔을 조금 덜거나 위로와 도움과 힘을 조금 더 받는 것이 아닙니다. 단지 금식 횟수를 줄여주는 것이 아닙니다. 금식을 기쁨과 희락의 절기로 바꾸어주겠다는 것입니다! 주님은 우리에게 단순히 금욕적인 단념이나 불굴의 정신으로 인생이라는 준엄한 현실에 우리 자신을 차분히 맡기고 강건하고 용감하게 살라고 격려하지 않으십니다. 주님은 우리에게 정복과 승리, 환희와 기쁨을 제공해 주십니다.

그리스도와 기독교가 그보다 못한 것을 준다고 여기는 것은, 그리고 자칭 그리스도인이라 하면서 그보다 못한 것을 체험하고 소유한다는 것은 주님을 속이는 것이며 주님의 주장과 맞지 않는 것입니다. 그리스도인은 행복해지게 되어 있을 뿐 아니라, 실제로 행복해야 한다는 명령을 받고 있습니다! 복음은 오직 복음만이 우리의 인생이나 모든 것에서 우리를 행복하게 만들어줄 수 있다고 주장합니다. 여러분 인생도 그렇습니까? 여러분도 그것을 체험하셨습니까? 여러분은 그것이 어떤 것인지 알고 계십니까? 만일 모른다면, 그 이유가 무엇일까요?

우리는 복음이 어떤 사람들에게 행복이라는 궁극적 결과를 만들어내는지 살펴보아 그 질문에 답할 수 있습니다. 한마디로 그러한 체험은 오직 비참했던 사람들 안에서만 가능합니다. 희락과 기쁨의 절기로 변할 것이라는 명령은 오직 금식했던 사람들에게만 찾아오는 것입니다! 이 금식들에 관해서만큼 역사의 정확성이 중요한 문제도 없습니다. 우리가 그것을 강조하는 이유는 바로 이 점에서 상당히 많은 사람이 정도(正道)를 벗어나기 때문입니다. 베드로의 말을 빌리면 "다른 성경과 같이 그것도 억지로 풀다가 스스로 멸망에 이르기"(벧후 3:16) 때문입니다.

기쁨과 희락의 절기를 가지라는 명령은 누구에게나 해당되는 것이 아닙니다. 또 항상 그렇게 하라는 것도 아닙니다. 하나님의 약속에는 늘 조건이 붙습니다. 사람들이 축복을 받지 못하는 이유는 이 조건들을 무시하기 때문입니다. 인생에서 행복을 가장 중요시하는 사람은 절대 참된 행복을 발견하지 못할 것입니다. 또 위로를 받기 위해 기독교를 찾는 사람들도 절대 복음의 충만한 기쁨을 진정으로 체험하지 못할 것입니다. 기쁨과 희락의 절기를 시작하라는 명령은 오직 금식의 절기를 거친 사람들에게만 해당되는 것입니다.

이스라엘 백성의 역사를 예로 들어 이 사실을 아주 분명하게 보여드리겠습니다. 바벨론 포로로 잡혀 가기 전에 이사야 선지자가 한 예언들을 읽어보십시오. 예레미야, 에스겔, 호세아, 요엘, 그리고 바벨론 유수 전에 있었던 모든 선지자의 예언을 읽어보십시오. 그들이 이스라엘 백성에게 기쁨과 희락의 절기를 가지라고 명한 적이 있습니까? 그 예언들은 이스라엘 백성을 행복하게 해주었습니까? 이 선지자들의 글을 아는 사람이라면 누구나 그렇지 않다는 사실을 피상적으로라도 알고 있을 것입니다.

그들은 임박한 심판과 재앙을 예언했습니다. 물론 이따금 호소도 하고 권면도 했습니다. 그중 어떤 것들은 성경 어디서나 발견되고 있듯이 매우 부드럽고 애정 어린 말로 표현되어 있습니다. 그러나 죄 사함과 용서를 함께 이야기하는 그들의 메시지 속에는 매번 회개하고 죄를 버리도록 촉구하는 내용이 들어 있었습니다. 그런데도 이스라엘 백성은 그 말을 들으려 하지 않았습니다. 그들은 계속 악하고 불순종했습니다. 그러자 하나님의 말씀도 점점 협박적이고 위협적으로 변해 갔습니다. 그리고 마침내 예언대로 재앙이 임하고, 이스라엘 백성은 포로로 끌려갔으며, 성전은 파괴되었습니다.

이스라엘 백성은 뒤늦게야 자신들의 어리석음과 죄를 깨달았습니다. 하나님을 무시하고 우상을 숭배한 것이 얼마나 미련하고 미친 짓인지 깨달았습니다. 자신들이 그동안 어떻게 하나님의 율법을 어기면서 하나님께 범죄했는지 깨달았습니다. 자기들의 처지가 어떤지 그제야 실상을 보게 된 것입니다. 선지자들이 아무리 달래고 설교해도 듣지 않더니 막상 바벨론 포로로 끌려가 사는 동안 그곳에 있는 여러 강변에서 그 사실을 깨달은 것입니다.

그렇습니다! 그들은 그곳에서 시온을 기억하며 버드나무에 수금을 걸고 노래하며 울었습니다(시 137:1, 2). 마치 탕자의 비유에 나오는 작은 아들처럼 이국땅에서 제정신이 든 것입니다. 자신들의 죄와 어리석음을 본 것입니다.

그들이 금식의 날들을 제정하게 된 것은 바로 이런 맥락에서였습니다. 그러나 스가랴 선지자는 이것조차 철저하게 지키지 못했다고 말하고 있습니다. 그때도 그들은 자신들이 범한 죄보다 자신들이 당하고 있는 고난에 더 관심이 많았습니다. 그러나 아무튼 그들은 그것을 보았고 어느 정도 깨달았습니다.

그때 하나님의 구원이 찾아와 그들은 예루살렘으로 돌아오게 되었습니다. 그때서야 하나님이 이같이 말씀하신 것입니다. 그리고 우리가 보는 것처럼 이때도 금식하는 것이 기쁨과 희락의 절기로 바뀔 것이라는 약속과 함께 준엄한 경고와 윤리적인 권면을 말씀하십니다.

선지자들을 통해 이루어진 영광스럽고 자비로운 기도들의 성취, 그 모든 엄청난 복음적인 약속들의 성취는 포로 생활 이후의 유다와 관련이 있습니다. 이것은 복음을 진정으로 이해하는 데 아주 중요합니다.

항상 회개가 죄 사함보다 선행합니다. 자비로운 하나님 말씀이 그리스도 안에서 베푸시는 죄 사함과 기쁨과 평강은 오직 자기 죄로 인해 비참해진 사람들에게만 찾아오는 것입니다. 예비 단계인 금식의 절기를 거쳐야만 비로소 기쁨과 희락의 절기를 누릴 수 있습니다. 항상 "슬픔"을 먼저 맛보고 그 다음에 그리스도의 간섭으로 "기쁨"을 맛보게 되는 것입니다. 이 사실을 분명히 깨달으십시오. 구원의 기쁨을 체험할 수 있는 사람은 오직 자기의 죄 때문에 비참해진 사람뿐입니다. 우리가 이미 살펴본 대로 구원의 기쁨이 없는 구원이란 것이 있는지 자못 의심스럽습니다.

　이렇게 말하면 어떤 사람들은 그것이 누구에게나 해당되는 보편적 원리가 아니라 특정한 유형의 사람들에게나 해당되는 특수한 원리라고 말하면서 금식과 고통을 피하려고 할지 모릅니다. 난폭한 범죄를 저지른 다음 극적인 회심을 체험한 사람들이나 이런 기쁨을 맛볼 수 있다고 주장하는 사람들이 있습니다. 누구나 체험하는 것이 아니라고 생각하는 것입니다. 기독교를 믿으며 자랐고 절대 난폭한 죄를 범한 적이 없는 사람들은 그러한 기쁨을 체험할 수 없다고 생각하는 것입니다. 이들은 회개가 기질이나 심리적인 문제, 죄의 정도나 종류에 달려 있다고 추측합니다. 난폭한 반응을 보이며 우울하고 심각한 유형의 내성적인 사람이나 아주 심한 죄를 범한 죄인들이 구원의 기쁨을 발견하는 것이지, 보통 사람, 평범한 사람은 그런 체험을 하지 못할 것이라고 생각합니다. 사람들이 난폭한 죄인이었다가 회심한 그리스도인만 보면 감탄하며 영웅시할 뿐 아니라, 심지어 그가 과거에 범한 죄의 경험까지 부러워하는 것도 다 이런 이유입니다.

　이 모든 것은 복음의 가르침에 정면으로 위배되는 것이며, 복음이 하는 말을 완전히 오도하고 있는 것입니다. 이런 견해는 복음을 완전히 오해하고 있는 것이라고밖에 말할 수 없습니다. 그 밖에 달리 설명할 길이 없습니다. 그것은 다음과 같은 사실을 고려해 볼 때 분명히 논파될 수 있습니다. 즉 특정한 사람들 또는 특정한 기질의 사람들만 구원의 기쁨을 체험한다고 말하는 것은 참이 아닙니다. 모든 유형의 사람, 모든 종류의 사람들이 과거에 이미 구원의 기쁨을 체험했으며 지금도 여전히 체험하고 있기 때문입니다. 사도들만 보더라도 배경과 기질이 서로 달랐지만 모두 동일한 기쁨을 누렸습니다. 그리고 그 현상은 그 후 지금까지 계속 이어져 내려오고 있습니다. 심리적이라느니 기질적이라느니 하는 말들이 이론상으로는 아주 그럴 듯하고 중요하게 들릴지 모릅니다. 그러나 교회 역사를 보십시오. 내성적인 사람이나 외향적인 사람이나 모두 같은 기쁨을 누렸습니다. 폭력과 범죄를 일삼은, 경건치 못하고 악한 사람들이나 교회에서 자란 사람들(루터, 웨슬리 등과 같이)이나 모두 금식이 기쁨과 희락의 절기로 바뀐 것을 경험했습니다.

그런 것은 차치하더라도 신약 자체가 그것을 특정한 사람들에게만 제공하고 있지 않습니다. 모든 사람에게 제공합니다. 이런 사람에게는 주고 저런 사람에게는 주지 않는 식으로 사람을 구분하지 않습니다. 우리 모두에게 "만유 위에 계신 동일하신 하나님은 모든 사람에게 선하시다"는 사실을 확신시켜주고 있습니다.

하나님은 특별한 죄를 지은 사람이 회개하면 별도의 기쁨을 주시는 식으로 보상하시지 않습니다. 하나님이 그렇게 하신다고 말하는 건 부도덕한 행위를 하나님 탓으로 돌리는 것일 뿐 아니라 하나님의 거룩한 이름마저 모욕하는 것입니다. 이런 견해를 지닌 사람들의 진짜 문제는 그들이 객관적인 영원한 사실이 아닌 내적인 느낌에 근거해서 이런 견해를 취한다는 데 있습니다.

이 말이 무슨 뜻인지 예를 들어보겠습니다. 바다에서 곤경에 빠져 있는 두 사람을 상상해 보십시오. 그들은 지금 익사 직전입니다. 그런데 어떤 사람이 생명의 위험을 무릅쓰고 그 두 사람을 구조해 주었다고 합시다. 이때 그 두 사람이 기뻐하고 행복해하며 감사하는 마음을 갖게 되는 것은 오직 그들이 어떤 기질이냐에 따라 결정된다고 말할 수 있습니까? 정말 진지하게 그렇게 말할 수 있을까요? 사실 기질이나 심리적인 것은 거의 상관이 없습니다. 중요한 것은 그 사람이 자신의 처지를 깨닫는 것입니다. 먼저 자기가 얼마나 엄청난 위험에 빠져 있었는지를 깨닫고, 그 다음에는 그런 위험 속에서 자신이 안전하게 구조되었다는 사실을 깨닫는 것입니다. 자신이 익사 직전에 있었다는 사실을 깨닫는다면, 정말 절망적인 처지에 있었다는 사실을 깨닫는다면, 아무리 감정에 흔들리지 않는 냉담하고 둔한 사람이라도 깜짝 놀랄 것입니다. 그리고 자신이 그런 위험에서 구조되었다는 사실을 깨달았을 때의 기쁨과 감사는 이루 말할 수 없을 것입니다. 중요한 것은 그 사람의 상태나 느낌이 아니라 자신이 처해 있던 처지와 상황을 어떻게 이해하고 평가하느냐입니다.

기독교에 관해서도 마찬가지입니다. 여러분은 자신이 어떤 처지에 있는지 깨달았습니까? 여러분의 기질과 성격은 다 잊어버리십시오. 여러분이 자란 배경과 여러분이 범하지 않은 모든 죄도 잊어버리십시오. 난폭한 죄인이나 다른 사람들도 전부 잊으십시오. 오직 여러분 자신만 생각하십시오.

여러분은 이 순간 자신이 어떤 상태에 있는지 알고 있습니까? 죄 때문에 괴로우십니까? 한번이라도 그런 적이 있었습니까? 그런 적이 없었다면 그것은 여러분이 죄인이 아니라서가 아닙니다. 다만 자신이 죄인임을 깨닫지 못했기 때문입니다. 어린아이들은 불을 무서워하지 않습니다. 전류에 무지한 사람은 전선줄을 만지는 것이 얼마나 위험한지 모릅니다. 어리석은 사람은 천사들도 무서워하며 발을 딛지 못하는 곳에 아무렇지 않게 발을 내딛습니다.

우리는 모두 죄 가운데 태어났습니다. 몰랐다고 해서 그 사실이 달라지거나 그 사실에 조금이라도 영향을 끼치는 것은 아닙니다. 성경은 우리 모두 하나님께 죄를 범했다고 말합니다. 이 세상의 기준에 따르면 난폭한 죄인이 아닐지라도, 우리는 모두 하나님의 영광에 이르지 못하며 하나님의 법을 어겼다고 말합니다. 여러분은 하나님을 마땅히 예배해야 할 만큼 예배했습니까? 예수 그리스도처럼 하나님을 예배하고 경배했습니까? 여러분 인생에서 늘 하나님이 최고입니까? 하나님을 전적으로 의지하고 있다고 생각하십니까? 그동안 하나님이 베풀어주신 그 모든 선하심과 자비하심에 대해 끊임없이 감사드렸습니까?

무엇보다 이 질문에 답해 보십시오. "자신이 하나님 앞에서 전적으로 무가치한 존재라고 느껴본 적이 있습니까?" 지금까지 모든 성도가 그렇게 느꼈습니다. 자기 자신을 기뻐하고 자신에게 만족한 사람들은 바리새인 같은 사람들뿐입니다. 우리 주님은 그들의 죄를 아주 강경한 어조로 정죄하셨습니다. 철저한 죄악성의 가장 큰 증거가 무엇인지 아십니까? 바로 자기만족입니다. 우리에게 하나님의 은혜가 절실하다는 사실을 보지 못하는 것입니다. 오직 그 필요를 깨달은 사람만이 하나님의 은혜를 보며 그 은혜가 베푸는 것을 이해하고 기뻐하며 즐거워할 수 있습니다.

여러분은 그리스도의 복음으로 행복해지셨습니까? 여러분 가슴속에 노래가 있습니까? 그렇지 않다면, 순전히 여러분이 그것에 대한 필요를 보지 못했기 때문입니다. 오직 그 이유 하나 때문입니다. 그 필요를 거듭 생각해 보십시오.

여러분은 하나님을 어떻게 대면하시겠습니까? 어떻게 천국에 거하며 그 순전함을 즐기시겠습니까? 어떻게 율법의 요구들을 만족시키겠습니까? 다소의 사울은 무력감을 느꼈습니다. 이 세상을 부인한 채 수도원에 들어가 살며 금식하고 기도한 젊은 루터도 아무 소망이 없다고 생각했습니다. 도덕적으로 훌륭한 존 웨슬리도 자신의 죄를 점점 더 의식했습니다. 일찍이 이 세상에 존재한 경건한 성도들도 모두 마찬가지였습니다.

그런데 여러분은 지금 자신에게 만족하십니까? 자신에 대해 흡족하십니까? 자신의 처지가 얼마나 무섭고 불안한지 깨달았습니까? 겸손하십시오. 여러분의 죄로 인해 슬피 우십시오. 금식하고 회개하십시오. 이제 그것이 보입니까? 걱정이 되십니까? 무서워 떨립니까? 여러분의 처지가 얼마나 절망적이고 무력한지 보입니까?

그렇다면 이제 복음이 여러분에게 할 말이 있습니다. 아주 영광스러운 말입니다. 정말 놀라운 사실은 복음이 바로 여러분 같은 사람들에게 금식을 폐하고 기쁨과 희락의 절기를 시작하라고 명하고 있다는 것입니다. "예수님은 의인을 구원하러 오신 것이 아니라 죄인들을 구원하러 오셨습니다." 자기 혼자 헤엄쳐서 구원받을 수 있는 사람은 결코 도움을 받지 못합니다. 오직 익사 직전에 있는 절망적인 사람만 예수 그리스도 안에서 하나님의 영원하신 팔에 안기는 기쁨을 누릴 수 있습니다. 하나님의 아들은 바로 이런 사람들을 위해 생명을 무릅쓰셨을 뿐 아니라 실제로 그 생명을 그들의 죄를 위한 속전으로 내어주셨습니다.

이스라엘 백성의 죄와 불순종은 예루살렘 성전과 예루살렘성 자체의 멸망을 초래했으며, 결국 그들을 바벨론 포로로 끌려가게 만들었습니다. 그러나 이들이 잘못을 깨닫고 수치심에 가득 차서 깊이 후회하고 회개하며 금식하자, 하나님은 모든 것을 용서하시고 기쁨과 희락의 절기를 시작하라고 명하셨습니다.

만일 자신이 죄인임을 안다면, 자신의 죄 때문에 슬퍼하며 괴로워한다면, 마침내 자신의 어리석음과 불법을 보았다면, 자신은 절대 용서받을 수 없으며 소망이 전혀 없다고 생각한다면, 하나님은 이렇게 말씀하십니다. "기뻐하라!" 기쁨과 희락의 절기를 갖기 전에 먼저 금식 기간을 반드시 거쳐야 합니다. 그런데 여러분은 그것을 거쳤습니다!

이렇게 말하면 "어떻게 그렇게 될 수 있습니까?"라고 반문할 것입니다. 제가 그 방법을 보여드리겠습니다. 바로 여기서 우리는 영광스러운 복음 메시지의 핵심에 이르게 됩니다. 기쁨과 희락과 행복의 절기를 가지라는 명령은 감정과 느낌에 근거하지 않습니다. 예루살렘에 있던 유대인들은 그 순간 행복하다고 느끼지 않았습니다. 그러나 그것은 아무 상관 없습니다. 하나님이 그들에게 행복해지라고 명하셨습니다.

이 행복은 그들이 행한 것에 근거하지 않았습니다. 그들이 행한 것이라고는 죄를 짓고 하나님께 불순종한 것뿐이기 때문입니다. 그로 인해 하나님의 진노를 사게 되어 바벨론으로 끌려가 소망 없는 비참과 절망 속에 빠져 있었습니다. 그 행복과 기쁨은 분명 그들 편에서 행한 행동이나 활동에 근거하고 있지 않았습니다. 만일 그렇다면 그들은 여전히 바벨론에 있었을 것입니다. 그들이 아무리 노력해도 바벨론에서 빠져 나올 수 없었을 것입니다. 해방될 수 없었을 것입니다. 그 모든 것을 바꿔 놓은 분은 하나님입니다. 이처럼 기쁨과 희락의 절기를 가지라는 명령은 항상 하나님이 행하신 것에 근거합니다.

경건하게 신앙적으로 살려고 애쓰는 선량한 많은 사람의 삶이 그처럼 비참하고 불행한 것도 바로 이 사실을 이해하지 못하기 때문입니다. 존 웨슬리는 이 사실을 발견했습니다. 그는 당시 인간이 할 수 있는 모든 것을 하고 있었습니다. 그러나 행복을 발견할 수 없었습니다. 그러다가 갑자기 그 행복을 갖게 되었습니다. 어떻게 갖게 되었을까요? 그저 하나님이 그리스도 안에서 행하신 것을 깨달았기 때문입니다. 이것을 깨달은 웨슬리는 마음이 새로워지고 행복해졌습니다. 루터나 번연, 다른 사람들도 마찬가지입니다. 사회적으로든 개인적으로든 복음을 단순히 이생의 계획으로 간주한다면, 그저 고상하고 훌륭한 사람이 되라는 요청이나 도덕 질서를 지키라는 요청으로 간주한다면, 우리는 복음이 제공하는 행복과 기쁨을 절대 맛보지 못할 것입니다.

그리스도인의 삶을 인간이 무언가를 해야만 하는 것으로 간주한다면, 우리는 절대 행복해지지 못할 것입니다. 행복은커녕 비참해질 것입니다. 끊임없이 자신의 실패를 의식하게 될 것이기 때문입니다. 그러나 복음은 하나님이 그리스도 안에서 단번에 이루신 일에 근거합니다. 바로 그것이 복음의 영광입니다. 그러면 하나님이 무엇을 하셨을까요? 그것은 본문에 나오는 유대인들에게 완벽하게 나타나 있습니다.

하나님은 왜 이 백성에게 기뻐하며 행복해지라고 명하셨을까요? 왜 금식을 그치고 기쁨과 희락의 절기를 즐기라고 명하셨을까요? 금식할 이유가 사라졌기 때문입니다. 그들은 왜 금식했습니까? 그들이 범한 죄 때문에, 그렇게 망한 것이 몹시 창피해서, 예루살렘이 아닌 바벨론에 있게 되었기 때문입니다. 그러나 하나님이 그분의 때에 개입하셔서 그들을 예루살렘으로 데려오셨습니다. 그들을 본래 자리, 본래 위치로 회복시켜주셨습니다. 하나님은 그들의 죄를 용서하시고 그들에게 새롭게 출발할 기회를 주신 것입니다. 그 창피함에서 벗어나 새로 시작하라고 하신 것입니다. "기뻐하며 희락의 절기를 가져라. 내가 너희의 금식과 비참의 원인을 제거했다."

그것이 바로 하나님께서 그의 아들 예수 그리스도 안에서 우리에게 하시는 말씀입니다. 하나님이 행하셨습니다. 하나님은 독생자를 이 땅에 보내셔서 우리와 우리의 구원을 위해 죽으시고 다시 살아나게 하셨습니다. "제가 어떻게 하면 기쁨과 희락의 절기를 가질 수 있을까요?"

십자가에 달리신 예수 그리스도를 바라보십시오. 그분이 담당하사 깨끗이 없애주신 여러분의 죄를 보십시오. 그러면 여러분은 또 이렇게 반문할 것입니다. "제가 그동안 행한 일 때문에 너무 창피한데 어떻게 행복해질 수 있습니까?" 그 질문에 복음은 이렇게 답합니다.

과거의 모든 것은 잊고 현재 기쁨을 주노라.

그리스도 안에서 새로 시작할 수 있습니다. 우리는 더 이상 죄의 노예가 아닙니다. 복음은 우리의 신분과 상황도 변화되었다고 말합니다. 우리는 이제 그리스도 안에서 하나님의 자녀가 되었습니다. 하나님이 우리를 자녀로 여기십니다. 전에는 하나님의 원수이자 이방인이던 우리가 이제는 하나님의 아들딸이 된 것입니다. 자신의 느낌이나 과거 행적을 보지 마십시오. 하나님을 바라보십시오. 하나님이 예수 그리스도 안에서 행하신 행적을 보십시오. 그리고 기뻐하며 노래하십시오. 큰 소리로 외치며 즐거워하십시오. 그리스도께서 우리 죄를 깨끗이 씻어주시고 우리가 잃어버린 그 자리로 회복시켜주셨습니다. 우리를 다시 하나님 마음에 드는 존재로 회복시켜주셨습니다. 그렇습니다. 그 기쁨은 순전히 하나님이 행하신 것에 근거하고 있습니다.

그것은 하나님이 앞으로 행하실 일에도 근거하고 있습니다. 당시 예루살렘으로 돌아온 유대인들 주변에는 힘을 얻을 만한 것이 거의 없었습니다. 성전은 아직 다시 건축되지 않았고, 모든 면에서 어려움과 시련과 환난에 둘러싸여 있었습니다. 상황은 좋지 않았고 앞날도 밝지 않았습니다. 그러나 하나님은 그들에게 기뻐하고 즐거워하며 행복하라고 명하셨습니다. 왜 그랬을까요?

한 가지 이유는, 우리가 지금까지 보아온 대로 그들이 예루살렘으로 돌아왔기 때문입니다. 비록 폐허이긴 하지만 예루살렘으로 돌아온 것이 바벨론 궁정에 있는 것보다 낫기 때문입니다.

그러나 그들이 기뻐하고 즐거워해야 할 이유가 또 있었습니다. 그보다 훨씬 강력한 이유입니다. 바로 장래에 대한 밝고 영광스러운 전망 때문입니다! 그들을 바벨론에서 구출해 주신 하나님, 불가능한 상황에서 그들을 건져주신 하나님이 끝까지 지켜주시고 붙들어주실 것이기 때문입니다. 주변에 있는 모든 원수를 바라볼 때 자기 자신과 자신들의 힘만 의지했다면, 그들은 아주 불길한 예감에 싸여 두려워했을 것입니다. 그러나 하나님이 그들과 함께 계셨습니다. 그들을 구원해 주신 하나님이 또한 그들을 지켜주실 것입니다.

하나님이 이스라엘 백성에게 말씀하십니다. "비록 현재 상황은 이렇지만 기뻐해라. 내가 너희와 함께 있다. 나를 믿어라. 너희는 승리를 얻기 전에 먼저 그 승리를 경축해라." 바울이 로마인들에게 보낸 서신에도 비슷하게 표현되어 있습니다.

> 곧 우리가 원수 되었을 때에 그의 아들의 죽으심으로 말미암아 하나님과 화목하게 되었은즉 화목하게 된 자로서는 더욱 그의 살아나심으로 말미암아 구원을 받을 것이니라(롬 5:10).

"저는 이렇게 의지가 약하고 연약하고 원수는 그렇게 강하고 능력이 많은데 제가 어떻게 행복해질 수 있습니까? 내일과 미래는 또 어떻게 될까요?" 사람들은 이렇게 반문합니다. 그 모든 것을 주께 맡기십시오! 주님만 의지하십시오! "한 날의 괴로움은 그날로 족합니다"(마 6:34). 우리를 구원하사 우리에게 새 생명과 새 출발을 주기 위해 죽으신 그리스도께서는 절대 우리를 버리지 않으십니다. 끝 날까지 우리와 함께 계실 것입니다! 우리를 붙잡고 인도해 주실 것입니다! 바울이 다음과 같이 말할 수 있었던 것도 바로 그런 이유 때문입니다.

> 내가 확신하노니 사망이나 생명이나 …… 우리 주 그리스도 예수 안에 있는 하나님의 사랑에서 끊을 수 없으리라(롬 8:38, 39).

그 전에 그는 "오호라 나는 곤고한 사람이로다"(롬 7:24)라고 말했습니다. 그러나 그리스도께서 그 곤고한 사람을 기뻐하는 사람으로 만드셨습니다. 그 약한 사람을 강한 자로 만드셨습니다. 자신을 바라볼 때 소망이 없습니까? 자신의 죄를 어떻게 할 수 있는 능력이 없습니까? 자신이 연약하고 무력하게 느껴지십니까? 예수 그리스도를 바라보십시오. 예수 그리스도께서 행하신 일을 바라보십시오. 그리고 노래하며 기뻐하기 시작하십시오!

사명선언문

너희가 흠이 없고 순전하여……세상에서 그들 가운데 빛들로
나타내며 생명의 말씀을 밝혀 _ 빌 2:15-16

1. 생명을 담겠습니다
만드는 책에 주님 주신 생명을 담겠습니다.
그 책으로 복음을 선포하겠습니다.

2. 말씀을 밝히겠습니다
생명의 근본은 말씀입니다.
말씀을 밝혀 성도와 교회의 성장을 돕겠습니다.

3. 빛이 되겠습니다
시대와 영혼의 어두움을 밝혀 주님 앞으로 이끄는
빛이 되는 책을 만들겠습니다.

4. 순전히 행하겠습니다
책을 만들고 전하는 일과 경영하는 일에 부끄러움이 없는
정직함으로 행하겠습니다.

5. 끝까지 전파하겠습니다
모든 사람에게, 땅 끝까지, 주님 오시는 그날까지
복음을 전하는 사명을 다하겠습니다.

서점 안내

광화문점	서울시 종로구 새문안로 69 구세군회관 1층 02)737-2288 / 02)737-4623(F)
강남점	서울시 서초구 신반포로 177 반포쇼핑타운 3동 2층 02)595-1211 / 02)595-3549(F)
구로점	서울시 동작구 시흥대로 602, 3층 302호 02)858-8744 / 02)838-0653(F)
노원점	서울시 노원구 동일로 1366 삼봉빌딩 지하 1층 02)938-7979 / 02)3391-6169(F)
일산점	경기도 고양시 일산서구 중앙로 1391 레이크타운 지하 1층 031)916-8787 / 031)916-8788(F)
의정부점	경기도 의정부시 청사로47번길 12 성산타워 3층 031)845-0600 / 031)852-6970(F)
인터넷서점	www.lifebook.co.kr